Wirtschaftsrecht

«litera B»

herausgegeben von

Prof. Dr. Andreas Furrer
Professor an der Universität Luzern

Prof. Dr. Daniel Girsberger
Professor an der Universität Luzern

Prof. Dr. Eva Maria Belser
Professorin an der Universität Freiburg i. Ü.

Prof. Dr. Peter Breitschmid
Professor an der Universität Zürich

Prof. Dr. Vito Roberto
Professor an der Universität St. Gallen

Prof. Dr. Markus Schefer
Professor an der Universität Basel

Prof. Dr. Bernhard Waldmann
Professor an der Universität Freiburg i. Ü.

Wirtschaftsrecht

Prof. Dr. Daniel Girsberger, Universität Luzern

Prof. Dr. Andreas Furrer, Universität Luzern

lic. iur. Peter Krummenacher

Schulthess § 2006

Bibliografische Information der Deutschen Bibliothek

Die Deutsche Bibliothek verzeichnet diese Publikation in der Deutschen Natio-
nalbibliografie; detaillierte bibliografische Daten sind im Internet über <http://
dnb.ddb.de> abrufbar.

© Schulthess Juristische Medien AG, Zürich · Basel · Genf 2006
    ISBN 3 7255 5096 4

www.schulthess.com

Gestaltungskonzept: Beling Thoenen Design, Zürich.
© Fotografie: Gérard Pétremand, Genf.

Liebe Leserin, lieber Leser

Das vorliegende Lehrbuch ist Teil der Lehrbuchreihe «litera B». Das Herausgeberteam hat sich zum Ziel gesetzt, ein Lehrmittel zu entwickeln, das den Anforderungen des Bologna-Lehrgangs gerecht werden kann. Gleichzeitig bieten die einzelnen Lehrmittel auch der Praktikerin und dem Praktiker die Gelegenheit, sich einen Überblick über ein spezifisches Rechtsgebiet zu verschaffen.

Das Herausgeberteam besteht ganz im Sinne des Bologna-Grundgedankens aus Vertretern fast aller deutschsprachigen Universitäten. Wir haben uns bemüht, auch für die einzelnen Lehrmittel jeweils Autoren aus unterschiedlichen Universitäten zu gewinnen.

Das Bologna-Konzept überträgt den Studierenden eine höhere Verantwortung für ihre eigene Ausbildung. Sie müssen im Rahmen des ECTS-Anrechnungssystems wesentliche Teile des Stoffes im Selbststudium erarbeiten. Den Dozierenden bietet sich dadurch die Chance, mit Studierenden zu arbeiten, die sich auf die einzelnen Lehrveranstaltungen vorbereitet haben. Das Konzept des vorliegenden Lehrmittels setzt an diesem Punkt an. Es ist darauf ausgelegt, die Schnittstelle zwischen dem Selbststudium und den einzelnen Lehrveranstaltungen genauer zu definieren. Hierfür zeichnet sich jedes Lehrmittel durch folgende Charakteristika aus:

- Die Autoren konzentrieren sich, gestützt auf die Erfahrungen aus ihrer Forschungs- und Lehrtätigkeit, auf eine pädagogische Aufarbeitung des Stoffes.

- Der Stoff wird in Modulen präsentiert, die von den Studierenden im Selbststudium erarbeitet werden können.

- Jedes Modul beginnt jeweils mit einer Übersicht über die Lernziele, den gesetzlichen Grundlagen und den Literaturhinweisen. Dieser Übersicht folgt zur Illustration des Wochenthemas ein Fall, der den Studierenden den Einstieg in die Thematik erleichtert. Nach Abschluss des Moduls können die Studierenden anhand verschiedener Fragen zum Fall das Erlernte im Selbststudium prüfen. Diese Fälle werden in der Lehrveranstaltung besprochen.

- Die beiliegende CD enthält schliesslich für jedes Modul einen Fragenkatalog zur Kontrolle des Gelernten.

Auf dieser Grundlage haben die Studierenden die Gewissheit, wie sie sich auf die Lehrveranstaltungen vorbereiten; die Dozierenden wissen, auf welchem Vorwissen sie ihre Ausführungen aufbauen können.

Die Autorinnen und Autoren haben den Text mit Blick auf das pädagogisch ausgerichtete Ziel bewusst knapp gehalten und in vielen Bereichen auf eine Darstellung und Diskussion von Einzelproblemen verzichtet. Sie konzentrieren sich auf diejenigen Fragen, die für das Verständnis des jeweiligen Themengebietes zwingend notwendig und für die Basisausbildung unerlässlich sind. Weiterführende Hinweise sollen den Zugang zu einer vertiefteren Auseinandersetzung mit der Materie erleichtern.

Die beiliegende CD enthält überdies die wichtigsten der im Text zitierten Urteile, Entscheidungen und Aufsätze. Diese Liste enthält auch eine Linksammlung, sodass Sie sich – soweit verfügbar – jederzeit im Internet über den aktuellen Status informieren können. Ob und inwieweit im Rahmen der Vorlesung noch eine Materialsammlung ausgegeben wird, ist den jeweiligen Dozierenden überlassen.

Die Autorinnen und Autoren bemühen sich, der Geschlechterneutralität Rechnung zu tragen, indem sie willkürlich (also nicht ausgewogen abwechselnd) die männliche oder die weibliche, teilweise auch beide Formen verwenden. Um den Lesefluss nicht übermässig zu erschweren, haben wir jedoch darauf verzichtet, stets beide Geschlechter zu nennen.

Das Herausgeberteam dankt dem Verlag Schulthess für die grosse Hilfe und Unterstützung, die es im Laufe der Entwicklung dieser neuen Lehrmittelreihe erfahren durfte. Gerne nehmen wir Kritik und Anregungen entgegen und freuen uns auf einen schrittweisen Ausbau dieses Lehrmittels.

Frühjahr 2006, das Herausgeberteam

Vorwort

Liebe Leserin, lieber Leser

Das Lehrbuch Wirtschaftsrecht soll Ihnen einen Überblick über wichtige Teilgebiete des schweizerischen Wirtschaftsrechts ermöglichen. Unter Wirtschaftsrecht verstehen wir das Recht der wirtschaftlichen Koordination. Es stellt Regeln für die rechtliche Organisation der Wirtschaft auf und ordnet das Verhältnis zwischen den verschiedenen Wirtschaftssubjekten: das Verhältnis zwischen den einzelnen Unternehmen, jenes zwischen den Unternehmen und den Konsumentinnen und Konsumenten sowie das Verhältnis zwischen den Unternehmen und den Arbeitnehmerinnen und Arbeitnehmern. Der Begriff des Wirtschaftsrechts umfasst sowohl öffentlichrechtliche als auch privatrechtliche Normen.

Selbstverständlich ist es unmöglich, Ihnen im Rahmen dieses Lehrmittels, das im Rahmen der Bologna-Lehrmittelreihe «litera B» entwickelt wurde und für eine universitäre Lehrveranstaltung von zwei bis drei Wochenstunden in einem einzigen Semester konzipiert ist, einen umfassenden Überblick über das gesamte Wirtschaftsrecht zu verschaffen. Wir haben deshalb Schwerpunkte gesetzt und eine Auswahl getroffen, die einerseits die Zusammenhänge zwischen der staatlichen Regulierung und der Autonomie der am Wirtschaftsverkehr Teilnehmenden aufzeigen und andererseits in der Praxis wichtige Bereiche des Wirtschaftslebens abdecken soll. Wir beginnen mit der Wirtschaftsverfassung als Grundordnung und befassen uns dann mit diversen thematisch gegliederten Folgeordnungen.

Nicht Gegenstand dieses Lehrmittels sind das Obligationenrecht (AT, BT, Gesellschaftsrecht), das Sachenrecht und die Grundzüge des schweizerischen Staats- und Verwaltungsrechts. Die Kenntnis dieser Gebiete wird aber vorausgesetzt.

Die Autoren haben den Text mit Blick auf das eingangs erwähnte Ziel bewusst knapp gehalten und in vielen Bereichen auf eine Darstellung und Diskussion von Einzelproblemen verzichtet. Sie konzentrieren sich auf diejenigen Fragen, die unseres Erachtens für das Verständnis des jeweiligen Themengebietes zwingend notwendig und für die Basisausbildung im schweizerischen Wirtschaftsrecht unerlässlich sind. Weiterführende Hinweise, insbesondere auch die Links und Repetitionsfragen auf der CD-ROM, sollen Ihnen den Zugang zu einer vertiefteren Auseinandersetzung mit der Materie erleichtern.

Gerne nehmen wir Kritik und Anregungen zum vorliegenden Lehrmittel entgegen.

Inhaltsübersicht

1. Kapitel: Schweizerische Wirtschaftsverfassung 1

2. Kapitel: Wettbewerbsrecht I: Kartellrecht 33

3. Kapitel: Wettbewerbsrecht II: Lauterkeitsrecht 77

4. Kapitel: Konsumentenrecht 111

5. Kapitel: Arbeitsrecht 135

6. Kapitel: Immaterialgüterrecht I: Einführung 157

7. Kapitel: Immaterialgüterrecht II: Patentrecht 173

8. Kapitel: Immaterialgüterrecht III: Markenrecht 187

9. Kapitel: Immaterialgüterrecht IV: Urheber- und weitere Rechte 205

10. Kapitel: Finanzmarktrecht I: Überblick 223

11. Kapitel: Finanzmarktrecht II: Börsenrecht 229

12. Kapitel: Finanzmarktrecht III: Banken-, Anlagefonds- und
    Geldwäschereigesetzgebung 249

Inhaltsverzeichnis

1. Kapitel: Schweizerische Wirtschaftsverfassung 1

Lernziele 1
Gesetzliche Grundlagen 1
Literaturhinweise 1
A. Die Begriffe Wirtschaft und Wirtschaftssteuerung 2
B. Unterschiedliche Koordinationsmechanismen 3
   1. Koordination durch Wettbewerb, Markt und Vertrag
      (freie Marktwirtschaft) 3
   2. Koordination der Wirtschaft durch staatliche Planung
      (Planwirtschaft) 5
   3. Wirtschaftskoordination durch Gruppenvereinbarungen 6
   4. Wirtschaftskoordination durch demokratische Wahlen
      und Abstimmungen 8
C. Beispiel: Fall I 8
D. Konzeption der schweizerischen Wirtschaftsverfassung 10
   1. Einleitung 10
   2. Grundrechte 10
      a) Die Wirtschaftsfreiheit 11
      b) Die Eigentumsgarantie 13
      c) Die Koalitionsfreiheit 14
      d) Die Niederlassungsfreiheit 17
      e) Kurzer Rückblick und Zwischenergebnis 17
   3. Kompetenzen und Pflichten des Staatswesens im
      Bereich der schweizerischen Wirtschaft 18
      a) Wettbewerbspolitik (Art. 96 BV) 19
         aa) Kartellgesetzgebung 20
         bb) Preisüberwachungsgesetz 21
         cc) Gesetzgebung gegen den unlauteren Wettbewerb ... 22
         dd) Binnenmarktgesetz 22
      b) Schutz von Konsumentinnen und Konsumenten
        (Art. 97 BV) 23
      c) Aufsicht über die Banken und Versicherungen
        (Art. 98 BV) 24

aa) Bankenaufsicht 24

bb) Börsenaufsicht 25

cc) Aufsicht über die Anlagefonds 26

dd) Versicherungsaufsicht 26

d) Geld-, Konjunktur-, Sozial- und Umweltpolitik, staatliche Infrastruktur 27

    aa) Geld- und Währungspolitik 27

    bb) Konjunkturpolitik 27

    cc) Sozialpolitik 28

    dd) Umweltpolitik und staatliche Infrastruktur 28

4. Zusammenfassung und Fazit 29

E. Fallbearbeitung – Fragen zum Fall I 31

2. Kapitel: Wettbewerbsrecht I: Kartellrecht 33

Lernziele 33

Gesetzliche Grundlagen 33

Materialien 33

Literaturhinweise 34

A. Fall II 35

B. Der Zweck des Kartellgesetzes 36

C. Der Geltungsbereich des Kartellgesetzes 37

D. Grundtatbestände von Wettbewerbsbeschränkungen 38

E. Unzulässige Wettbewerbsabreden 39

1. Der Tatbestand der unzulässigen Wettbewerbsabrede 39

    a) Der Begriff der Wettbewerbsabrede 40

    b) Relevanter Markt 41

    c) Erhebliche Beeinträchtigung des Wettbewerbs 43

    d) Aus Gründen der wirtschaftlichen Effizienz gerechtfertigte Abreden 44

    e) Durch Verordnungen und Bekanntmachungen gerechtfertigte Abreden 45

    f) Beseitigung des wirksamen Wettbewerbs 45

2. Ausnahmsweise Zulassung aus überwiegenden öffentlichen Interessen 47

3. Zusammenfassung 48

4. EU-Wettbewerbsrecht: Art. 81 EG-Vertrag 48

   a) Das Verbot wettbewerbsbeschränkender
      Vereinbarungen und Verhaltensweisen 48

   b) Das EU-Wettbewerbsrecht vor dem 01.05.2004:
      Die Einzel- und die Gruppenfreistellung vom
      Kartellverbot 49

   c) Das EU-Wettbewerbsrecht nach dem 01.05.2004:
      Übergang zum System der Legalausnahme 51

F. Unzulässige Verhaltensweisen marktbeherrschender
Unternehmen 52

   1. Der Tatbestand 52

     a) Marktbeherrschende Unternehmen 53

     b) Missbrauch der marktbeherrschenden Stellung 54

   2. Beispiele unzulässiger Verhaltensweisen
     marktbeherrschender Unternehmen 55

     a) Verweigerung von Geschäftsbeziehungen
       (z.B. Liefer- oder Bezugssperren) 55

     b) Diskriminierung von Handelspartnern bei Preisen
       oder sonstigen Geschäftsbedingungen 55

     c) Erzwingen unangemessener Preise oder sonstiger
       unangemessener Geschäftsbedingungen 56

     d) Gegen bestimmte Wettbewerber gerichtete
       Unterbietung von Preisen oder sonstigen
       Geschäftsbedingungen 56

     e) Einschränkung der Erzeugung, des Absatzes
       oder der technischen Entwicklung 57

     f) An den Abschluss von Verträgen gekoppelte
       Bedingung, dass die Vertragspartner zusätzliche
       Leistungen annehmen oder erbringen 57

   3. Ausnahmsweise Zulassung aus überwiegenden
     öffentlichen Interessen 57

   4. Fazit 58

   5. EU-Wettbewerbsrecht: Art. 82 EG-Vertrag 58

G. Unternehmenszusammenschlüsse 59

   1. Übersicht 59

   2. Erste Voraussetzung: Ein Unternehmens-
     zusammenschluss 60

    3. Zweite Voraussetzung: Überschreiten von
       bestimmten Schwellenwerten.............................61
    4. Die Beurteilung von Zusammenschlüssen...........................62
    5. Rechtsfolgen....................................62
    6. Ausnahmsweise Zulassung aus überwiegenden
       öffentlichen Interessen..............................63
    7. EU-Wettbewerbsrecht: Fusionskontrollverordnung.............63
H. Zivilrechtliches Verfahren.............................65
    1. Ansprüche aus Wettbewerbsbehinderung.......................65
    2. Nichtigkeit unzulässigen Verhaltens ex tunc oder ex nunc?....66
    3. Besonderheiten im kartellrechtlichen Zivilverfahren...........67
    4. Vorsorgliche Massnahmen...............................67
I. Verwaltungsrechtliches Verfahren.............................67
    1. Wettbewerbskommission und Sekretariat....................67
    2. Die Untersuchung von Wettbewerbsbeschränkungen.........68
    3. Die Prüfung von Unternehmenszusammenschlüssen...........69
       a) Das Prüfungsverfahren..............................69
       b) Wiederherstellung wirksamen Wettbewerbs...............70
    4. Verfahren und Rechtsschutz.............................71
    5. Verwaltungssanktionen...............................71
       a) Sanktion bei unzulässigen Wettbewerbs-
           beschränkungen (Art. 49a KG)...........................72
       b) Verstösse von Unternehmen gegen einvernehmliche
           Regelungen und behördliche Anordnungen (Art. 50 KG)...73
       c) Verstösse von Unternehmen im Zusammenhang mit
           Unternehmenszusammenschlüssen (Art. 51 KG)...........73
       d) Verstösse im Zusammenhang mit einem kartell-
           rechtlichen Untersuchungsverfahren (Art. 52 KG)...........74
       e) Verfahren...............................74
    6. Strafsanktionen...............................74
J. Fragen zu Fall II.............................75

3. **Kapitel: Wettbewerbsrecht II: Lauterkeitsrecht**...........................77

Lernziele...............77
Gesetzliche Grundlagen...............77
Materialien...............77
Literaturhinweise 77
A. Fall III...............78
B. Der Zweck des UWG 79
C. Der Geltungsbereich des UWG 80
D. Zur Abgrenzung von KG und UWG...............81
E. Die Generalklausel des UWG 82
   1. Der Sinn der Generalklausel...............82
   2. Der Tatbestand der Generalklausel...............83
   3. Das Verhältnis der Generalklausel zu den
      Spezialtatbeständen...............84
F. Die Spezialtatbestände (Art. 3 – 8 UWG)...............86
   1. Unlautere Werbe- und Verkaufsmethoden
      (Art. 3 a–n UWG)...............87
      Der Fall: Mikrowellen...............90
   2. Verleitung zu Vertragsverletzung oder
      Vertragsauflösung (Art. 4 a–d UWG)...............94
      Der Fall Dior 94
   3. Verwertung einer fremden Leistung
      (Leistungsschutz, Art. 5 a–c UWG)...............99
      a) Die Tatbestände...............99
      b) Das Verhältnis von Art. 5 UWG zu den
         Immaterialgüterrechten...............99
   4. Verletzung von Fabrikations- und Geschäfts-
      geheimnissen (Art. 6 UWG)...............100
   5. Nichteinhaltung von Arbeitsbedingungen (Art. 7 UWG)....101
   6. Verwendung missbräuchlicher Geschäftsbedingungen
      (Art. 8 UWG)...............102
      a) Problematik...............102
      b) Bundesgerichtliche AGB-Rechtsprechung...............102
      c) Richterliche AGB-Kontrolle gestützt auf Art. 8 UWG? 103
      d) Der Fall: BGE 119 II 443 (CDW)...............104
G. Das Rechtsfolgesystem des UWG 106

  1. Zivilrechtlicher Rechtsschutz 107
   a) Aktivlegitimation 107
   b) Passivlegitimation 107
   c) Prozessrechtliche Bestimmungen 108
  2. Verwaltungsrechtliche Bestimmungen 108
  3. Strafrechtliche Bestimmungen 109
H. Fragen zu Fall III 110

4. **Kapitel: Konsumentenrecht** 111

 Lernziele 111
 Gesetzliche Grundlagen 111
 Literaturhinweise 111
A. Fall IV 112
B. Zur Funktion des Konsumentenrechts in einer Marktwirtschaft 113
C. Die Entwicklung des Konsumentenrechts 114
D. Die unterschiedlichen Bereiche des Konsumentenrechts 116
  1. Einleitung 116
  2. Überblick 118
  3. Ziel Nr. 1: Sicherheit und Gesundheit 119
  4. Ziel Nr. 2: Konsumenteninformation 122
  5. Ziel Nr. 3: Schutz wirtschaftlicher Interessen 124
   a) Marktzugangsnormen 125
   b) Wettbewerbsrecht 125
   c) Vertragsrecht 126
  6. Ziel Nr. 4: Zugang zum Recht und Rechtsdurchsetzung 130
   a) Das gerichtliche Konsumentenverfahren 130
   b) Konsumentenindividualklagen und Konsumenten-
    verbandsklagen im UWG 131
   c) Aussergerichtliche Streitbeilegung 132
  7. Ziel Nr. 5: Recht auf Vertretung der Konsumenteninteressen 132
E. Fragen zu Fall IV 133

....

5. Kapitel: Arbeitsrecht 135

    Lernziele 135
    Gesetzliche Grundlagen 135
    Literaturhinweise 135
A. Fall V 136
B. Einleitung 137
C. Der Geltungsbereich des Arbeitsrechts 137
D. Die verschiedenen Bereiche des Arbeitsrechts 139
    1. Überblick 139
    2. Das Individualarbeitsrecht 140
    3. Das öffentliche Arbeitsrecht 140
    4. Das kollektive Arbeitsrecht 142
    5. Der Arbeitsvertrag (Art. 319 ff. OR) 143
        a) Die Entstehung des Arbeitsvertrages 143
        b) Die Pflichten des Arbeitnehmers 144
        c) Die Pflichten des Arbeitgebers 144
        d) Die Beendigung des Arbeitsverhältnisses 144
    6. Das Arbeitsgesetz 145
        a) Der Geltungsbereich des Arbeitsgesetzes 146
        b) Gesundheitsvorsorge und Unfallverhütung am
            Arbeitsplatz 147
        c) Höchstarbeitszeiten und minimale Ruhezeiten 147
        d) Sondervorschriften für Jugendliche und für Frauen 148
    7. Der Gesamtarbeitsvertrag 149
        a) Die schuldrechtlichen Verpflichtungen 150
        b) Die normativen Bestimmungen 151
    8. Zur Hierarchie der Rechtsquellen im Arbeitsprivatrecht 151
E. Fragen zu Fall V 154

6. Kapitel: Immaterialgüterrecht I: Einführung 157

    Lernziele 157
    Literaturhinweise 157
A. Überblick über die Immaterialgüterrechte 158
B. Die Entstehung der Immaterialgüterrechte 159

C. Verhältnis von Immaterialgüter- und Sachenrecht....................161
D. Die Übertragung von Immaterialgüterrechten.....................164
E. Der Lizenzvertrag...............166
F. Erlöschen von Immaterialgüterrechten......................168
G. Das Territorialitätsprinzip 169
H. Das Verhältnis der Immaterialgüterrechte zum
Wettbewerbsrecht 171

7. Kapitel: Immaterialgüterrecht II: Patentrecht 173

Lernziele...............173
Gesetzliche Grundlagen....................173
Literaturhinweise 173
A. Fall VI..................174
B. Die Schutzobjekte des Patentrechts.....................175
C. Patentfähigkeit einer Erfindung....................176
    1. Eine Erfindung muss neu sein...................176
    2. Die Erfindung muss das Ergebnis einer erfinderischen
       Tätigkeit sein 176
    3. Die Erfindung muss gewerblich anwendbar sein..............177
    4. Die Erfindung darf nicht vom Patentschutz
       ausgenommen sein 177
D. Recht auf das Patent..................177
E. Patentregistrierung...............178
    1. Die nationale Registrierung...................178
    2. Die europäische Patenterteilung.....................180
    3. Die internationale Patentanmeldung 180
F. Inhalt und Schranken des Patentrechts 181
G. Patentübertragung und Lizenz 183
H. Dauer des Patents...............183
I. Rechtsschutz...............184
J. Revision des Patentrechts................185
K. Fragen zu Fall VI....................186

8. Kapitel: Immaterialgüterrecht III: Markenrecht 187

    Lernziele 187
    Gesetzliche Grundlagen 187
    Literaturhinweise 187
A. Fall VII 188
B. Überblick über das Kennzeichenrecht i.w.S. 189
C. Gegenstand und Funktion des Markenrechts 192
D. Eintragungshindernisse 193
    1. Überblick 193
    2. Absolute Schutzausschlussgründe 194
    3. Relative Schutzausschlussgründe 195
E. Das Eintragungsverfahren 196
    1. Nationale Registrierung 196
    2. Internationale Registrierung 197
    3. Die Gemeinschaftsmarke der EU 198
F. Inhalt und Bestand des Markenrechts 198
G. Die Schranken des Markenrechts 200
    1. Einschränkung zugunsten vorbenützter Zeichen 200
    2. Die Erschöpfung 200
    3. Kollision mit Namensrecht 200
    4. Verwirkung durch Duldung 201
H. Die Übertragung des Markenrechts 201
I. Der Rechtsschutz im Markenrecht 201
J. Fragen zu Fall VII 203

9. Kapitel: Immaterialgüterrecht IV: Urheber- und weitere Rechte 205

    Lernziele 205
    Gesetzliche Grundlagen 205
    Literaturhinweise 205
A. Fall VIII 206
B. Gegenstand des Urheberrechts (Art. 1 URG) 207
C. Der Werkbegriff 207
    1. Der individuelle Charakter 208

    2. Werke der Literatur oder Kunst.............................208

D. Der Urheber oder die Urheberin................................209

E. Inhalt und Schutzdauer des Urheberrechts....................211

    1. Die Urheberpersönlichkeitsrechte........................211

        a) Das Recht auf Erstveröffentlichung 211

        b) Das Recht auf Urhebernennung.................211

        c) Das Recht auf Werkintegrität....................212

    2. Die Verwertungsrechte 212

    3. Das Verhältnis von Urheberrechten zum Eigentum am
       Werkexemplar 212

        a) Der Rechtsübergang 212

        b) Die Erschöpfung.................................213

        c) Die Rechte des Urhebers gegenüber
          Werkeigentümern 214

F. Die Schranken des Urheberrechts...............................214

    1. Privatgebrauch...215

    2. Gebrauch im Unterricht 215

    3. Betriebsinterner Gebrauch...............................215

G. Die verwandten Schutzrechte...................................216

    1. Die Rechte der ausübenden Künstlerinnen und Künstler ...216

    2. Die Rechte der Hersteller von Ton- und Tonbildträgern.....217

    3. Die Rechte der Sendeunternehmen.......................217

H. Die Verwertungsgesellschaften 218

I. Der Rechtsschutz 219

J. Die wichtigsten internationalen Übereinkommen..............219

K. Das Topographiengesetz..220

L. Das Designgesetz...220

M. Das Sortenschutzgesetz..221

N. Fragen zu Fall VIII...222

10. Kapitel: Finanzmarktrecht I: Überblick...................223

A. Wettbewerbsprinzip und Wirtschaftsaufsichtsrecht..................223

B. Finanzmarkt und Finanzmarktaufsicht 224

C. Ziele des Finanzmarktrechts 226

11. Kapitel: Finanzmarktrecht II: Börsenrecht 229

Lernziele..229
Gesetzliche Grundlagen...229
Literaturhinweise 230
A. Fall IX...231
B. Einleitung...233
C. Die Börse..234
D. Die Effektenhändler 236
E. Die Kotierung an der SWX...238
   1. Zulassungsstelle und Kotierungsreglement....................238
   2. Voraussetzungen der Kotierung...............................239
      a) Die wichtigsten Anforderungen an den Emittenten
      (Art. 6 ff. KR)..239
      b) Die wichtigsten Anforderungen an den Valor
      (Art. 12 ff. KR)..239
   3. Publizitätspflichten im Hinblick auf die Kotierung..............240
   4. Publizitätspflichten im Hinblick auf die
   Aufrechterhaltung der Kotierung..................................241
      a) Geschäftsbericht und Zwischenberichterstattung 241
      b) Corporate Governance......................................241
      c) Ad-hoc-Publizität 242
F. Die Bestimmungen des Börsengesetzes für kotierte
Unternehmen 243
   1. Offenlegung von Beteiligungen...............................243
   2. Öffentliche Kaufangebote 244
      a) Freiwillige Angebote.......................................244
      b) Obligatorische Angebote 246
      c) Kraftloserklärung der restlichen Beteiligungspapiere....247
G. Strafbestimmungen des Börsengesetzes 247
H. Fragen zu Fall IX..248

12. Kapitel: Finanzmarktrecht III: Banken-, Anlagefonds- und Geldwäschereigesetzgebung 249

Lernziele 249
Gesetzliche Grundlagen 249
Literaturhinweise 250
A. Fall X 251
B. Einleitung 252
C. Das Bankengesetz 252
   1. Ein kurzer Überblick 252
   2. Zweck und Geltungsbereich des Gesetzes 253
   3. Die Bewilligungspflicht 254
     a) Eigene Mittel 255
     b) Gewähr für eine einwandfreie Geschäftstätigkeit 255
     c) Einfluss und Meldepflicht von Geschäftsinhabern und bedeutenden Aktionären 256
     d) Anforderungen an die Rechnungslegung, Revision und Revisionsbericht 256
   4. Die Aufsichtsbehörden 257
   5. Besondere Bestimmungen zum Schutz der Gläubiger und der Banken selbst 257
   6. Verantwortlichkeits- und Strafbestimmungen, insbesondere das Bankgeheimnis 258
D. Die Gesetzgebung über Anlagefonds und andere kollektive Kapitalanlagen 260
   1. Der Anlagefonds als gebräuchlichste Form kollektiver Kapitalanlagen 260
   2. Der Kollektivanlagevertrag 263
     a) Rechte und Pflichten der Anleger (Art. 23 ff. AFG, Art. 77 ff. E KAG) 264
     b) Rechte und Pflichten der Fondsleitung (Art. 9 ff. AFG, Art. 27 ff. E KAG) 265
     c) Rechte und Pflichten der Depotbank (Art. 17 ff. AFG, Art. 71 ff. E KAG) 266
   3. Revision und Aufsicht 266
   4. Die Auflösung des Anlagefonds 267

5. Die verschiedenen Kategorien von Anlagefonds bzw.
kollektiven Kapitalanlagen..268

    a) Effektenfonds (Art. 32 ff. AFG, Art. 52 ff. E KAG)..........268

    b) Immobilienfonds (Art. 36 ff. AFG, Art. 57 ff. E KAG).....268

    c) Übrige Fonds (Art. 35 AFG, Art. 67 ff. E KAG)...............269

6. Ausländische Anlagefonds...269

E. Die Bekämpfung der Geldwäscherei.....................................270

  1. Was ist Geldwäscherei?..270

    a) Standesregeln zur Sorgfaltspflicht der Banken
und Geldwäschereigesetz...272

  2. Der Geltungsbereich des Geldwäschereigesetzes.............272

  3. Die Pflichten der Finanzintermediäre..............................273

    a) Vorbeugende Sorgfaltspflichten...............................273

        aa) Identifizierung der Vertragspartei (Art. 3 GwG).....273

        bb) Feststellung der wirtschaftlich berechtigten
Person (Art. 4 f. GwG)..274

        cc) Besondere Abklärungs- und generelle
Dokumentationspflichten (Art. 6 ff. GwG)..............274

    b) Meldepflichten bei Geldwäschereiverdacht.................275

  4. Die Aufsicht..276

    a) Die spezialgesetzlichen Aufsichtsbehörden.................276

    b) Die Selbstregulierungsorganisationen.......................277

    c) Die Kontrollstelle für Geldwäscherei..........................277

F. Fragen zu Fall X..278

Sachregister 279

Abbildungsverzeichnis

Tabelle 1: Koordinationsmechanismen 3

Tabelle 2: Wirtschaftliche Grundrechte 11

Tabelle 3: Bundeskompetenzen im Bereich Wirtschaft 19

Schema 4: Wettbewerbsabreden 40

Schema 5: Marktbeherrschende Unternehmung 52

Tabelle 6: Anwendung der Generalklausel 86

Tabelle 7: Bereiche und Ziele des Konsumentenrechts. 119

Tabelle 8: Schutz wirtschaftlicher Interessen. 124

Tabelle 9: Werkvertrag – Auftrag 138

Schema 10: Überblick über das Arbeitsrecht 139

Schema 11: Rechtsbeziehung Arbeitnehmer – Arbeitgeberin 140

Schema 12: Rechtsbeziehung Private – Staat 141

Schema 13: Rechtsbeziehung zwischen den Arbeitnehmer-
und Arbeitgeberkollektiven 142

Schema 14: Entstehung von Immaterialgüterrechten 161

Schema 15: Rechte des Patentinhabers vor der rechtmässigen
Inverkehrsetzung 163

Schema 16: Rechte des Patentinhabers nach der rechtmässigen
Inverkehrsetzung 163

Schema 17: Schutzausschlussgründe 193

Schema 18: Der Finanzmarkt 226

Schema 19: Kollektive Kapitalanlagen 262

Schema 20: Kollektivanlagevertrag 264

Abkürzungsverzeichnis

a	alt
a.a.O.	am angeführten Ort
ABl.	Amtsblatt der EG/EU
Abs.	Absatz
aBV	alte Bundesverfassung vom 29. Mai 1874
AFG	BG vom 18. März 1994 über die Anlagefonds, SR 951.31
AFV	Verordnung vom 19. Oktober 1994 über die Anlagefonds, SR 951.311
AG	Aktiengesellschaft
AGB	Allgemeine Geschäftsbedingungen
AHVG	BG vom 20. Dezember 1946 über die Alters- und Hinterlassenenversicherung, SR 831.1
AMV	Allgemeine Medizinalprüfungsverordnung vom 19. November 1980, SR 811.112.1
AR	Arbeitsrecht
ArG	BG vom 13. März 1964 über die Arbeit in Industrie, Gewerbe und Handel, SR 822.11
ArGV	Verordnungen 1–4 zum Arbeitsgesetz, SR 822.111–114
Art.	Artikel
AS	Amtliche Sammlung der Bundesgesetze und Verordnungen
ATSG	BG vom 6. Oktober 2000 über den Allgemeinen Teil des Sozialversicherungsrechts, SR 830.1
aUWG	altes BG gegen den unlauteren Wettbewerb vom 30. September 1943
AVEG	BG vom 28. September 1956 über die Allgemeinverbindlicherklärung von Gesamtarbeitsverträgen, SR 221.215.311

AVG	BG vom 6. Oktober 1989 über die Arbeitsvermittlung und den Personalverleih, SR 823.11
AVIG	BG vom 25. Juni 1982 über die obligatorische Arbeitslosenversicherung und die Insolvenzentschädigung, SR 837.0
BankG	BG vom 8. November 1934 über die Banken und Sparkassen, SR 952.0
BankV	Verordnung vom 17. Mai 1972 über die Banken und Sparkassen, SR 952.02
BBG	BG vom 13. Dezember 2002 über die Berufsbildung, SR 412.10
BBl	Bundesblatt
Bd.	Band
BEHG	BG vom 24. März 1995 über die Börsen und den Effektenhandel, SR 954.1
BEHV	Verordnung vom 2. Dezember 1996 über die Börsen und den Effektenhandel, SR 954.11
BEHV-EBK	Verordnung der EBK vom 25. Juni 1997 über die Börsen und den Effektenhandel, SR 954.193
BG	Bundesgesetz
BGBM	BG vom 6. Oktober 1995 über den Binnenmarkt, SR 943.02
BGE	Amtliche Sammlung der Entscheidungen des Schweizerischen Bundesgerichts
BGer	Bundesgericht
BGFA	Bundesgesetz vom 23. Juni 2000 über die Freizügigkeit der Anwältinnen und Anwälte (Anwaltsgesetz), SR 935.61
bspw.	beispielsweise
BV	Bundesverfassung der Schweizerischen Eidgenossenschaft vom 18. April 1999, SR 101
BVG	BG vom 25. Juni 1982 über die berufliche Alters-, Hinterlassenen- und Invalidenvorsorge, SR 831.4
bzw.	beziehungsweise

ca.	circa
CDW	Collision Damage Waiver
d.h.	das heisst
DesG	BG vom 5. Oktober 2001 über den Schutz von Design, SR 232.12
dipl.	diplomiert
E	Entwurf
EAV	Einzelarbeitsvertrag
EBK	Eidgenössische Bankenkommission
EBS	Elektronische Börse Schweiz
EEZPO	Entwurf über eine Eidgenössische Zivilprozessordnung
EG	Europäische Gemeinschaft
EGMR	Europäischer Gerichtshof für Menschenrechte
EGV	Vertrag vom 25. März 1957 zur Gründung der Europäischen Gemeinschaft
Eidg.	Eidgenössisch(e)
E KAG	Entwurf des BG über die kollektiven Kapitalanlagen
EKK	Eidgenössische Kommission für Konsumentenfragen
EMRK	Konvention vom 4. November 1950 zum Schutze der Menschenrechte und Grundfreiheiten, SR 0.101
EPA	Europäisches Patentamt
EPÜ	Übereinkommen vom 5. Oktober 1973 über die Erteilung Europäischer Patente, SR 0.232.142.2
Erw.	Erwägung(en)
EU	Europäische Union
EuGH	Europäischer Gerichtshof
evtl.	eventuell
EWG	Europäische Wirtschaftsgemeinschaft
EWR	Europäischer Wirtschaftsraum

f./ff.	folgende/fortfolgende (Seite/n)
FEA	Fachverband für Elektroapparate für Haushalt und Gewerbe in der Schweiz
FER	Fachkommission für Empfehlungen zur Rechnungslegung
FKVO	Verordnung (EG) Nr. 139/2004 des Rates vom 20. Januar 2004 über die Kontrolle von Unternehmenszusammen-schlüssen, ABl. 2004 L 24/1 ff.
Fn	Fussnote
GAV	Gesamtarbeitsvertrag
gem.	gemäss
GestG	BG vom 24. März 2000 über den Gerichtsstand in Zivilsachen, SR 272
GGA/IGP	Geschützte Geographische Angabe / Indication géographique protégée
GlG	BG vom 24. März 1995 über die Gleichstellung von Frau und Mann, SR 151.1
GRUR	Zeitschrift für gewerblichen Rechtsschutz und Urheberrecht
GUB/AOC	Geschützte Ursprungsbezeichnung / Appellation d'origine contrôlée
GVO	Gruppenfreistellungsverordnungen
GwG	BG vom 10. Oktober 1997 zur Bekämpfung von Geldwäscherei im Finanzsektor, SR 955.0
HMA	Haager Abkommen vom 28. November 1960 über die internationale Hinterlegung gewerblicher Muster oder Modelle, SR 0.232.121.2
HRegV	Handelsregisterverordnung vom 7. Juni 1937, SR 221.411
Hrsg.	Herausgeber
i.c.	in casu
i.S.v.	im Sinne von
i.V.m.	in Verbindung mit

ICANN	Internet Corporation for Assigned Names and Numbers
IGE	Eidgenössisches Institut für geistiges Eigentum
IKO	Informationsstelle für Konsumkredit
inkl.	inklusive
int.	international
IPRG	BG vom 18. Dezember 1987 über das Internationale Privatrecht, SR 291
JAR	Jahrbuch des Schweizerischen Arbeitsrechts
JKR	Jahrbuch des Schweizerischen Konsumentenrechts
KG	BG vom 6. Oktober 1995 über Kartelle und andere Wettbewerbsbeschränkungen, SR 251
KIG	BG vom 5. Oktober 1990 über die Information der Konsumentinnen und Konsumenten, SR 044.0
KKG	BG vom 23. März 2001 über den Konsumkredit, SR 221.214.1
KMU	Kleine und mittlere Unternehmen
KR	Kotierungsreglement der SWX Swiss Exchange
LeVG	BG vom 19. Juni 1993 über die direkte Lebensversicherung, SR 961.61
lit.	litera (Buchstabe)
LMG	BG vom 9. Oktober 1992 über Lebensmittel und Gebrauchsgegenstände, SR 817.0
LU	Luzern
LugÜ	(Lugano-)Übereinkommen über die gerichtliche Zuständigkeit und die Vollstreckung gerichtlicher Entscheidungen in Zivil- und Handelssachen, SR 0.275.11
LwG	BG vom 29. April 1998 über die Landwirtschaft, SR 910.1
m. a. W.	mit anderen Worten
MGwV	Verordnung vom 25. August 2004 über die Meldestelle für Geldwäscherei, SR 955.23
mind.	mindestens

MMA	Madrider Abkommen vom 14. Juli 1967 über die internationale Registrierung von Marken, SR 0.232.112.3
MSchG	BG vom 28. August 1992 über den Schutz von Marken und Herkunftsangaben, SR 232.11
MWG	BG vom 17. Dezember 1993 über die Information und Mitsprache der Arbeitnehmerinnen und Arbeitnehmer in den Betrieben, SR 822.14
N	Note oder Nummer
NBG	BG vom 3. Oktober 2003 über die Schweizerische Nationalbank, SR 951.11
NEAT	Neue Eisenbahn-Alpentransversale
Nr.	Nummer
öffentl.	öffentlich
OG	BG vom 16. Dezember 1943 über die Organisation der Bundesrechtspflege, SR 173.110
OMPI / WIPO	Weltorganisation für geistiges Eigentum / World Intellectual Property Organisation
OR	BG vom 30. März 1911 betreffend die Ergänzung des Schweizerischen Zivilgesetzbuches (Fünfter Teil: Obligationenrecht), SR 220
PatG	BG vom 25. Juni 1954 über die Erfindungspatente, SR 232.14
PatV	Verordnung vom 19. Oktober 1977 über die Erfindungspatente, SR 232.141
PBV	Verordnung vom 11. Dezember 1978 über die Bekanntgabe von Preisen, SR 942.211
PCT	Vertrag vom 19. Juni 1970 über die internationale Zusammenarbeit auf dem Gebiet des Patentwesens, SR 0.232.141.1
Pra	Praxis des Bundesgerichts
PrHG	BG vom 18. Juni 1993 über die Produktehaftpflicht, SR 221.112.944

PTT	Schweizerische Post-, Telefon- und Telegrafenbetriebe
PüG	Preisüberwachungsgesetz vom 20. Dezember 1985, SR 942.20
PVÜ	Pariser Verbandsübereinkommen vom 14. Juli 1967 zum Schutz des gewerblichen Eigentums, SR 0.232.15
RBÜ	Revidierte Berner Übereinkunft vom 24. Juli 1971 zum Schutz von Werken der Literatur und Kunst, SR 0.231.15
resp.	respektive
RPW	Recht und Politik des Wettbewerbs
Rs.	Rechtssache
R-UEK	Reglement der Übernahmekommission vom 21. Juli 1997, SR 954.195.2
Rz.	Randziffer(n)
S.	Seite
SA	Société anonyme
SBB	Schweizerische Bundesbahnen
SchKG	BG vom 11. April 1889 über Schuldbetreibung und Konkurs, SR 281.1
SchVG	BG vom 20 März 1992 über die Direktversicherung mit Ausnahme der Lebensversicherung, SR 961.71
Slg.	Sammlung (der Entscheide des EuGH)
sog.	so genannt
SortG	BG vom 20. März 1975 über den Schutz von Pflanzenzüchtungen, SR 231.61
SR	Systematische Sammlung des Bundesrechts
SSA	Société Suisse des Auteurs
StGB	Schweizerisches Strafgesetzbuch vom 21. Dezember 1937, SR 311.0
StPO	Strafprozessordnung
SUVA	Schweizerische Unfallversicherungsanstalt

SVKG	Verordnung vom 12. März 2004 über die Sanktionen bei unzulässigen Wettbewerbsbeschränkungen, SR 251.5
SWX	Swiss Exchange
TCS	Touring Club der Schweiz
TLD	Top Level Domain
ToG	BG vom 9. Oktober 1992 über den Schutz von Topographien von Halbleitererzeugnissen, SR 231.2
TRIPs	Agreement on Trade Related Aspects of Intellectual Property Rights; Abkommen vom 15. April 1994 zur Errichtung der Welthandelsorganisation, SR 0.632.20
u.	und
UdSSR	Union der Sozialistischen Sowjetrepubliken
UEV-UEK	Verordnung der Übernahmekommission vom 21. Juli 1997 über öffentliche Kaufangebote, SR 954.195.1
URG	BG vom 9. Oktober 1992 über das Urheberrecht und verwandte Schutzrechte, SR 231.1
usw.	und so weiter
UVG	BG vom 20. März 1981 über die Unfallversicherung, SR 832.20
UWG	BG vom 19. Dezember 1986 gegen den unlauteren Wettbewerb, SR 241
v.a.	vor allem
VAG	BG vom 17. Dezember 2004 betreffend die Aufsicht über Versicherungsunternehmen, SR 961.01
vgl.	vergleiche
VKU	Verordnung vom 17. Juni 1996 über die Kontrolle von Unternehmenszusammenschlüssen, SR 251.4
VO	Verordnung
vs.	versus
VSB	Vereinbarung über die Standesregeln zur Sorgfaltspflicht der Banken

VSS	Verordnung des EDI vom 27. März 2002 über die Sicherheit von Spielzeug, SR 817.044.1
VStrR	BG vom 22. März 1974 über das Verwaltungsstrafrecht, SR 313.0
VVG	BG vom 2. April 1908 über den Versicherungsvertrag, SR 221.229.1
VwVG	BG vom 20. Dezember 1968 über das Verwaltungsverfahren, SR 172.021
WCT	WIPO Copyright Treaty
WIPO	World Intellectual Property Organisation
WPPT	WIPO Performances and Phonograms Treaty
WTO	World Trade Organisation
WUA	Welturheberrechtsabkommen revidiert am 24. Juli 1971 in Paris, SR 0.231.01
z.B.	zum Beispiel
ZGB	Schweizerisches Zivilgesetzbuch vom 10. Dezember 1907, SR 210
ZH	Zürich
Ziff.	Ziffer(n)
ZPO	Zivilprozessordnung

1. Kapitel: Schweizerische Wirtschaftsverfassung

Lernziele

▶ Sie kennen die unterschiedlichen Möglichkeiten zur Steuerung von Wirtschaftsprozessen und wissen, welches Wirtschaftskoordinationskonzept die schweizerische Bundesverfassung vorzeichnet.

Gesetzliche Grundlagen

- Schweizerische Bundesverfassung (SR 101)

Literaturhinweise

GIOVANNI BIAGGINI, Schweizerische und europäische Wirtschaftsverfassung im Vergleich. Über Strukturprobleme zweier wettbewerbsorientierter Wirtschaftsverfassungen, Schweizerisches Zentralblatt für Staats- und Verwaltungsrecht 97 (2/1996), 49 ff.

FRITZ GYGI / PAUL RICHLI, Wirtschaftsverfassungsrecht, 2. Auflage, Bern 1997.

PAUL RICHLI / GEORG MÜLLER / TOBIAS JAAG, Wirtschaftsverwaltungsrecht des Bundes, 3. Auflage, Basel/Genf/München 2001.

RENÉ A. RHINOW / GERHARD SCHMID / GIOVANNI BIAGGINI, Öffentliches Wirtschaftsrecht, Basel/Frankfurt a.M. 1998.

KLAUS A. VALLENDER / MARC D. VEIT, Skizze des Wirtschaftsverfassungs- und Wirtschaftsverwaltungsrechts, Zeitschrift des Bernischen Juristenvereins, Sonderband 135ter, Bern 1999.

ROLF H. WEBER / ROGER ZÄCH, Handels- und Wirtschaftsrecht II, Vorlesungsskript, Sommersemester 2004, Zürich 2004 (PDF-Download).

A. Die Begriffe Wirtschaft und Wirtschaftssteuerung

Das Wirtschafts-
system als
Subsystem der
Gesellschaft

Unsere durch Arbeitsteilung geprägte Industrie- und Dienstleistungs- 1
gesellschaft lässt sich wissenschaftlich als ein Gesellschaftssystem
beschreiben, das sich aus einer Vielzahl von gesellschaftlichen Subsystemen zusammensetzt. Zu diesen Subsystemen gehören etwa:

- das Bildungssystem,

- das Politiksystem,

- das Wissenschaftssystem oder

- das Wirtschaftssystem.

In jedem dieser Subsysteme werden bestimmte im komplexen Gesamtsystem anfallende Teilaufgaben gelöst.

Wenn wir im Folgenden die *Begriffe Wirtschaft oder Wirtschaftssystem* 2
verwenden, so bezeichnen wir damit die Gesamtheit der Prozesse und
Abläufe in unserer arbeitsteiligen Volkswirtschaft, welche die Produktion und den Absatz von Gütern und Dienstleistungen zum Ziel haben.

Koordination
der Wirtschafts-
prozesse
notwendig

In einer modernen westlichen Industrie- und Dienstleistungsgesell- 3
schaft wie der schweizerischen entstehen laufend unendlich viele wirtschaftliche Bedürfnisse der Teilnehmer. Eine effiziente Volkswirtschaft
muss zum Ziel haben, diese Bedürfnisse möglichst rasch und preiswert
zu befriedigen. Um dies zu erreichen, braucht es Koordinationsmechanismen, die sicherstellen, dass der Informationsfluss, der Warenfluss
und der Kapitalfluss zwischen den Nachfragern und den Anbietern eines
Wirtschaftsgutes funktionieren. Es muss laufend entschieden werden,
«wer» «wie viel» «wovon» «für wen» «wann» «wo» «wie» «zu welchem
Preis» usw. produziert und anbietet. Es ist Sache des Staates oder allgemein des Politiksystems, eine institutionelle Ordnung und ein Rechtssystem bereitzustellen, in dessen Rahmen all diese Entscheide zeitlich
aufeinander abgestimmt und koordiniert werden können.

B. Unterschiedliche Koordinations-mechanismen

4 In der Theorie lassen sich vier unterschiedliche Möglichkeiten der Wirtschaftskoordination unterscheiden. Das wichtigste Gegensatzpaar sind die private *Marktwirtschaft* und die zentrale *Planwirtschaft*. Neben diesen beiden klassischen Wirtschaftsformen lassen sich weiter das Koordinationsmodell der *Gruppenvereinbarungen* einerseits und die Wirtschaftskoordination durch demokratisch entschiedene *Wahlen und Abstimmungen* andererseits unterscheiden.

Koordinations-modelle

5 Vergleichen Sie dazu kurz die nachstehende Übersicht, bevor wir uns anschliessend mit der Frage befassen, wer jeweils in den verschiedenen Koordinationsmodellen die wirtschaftlich relevanten Entscheide fällt.

6

Modell	Primäre Entschei-dungsträger	Koordinations-Instrumente	Beispiele
Freie Marktwirt-schaft	Private (Individuen, Gesell-schaften und jurist. Personen)	Verträge	Kaufvertrag, Arbeitsvertrag
Planwirtschaft	Zentralregierung	Produktionspläne Verfügungen	Fünfjahrespro-duktionsplan der ehemaligen UdSSR
Gruppenverein-barung	Wirtschaftsver-bände	Verträge	Gesamtarbeits-verträge
Demokratische Wahlen und Abstimmungen	Stimmvolk	Wahlen, Sachab-stimmungen	Sachabstimmung über den Bau der NEAT

Tabelle 1: Koordinationsmechanismen

1. Koordination durch Wettbewerb, Markt und Vertrag (freie Marktwirtschaft)

7 Das Modell der freien Marktwirtschaft geht davon aus, dass es zur Steuerung und Koordination der Wirtschaftsprozesse keiner *übergeordneten* Koordinationsinstanz bedarf. Die Koordination erfolgt vielmehr dezentral über den Markt und namentlich über privatwirtschaftliche Verträge.

Steuerung von Angebot und Nachfrage über den Markt

Güter und Dienstleistungen werden in direkter Abhängigkeit von der Möglichkeit produziert, damit Gewinne zu erzielen. Die Nachfrage, d.h. ein konkretes wirtschaftliches Bedürfnis eines Wirtschaftsteilnehmers, wird genau dann nicht mehr befriedigt, wenn der für das betreffende Gut zu lösende Preis die Produktions- und Vertriebskosten nicht mehr zu decken vermag.

Beispiele: Ein privates Transportunternehmen wird eine Busverbindung in 8 ein entlegenes Bergtal nur so lange anbieten, als es damit Gewinne erzielen kann. Oder: Wenn ein inländisches Unternehmen nicht zu den Preisen anbieten kann, die für gleichartige, billigere Importgüter verlangt werden, wird dieses Unternehmen seine Produktion aufgeben.

Wirtschaftlicher Profit als Anreiz zur Innovation

Anderseits werden die Unternehmen im Hinblick auf einen möglichen 9 Gewinn immer versuchen, vorhandene Bedürfnisse möglichst zu befriedigen, und sie werden bestrebt sein, neue Bedürfnisse zu generieren, beispielsweise als Reaktion auf Erkenntnisse der Marktforschung oder durch neue Erfindungen. Der Nachfrageseite ihrerseits steht es immer frei, ob sie die angebotenen Produkte oder Dienstleistungen erwerben will oder nicht. Sie entscheidet somit letztlich mit, was und wie viel von einem bestimmten Gut produziert und zu welchem Preis es verkauft wird. Über die Funktionen Angebot, Nachfrage und Preis – oder einfacher ausgedrückt über den Markt – steuert und reguliert sich somit eine freie Marktwirtschaft gleichsam von selbst.

Aufgaben des Staates

Der Staat tritt in diesem rein privatwirtschaftlichen Wirtschaftssystem 10 nicht selbst als Produzent auf. Seine Aufgabe beschränkt sich darauf, den privaten Wirtschaftsteilnehmern den rechtlichen Rahmen für ihr Handeln bereitzustellen. Im Wesentlichen sind dies: Garantierung der Wirtschaftsfreiheit, der Eigentumsfreiheit, der Vertragsfreiheit sowie der Niederlassungsfreiheit. Weitere Leistungen des Staates sind das Bereitstellen eines funktionierenden Zahlungssystems sowie eines tauglichen Systems zur Streiterledigung.

Vorteile: 11

- Unter den Voraussetzungen **vollständiger Konkurrenz** der Anbieter und **vollständiger Information** der Marktteilnehmer garantiert die Koordination des Wirtschaftssystems über den Markt (und über dezentral abgeschlossene Verträge) günstige Preise und eine gute Marktversorgung mit Gütern und Dienstleistungen.

- Innovation, Erfindergeist und Risikofreudigkeit werden gefördert.

12 **Nachteile:**

- Die Anbieterseite in einer freien Marktwirtschaft hat die Tendenz, den freien Wettbewerb missbräuchlich durch vertragliche Abreden auszuschalten, um so die Preise hoch zu halten und den Gewinn zu maximieren.

- Die Gewinnmaximierung der Unternehmen einerseits und der Schutz der Umwelt anderseits stehen nicht immer in harmonischem Einklang. Dies hängt insbesondere damit zusammen, dass ideelle Güter keinen klar berechenbaren und in Rechnung zu stellenden Preis haben.

- Im System der freien Marktwirtschaft finden sich vor allem die Starken und Mächtigen gut zurecht. Wirtschaftlich und sozial schwächere Parteien können dieses System viel weniger für ihre Interessen nutzen.

- Die freie Marktwirtschaft fördert die Tendenz der Bevölkerungsverschiebung weg von den Randregionen hin zu den wirtschaftlichen Zentren.

2. Koordination der Wirtschaft durch staatliche Planung (Planwirtschaft)

13 Dieses Koordinationsmodell geht von der Überzeugung aus, dass den Mitgliedern der Gesellschaft am besten mit einer *staatlich gelenkten Güterproduktion* gedient sei. In einer Planwirtschaft werden die wirtschaftlichen Bedürfnisse der Bevölkerung von einer zentralen Planungsbehörde vorausbestimmt oder geschätzt. Aufgrund der Summe der geschätzten künftigen Bedürfnisse müssen von der Zentralbehörde Produktionspläne entworfen werden, welche die staatliche Güterproduktion der nächsten Jahre detailliert regeln.

Frühzeitige zentrale Wirtschaftsplanung

14 **Beispiel:** Wenn das Produktionsziel an leichten Sommerschuhen für die Jahre 1–6 die Menge X sein soll, so muss nicht nur geplant und entschieden werden, welche Mengen in welchen Grössen und Sorten an Schuhen in welchen Schuhfabriken (sofern diese schon gebaut sind) produziert werden. Es muss natürlich auch in die Planung mit einbezogen werden, wie viel Stoff, Leder, Schnürsenkel, aber auch Treibstoff und Ersatzteile für Maschinen usw. dafür benötigt werden und wer für diese Zulieferungen und für die Belieferung der Zulieferer zuständig ist. Ferner muss berücksichtigt werden, wie viele Arbeitskräfte, insbesondere wie viele spezialisierte Fachkräfte, zur Schuhproduktion benötigt werden, und es muss sichergestellt werden, dass ein genügender Nachschub an spezialisierten Arbeitskräften besteht.

Das planwirtschaftliche Wirtschaftssystem ist im Extremfall eine reine 15
Staatswirtschaft. Alle Produktionsmittel befinden sich in der Hand des
Staates, und dieser legt die allgemein verbindlichen Produktionspläne
fest. Die Behörden bestimmen allein, was in welcher Menge produziert
wird und wie und zu welchen Bedingungen die produzierten Güter an
die Bevölkerung verteilt werden. Einen Markt im eigentlichen Sinne gibt
es nicht. In einem rein planwirtschaftlich organisierten Staat gibt es
kein freies Eigentum und keine Wirtschaftsfreiheit, keine Vertragsfreiheit, keine Niederlassungsfreiheit und streng genommen auch keine
Berufsfreiheit. Benötigt wird in diesem Staat jedoch ein gut ausgebautes
Wirtschaftsverwaltungsrecht. Triebfeder der Wirtschaft ist die Erfüllung
des Produktionsplanes. Um die Planvorgaben möglichst effizient zu
erfüllen, werden materielle (Prämien) oder immaterielle Anreize (Beför-
derung, Verleihung eines Ordens) gewährt. Die Produktion wird primär
über behördliche Gebote und Verfügungen gesteuert.

Das einfache Beispiel mit den Schuhen zeigt, dass das planwirtschaft- 16
liche Modell in einer komplexen, arbeitsteiligen Industrie- und Dienstleis-
tungsgesellschaft an seine Grenzen stossen muss. Ein paar Gründe:

- Die wirtschaftlichen Bedürfnisse der Teilnehmer können im 17
  Voraus falsch eingeschätzt werden. Die Folge: Es wird entweder
  zu viel oder zu wenig von einem bestimmten Gut produziert.

- Es ist praktisch nicht möglich, sämtliche Produktionspläne aufeinander abzustimmen und die Staatsbetriebe optimal mit Produkti-
  onsmitteln auszustatten.

- Das System ist sehr schwerfällig, weil Kursänderungen oder
  Anpassungen der Jahrespläne nur von der Zentrale entschieden
  werden können – Innovationen werden so behindert.

- Mit knappen Rohstoffen wird tendenziell nicht haushälterisch
  umgegangen, da sich die Knappheit des Gutes solange nicht im
  Preis äussert, als die Rohstoffe nicht importiert werden müssen.

3. Wirtschaftskoordination durch Gruppen-vereinbarungen

Gemäss diesem (wie die Marktwirtschaft privatautonomen) Koordinati- 18
onsmodell werden einige wirtschaftlich relevante Entscheidungen
weder vom Staat noch von den privaten Individuen getroffen, sondern
von privatwirtschaftlichen Verbänden, welche die wirtschaftlichen Interessen ihrer Mitglieder **vertreten**.

Denkbar sind unterschiedliche Kategorien von Gruppenvereinbarungen:

Unterschiedliche Kategorien von Gruppenverein- barungen ...

• Vereinbarungen zwischen Gruppen mit weitgehend identischen wirtschaftlichen Interessen (zum Beispiel Vereinbarungen inner- halb der Angebotsseite der Autoindustrie). Diese lassen sich weiter unterscheiden in:

  – Absprachen zwischen Unternehmen gleicher Marktstufen (also zwischen Konkurrenten, *horizontale Absprachen)* und

  – Absprachen zwischen Unternehmen verschiedener Marktstufen (z.B. Hersteller-Händler, *vertikale Abreden).*

• Vereinbarungen zwischen Gruppen mit unterschiedlichen wirt- schaftlichen Interessen (zum Beispiel zwischen der Arbeitneh- mer- und der Arbeitgeberseite der Autoindustrie).

19   Im *ersten Fall* wird die Wirtschaft so koordiniert, dass sich die Konkur- renten darauf einigen, zu welchen Preisen sie liefern oder in welche Gebiete die einzelnen Unternehmen ausschliesslich zu liefern berech- tigt sind. Ziel dieser Absprachen ist die gezielte Verhinderung von Wett- bewerb. Gegenstand von Vereinbarungen kann auch eine Zusammenar- beit verschiedener Unternehmen in Forschung und Entwicklung, Herstellung oder Vertrieb ihrer Produkte sein. Ziel solcher Absprachen ist die Senkung von Produktions- oder Vertriebskosten.

... mit unter- schiedlichen Zielsetzungen.

20   Im *zweiten Fall* schliessen sich die Arbeitnehmer einer bestimmten Branche zusammen, um gemeinsam mit einer gewissen Marktmacht ihre Interessen gegenüber der Arbeitgeberseite durchzusetzen. Verhandlungspartner sind die Arbeitnehmerverbände (Gewerkschaften) auf der einen und die Arbeitgeberverbände auf der anderen Seite.

21   Die Wirtschaftskooperation durch Gruppenvereinbarungen neigt system- bedingt dazu, den freien Wettbewerb nicht zuzulassen, und führt daher zu höheren Preisen. Anderseits kann dieses System in nach aussen abgeschotteten Volkswirtschaften eine gewisse wirtschaftliche Stabilität garantieren; dies jedoch tendenziell auf Kosten von Innovation und Modernisierung.

Nachteile der Verbands- wirtschaft

Notwendige Voraussetzung dieses Systems sind die Vertrags- und vor allem die Koalitionsfreiheit. Gerade in diesem System wird die Vertrags- freiheit aus Sicht der einzelnen Wirtschaftsteilnehmer vor allem dann wieder eingeschränkt, wenn die Wirtschaftssubjekte einen Vertrag abschliessen wollen, dessen Inhalt einer geltenden Gruppenvereinba- rung entgegensteht.

4. Wirtschaftskoordination durch demokratische Wahlen und Abstimmungen

Angebots-
steuerung über
politische Willens-
bildungsprozesse

Dieses Koordinationsmodell kann in einem demokratischen Staat zum 22
Zuge kommen, dessen Wirtschaft weder über den freien Markt noch
über Gruppenvereinbarungen in der Lage ist, die Gesellschaft zur Befrie-
digung aller Mitglieder optimal mit Gütern und Dienstleistungen zu
versorgen. Sofern man aus demokratischen und staatspolitischen Überlegungen nicht auf das Modell der rein zentralen, staatlichen Planung
zurückgreifen will, ist es denkbar, den Staat auf dem politischen Weg zu
beauftragen, gewisse wirtschaftliche Leistungen anzubieten, die von
der freien Wirtschaft nicht oder nicht für alle Bürger erschwinglich angeboten werden (z.B. Schulen, medizinische Versorgung, Kultur, Sicherheit
usw.). Dies erfordert jedoch ein politisches System, das konsensfähige
Entscheide ermöglicht und einen gewissen Minderheitenschutz
vorsieht.

Beispiele

Aus Sicht der Bürger wird der Staat in diesem System zum Anbieter von 23
Gütern und Dienstleistungen. Das Angebot wird jedoch nicht nur zentral
durch den Staat bestimmt, sondern auch durch politische Prozesse
gesteuert, namentlich durch:

- Wahlen (wofür stehen die zur Wahl stehenden Personen ein?),

- Sachabstimmungen (NEAT ja oder nein?) oder

- Verfassungsbestimmungen (Ist die Post Sache des Staates?).

C. Beispiel: Fall I

Wir werden nun unser Referenzunternehmen einführen, dem wir in 24
jedem Kapitel dieses Skriptes begegnen werden. Damit können die
möglichen Auswirkungen des schweizerischen Wirtschaftsrechts auf
die Wirtschaftsteilnehmer am Beispiel des immer gleichen expandierenden Gewerbebetriebes diskutiert werden.

Hans, 28, hat die Nase voll von seinem Job als kaufmännischer Ange- 25
stellter einer Bankfiliale in Thalwil ZH. Er entschliesst sich, den Beruf zu
wechseln und dem Vorbild seines Onkels nachzueifern, der bis zu seiner
Pensionierung vor ein paar Jahren in Ebikon LU einen lukrativen Handel
mit Autos sowie Autoersatzteilen betrieben hatte. Sein Onkel hatte das
Geschäft nach der Pensionierung an einen familienfremden Nachfolger

vermietet. Dieser fiel jedoch, unter anderem infolge der inzwischen gewachsenen Konkurrenz, schon bald in Konkurs. Die Räumlichkeiten standen seither leer. Hans erwirbt die Gewerberäume seines Onkels in Ebikon günstig.

26 **Erste Fragen und Übungen:**

Wir haben gezeigt, wer (Private, Staat, Verbände, Stimmvolk) in welchem Wirtschaftssystem die zur Wirtschaftskoordination relevanten Entscheidungen trifft. *Überlegen Sie sich, wer in der Schweiz legitimiert ist, in den nachfolgenden Fragen zu entscheiden oder allenfalls mitzureden.* (Die konkreten Fragen zum Sachverhalt folgen erst am Schluss des Kapitels.)

27   1. Wer entscheidet, ob in der Schweiz überhaupt Autos gefahren werden dürfen?

   2. Wer soll, muss oder darf die Autos produzieren? Gibt es allenfalls zwingende Produktionsstandards? Und wenn ja: Wer ist legitimiert, solche Produktionsstandards festzulegen?

   3. Wäre auch der Staat legitimiert, in die Autoproduktion einzusteigen? Wenn ja: Warum? Wenn nein: Warum nicht?

   4. Dürfte der Staat die Autoindustrie finanziell unterstützen (vgl. den Fall SWISS)?

   5. Wer trägt hierzulande im Autogewerbe das unternehmerische Risiko?

   6. Wer darf die Autos kaufen? Wer darf sie fahren und unter welchen Bedingungen? Wer legt diese Bedingungen fest?

   7. Wer legt die Breite des Angebots fest? Wer koordiniert die Nachfrage?

   8. Wer bestimmt den Preis der Autos? Welches Prinzip steckt dahinter?

   9. Wer setzt in der Autoindustrie (Produktion, Handel, Garagen) die Löhne der Arbeitnehmer fest? Welches Prinzip steckt hier dahinter?

  10. Wer setzt die Löhne der Manager fest? Kommen die Managerlöhne nach ein und demselben Prinzip zustande?

  11. Wer baut und bezahlt die Strassen? Welches Prinzip steckt hier dahinter?

  12. Welche Koordinationsmechanismen steuern die Schweizer Wirtschaft?

D. Konzeption der schweizerischen Wirtschaftsverfassung

1. Einleitung

Der *Begriff* «Wirtschaftsverfassung» umfasst alle Normen mit Verfas- 28
sungsrang, welche die Koordination der Wirtschaft zum Ziel haben. Für
welche Koordinationsmechanismen hat sich der schweizerische Verfassungsgeber entschieden?

Normen mit
Verfassungsrang

Die geltende Bundesverfassung enthält eine beachtliche Anzahl Bestim- 29
mungen, die für die Koordination der Wirtschaftsprozesse von Bedeutung sind. Um zu klären, welches Wirtschaftsmodell der schweizerischen
Bundesverfassung zugrunde liegt, wollen wir nachfolgend nur die *rele-
vantesten Verfassungsbestimmungen* unter die Lupe nehmen.

So werden wir bspw. die Präambel und den Zweckartikel (Art. 2 BV) 30
ausser Acht lassen. Ausserdem werden wir im 3. Titel, 2. Kapitel der
Bundesverfassung auf die Abschnitte *Umwelt und Raumplanung* (Art.
73 ff. BV), *Öffentliche Werke und Verkehr* (Art. 81 ff. BV) sowie *Energie
und Kommunikation* (Art. 89 ff. BV) *nicht näher eingehen*, obwohl diese
Verfassungsbestimmungen sehr wohl die Wirtschaftskreisläufe beeinflussen (was etwa an den Beispielen «Umweltschutz» oder «Schwerver-
kehrsabgabe» ohne weiteres einleuchtet).

Ebenso ausser Betracht lassen wir das Wirtschaftsvölkerrecht (z.B. 31
WTO-Verträge, Freihandelsabkommen und bilaterale Verträge mit der
EU), obwohl diese internationalen Abkommen direkt auf die nationale
Verfassungsgebung bzw. deren völkerrechtskonforme Auslegung
einwirken.

2. Grundrechte

Wirtschaftliche
Grundrechte

Die Grundrechte sind im 1. Kapitel des 2. Titels der geltenden Bundes- 32
verfassung verankert. Für die schweizerische Wirtschaftsverfassung
sind vor allem folgende Grundrechte von überragender Bedeutung:

- die Wirtschaftsfreiheit (Art. 27 BV),
- die Eigentumsgarantie (Art. 26 BV),
- die Koalitionsfreiheit (Art. 28 BV) und
- die Niederlassungsfreiheit (Art. 24 BV).

33 Vergleichen Sie kurz die nachstehende Übersicht, bevor wir auf den Inhalt der einzelnen Grundrechte zu sprechen kommen:

34

Grundrecht	Inhalt
Wirtschaftsfreiheit	Implizit: Vertragsfreiheit und Privatautonomie. Schutz der freien Berufswahl. Schutz der privatwirtschaftlichen Erwerbstätigkeit vor staatlichen Eingriffen in den freien Wettbewerb. «Hüterin einer privatwirtschaftlichen Ordnung».
Eigentumsgarantie	Institutsgarantie: Schutz des Eigentums als unantastbares Institut der schweizerischen Rechtsordnung. Bestandesgarantie: Schutz des Eigentums vor ungerechtfertigten staatlichen Eingriffen. Wertgarantie: Recht auf volle Entschädigung bei gerechtfertigten Enteignungen und Eigentumsbeschränkungen.
Koalitionsfreiheit	Recht der Sozialpartner, sich zum Schutz ihrer wirtschaftlichen Interessen zu Koalitionen zusammenzuschliessen. Freiheit der einzelnen Individuen, solchen Vereinigungen beizutreten oder fernzubleiben. Recht, unter bestimmten Voraussetzungen Streik oder Aussperrung als Mittel des Arbeitskampfes einzusetzen.
Niederlassungsfreiheit	Recht, sich an jedem Ort des Landes niederzulassen.

Tabelle 2: Wirtschaftliche Grundrechte

a) Die Wirtschaftsfreiheit

35 Art. 27 BV garantiert die Wirtschaftsfreiheit (früher: Handels- und Gewerbefreiheit [Art. 31 aBV]). Das Grundrecht umfasst «insbesondere die freie Wahl des Berufes sowie den Zugang zu einer privatwirtschaftlichen Erwerbstätigkeit und deren freie Ausübung» (Art. 27 Abs. 2 BV). Träger der Wirtschaftsfreiheit sind die natürlichen Personen sowie die juristischen Personen des Privatrechts. Die Wirtschaftsfreiheit beruht auf dem Gedanken der *Privatautonomie* sowie der *Vertragsfreiheit* und schützt als *Individualrecht* jede «privatwirtschaftliche Erwerbstätigkeit».[1]

Privatautonomie und Vertragsfreiheit

36 Das Bundesgericht hat festgehalten, dass die Wirtschaftsfreiheit eine «wirtschaftspolitische Grundentscheidung für ein System des freien Wettbewerbs und die Schaffung eines einheitlichen schweizerischen

Wirtschaftspolitische Grundentscheidung

....

1 BGE 116 Ia 118, 121; 123 I 12, 15.

Wirtschaftsraums» beinhaltet,[2] und bezeichnete das Grundrecht gar als «Hüterin einer privatwirtschaftlichen Ordnung».[3] Das Gericht leitet aus diesem Grundrecht ausserdem die Grundsätze der Wettbewerbsneutralität staatlichen Handelns sowie der Gleichbehandlung der Gewerbegenossen ab.[4]

Wirtschaft ist Sache der Privaten

Durch die von der Verfassung garantierte Wirtschaftsfreiheit werden demnach die zur Wirtschaftskoordination entscheidenden Fragen («wer» «was» «für wen» usw. produziert und vertreibt) der Disposition der privaten Wirtschaftsteilnehmer überlassen. *Wirtschaft ist Sache der Privaten* und nicht des Staates. Für sich allein betrachtet garantiert dieses Grundrecht somit eine freie Marktwirtschaft, in der die Wirtschaftsprozesse rein privatrechtlich dezentral koordiniert werden. 37

Die Wirtschaftsfreiheit gilt aber nicht uneingeschränkt. Die Verfassung schränkt den Geltungsbereich des Grundrechts durch Vorbehalte auch wieder ein. Zwar statuiert Art. 94 Abs. 1 BV, dass sich Bund und Kantone an den Grundsatz der Wirtschaftsfreiheit halten sollen. Gemäss Art. 94 Abs. 4 BV sind jedoch Abweichungen vom Grundsatz zulässig. Dies umfasst auch Massnahmen, die den Wettbewerb beeinträchtigen, sofern sie in der Verfassung vorgesehen oder durch kantonale Regalrechte begründet sind. 38

Schranken der Wirtschaftsfreiheit

Das Bundesgericht hat in seiner Rechtsprechung zur Handels- und Gewerbefreiheit bei der Beurteilung kantonaler Bestimmungen zwar immer betont, dass «wirtschaftspolitische oder standespolitische Massnahmen, die den freien Wettbewerb behindern, um gewisse Gewerbezweige oder Bewirtschaftungsformen zu sichern oder zu begünstigen», unzulässig seien.[5] In konstanter Praxis schützt das Gericht aber staatliche, «im öffentlichen Interesse begründete Massnahmen, namentlich *polizeilich* motivierte Eingriffe zum Schutz der öffentlichen Ordnung, Gesundheit, Sittlichkeit sowie Treu und Glauben im Geschäftsverkehr oder *sozialpolitisch* begründete Einschränkungen».[6] Solche Einschränkungen bedürfen allerdings einer gesetzlichen und letztlich einer verfassungsrechtlichen Grundlage, müssen im öffentlichen Interesse liegen und dürfen weder gegen die Grundsätze der Verhältnismässigkeit noch der Rechtsgleichheit (im Sinne der Wettbewerbsneutralität) verstossen. Ferner darf in das Grundrecht nur unter Beachtung seines unantastbaren Kerngehaltes eingegriffen werden (Art. 36 BV). 39

....

2   BGE 116 Ia 240.
3   BGE 124 I 18 f.
4   BGE 121 I 132 ff.
5   BGE 118 Ia 176.
6   BGE 123 I 15 und dort zitierte Entscheide.

40 **Fazit:** Die von der Verfassung garantierte Wirtschaftsfreiheit koordiniert unser Wirtschaftssystem in hohem Masse. Sie steht mit dem privatrechtlichen Grundsatz der Vertragsfreiheit und dem ungeschriebenen Grundrecht der Privatautonomie in einem untrennbaren Zusammenhang. Die Wirtschaftsfreiheit garantiert eine privatrechtliche Wettbewerbswirtschaft. Die damit garantierte marktwirtschaftliche Ordnung «findet ihre Legitimation darin, dass dadurch die wirtschaftlichen Bedürfnisse der Bevölkerung möglichst effizient und preisgünstig befriedigt werden sollen».[7] Der Grundsatz der Wirtschaftsfreiheit gilt jedoch nicht absolut, sondern kann im öffentlichen Interesse durch die Verfassung oder das Gesetz eingeschränkt werden (Art. 36 und Art. 94 Abs. 4 BV).

b) Die Eigentumsgarantie

41 Artikel 26 BV statuiert die Eigentumsgarantie. Träger des Grundrechts sind die natürlichen Personen, die juristischen Personen des Privatrechts sowie die Gemeinwesen, soweit sie wie Private betroffen sind. Wie alle Grundrechte gilt die Eigentumsfreiheit jedoch nicht absolut und kann unter den in Art. 36 BV genannten Voraussetzungen eingeschränkt werden.

Instituts-, Bestandes- und Wertgarantie

Die Eigentumsgarantie gilt einerseits als *Institutsgarantie*, welche das Privateigentum als fundamentale Einrichtung unserer Rechtsordnung schützt.[8] Dieses Institut darf weder beseitigt noch ausgehöhlt oder durch ein anderes Institut ersetzt werden. Die Eigentumsgarantie ist ausserdem *Bestandesgarantie*. Als solche schützt sie die konkreten Eigentumsrechte vor ungerechtfertigten staatlichen Eingriffen und verleiht das Recht, Eigentum zu erwerben, zu nutzen und darüber zu verfügen. Drittens statuiert Art. 26 Abs. 2 BV eine *Wertgarantie* bei gerechtfertigten formellen und materiellen Enteignungen.

42 Die Eigentumsgarantie ist neben der Privatautonomie eine unabdingbare Voraussetzung der durch die Wirtschaftsfreiheit garantierten Privatwirtschaftsordnung. Ein freiheitliches Wirtschaftssystem ermöglicht es, privates Eigentum zu bilden und darüber frei verfügen[9] zu können. Sie ist deshalb ein wichtiger Motor, um die Wirtschaftsprozesse dieses Systems zu koordinieren und in Gang zu halten.

43 **Beispiel:** Konsumenten und Unternehmer stehen sich als Eigentümer gegenüber. Der Unternehmer kann in der Regel nicht ohne eigenes Geld in Produktionsmittel investieren. Verfügt er über eigene Mittel, so steckt er sie nicht allein deshalb in ein Unternehmen, weil er sich vom selbständigen Erwerb mehr Lebensgenuss verspricht. Als zusätzliche Motivation wird häufig auch die

....

7 BGE 124 I 25, 31 und dort zitierte Verweise.
8 BGE 119 Ia 348, 353.
9 BGE 119 Ia 348, 353.

Möglichkeit eine wichtige Rolle spielen, das Vermögen zu vermehren. Die Konsumentinnen und Konsumenten ihrerseits entscheiden aufgrund ihrer verfügbaren finanziellen Mittel, welche wirtschaftlichen Bedürfnisse sie befriedigen wollen und können. Alle diese Entscheide setzen die Eigentumsgarantie voraus und koordinieren die Wirtschaft in hohem Masse.

c) Die Koalitionsfreiheit

Artikel 28 der Bundesverfassung gewährleistet die Koalitionsfreiheit. 44 Sie gewährt den Arbeitnehmern und Arbeitgebern das Recht, sich in Gewerkschaften oder in Arbeitgeberverbänden zu organisieren. Gemäss Art. 28 Abs. 1 BV steht es den einzelnen Individuen jederzeit frei, solchen Vereinigungen beizutreten oder ihnen fernzubleiben.

Der Zweck der Vereinigungen liegt darin, die Interessen ihrer Mitglieder 45 auf dem Arbeitsmarkt zu vertreten. Um den Preis der Arbeit festzulegen, können sich also nicht nur private Individuen gegenüber stehen, sondern auch Vereinigungen, welche die gebündelten Interessen der einzelnen Mitglieder vertreten.

Die von der Verfassung garantierte Koalitionsfreiheit führt dazu, dass 46 der Arbeitsmarkt über Gruppenvereinbarungen koordiniert werden kann; im Gegensatz zum Güter- und Dienstleistungsmarkt, der gemäss der Wirtschaftsfreiheit allein über Verträge zwischen Individuen auf dem freien Markt gesteuert werden soll.

Arbeitnehmer-schutz durch kollektive Interessenwahr-nehmung

Welche rechtspolitischen Ziele sollen mit dem Grundrecht der Koaliti- 47 onsfreiheit erreicht werden? Weshalb will der Verfassungsgeber den Arbeitsmarkt nicht ebenfalls dem freien Spiel der Marktkräfte überlassen? Die Koalitionsfreiheit soll es den Arbeitnehmerinnen und Arbeitnehmern ermöglichen, sich zusammenzuschliessen, um im Arbeitsmarkt ihre Interessen gegenüber den Arbeitgebern besser durchsetzen zu können. Wieso? Auf einem freien Arbeitsmarkt treffen sich sowohl Arbeitnehmer als Anbieter von Arbeitskraft als auch Arbeitgeber als Nachfrager dieses Gutes. Wenn dabei die Höhe des künftigen Arbeitslohnes und andere Vertragskomponenten ausgehandelt werden, ist der Arbeitnehmer als Individuum tendenziell die schwächere Vertragspartei. Dies trifft umso eher zu, je weniger berufliche Qualifikationen er vorweisen kann, je mehr Arbeitnehmer mit gleichen beruflichen Qualifikationen auf dem Arbeitsmarkt auftreten und je austauschbarer er somit aus der Sicht des Arbeitgebers ist. Es spielen auch hier Angebot und Nachfrage.

48 **Beispiel:** Der Arbeitslohn ist für einen typischen Arbeitnehmer regelmässig die einzige Einkommensquelle. Um sich diese Einkommensquelle zu erschliessen, muss er seine beruflichen Qualifikationen auf dem Arbeitsmarkt anbieten. Besteht nun auf dem Markt ein übergrosses Angebot an Arbeitskräften, so ist der Arbeitnehmer faktisch gezwungen, seine Arbeitsleistung bei grosser Konkurrenz fast zu jedem (noch so tiefen) Preis anzubieten. Er ist auf ein (wenn auch noch so kleines) Einkommen existenziell angewiesen. Bei fallenden Preisen für die Arbeitsleistung hat der Arbeitnehmer somit faktisch nicht die Freiheit, auf das Angebot seiner Arbeitskraft zu verzichten. Er ist darauf angewiesen, ein Einkommen zu generieren, und wird deshalb seine Arbeitskraft auch bei fallenden Preisen anbieten und dafür einfach länger arbeiten müssen.

49 **Das Konzept der Wirtschaftsfreiheit und die dadurch garantierte freie Wirtschaft gehen von Vertragspartnern aus, die mit gleicher Marktmacht ausgestattet sind.** Um auf dem Arbeitsmarkt ebenbürtige Verhandlungspartner zu haben, sollte die jeweils kleine individuelle Marktmacht der Arbeitnehmerinnen und Arbeitnehmer der tendenziell grösseren Marktmacht der Arbeitgeberseite geballt gegenübertreten können. Dies ist jedoch nur dann möglich, wenn sich die Arbeitnehmerschaft zu Verbänden zusammenschliessen und mit ihren Vertragspartnern kollektiv verhandeln kann. Dies trifft zwar nicht generell auf alle Arbeitnehmerinnen und Arbeitnehmer zu, aber auf weite Teile der Arbeitnehmerschaft. Aber auch auf Arbeitgeberseite erleichtert deren Zusammenschluss zu Verbänden diese kollektiven Verhandlungen.

Verhandlungen zwischen Arbeitgebern und organisierter Arbeitnehmerschaft

50 Die Koalitionsfreiheit kann sich folglich nicht darin erschöpfen, dass sich Arbeitnehmer und Arbeitgeber in Verbänden zusammenschliessen dürfen. Sie muss vielmehr auch den Schutz der *Tätigkeiten* dieser Verbände umfassen.

51 Zu solchen Tätigkeiten ist insbesondere das Aushandeln von verbindlichen Gesamtarbeitsverträgen (Art. 365 ff. OR) zwischen den Sozialpartnern (Arbeitgeber- und Arbeitnehmerverbänden) zu zählen. Gesamtarbeitsverträge enthalten einerseits Bestimmungen, die bloss die *vertragsschliessenden Koalitionen* verpflichten (so etwa die Pflicht, den Arbeitsfrieden zu wahren). Andererseits enthalten Gesamtarbeitsverträge Bestimmungen, die nur die *einzelnen Mitglieder* der vertragsschliessenden Koalitionen, also die Arbeitgeber und die Arbeitnehmerinnen und Arbeitnehmer, verpflichten (so etwa die Bestimmungen betreffend Abschluss, Inhalt und Beendigung der Arbeitsverhältnisse). Solche Bestimmungen eines Gesamtarbeitsvertrages werden für die Mitglieder der vertragsschliessenden Verbände zu unmittelbar verbindlichem Recht. Die privaten Verbände haben also aufgrund der Gesamtvertragsautonomie Rechtsetzungshoheit. Gemäss Art. 110 Abs. 1 lit. d

Gesamtarbeitsverträge («GAV»)

BV ist der Bund unter bestimmten Voraussetzungen sogar ermächtigt, Gesamtarbeitsverträge für allgemeinverbindlich zu erklären und damit deren normative Wirkung auf den ganzen betroffenen Wirtschaftszweig und folglich auch auf Nichtmitglieder der Vertragsverbände auszudehnen. Privat gesetztes Recht wird auf diesem Wege in staatliches Recht umgewandelt.[10]

Zulässigkeit von Streik oder Aussperrung

Art. 28 Abs. 2 BV sieht vor, dass allfällige Streitigkeiten zwischen den Sozialpartnern durch Verhandlung oder Vermittlung beigelegt werden sollen. Gemäss Art. 28 Abs. 3 BV werden jedoch der Streik und dessen arbeitsrechtliches Gegenstück, die Aussperrung, ausdrücklich für zulässig erklärt, sofern sie einerseits Arbeitsbeziehungen betreffen und andererseits keine Verpflichtungen entgegenstehen, welche die Erhaltung des Arbeitsfriedens oder Schlichtungsverhandlungen zum Zweck haben. Diese zulässigen Arbeitskampfmittel sind Ausdruck der Gesamtvertragsautonomie der Verbände und haben zum Zweck, während der Verhandlungen entstandene Pattsituationen mittels Machtausübung zu deblockieren. Zur Streikergreifung sind jedoch lediglich die Arbeitnehmerverbände befugt, nicht aber die individuellen Arbeitnehmerinnen und Arbeitnehmer. 52

Ausnahmen vom Streikrecht

Arbeitskampfmittel wie Streik oder Aussperrung, die wie gezeigt letztlich in der Gesamtvertragsautonomie begründet sind, können jedoch zur Vertragsdurchsetzung nur auf dem privatwirtschaftlichen Arbeitsmarkt beansprucht werden. Gemäss Art. 28 Abs. 4 BV kann der Gesetzgeber bestimmten Kategorien von Personen den Streik verbieten. Für die Angestellten des öffentlichen Dienstes etwa gilt in aller Regel ein Streikverbot. Dies lässt sich damit begründen, dass die öffentlich-rechtlichen Anstellungsverhältnisse nicht auf privatautonomen Gruppenvereinbarungen beruhen, sondern – zumindest grundsätzlich – auf demokratisch gefällten Entscheiden des Gesetzgebers. Aus diesem Grund kann in solchen Fällen das Streikrecht auch nicht als notwendiges Mittel zur Deblockierung von Pattsituationen im *privatautonomen* Arbeitskampf begründet werden. 53

Fazit: Die von der Verfassung garantierte Koalitionsfreiheit, die Arbeitskampffreiheit sowie die Gesamtvertragsautonomie garantieren einen privaten Arbeitsmarkt, der darauf angelegt ist, dass der Preis der Arbeit (Lohn inkl. weitere Vertragskomponenten) zwischen Interessenvertretern der Arbeitgeber- und der Arbeitnehmerseite ausgehandelt wird, die je mit kollektiver Marktmacht ausgestattet sind. Grosse Teile des Arbeitsmarktes werden somit über Gruppenvereinbarungen koordiniert. Die Gruppenvereinbarungen haben primär den Abschluss von Gesamtarbeitsverträgen zum Gegenstand; das Ziel ist jedoch die Erhaltung des Arbeitsfriedens (Art. 357a Abs. 2 OR). 54

....
[10]   BGE 98 II 205.

55 Die Arbeitsverfassung hat insbesondere aufgrund der Vertragsfreiheit, die der Gesamtvertragsautonomie (oder Tarifautonomie) zugrunde liegt, einen liberalen, freiheitlichen Charakter. *Der Staat darf sich nicht in die Lohnverhandlungen der Sozialpartner einmischen und hat sich grundsätzlich unparteiisch zu verhalten.* Es verbleiben ihm allerdings aufgrund der Verfassungsbestimmungen in Art. 110 ff. BV dennoch weitgehende Kompetenzen, in den Arbeitsmarkt im weiteren Sinne koordinierend einzugreifen.[11]

Der Grundsatz der Privatautonomie im Arbeitsmarkt

d) Die Niederlassungsfreiheit

56 Ebenso wie die Eigentumsgarantie, die Wirtschaftsfreiheit und die Privatautonomie ist auch die Niederlassungsfreiheit eine notwendige Voraussetzung einer freien Privatwirtschaftsordnung. Während die Freiheit der geschäftlichen Niederlassung und des Ortes der Berufsausübung in der Wirtschaftsfreiheit beinhaltet sind, gewährt Art. 24 BV die persönliche Niederlassungsfreiheit: «Schweizerinnen und Schweizer haben das Recht, sich an jedem Ort des Landes niederzulassen.»

e) Kurzer Rückblick und Zwischenergebnis

57 Das Grundrecht der Wirtschaftsfreiheit ist Dreh- und Angelpunkt der schweizerischen Wirtschaftsverfassung. Wie gezeigt gilt die Wirtschaftsfreiheit nicht absolut, sondern kann entweder durch die Verfassung selber, durch das Gesetz (Art. 36 BV) oder durch kantonale Monopolrechte («Regale») eingeschränkt werden. Dennoch garantiert die Wirtschaftsfreiheit im Gespann mit der Eigentumsgarantie eine private und freiheitliche, über die Marktmechanismen gesteuerte Wettbewerbswirtschaft. Auf der anderen Seite kann der Arbeitsmarkt über Gruppenvereinbarungen koordiniert werden. Dennoch behält die Wirtschaftsverfassung ihren freiheitlichen Charakter. Denn letztlich beruht auch die Arbeitsverfassung auf dem Grundsatz der Privatautonomie, selbst wenn sich im Arbeitsmarkt zur Verhandlung legitimierte Berufsverbände anstelle von Individuen als Vertragspartner gegenüberstehen können.

58 Nach diesen Feststellungen wollen wir im folgenden Kapitel zwei Fragen nachgehen:

- Kann eine freiheitlich-private Wettbewerbswirtschaft allein mit den statuierten Grundrechten garantiert werden oder bedingt diese Zielsetzung eine Folgegesetzgebung?

....

[11] Vgl. dazu die Ausführungen im Kapitel Arbeitsrecht, S. 135 ff.

- Sieht die Verfassung auch Abweichungen vom Grundsatz der Wirtschaftsfreiheit vor und wo ist der Staat legitimiert, selber koordinierend in die Wirtschaftskreisläufe einzugreifen?

3. Kompetenzen und Pflichten des Staatswesens im Bereich der schweizerischen Wirtschaft

Grundsätze der schweiz. Wirtschaftsverfassung

Im Abschnitt *Wirtschaft*[12] der Bundesverfassung werden die zentralen Bundeskompetenzen im Bereich der Wirtschaft aufgezählt. Gleich zu Beginn wird der wohl wichtigste Grundsatz der schweizerischen Wirtschaftsordnung in der Verfassung verankert: *Bund und Kantone halten sich an die Wirtschaftsfreiheit* (Art. 94 Abs. 1 BV). Damit bekennt sich der Verfassungsgeber nochmals ausdrücklich zum Prinzip einer privatautonomen, staatsfreien Marktwirtschaft, obwohl er dies mit der Gewährung des Grundrechts der Wirtschaftsfreiheit (Art. 27 BV) eigentlich bereits vorweggenommen hat. Der Bund und die Kantone haben überdies die Interessen der schweizerischen Gesamtwirtschaft zu wahren und im Rahmen ihrer Zuständigkeiten für günstige Rahmenbedingungen der privaten Wirtschaft zu sorgen (Art. 94 Abs. 2 und 3 BV).   59

Die Verfassung räumt dem Bund im Bereich des Wirtschaftsrechts weitreichende Kompetenzen ein. Er kann namentlich Vorschriften erlassen: 60

- über die Ausübung der privatwirtschaftlichen Tätigkeit (Art. 95 Abs. 1 BV),
- zum Schutz des Wettbewerbs (Art. 96 BV),
- zum Schutz der Konsumentinnen und Konsumenten (Art. 97 BV),
- zur Aufsicht über die Banken und Versicherungen (Art. 98 BV),
- zur Geld- und Währungspolitik (Art. 99 BV),
- zur Konjunkturpolitik (Art. 100 BV),
- zur Aussenwirtschaftspolitik (Art. 101 BV),
- zur Landesversorgung (Art. 102 BV),
- zur Strukturpolitik (Art. 103 BV),
- zur Landwirtschaft (Art. 104 BV),
- zum Alkoholwesen (Art. 105 BV),

....

12   3. Titel, 2. Kapitel, 7. Abschnitt, Art. 94 – 107 BV.

- im Glücksspielwesen (Art. 106 BV) und

- zum Waffen- und Kriegsmaterial (Art. 107 BV).

61 Wir werden uns im Folgenden auf die nachstehend aufgelisteten Gebiete beschränken:

62

Bundeskompetenzen	Verfassungsartikel	Wirtschaftsrechtliche Erlasse (nicht vollständig)
Wettbewerbsschutz	BV 96	• Kartellgesetz (SR 251) • UWG (SR 241) • PÜG (SR 942.20) • BGBM (SR 943.02)
Konsumentenschutz	BV 97	• KKG (SR 221.214.1) • KIG (SR 944.0) • PrHG (SR 221.112.944)
Finanzmarktaufsicht	BV 98	• BEHG (SR 954.1) • BankG (SR 952.0) • AFG (SR 951.31) • GwG (SR 955.0)

Tabelle 3: Zu behandelnde Bundeskompetenzen im Bereich Wirtschaft

a) Wettbewerbspolitik (Art. 96 BV)

63 Eine privatwirtschaftlich-freiheitliche Wettbewerbswirtschaft installiert sich nicht allein dadurch, dass der Verfassungsgeber sie als Grundrecht ausgestaltet. Es braucht zusätzlich einen gesetzlichen Unterbau, der die mit den Grundrechten verfolgten Ziele konkretisiert und umsetzt. Erforderlich ist primär, dass das Wirtschaftsprivatrecht vom Gesetzgeber grundsatzkonform ausgestaltet wird.

Gesetzgeberische Umsetzung der Wirtschaftsordnung

Dazu gehören namentlich das Vertragsrecht, das Handels- und Gesellschaftsrecht und das Immaterialgüterrecht.[13] Wer will, dass Unternehmen gegründet werden, und freier Handel betrieben wird, muss dafür den notwendigen rechtlichen Rahmen bereitstellen. Wer überdies will, dass die gewollte Privatwirtschaft eine Wettbewerbswirtschaft sei, kommt wie einleitend gezeigt nicht umhin, zusätzlich zu den bereits erwähnten Rechtsbereichen Gesetze zum Schutz des Wettbewerbs zu erlassen. Dazu gehören v.a. die folgenden Regelwerke:

....

13 Das Immaterialgüterrecht bildet ebenfalls einen Bestandteil des Lehrmittels: Einführung in das Immaterialgüterrecht, S. 157 ff.; Patentrecht, S. 173 ff.; Markenrecht, S. 187 ff.; Urheberrecht, S. 205 ff.

- die Kartellgesetzgebung,

- das Preisüberwachungsgesetz,

- die Gesetzgebung gegen den unlauteren Wettbewerb,

- das Binnenmarktgesetz.

aa) Kartellgesetzgebung

Kartelle

Bei der Erläuterung der *freien Marktwirtschaft* haben wir die Vorteile 64 wie auch auf die Nachteile dieses Wirtschaftssystems diskutiert. Wir haben festgestellt, dass in einer freien Wirtschaft die gegenseitig in Konkurrenz stehenden Unternehmen dazu neigen, durch gemeinsame Absprachen (Kartelle) den vom System an sich gewollten Wettbewerb auszuschalten. Die Preise werden in diesen Fällen nicht mehr über den Marktmechanismus festgelegt, sondern über an sich systemfremde Gruppenvereinbarungen. Die unerwünschte Folge eines solchen Marktverhaltens sind überhöhte Produktpreise.

Marktbeherr-schende Unter-nehmen

Ein weiteres Problem in einer freien Marktwirtschaft schaffen Unterneh- 65 men, die in einem speziellen Produktsegment über eine marktbeherr-schende Stellung oder sogar über ein Monopol verfügen. Solche Unter-nehmen tendieren dazu, ihre marktbeherrschende Stellung auszubauen und potenzielle Konkurrenten aus dem Markt zu drängen. Auch in diesen Fällen wird der vom System angestrebte Wettbewerb zu Lasten der Abnehmer ausgeschaltet. Die Preise werden wiederum nicht über den Markt gebildet, sondern unterliegen weitgehend dem Diktat der Mono-polisten. Überhöhte Produktpreise sind auch hier die Folge.

Diese Beispiele zeigen, dass das System der freien Marktwirtschaft nicht 66 a priori zu der eigentlich angestrebten Wettbewerbswirtschaft *im Inter-esse aller Beteiligten* führen muss. Die freie Marktwirtschaft kann sich ebenso zu einem Wirtschaftssystem entwickeln, in dem nur die wirt-schaftlich Mächtigen profitieren, während sich die wirtschaftlich Schwä-cheren genötigt sehen, die ihnen aufgezwungenen Geschäftsbedin-gungen zu akzeptieren.

Kartellgesetz

Um diese schädlichen Auswirkungen der freien Marktwirtschaft zu 67 verhindern, ermächtigt Art. 96 Abs. 1 BV den Bundesgesetzgeber, Vorschriften gegen *volkswirtschaftlich oder sozial schädliche Auswir-kungen von Kartellen und anderen Wettbewerbsbeschränkungen* zu erlassen. Dabei sollen nicht sämtliche Wettbewerbsbeschränkungen sanktioniert werden, sondern nur solche, die *volkwirtschaftlich oder sozial schädliche Auswirkungen* haben.

68 In der Verfassung wird somit die Frage, wie die Wirtschaftsprozesse koordiniert werden sollen, nicht im Sinne einer idealtypisch freien Wirtschaft entschieden, sondern ganz bewusst im Sinne einer *institutionalisierten* privaten Wettbewerbswirtschaft. In der Einsicht, dass ein schrankenlos freies Wirtschaftssystem letztlich auf die Ausschaltung des Wettbewerbs hinausläuft, folgt der Verfassungsgeber einem Konzept zur Erhaltung und zum Schutz *wirksamen Wettbewerbs*. Dieses Konzept verlangt beschränkte Eingriffe des Staates in die Privatautonomie, welche sich damit rechtfertigen lassen, dass die garantierte Wirtschaftsfreiheit nicht blosser Selbstzweck sein soll. Der Verfassungsgeber hat sich für eine private Wettbewerbswirtschaft entschieden, weil die privatautonome Marktwirtschaft in der Regel günstige ökonomische und gesellschaftliche Ergebnisse zeitigt. Folglich ist es richtig, die von der Wirtschaftsfreiheit vorausgesetzte Privatautonomie dort zu begrenzen, wo ihre Auswirkungen nicht mehr im übergeordneten Gesamtinteresse liegen. Aus dieser Sicht besteht auch kein Widerspruch zwischen der grundrechtlich garantierten Wirtschaftsfreiheit und der Kartellgesetzgebung – im Gegenteil: Das von der Verfassung gewünschte Wirtschaftssystem braucht eine wirksame Kartellgesetzgebung.

Wirksamer Wettbewerb als verfassungsmässiges Ziel

69 Vgl. dazu den Wortlaut von Art. 1 des Kartellgesetzes: «Dieses Gesetz bezweckt, volkswirtschaftlich oder sozial schädliche Auswirkungen von Kartellen und anderen Wettbewerbsbeschränkungen zu verhindern und damit den *Wettbewerb im Interesse einer freiheitlichen, marktwirtschaftlichen Ordnung zu fördern*.»[14]

bb) Preisüberwachungsgesetz

70 Die Verfassung sieht ausserdem vor, dass der Bund Massnahmen zur *Verhinderung von Missbräuchen in der Preisbildung* durch marktmächtige Unternehmen und Organisationen des privaten und öffentlichen Rechts (Art. 96 Abs. 2 lit. a BV) treffen soll.

Preisüberwachung

71 Das auf diese Verfassungsnorm abgestützte Preisüberwachungsgesetz (PüG) zielt somit – wie die Kartellgesetzgebung – darauf ab, Missbräuche in der Preisbildung zu verhindern. Konsequenterweise liegt Preismissbrauch im Sinne des Gesetzes immer dann vor, wenn die Preise des betreffenden Marktes *nicht* das Ergebnis wirksamen Wettbewerbs sind (Art. 12 PüG). Das Kartellgesetz, das ebenfalls den Schutz des wirksamen Wettbewerbs bezweckt, verdrängt das PüG jedoch in weiten Teilen: Der Anwendungsbereich des Preisüberwachungsgesetzes bleibt auf jene Bereiche beschränkt, die vom Kartellgesetz ausgenommen

---

14 Nähere Ausführungen dazu im Kapitel Kartellrecht, 33 ff.

werden. Es handelt sich dabei um diejenigen Bereiche, die von einer staatlichen Markt- oder Preisordnung geprägt sind, wie etwa den Telekommunikationsbereich, das Gesundheitswesen oder um Wettbewerbsbehinderungen, die aufgrund öffentlicher Interessen ausnahmsweise für zulässig erklärt wurden.

cc) Gesetzgebung gegen den unlauteren Wettbewerb

Lauterkeit des Wettbewerbs

Art. 96 Abs. 2 lit. b BV ermächtigt und verpflichtet den Bund schliesslich, Massnahmen gegen den unlauteren Wettbewerb zu treffen. Das darauf gestützte Bundesgesetz gegen den unlauteren Wettbewerb bezweckt, den *lauteren und unverfälschten Wettbewerb im Interesse aller Beteiligten zu gewährleisten* (Art. 1 UWG). Schon der Wortlaut des Artikels deutet an, dass sich die Schutzwirkung des Gesetzes *nicht nur* auf die Lauterkeit *zwischen den Konkurrenten* bezieht, sondern dass darüber hinaus auch die *Institution Wettbewerb* geschützt werden soll. Das an sich rein zivilrechtlich ausgerichtete Gesetz hat auch eine funktionale Ausrichtung, die im verfassungsmässigen Entscheid zur Etablierung einer Wettbewerbswirtschaft begründet ist.[15] 72

dd) Binnenmarktgesetz

Wirtschaftsfreiheit und Binnenmarkt

Der Bund hat ausserdem für einen einheitlichen Binnenmarkt zu sorgen (Art. 95 Abs. 2 BV). Das Bundesgesetz über den Binnenmarkt (BGBM) statuiert diesbezüglich, dass Personen mit Niederlassung oder Sitz in der Schweiz für die Ausübung ihrer Erwerbstätigkeit auf dem gesamten Gebiet der Schweiz freien und gleichberechtigten Zugang zum Markt haben (Art. 1 Abs. 1 BGBM). Das Binnenmarktgesetz konkretisiert damit Teilbereiche der Wirtschaftsfreiheit. Der Erlass richtet sich an die Kantone und Gemeinden und hat zum Zweck, öffentlichrechtliche Wettbewerbshindernisse abzubauen, die berufliche Mobilität zu erleichtern, den Wettbewerb zu beleben und die Wettbewerbsfähigkeit der schweizerischen Volkswirtschaft zu stärken (Art. 1 Abs. 2 BGBM). Der persönliche Geltungsbereich umfasst die Träger der Wirtschaftsfreiheit, der sachliche Geltungsbereich schützt jede auf Erwerb gerichtete Tätigkeit, die den Schutz der Wirtschaftsfreiheit geniesst (Art. 1 Abs. 3 BGBM). 73

Herkunftsprinzip

Das Binnenmarktgesetz ist in seiner Ausgestaltung massgeblich von der Rechtsprechung des EuGH zu den im EG-Vertrag gewährten wirtschaftlichen Grundfreiheiten inspiriert. Das Gesetz enthält *Grundsätze*, welche den freien Zugang zum Markt verwirklichen sollen. Insbesondere wird das *Herkunftsprinzip* verankert (im Europarecht aufgrund des 74

---

[15] Nähere Ausführungen im Kapitel Lauterkeitsrecht, S. 77 ff.

entsprechenden *Leading Case* Cassis-de-Dijon-Prinzip[16] genannt). Danach hat jede Person das Recht, Waren oder Dienstleistungen auf dem gesamten Gebiet der Schweiz anzubieten, soweit die Ausübung der betreffenden Erwerbstätigkeit im Kanton oder der Gemeinde ihrer Niederlassung oder ihres Sitzes zulässig ist (Art. 2 Abs. 1 BGMB). Dasselbe Prinzip gilt grundsätzlich auch für die Anerkennung von beruflichen Fähigkeitsausweisen (Art. 4 Abs. 1 BGBM).

75   Ein weiterer Grundsatz im Binnenmarktgesetz ist das *Diskriminierungs-* *verbot*. Wettbewerbsbehindernde Vorschriften sollen ortsfremden Anbietern nicht entgegengehalten werden können, sofern sie nicht im gleichen Masse auch für ortsansässige Personen gelten (Art. 3 BGBM). Dasselbe Prinzip gilt im öffentlichen Submissionswesen (Art. 5 BGBM).

Diskriminie-
rungsverbot

76   Umgekehrt will das Binnenmarktgesetz die Inländerdiskriminierung verhindern. Das bedeutet: Inländische Träger der Wirtschaftsfreiheit sollen in Bezug auf den Zugang zum Markt mindestens die gleichen Rechte haben, die der Bund oder ein Kanton im Rahmen von völkerrechtlichen Vereinbarungen ausländischen Personen gewährt (Art. 6 BGBM).

b) Schutz von Konsumentinnen und Konsumenten (Art. 97 BV)

77   Die Verfassung ermächtigt den Bund, Massnahmen zum Schutz der Konsumentinnen und Konsumenten (Art. 97 Abs. 1 BV) zu veranlassen. Der Konsumentenschutzartikel ist in mehrfacher Hinsicht motiviert:

Wettbewerbs-
und sozialpoli-
tische Ausrich-
tung des Konsu-
mentenrechts

- Einerseits liegt ihm eine *wettbewerbspolitische* Ausrichtung zugrunde. Wirksamer Wettbewerb bedingt das Vorhandensein von transparenten Märkten. Konsumentinnen und Konsumenten sollen bei ihren wirtschaftlichen Transaktionen nicht durch Informationsdefizite eingeschränkt werden: Die Konsumenteninformation soll gefördert werden.

- Die zweite Zielsetzung des Verbraucherschutzes ist *sozialpolitischer* Natur. Die tendenziell schwächere Marktposition der Endverbraucher soll gestärkt werden. So wird der Zugang des Verbrauchers zu den Gerichten erleichtert (vgl. Art. 22 GestG). Art. 97 Abs. 2 BV erteilt dem Bund deshalb die Kompetenz, Vorschriften über *Rechtsmittel zu erlassen, welche die Konsumentenorganisationen ergreifen können*. Ergänzend sieht das *Konsumenteninformationsgesetz* (Art. 5 ff. KIG) vor, dass der Bund

....

16   Gerichtshof der Europäischen Gemeinschaften (EuGH), Urteil vom 20.2.1979, Rs. 120/78, Slg. 1979, 00649 (Rewe-Zentral-AG / Bundesmonopolverwaltung für Branntwein Überseering): Einführung von französischem Branntwein «Cassis de Dijon» nach Deutschland.

Finanzhilfen an Konsumentenorganisationen von gesamtschweizerischer Bedeutung ausrichten kann, sofern sie sich statutengemäss ausschliesslich dem Konsumentenschutz widmen.

Die staatliche Konsumentenpolitik hat jedoch immer die übergeordneten Interessen der Gesamtwirtschaft zu wahren und muss im Einklang mit der Wirtschaftsfreiheit stehen.[17]

c) Aufsicht über die Banken und Versicherungen (Art. 98 BV)

Aufsichtsrecht

Eine privatautonom koordinierte Wirtschaft führt, wie wir bereits festgestellt haben, nicht ohne weiteres zu ökonomisch und gesellschaftlich wünschbaren Ergebnissen. Das *Wirtschaftsaufsichtsrecht* hat zum Zweck, mögliche Fehlentwicklungen in bestimmten Wirtschaftszweigen gar nicht erst entstehen zu lassen. Der Staat behält sich insbesondere vor: 78

- für bestimmte Kategorien von privaten Unternehmen Vorschriften bezüglich der Frage zu erlassen, wie und unter welchen Voraussetzungen Güter und Dienstleistungen angeboten werden dürfen, und

- die Ausübung des Gewerbes von einer Bewilligung abhängig zu machen.

Zu diesem Zweck statuiert Art. 95 Abs. 1 BV eine generelle Kompetenz des Bundes zum Erlass wirtschaftspolizeilicher Vorschriften über die Ausübung der privatwirtschaftlichen Erwerbstätigkeit. Ferner hat der Bund die Kompetenz, im Bereich «Banken und Versicherungen» wirtschaftspolizeiliche Vorschriften zu erlassen (vgl. Art. 98 BV). 79

aa) Bankenaufsicht

Banken-
gesetzgebung

Der wichtigste Erlass im Bereich der Bankenaufsicht ist das Bankengesetz (BankG), dem Banken, Privatbanken und Sparkassen unterstehen, die gewerbsmässig das Zinsdifferenzgeschäft betreiben, d.h. Publikumsgelder entgegennehmen, um damit auf eigene Rechnung Dritte zu finanzieren (Art. 1 BankG). 80

Ziel der Bankengesetzgebung ist in erster Linie der Vermögensschutz der Anleger. Gleichzeitig berücksichtigt sie die Anliegen der Wirtschaft und der Bevölkerung nach ausreichender Kredit- und Geldversorgung. 81

----

[17] Nähere Ausführungen im Kapitel Konsumentenrecht, S. 111 ff.

82 Das Gesetz sieht hierfür mehrere Instrumente vor, so beispielsweise:

- Eine Bank bedarf zur Aufnahme der Geschäftätigkeit einer Bewilligung der Bankenkommission (Art. 3 BankG).

- Das Bankengesetz statuiert Mindestbestimmungen betreffend eigene Mittel, Liquidität und andere Vorschriften über die Geschäftätigkeit (Art. 4 ff. BankG).

- Die Banken sind der Oberaufsicht der eidgenössischen Banken-kommission («EBK») unterstellt (Art. 23 ff. BankG).[18]

bb) Börsenaufsicht

83 Die EBK hat nicht nur die Aufsicht über die Banken und Finanzinstitute, sondern auch die Oberaufsicht über die Börsen und den Effektenhandel. Hierfür wurde das Bundesgesetz über die Börsen und den Effektenhan-del (BEHG) erlassen, das sich ebenfalls auf Art. 98 Abs. 1 BV abstützt. Wie die Bankengesetzgebung verfolgt auch die Börsengesetzgebung ein doppeltes Ziel: Den *Schutz der Anleger* einerseits und die *Funktions-fähigkeit der Märkte* andererseits.

84 - Wichtiges Instrument zur Verfolgung dieser Ziele ist die *Bewilli-gungspflicht*. Wer eine Börse betreiben will, bedarf einer Bewilli-gung der Aufsichtsbehörde (Art. 3 Abs. 1 BEHG). Dasselbe gilt für die Geschäftätigkeit der Effektenhändler (Art. 10 Abs. 1 BEHG).

- Ein weiteres Ziel bildet die Gewährleistung von Markttranspa-renz und Kleinanlegerschutz durch *besondere Offenlegungsvor-schriften* für massgebliche Beteiligungen an Gesellschaften mit Sitz in der Schweiz (Art. 20 BEHG).

- Ferner besteht eine *Pflicht* zur Unterbreitung eines *öffentlichen Kaufangebotes* für alle in der Schweiz kotierten Beteiligungspa-piere einer Gesellschaft, sofern deren Erwerb den Grenzwert von einem Drittel der Stimmrechte der Gesellschaft übersteigt (Art. 32 BEHG).

85 Demgegenüber unterliegen die folgenden Regelungen der *Selbstregulie-rung der einzelnen Börsen*:

....

[18] Nähere Ausführungen dazu im Kapitel Banken-, Anlagefonds und Geldwäschereigesetzge-bung, S. 249 ff.

- die Organisation eines leistungsfähigen und transparenten Marktes,

- die Überwachung des Handels,

- die Zulassung von Effektenhändlern und Effekten.

Die Reglemente und ihre Änderungen bedürfen jedoch einer Genehmigung durch die Aufsichtsbehörde.[19]

cc) Aufsicht über die Anlagefonds

Anlagefonds-
gesetzgebung

Dem Bundesgesetz über die Anlagefonds (AFG) sind Vermögen unterstellt, die aufgrund eines Kollektivanlagevertrags verwaltet werden (Art. 3 Abs. 1 AFG). Das Gesetz bezweckt den Schutz der Anleger. Hingegen begründet es keinen besonderen Funktionsschutz des Marktes wie etwa die Börsen- oder Bankengesetzgebung.   86

Die Errichtung eines Anlagefonds ist bewilligungspflichtig. Auch die Anlagefonds unterstehen der Oberaufsicht der Bankenkommission, welche ein umfassendes Auskunfts- und Weisungsrecht hat.[20]   87

dd) Versicherungsaufsicht

Regulierung von
Versicherungen

Die Verfassung sieht in Art. 98 Abs. 3 BV vor, dass der Bund Vorschriften über das Privatversicherungswesen erlassen soll. Die Bundesaufsicht über die Privatversicherungen dient primär dem Schutz der Versicherten. Die Gesetzgebung sichert zusätzlich ein ordnungsgemäss funktionierendes Versicherungswesen. Wichtige Erlasse aus diesem Bereich sind das Versicherungsaufsichtsgesetz (VAG), das Lebensversicherungsgesetz (LeVG) und das Schadenversicherungsgesetz (SchVG). Auch das BG über den Versicherungsvertrag (VVG) erfüllt teilweise diese Funktion, obwohl es primär Privatrecht enthält.   88

Wie die Finanzinstitute bedürfen auch Versicherungseinrichtungen einer Bewilligung zum Geschäftsbetrieb (Art. 7 ff. VAG). Aufsichtsbehörde über das Privatversicherungswesen ist das Bundesamt für Privatversicherungswesen. Bestrebungen zur Vereinheitlichung der Finanzmarktaufsicht sind jedoch im Gange.   89

....

[19] Nähere Ausführungen im Kapitel Börsenrecht, S. 229 ff.
[20] Nähere Ausführungen im Kapitel Banken-, Anlagefonds- und Geldwäschereigesetzgebung, S. 249 ff.

d) Geld-, Konjunktur-, Sozial- und Umweltpolitik, staatliche Infrastruktur

90 Die Wirtschaftstätigkeit der Privaten wird ausserdem noch von zahlreichen weiteren Verfassungsbestimmungen beeinflusst, von denen wir folgende kurz erwähnen wollen:

aa) Geld- und Währungspolitik

91 Das Vertrauen der Wirtschaftssubjekte in ein verlässliches Zahlungssystem ist eine der Grundvoraussetzungen einer arbeitsteiligen Privatwirtschaft, haben doch die vertraglichen Beziehungen der Wirtschaftsteilnehmer in den allermeisten Fällen den Austausch von Gütern oder Dienstleistungen gegen Geld zum Gegenstand. Gemäss Art. 99 Abs. 1 BV ist das Geld- und Währungswesen ausschliesslich Sache des Bundes; ihm steht das alleinige Recht zu, Münzen und Banknoten auszugeben (Münz- und Banknotenmonopol).

Geldpolitik als ausschliessliche Bundeskompetenz

92 Die Geldversorgung wird dabei der Schweizerischen Nationalbank übertragen (Art. 99 Abs. 2 BV). Sie ist eine unabhängige, d.h. nicht an die Weisungen der politischen Instanzen gebundene Zentralbank und verfolgt eine dem Gesamtinteresse des Landes dienende Geld-, Währungs- und Kreditpolitik. Gemäss Art. 2 Abs. 1 des Nationalbankgesetzes (NBG) hat die Nationalbank überdies den Geldumlauf des Landes zu regeln sowie den Zahlungsverkehr zu erleichtern. Ferner berät sie den Bundesrat in Währungsfragen.

Aufgaben der Nationalbank

bb) Konjunkturpolitik

93 Eine Marktwirtschaft neigt systembedingt zu Konjunkturschwankungen (d.h. Schwankungen der volkswirtschaftlichen Aktivitäten). Auf die verschiedenen erklärenden volkswirtschaftlichen Theorien können wir hier nicht eintreten. Grob vereinfacht kann man sagen, dass die Ursachen der konjunkturellen Schwankungen auf eine nicht optimale Abstimmung des Angebotes von Gütern und Dienstleistungen auf die Nachfrage zurückzuführen sind. Konjunkturschwankungen können zu gesamtwirtschaftlich nicht wünschbaren Ergebnissen führen, wie etwa zu vermehrter Arbeitslosigkeit, Geldentwertung (Inflation), Preisinstabilität usw. Im Verlauf der jüngeren Wirtschaftsgeschichte hat sich die Erkenntnis durchgesetzt, dass der Staat Massnahmen ergreifen soll, um diesen unerwünschten konjunkturellen Entwicklungen entgegenzuwirken. Uneinigkeit herrscht aber über die Frage, mit welchen Mitteln in den Markt eingegriffen werden soll.

Ausgleich von Konjunkturschwankungen

Die Verfassung ermächtigt daher den Bund, Massnahmen zugunsten   94
einer ausgeglichenen konjunkturellen Entwicklung zu treffen, insbesondere zur Verhütung und Bekämpfung von Arbeitslosigkeit und Teue-
rung (Art. 100 Abs. 1 BV). In bestimmten Bereichen der Volkswirtschaft,
namentlich im Geld- und Kreditwesen, der Aussenwirtschaft sowie im
Bereich der öffentlichen Finanzen, darf der Bund zu diesem Zweck sogar
vom *Grundsatz der Wirtschaftsfreiheit abweichen* (Art. 100 Abs. 3 BV).
Zuständig für konjunkturpolitische Massnahmen im geld- und währungs-
politischen Bereich (Geldmengensteuerung) ist wiederum die unabhängige Schweizerische Nationalbank.

cc) Sozialpolitik

Sozialer
Ausgleich
Auch die Verfassungsbestimmungen betreffend «Wohnen, Arbeit, sozi-   95
ale Sicherheit und Gesundheit» (Art. 108 ff. BV) prägen die schweizerische Wirtschaftsverfassung zum Teil in hohem Masse. Besonders
hingewiesen sei etwa auf die Kompetenz des Bundes im Bereich der
Sozialpolitik. Mit der Zuständigkeit des Bundes hinsichtlich der Sozialgesetzgebung bringt die Verfassung zum Ausdruck, dass die soziale
Wohlfahrt nicht allein über Marktmechanismen gesteuert werden soll
(wie dies bei der idealtypisch freien Wirtschaft der Fall wäre), sondern
auch der Staat eine (Mit-)Verantwortung trägt.

dd) Umweltpolitik und staatliche Infrastruktur

Ebenfalls zum Wirtschaftsverfassungsrecht gehören die Kompetenzen   96
des Bundes im Bereich «Umwelt und Raumplanung» (Art. 73 ff. BV), im
Bereich «Öffentliche Werke und Verkehr» (Art. 81 ff. BV) sowie im
Bereich «Energie und Kommunikation» (Art. 89 ff. BV). Auch die Bundeskompetenzen im Bereich der Bildung und Forschung (Art. 62 ff. BV)
gehören mindestens teilweise zum Wirtschaftsverfassungsrecht, denn
letztlich beeinflussen auch diese Normen gewisse Grundfragen der
Wirtschaftskoordination («wer» produziert «was» usw. bezogen auf die
Angebote Bildung und Forschung).

4. Zusammenfassung und Fazit

97 Wir hatten einleitend aufgezeigt, dass sich ein Staat für ein Konzept zur Koordination der Wirtschaftsprozesse entscheiden muss. Wir haben gesehen, dass nach dem schweizerischen System die Wirtschaft grundsätzlich Sache der Privaten ist. Die wirtschaftlichen Grundrechte garantieren eine freiheitliche, private *Marktwirtschaft*. Gleichwohl haben wir festgestellt, dass der Staat, sofern ihn die Verfassung dazu ermächtigt, im öffentlichen, übergeordneten Interesse Vorschriften erlassen kann, welche von den Grundsätzen der Privatautonomie und der Wirtschaftsfreiheit abweichen.

Marktwirtschaft

98 Im Abschnitt zum Thema «Wettbewerbspolitik» haben wir einerseits gesehen, dass die Verfassung mit einer Folgegesetzgebung das *Prinzip Wettbewerb* schützt und im freien Wirtschaftsleben auch tatsächlich verwirklicht. Andererseits haben wir am Beispiel der «Aufsicht über die Banken und Versicherungen» aufgezeigt, dass sich der Staat in gewissen Wirtschaftszweigen trotz des gewollten freien Marktes ein Aufsichtsrecht vorbehält – sei dies ebenfalls zum Schutz eines funktionierenden Marktes oder zum Schutz der schwächeren Vertragspartei.

Wirksamer Wettbewerb im Interesse aller Beteiligten

99 Wir haben weiter festgestellt, dass sich der Schutz des Staates – etwas pointiert ausgedrückt – sogar auf die Entwicklung der Gesamtwirtschaft erstrecken kann; ist doch der Staat legitimiert, aus währungs- und konjunkturpolitischen Gründen gezielt in Wirtschaftsabläufe einzugreifen.

100 Schliesslich haben wir aufgrund einer summarischen Übersicht über weitere, in der Verfassung verankerte Bundeskompetenzen gesehen, dass der Staat seinen Einfluss zum Zwecke der Wirtschaftskoordination in vielerlei anderer Hinsicht geltend machen kann; etwa zum Schutz der weniger marktmächtigen Wirtschaftsteilnehmer (Sozialgesetzgebung) oder indem er sich die Kompetenz vorbehält, selber die Infrastruktur zur Verwirklichung von Vorhaben im volkswirtschaftlichen Interesse (z.B. Bau einer NEAT) zur Verfügung zu stellen.

101 Das Koordinatensystem der schweizerischen Wirtschaftsverfassung lässt sich also als dualistisches Konzept beschreiben, das geprägt ist vom Systementscheid zugunsten einer institutionalisierten, privatautonomen Wettbewerbswirtschaft einerseits und vom Eingreifen des Staates in Wirtschaftsprozesse andererseits – Letzteres in Fällen,

Konzept der schweizerischen Wirtschaftsverfassung

in denen die Privatwirtschaft aus dem Blickwinkel des übergeordneten Gesamtinteresses nicht zu optimalen Ergebnissen führt. *Es ist
ein auf demokratischem Konsens beruhendes Konzept einer primär
privaten Wettbewerbswirtschaft im Spannungsfeld von wirtschaftlicher Freiheit und sozialem Ausgleich unter den Bedingungen einer
möglichst nachhaltigen Nutzung der naturgegebenen Ressourcen.*

Die freiheitlichen Komponenten dieser Wirtschaftsordnung bilden
die wirtschaftlichen Grundrechte, die Privatautonomie und das Wettbewerbsprinzip. Die sozialen Komponenten dieser Wirtschaftsordnung lassen sich in jenen Verfassungsbestimmungen erkennen,
welche den sozialen Frieden, den sozialen Ausgleich und den Schutz
der wirtschaftlich schwächeren Vertragspartei zum Zweck haben.
Den Grundentscheid zugunsten einer nachhaltigen Nutzung der
natürlichen Produktionsfaktoren finden wir einerseits im Zweckartikel (Art. 2 BV) sowie den diversen Bestimmungen über Umwelt und
Raumplanung.

E.   Fallbearbeitung – Fragen zum Fall I

1. Darf Hans ohne weiteres den Beruf wechseln?

2. Darf Hans einfach so von Thalwil nach Ebikon ziehen?

3. Darf Hans in Ebikon geschäftlich tätig werden? Unter welcher Bedingung?

4. Kann der Kanton Luzern die Ausübung der Geschäftstätigkeit von einer Bewilligung abhängig machen, z.b. den Erwerb eines kantonalen Autohandelspatents zwingend vorschreiben?

5. Dürfte der Kanton Luzern das bereits in Ebikon ansässige Autogewerbe vor zusätzlicher Konkurrenz schützen?

6. Angenommen, Hans bewähre sich in Zukunft als Geschäftsmann und sein Autohandel (eine Aktiengesellschaft) werfe jedes Jahr stattliche Gewinne ab. Dürfte der Kanton Luzern (gestützt auf das kantonale Einkommenssteuergesetz) 85 % des erwirtschafteten Gewinnes «wegsteuern»? Wenn ja: Warum? Wenn nein: Warum nicht?

7. Wie wird eine Privatwirtschaft gesteuert?

8. Wie wird eine Planwirtschaft gesteuert?

2. Kapitel: Wettbewerbsrecht I: Kartellrecht

Lernziele

▶   Sie kennen die Grundzüge des schweizerischen Kartellrechts.

Gesetzliche Grundlagen

- Bundesgesetz über Kartelle und andere Wettbewerbsbeschränkungen (Kartellgesetz, KG) vom 6. Oktober 1995 (SR 251)
- Verordnung über die Kontrolle von Unternehmenszusammenschlüssen (VKU) vom 17. Juni 1996 (SR 251.4)
- Verordnung über die Sanktionen bei unzulässigen Wettbewerbsbeschränkungen (KG-Sanktionsverordnung, SVKG) vom 12. März 2004 (SR 251.5)
- Verordnung über die Erhebung von Gebühren im Kartellgesetz (KG-Gebührenverordnung) vom 25. Februar 1998 (SR 251.2)
- Geschäftsreglement der Wettbewerbskommission vom 1. Juli 1996 (SR 251.1)

Materialien

- Botschaft zu einem Bundesgesetz über Kartelle und andere Wettbewerbsbeschränkungen (Kartellgesetz, KG) vom 23. November 1994 (BBl 1995 I, S. 468 ff.)
- Botschaft über die Änderung des Kartellgesetzes vom 7. November 2001 (BBl. 2002, Nr. 10, S. 2022 ff.)

Literaturhinweise

JÜRG BORER, Kommentar zum Kartellgesetz, 2. Auflage, Zürich 2005.

ERIC HOMBURGER / BRUNO SCHMIDHAUSER / FRANZ HOFFET / PATRIK DUCREY (Hrsg.), Kommentar zum schweizerischen Kartellgesetz, Zürich 1997.

ROLAND VON BÜREN / LUCAS DAVID (Hrsg.), Schweizerisches Immaterialgüter- und Wettbewerbsrecht, Bd. V/2, Kartellrecht, Basel/Genf/München 2000.

ROLAND VON BÜREN / EUGEN MARBACH, Immaterialgüter- und Wettbewerbsrecht, 2, Auflage Bern 2002.

ROGER ZÄCH, Grundzüge des Europäischen Wirtschaftsrechts, 2. Auflage, Zürich/Baden-Baden/Wien 2005.

ROGER ZÄCH, Schweizerisches Kartellrecht, 2. Auflage, Bern 2005.

PHILIPP ZURKINDEN / HANS RUDOLF TRÜEB, Das neue Kartellgesetz – Handkommentar, Zürich 2004.

Recht und Politik des Wettbewerbs (RPW): Publikationsorgan der schweizerischen Wettbewerbsbehörden, Bern 1997 ff., (bis 1996 VKKP).

Veröffentlichungen der schweizerischen Kartellkommission und des Preisüberwachers (VKKP), Bern (bis 1996).

A. Fall II

Hans betreibt seine Autogarage (in der Rechtsform einer AG) in Ebikon LU nun schon seit ein paar Jahren recht erfolgreich. Gleich im ersten Geschäftsjahr gelang es ihm, die Vertretung der beiden Automarken X und Y zu übernehmen.

Vertraglich wurde dies wie folgt geregelt: Der Automobilkonzern A, der die beiden Automarken X und Y herstellt, hat in der Schweiz ein zweistufiges Vertriebssystem aufgebaut. Dieses beruht auf Alleinvertriebsverträgen zwischen Alleinimporteuren und Direktvertretern (Direktvertreter-Verträge) einerseits sowie auf Alleinvertriebsverträgen zwischen diesen Direktvertretern und Mitvertretern (Mitvertreter-Verträge) andererseits.

Die Autogarage AG schloss am 1. April 1996 mit der Direktvertreterin für den Kanton Luzern, der Direkta AG, einen Mitvertreter-Vertrag ab. Die Direkta AG ist ihrerseits eine Zweigniederlassung der Alleinimporteurin Alleina AG.

Der Vertrag gibt der Autogarage AG das Recht, im umschriebenen Vertragsgebiet (Stadt Luzern und angrenzende Gemeinden) die Fahrzeuge der Marken X und Y zu vertreiben und den Kundendienst durchzuführen. Die Autogarage AG hat ihrerseits die Absatzchancen für die Vertragsprodukte (Autos und Ersatzteile) optimal auszuschöpfen, den guten Ruf des Automobilkonzerns A nach Kräften zu fördern und die überlegene Präsenz der Marken X und Y im Vertragsgebiet sicherzustellen. Die Kündigungsfrist des Vertrages beträgt zwei Jahre.

Im Vertrauen auf das bisher gute Geschäftsverhältnis hat Hans am 1. April 2001 den Garagenbetrieb erweitert und dabei unter anderem in diverse teure Maschinen und Spezialwerkzeuge investiert, die spezifisch der Reparatur von Automotoren der Marken X und Y dienen.

Am 20. März 2004 kündigt die Direkta AG der Autogarage AG den Mitvertreter-Vertrag auf den 1. April 2006 mit der Begründung, die Verkaufszahlen der Autogarage AG seien im Vergleich zu anderen Mitvertretern in der Schweiz ungenügend. Ausserdem deutet die Direkta AG an, dass sie den Vertrieb der beiden Marken X und Y im Gebiet Luzern und Umgebung durch eine noch zu gründende Zweigniederlassung selbst an die Hand nehmen wolle.

B. Der Zweck des Kartellgesetzes

Ziel: Stärkung der Wettbewerbsfähigkeit der eigenen Volkswirtschaft

In einer zunehmend verflochtenen und auf Wettbewerb ausgerichteten 1 Weltwirtschaft (Abbau zwischenstaatlicher Handelsschranken im Rahmen der WTO, Verwirklichung des Europäischen Binnenmarktes) ist es für ein einzelnes Land wie die Schweiz entscheidend, dass *die eigene Volkswirtschaft wettbewerbsfähig* bleibt. Das Bedürfnis, die Effizienz des schweizerischen Binnenmarktes und damit die Wettbewerbsfähigkeit des eigenen Landes zu stärken, ist deshalb der wirtschaftliche Hintergrund, vor dem das Kartellgesetz entstanden ist und verstanden werden muss.

Folgen privater Wettbewerbsbeschränkungen

Eine funktionierende Wettbewerbsordnung setzt das Recht der Markt- 2 teilnehmer voraus, sich wirtschaftlich frei zu betätigen. Würde jedoch der Staat eine uneingeschränkte Privatautonomie und Vertragsfreiheit gewährleisten, so würde dies den Marktteilnehmern auch die Möglichkeit eröffnen, den Wettbewerb durch Absprachen entweder zu beseitigen oder gar nicht entstehen zu lassen – sei es durch vertragliche Absprachen oder durch die Ausübung von Marktmacht. Solches Marktverhalten kann jedoch volkswirtschaftlich unerwünschte Folgen haben. Private Wettbewerbsbeschränkungen können namentlich

- zu überhöhten Preisen führen,

- das Angebot von Gütern verknappen oder

- die Entwicklung der Produktivität und der Innovationsfähigkeit ganzer Wirtschaftsbranchen beeinträchtigen.

Bekämpfung von Wettbewerbsmissbräuchen

Dies wiederum kann im weltwirtschaftlichen Umfeld den *Verlust der* 3 *Wettbewerbsfähigkeit der Volkswirtschaft als Ganzes* zur Folge haben.[1] Über den Koordinationsmechanismus «Wettbewerb» soll dies verhindert und sollen stattdessen bestimmte volkswirtschaftliche Ziele sichergestellt werden, namentlich

- einen effizienten und nachfragegerechten Einsatz der Produktionsfaktoren steuern,

- die Anpassungsfähigkeit der Wirtschaft fördern,

- Anreize schaffen für herausragende wirtschaftliche Leistungen.

....

[1]   Botschaft KG, S. 472.

4 In einem marktwirtschaftlichen System werden diese Ziele durch eine Gesetzgebung zum Schutz des Wettbewerbs verwirklicht.[2] Dabei wird v.a. bei den Unternehmenskooperationen angesetzt. Diese können zwar den Wettbewerb beeinträchtigen, sie können aber auch die wirtschaftliche Effizienz der Beteiligten steigern, ohne den Wettbewerb funktionell zu beeinträchtigen. Abreden zwischen Unternehmen sind deshalb nicht generell verboten. Das Kartellgesetz untersagt zwar private Wettbewerbsbeschränkungen, die auf die «Erzielung von Kartell- oder Monopolrenten und damit auf Ausbeutung»[3] ausgerichtet sind, weil diese volkwirtschaftlich oder sozial schädlich sind. Aber es lässt solche Wettbewerbsabreden zu, wenn sie mit der Schaffung wirtschaftlicher Effizienz gerechtfertigt werden können.

5 Dementsprechend besteht der Zweck des Kartellgesetzes darin, «*volkswirtschaftlich oder sozial schädliche Auswirkungen von Kartellen und anderen Wettbewerbsbeschränkungen zu verhindern* und damit den Wettbewerb im Interesse einer freiheitlichen marktwirtschaftlichen Ordnung zu fördern» (Art. 1 KG).

C. Der Geltungsbereich des Kartellgesetzes

6 Der Geltungsbereich des Kartellgesetzes bestimmt sich nach persönlichen, sachlichen und räumlichen Kriterien.

Persönliche, sachliche und räumliche Kriterien

- In *persönlicher* Hinsicht gilt das Gesetz in gleicher Weise für *Unternehmen des privaten und des öffentlichen Rechts* (z.B. Kantonalbanken), sofern diese Wettbewerbsabreden treffen, Marktmacht ausüben oder sich an Unternehmenszusammenschlüssen beteiligen (Art. 2 Abs. 1 KG).

- In *sachlicher* Hinsicht zielt das Kartellgesetz auf die Verhinderung von unzulässigen *Wettbewerbsbeschränkungen und Unternehmenszusammenschlüssen* im Güter- und Dienstleistungsmarkt. Nicht in den Geltungsbereich des Gesetzes fallen dagegen vertragliche Absprachen, die den Arbeitsmarkt betreffen.

···········

[2] Zu den wirtschaftspolitischen Zielen des Verfassungsgebers vgl. auch die Ausführungen im Kapitel Wirtschaftsverfassung, S. 1 ff.

[3] Botschaft KG, S. 473.

- In *räumlicher* Hinsicht ist das Gesetz auf alle Sachverhalte anwendbar, die sich in der Schweiz auswirken, und zwar unabhängig davon, ob sie im Inland oder im Ausland veranlasst worden sind (Art. 2 Abs. 2 KG), es gilt das *sog. Auswirkungsprinzip.* Umgekehrt greift das Kartellgesetz bei Wettbewerbsbeschränkungen nicht ein, welche von der Schweiz ausgehen, sich aber im Ausland auswirken.

Ausnahmen | **Ausnahmen**: Das Gesetz findet keine Anwendung im Bereich staatlicher Markt- oder Preisordnungen oder in Fällen, in denen einzelne Unternehmen zur Erfüllung öffentlicher Aufgaben mit besonderen Rechten ausgestattet wurden (Art. 3 Abs. 1 KG). In diesen Bereichen wird das öffentliche Interesse in der Regel über das Interesse des Marktes oder der Verbraucher gestellt. Ebenfalls ausgeklammert bleiben mögliche Wettbewerbsbeschränkungen, die sich ausschliesslich aus dem Immaterialgüterrecht ergeben. 7

Hingegen unterliegen *Einfuhrbeschränkungen*, die sich auf Rechte des geistigen Eigentums stützen, dennoch der kartellrechtlichen Beurteilung (Art. 3 Abs. 2 KG). Im Einzelnen ist die Abgrenzung allerdings schwierig.[4] 8

D. Grundtatbestände von Wettbewerbsbeschränkungen

Das Kartellgesetz unterscheidet folgende drei Arten unzulässiger Wettbewerbsbeschränkungen: 9

- unzulässige Wettbewerbsabreden (Art. 5 KG);
- unzulässige Verhaltensweisen marktbeherrschender Unternehmen (Art. 7 KG);
- Unternehmenszusammenschlüsse, die zur Ausschaltung des wirksamen Wettbewerbs führen können (Art. 9 KG).

[4] Gemeint sind Fallkonstellationen, in denen immaterialgüterrechtliche Monopolstellungen zur reinen Marktabschottung missbraucht werden. Wir werden in den Kapiteln zum Immaterialgüterrecht auf diese Problematik zu sprechen kommen; vgl. dazu v.a. BGE 126 III 154 Erw. 9c (Kodak).

10 Wir werden in den nächsten Abschnitten konkreter auf diese drei Kategorien privater Wettbewerbsbeschränkungen eingehen. Dabei muss Folgendes unbedingt beachtet werden: Unser Kartellrecht ist keine schweizerische Erfindung, sondern folgt in weiten Teilen dem Konzept des Wettbewerbsrechts der Europäischen Union. Wir werden deshalb am Ende der Besprechung eines Tatbestandes auch einen kurzen vergleichenden Blick auf das EU-Wettbewerbsrecht werfen. Die Kenntnis dieses Rechts ist auch deshalb wichtig, weil das EG-Recht aufgrund des Auswirkungsprinzips immer dann zu beachten ist, wenn sich eine wettbewerbsrelevante Handlung im EU-Raum auswirkt.

Nationales und Europäisches Kartellrecht

E. Unzulässige Wettbewerbsabreden

1. Der Tatbestand der unzulässigen Wettbewerbsabrede

11 Das Kartellgesetz umschreibt den Tatbestand der unzulässigen Wettbewerbsabrede wie folgt:

12 «Abreden, die den Wettbewerb auf einem Markt für bestimmte Waren oder Leistungen (dem sog. «relevanten Markt») erheblich beeinträchtigen, und sich nicht durch Gründe der wirtschaftlichen Effizienz rechtfertigen lassen, sowie Abreden, die zur Beseitigung wirksamen Wettbewerbs führen, sind unzulässig» (Art. 5 Abs. 1 KG).

Erhebliche Beeinträchtigung des Wettbewerbs auf dem relevanten Markt ohne Rechtfertigung

13 Um zu klären, ob eine bestimmte Abrede zwischen zwei oder mehreren Unternehmen als *unzulässige* Wettbewerbsabrede im Sinne des Kartellgesetzes zu gelten hat, müssen folgende Teilfragen geklärt werden:

- Was versteht das Kartellgesetz unter einer Wettbewerbsabrede?

- Welcher Markt ist von der Abrede betroffen (relevanter Markt)?

- Wird der Wettbewerb durch die Abrede erheblich beeinträchtigt?

- Ist die Abrede aus Gründen der wirtschaftlichen Effizienz gerechtfertigt?

- Wird durch die Abrede der wirksame Wettbewerb beseitigt?

Grafisch lassen sich diese Fragen wie folgt illustrieren:

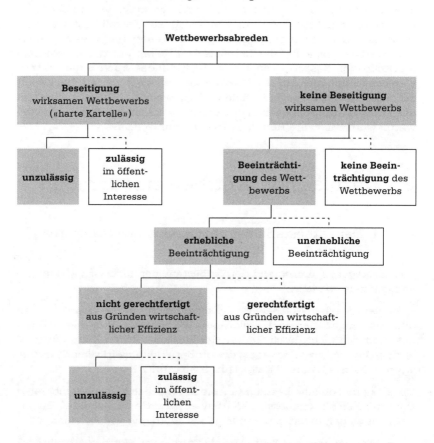

Schema 4: Wettbewerbsabreden

a) Der Begriff der Wettbewerbsabrede

Legaldefinition

Nach der Definition des Kartellgesetzes sind Wettbewerbsabreden 14 «rechtlich erzwingbare oder nicht erzwingbare Vereinbarungen sowie aufeinander abgestimmte Verhaltensweisen von (wirtschaftlich selbständigen) Unternehmen gleicher oder verschiedener Marktstufen, die eine Wettbewerbsbeschränkung bezwecken oder bewirken» (Art. 4 Abs. 1 KG). Der Begriff «Wettbewerbsabreden» umspannt somit unterschiedliche Arten von Vereinbarungen. Gemeint sind v.a.:

15 • rechtlich erzwingbare Vereinbarungen wie

    – Verträge,

    – verbindliche Verbandsstatuten oder

    – verbindliche Verbandsbeschlüsse;

• aber auch rechtlich *nicht* erzwingbare Abreden wie

    – Empfehlungen,

    – Richtlinien oder einfach

    – bewusst aufeinander abgestimmtes, den Wettbewerb beschränkendes Parallelverhalten im Markt.

16 Unter den Begriff der Wettbewerbsabrede fallen sowohl die *horizontalen Wettbewerbsabreden* als auch die *vertikalen Wettbewerbsabreden*.   Horizontale und vertikale Abreden

17 • Bei den *horizontalen Wettbewerbsabreden* – den sog. Kartellen im eigentlichen Sinn – handelt es sich um Vereinbarungen zwischen Unternehmen gleicher Marktstufe, also z.B. zwischen den verschiedenen Automobilherstellern. Als klassische Beispiele für horizontale Vereinbarungen gelten direkte oder indirekte Preisabsprachen, Abreden über Produktionsbeschränkungen oder Marktaufteilungen.

• Bei den *vertikalen Wettbewerbsabreden* handelt es sich um Absprachen zwischen Unternehmen verschiedener Marktstufen, also z.B. zwischen einem Automobilhersteller einerseits und dem Automobilzwischenhandel andererseits. Bei vertikalen Abreden kommen oft vertragliche Instrumente wie Alleinvertriebsverträge, Alleinbezugsverträge oder Alleinbelieferungsverträge zum Einsatz.

b) Relevanter Markt

18 Das Tatbestandselement «auf einem Markt für bestimmte Waren oder Leistungen» wird im Wettbewerbsrecht auch mit dem Begriff «relevanter Markt» umschrieben. Der relevante Markt beinhaltet eine sachliche, eine räumliche und eine zeitliche Komponente.[5] Die Abgrenzung des relevanten Marktes hat in der Praxis grosse Bedeutung. Wir werden im Abschnitt *Marktbeherrschende Unternehmen* sowie im *Übungsfall* am Schluss des Kapitels noch einmal darauf zu sprechen kommen.

....

[5] Vgl. dazu auch Art. 11 Abs. 3 VKU sowie im Europäischen Wettbewerbsrecht die Bekanntmachung der EU-Kommission über die Definition des relevanten Marktes im Sinne des Wettbewerbsrechts der Gemeinschaft, ABl. 1997 C 372/ 5 ff.

Sachlich relevanter Markt

Der sachlich relevante Markt umfasst jene Waren und Dienstleistungen, welche die Marktgegenseite hinsichtlich ihrer Eigenschaften und ihres Verwendungszwecks als austauschbar (substituierbar) ansieht. 19

So dürften Äpfel oder Birnen für die meisten Konsumentinnen und Konsumenten gegenseitig substituierbar sein. Das bedeutet, dass das Bedürfnis nach Äpfeln auch durch billigere Birnen befriedigt werden kann, wenn der Preis für Äpfel steigt, und umgekehrt. Der sachlich relevante Markt ist also in diesem Fall der *Markt für Kernobst*, der sowohl Äpfel als auch Birnen umfasst. 20

Anders liegt der Fall hingegen, wenn der Preis für Bananen zu steigen beginnt. Weil das Bedürfnis nach diesem Produkt viel spezifischer ist, lassen sich Bananen für die meisten Menschen nicht durch Kernobst oder andere Früchte substituieren. Der sachlich relevante Markt beschränkt sich in diesem Fall also auf den *Markt für Bananen*.

Räumlich relevanter Markt

Der räumlich relevante Markt wird durch das Gebiet definiert, in dem der Austausch der sachlich relevanten Produkte stattfinden kann. Damit die Kunden eines Anbieters auf die sachlich relevanten Konkurrenzprodukte von Dritten ausweichen können, müssen deren Angebote in räumlicher Nähe erreichbar sein. 21

Der Markt für Produkte des täglichen Bedarfs wie Brot, Milch oder Gemüse bleibt folglich auf ein lokal eng begrenztes Gebiet beschränkt. Die Konsumentinnen und Konsumenten in Luzern können nämlich nicht auf billigere Angebote in Mailand oder München, ja nicht einmal in Winterthur umsteigen, nicht zuletzt weil die Transportkosten (im Verhältnis zum Preis dieser Produkte) zu hoch wären.

Der räumlich relevante Markt für Autos oder Baumaschinen dürfte hingegen das Gebiet der ganzen Schweiz umfassen.

Zeitlich relevanter Markt

Beim zeitlich relevanten Markt geht die Frage dahin, ob sachlich und räumlich substituierbare Produkte auch jederzeit zur Verfügung stehen. 22

Wenn wir z.B. davon ausgehen, dass Erdbeeren und Kiwi gegenseitig substituierbar sind, so ist in zeitlicher Hinsicht von Bedeutung, ob die beiden Früchte saisonbedingt auch gleichzeitig auf dem Markt erhältlich sind.

c) Erhebliche Beeinträchtigung des Wettbewerbs

23 Eine *Wettbewerbsbeeinträchtigung* liegt dann vor, wenn die Marktteilnehmer aufgrund einer Abrede ihre wirtschaftlichen Aktivitäten mit Bezug auf einen oder mehrere Wettbewerbsparameter nicht mehr frei und ohne Einschränkung gestalten können. Als solche *Wettbewerbsparameter*[6] gelten etwa:

Wettbewerbsparameter

- die freie Beschaffung der Produktionsmittel,

- die Festlegung des Angebots, der Produktionsmenge und der Produktionsstandards,

- die direkte und indirekte Preisgestaltung,

- die Wahl der Absatzmärkte.

24 Das Kartellgesetz teilt die Wettbewerbsabreden in drei verschiedene Gruppen ein (Art. 5 Abs. 1 KG). Es unterscheidet dabei zwischen:

Kriterium der Erheblichkeit

- Abreden, die den Wettbewerb *nicht erheblich* beeinträchtigen. Solche unerheblichen Wettbewerbsbeschränkungen sind nach Kartellgesetz zulässig;

- Abreden, die den Wettbewerb *erheblich* beeinträchtigen. Erhebliche Wettbewerbsbeschränkungen sind *nur dann* zulässig, wenn sie sich aus *Gründen wirtschaftlicher Effizienz rechtfertigen lassen*;

- Abreden, die den wirksamen Wettbewerb *vollständig beseitigen*. Solche Wettbewerbsbeschränkungen sind grundsätzlich unzulässig.

25 Wann ist eine Wettbewerbsbeschränkung *erheblich*? Es wird unterschieden zwischen quantitativer Erheblichkeit einerseits und qualitativer Erheblichkeit andererseits.[7]

Quantitative und qualitative Erheblichkeit

- Bei der *quantitativen Erheblichkeit* wird auf Kriterien wie Umsatz oder Marktanteil der Unternehmen abgestellt, die an der Abrede beteiligt sind.

- Bei der *qualitativen Erheblichkeit* wird geprüft, ob die Marktgegenseite oder die an einer Abrede beteiligten Unternehmen in ihrer Handlungsfreiheit *spürbar* beeinträchtigt sind, etwa wenn ihnen realistische Ausweichmöglichkeiten fehlen.

....

[6] Vgl. dazu RPW 1997, 463 Rz. 19 ff., Kodex zwischen Krankenversichern. «Die Abrede im Sinne des KG setzt somit voraus, dass das Zusammenwirken einen Marktbezug hat. Dies ist dann der Fall, wenn es sich auf Wettbewerbsparameter wie Preis, Menge, Gebiet, Produktpolitik (Sortiment, Qualität, Service, Entwicklung) und Marketing bezieht (Rz. 20).»

[7] Vgl. als Beispiel dazu die Erläuterungen in RPW 1997, 457 Rz. 32 ff., Fachhandel für Produkte des Ärztebedarfs.

In der *Bekanntmachung über die wettbewerbsrechtliche Behandlung* 26
vertikaler Abreden (Beschluss vom 18. Februar 2002)[8] hat die Wettbewerbskommission umschrieben, wann sie eine Wettbewerbsbeschränkung als erheblich betrachtet (Ziffern 3 a–f und 4). Es handelt sich dabei
allerdings nicht um verbindliche, generell-abstrakte Normen, sondern
bloss um eine *Absichtserklärung* der Wettbewerbskommission, nach
welchen Kriterien sie in einer Untersuchung entscheiden wird.

d) Aus Gründen der wirtschaftlichen Effizienz gerechtfertigte Abreden

Aus Gründen der
wirtschaftlichen
Effizienz gerecht-
fertigte Abreden

Nach Art. 5 Abs. 2 KG kann eine Abrede, auch wenn durch sie der Wett- 27
bewerb erheblich beeinträchtigt wird, aus Gründen der wirtschaftlichen
Effizienz gerechtfertigt sein, sofern sie eine der folgenden Voraussetzungen erfüllt:

1. Die Abrede muss zum Ziel haben: 28

   – **die Herstellungs- oder Vertriebskosten zu senken** (dies ist z.B.
     der Fall bei Kooperationsverträgen zwischen verschiedenen
     Unternehmen zum Zwecke der gemeinsamen Erstellung und
     Nutzung betrieblicher Infrastrukturen wie EDV-Anlagen oder
     Lagereinrichtungen) oder

   – **Produkte oder Produktionsverfahren zu verbessern** (zu denken
     ist dabei etwa an Verträge zwischen verschiedenen Unterneh-
     men betreffend die gemeinsame Anschaffung moderner und
     kapitalintensiver Produktionsanlagen zum Zwecke besserer
     Auslastung) oder

   – **die Forschung oder die Verbreitung von technischem oder
     beruflichem Wissen zu fördern** (wie etwa Kooperationsverträge
     betreffend gemeinsame Forschungs- und Entwicklungspro-
     gramme) oder

   – **die Ressourcen rationeller zu nutzen** (dies wäre z.B. der Fall bei
     Verträgen zwischen verschiedenen Unternehmen betreffend die
     Errichtung von gemeinsamen Recycling-Anlagen).

---

[8] BBl 2002, Nr. 20, 3895 ff.
Vgl. dazu auch die Verordnung (EG) Nr. 2790/1999 der Kommission vom 22. Dezember 1999
über die Anwendung von Artikel 81 Absatz 3 des Vertrages auf Gruppen von vertikalen Vereinbarungen und aufeinander abgestimmte Verhaltensweisen, ABl. 1999 L 336/ 21 ff.

29 2. Die Abrede muss ausserdem:

– **notwendig** sein, um eines dieser Ziele zu erreichen (wobei die Notwendigkeit im Sinne des Verhältnismässigkeitsprinzips nur dann gegeben ist, wenn kein anderes, weniger einschneidendes Mittel zur Verfügung steht) und

Unzulässigkeit der Wettbewerbsbeseitigung

– **in keinem Fall die Möglichkeit eröffnen, den wirksamen Wettbewerb ganz zu beseitigen.**

e) Durch Verordnungen und Bekanntmachungen gerechtfertigte Abreden

30 Das Kartellgesetz sieht vor, dass der Bundesrat (mittels Verordnung) oder die Wettbewerbskommission (in allgemeinen Bekanntmachungen ohne rechtlich-verbindlichen Charakter) die Voraussetzungen umschreiben können, unter denen einzelne Arten von Wettbewerbsabreden aus Gründen der wirtschaftlichen Effizienz als gerechtfertigt gelten (Art. 6 KG). Dabei werden insbesondere Vereinbarungen in den folgenden Bereichen in Betracht gezogen:

Bekanntmachungen der Wettbewerbskommission

31 • Abreden über Forschungs- und Entwicklungszusammenarbeit,

• Abreden betreffend Spezialisierung und Rationalisierung,

• Alleinvertriebs- und Alleinbezugsvereinbarungen,

• Abreden über die ausschliessliche Lizenzierung von Immaterialgüterrechten,

• Abreden, welche die Wettbewerbsfähigkeit von KMU verbessern.

f) Beseitigung des wirksamen Wettbewerbs

32 Der «wirksame Wettbewerb» ist ein Schlüsselbegriff des geltenden Wettbewerbsrechts. Er umschreibt sozusagen das wettbewerbspolitische Leitbild des Kartellgesetzes.

33 Nach der Botschaft des Bundesrates zum Kartellgesetz steht der Ausdruck für ein Wettbewerbsverständnis, das den Wettbewerb als «vielgestaltigen, dynamischen Prozess» sieht. Die Wettbewerbspolitik hat dabei hauptsächlich sicherzustellen, «dass die vom Wettbewerb allgemein erwarteten statischen und dynamischen Funktionen ausreichend erfüllt, das heisst nicht durch private Wettbewerbsbeschränkungen (und auch dysfunktionale staatliche Regulierungen) grundlegend beeinträchtigt werden. Wirksamer Wettbewerb soll m.a.W. die

Der wirksame Wettbewerb

....

Unternehmen immer wieder zwingen oder anspornen, den Ressourceneinsatz zu optimieren, die Produkte und Produktionskapazitäten an die äusseren Bedingungen anzupassen sowie neue Produkte und Produktionsverfahren zu entwickeln. Sind diese zentralen Funktionen des Wettbewerbs auf einem bestimmten Markt nicht erheblich gestört, so kann der Wettbewerb als ‹wirksam› bezeichnet werden.»[9]

Unzulässigkeit der Wettbewerbsbeseitigung

Wettbewerb liegt immer dann vor, wenn sich zwei oder mehrere Unternehmen in gegenseitiger Konkurrenz darum bemühen, mit den Marktteilnehmern ins Geschäft zu kommen. Wie wir gesehen haben, wird diese Wettbewerbssituation nicht durch jede Art von Abreden ausgeschaltet. Gewisse Unternehmenskooperationen lassen sich aus Gründen der wirtschaftlichen Effizienz wettbewerbsrechtlich durchaus rechtfertigen. *Unzulässig* ist es hingegen, den Wettbewerb durch Abreden *vollständig zu beseitigen*. Dies ist immer dann der Fall, wenn die Handlungsfreiheit der Marktteilnehmer im Hinblick auf einen oder mehrere Wettbewerbsparameter durch eine Abrede nicht nur beeinträchtigt, sondern ganz ausgeschaltet wird. Solche Abreden können auch nicht mit Gründen der wirtschaftlichen Effizienz gerechtfertigt werden. Als unzulässig gelten dabei folgende Kartellabsprachen: 34

Preiskartelle

1. **Abreden über die direkte oder indirekte Festsetzung von Preisen** (Art. 5 Abs. 3 lit. a KG). 35

   Als **Beispiele** dafür lassen sich etwa anführen: Abreden zwischen verschiedenen Unternehmen gleicher Marktstufe betreffend Festlegung identischer Preise und Rabatte, betreffend Anwendung gemeinsamer Kalkulationsmethoden oder betreffend identische preisrelevante AGB.[10]

Mengenkartelle

2. **Abreden über die Einschränkung von Produktions-, Bezugs- oder Liefermengen** (Art. 5 Abs. 3 lit. b KG). 36

   Mengenabreden zwischen verschiedenen Unternehmen gleicher Marktstufe bezwecken, jedem Konkurrenten eine bestimmte Produktionsmenge ausschliesslich zur Herstellung und Vermarktung zuzuteilen. Die Absprachen dienen letztlich dazu, das Angebot tief und die Preise entsprechend hoch zu halten.

---

[9] Botschaft KG, S. 511 ff.: «Wirksamer Wettbewerb» als wettbewerbspolitisches Leitbild.
[10] Beispiele aus der Praxis der Kartellkommission betreffend Preisabreden i.S.v. Art. 5 Abs. 3 lit. a KG: RPW 1997, 334 ff., Sammelrevers für Musiknoten; RPW 1997, 481 ff., Privattarif der Ärztegesellschaft des Kantons Bern; RPW 1998, 382 ff., Service- und Reparaturleistungen an Öl-/Gasbrennern und Kompaktwärmezentralen.

37 **3. Abreden über die Aufteilung von Märkten nach Gebieten oder Geschäftspartnern** (Art. 5 Abs. 3 lit. c KG).

Abreden betreffend Marktaufteilungen bezwecken, den Gesamtmarkt in voneinander abgeschottete Teilmärkte aufzugliedern. Das ausschliessliche Recht der Produzenten, in *ihrem* Markt konkurrenzlos ihre Produkte abzusetzen, kann in den Teilmärkten zur vollständigen Beseitigung des Wettbewerbs führen.

38 Als unzulässig gelten überdies **Abreden zwischen Unternehmen verschiedener Marktstufen über Mindest- oder Festpreise** sowie **Abreden in Vertriebsverträgen über die Zuweisung von Gebieten**, soweit Verkäufe in diese Gebiete durch gebietsfremde Vertriebspartner ausgeschlossen werden (absoluter Gebietsschutz; Art. 5 Abs. 4 KG).

39 Die Beseitigung des wirksamen Wettbewerbs wird bei den «harten» Kartellen vom Gesetz vermutet, sofern die beteiligten Unternehmen tatsächlich oder potenziell miteinander im Wettbewerb stehen. Die gesetzliche Vermutung kann jedoch im Rahmen eines Zivilprozesses oder eines kartellrechtlichen Untersuchungsverfahrens[11] widerlegt werden.

40 Sofern dabei der Nachweis gelingt, dass der Wettbewerb durch die Abrede *nicht vollständig beseitigt* wurde, ist weiter zu prüfen, ob es sich dabei um eine *erhebliche* Wettbewerbsbeeinträchtigung (welche ihrerseits wieder durch Gründe der wirtschaftlichen Effizienz gerechtfertigt sein könnte) oder um eine zulässige *unerhebliche* Wettbewerbsbeeinträchtigung handelt. Dann kann zur Rechtfertigung der Abrede wiederum das Argument der wirtschaftlichen Effizienz vorgebracht werden.

2. Ausnahmsweise Zulassung aus überwiegenden öffentlichen Interessen

41 Nach Art. 8 KG können Wettbewerbsabreden, die von der zuständigen Behörde für *unzulässig* erklärt wurden, vom Bundesrat auf Antrag der Beteiligten ausnahmsweise zugelassen werden, sofern sie *notwendig* sind, um *überwiegende öffentliche Interessen* zu verwirklichen.

....

11 Zur Widerlegung der gesetzlichen Vermutung vgl. die Ausführungen der Kartellkommission in RPW 1997, 342 Rz. 50 ff., Sammelrevers für Musiknoten; RPW 1998, 389 RZ. 49 ff., Service- und Reparaturleistungen an Öl- / Gasbrennern und Kompaktwärmezentralen. ....

Zu denken ist dabei v.a. an übergeordnete Interessen wie: Versorgungs- 42
sicherheit, kulturpolitische Interessen, regionale Strukturförderung,
Arbeitnehmerinteressen, die aus wirtschaftspolitischen Gründen
ausnahmsweise höher gewichtet werden als wirksamer Wettbewerb.[12]

3. Zusammenfassung

Als *volkswirtschaftlich oder sozial schädlich* und damit unzulässig gelten 43
somit:

- Abreden, die den Wettbewerb *vollständig beseitigen* und nicht
  durch überwiegende öffentliche Interessen gerechtfertigt sind,
  sowie

- Abreden, die den Wettbewerb *erheblich beeinträchtigen* und die
  weder aus Gründen der wirtschaftlichen Effizienz noch durch
  überwiegende öffentliche Interessen gerechtfertigt sind.

4. EU-Wettbewerbsrecht: Art. 81 EG-Vertrag

a) Das Verbot wettbewerbsbeschränkender Vereinbarungen und Verhaltensweisen

Die grundlegende Bestimmung zur Beurteilung von Wettbewerbsabre- 44
den ist Artikel 81 (ex-Art. 85) des Vertrages zur Gründung der Europäischen Gemeinschaft (EGV).

Gemäss Art. 81 Abs. 1 EGV sind alle Vereinbarungen zwischen Unternehmen, Beschlüsse von Unternehmensvereinigungen und aufeinander
abgestimmte Verhaltensweisen mit dem Gemeinsamen Markt unvereinbar und verboten, welche den Handel zwischen den Mitgliedstaaten zu
beeinträchtigen geeignet sind und eine Verhinderung, Einschränkung
oder Verfälschung des Wettbewerbs innerhalb des Gemeinsamen
Marktes bezwecken oder bewirken.

Tatbestände des Art. 81 Abs. 1 EGV

Insbesondere die folgenden, in Art. 81 Abs. 1 EGV exemplarisch aufge- 45
führten Tatbestände werden dabei als wettbewerbsbeschränkend
angesehen:

---

[12] Als Beispiel für ein Verfahren zur ausnahmsweisen Zulassung nochmals der Fall «Sammelrevers für Musiknoten», RPW 1997, 334 ff.: Die Wettbewerbskommission hielt die darin vorgesehenen Preisabreden für eine unzulässige Wettbewerbsbeschränkung. Die betreffende Verfügung wurde gestützt auf Art. 8 KG an den Bundesrat weitergezogen. Das Gesuch wurde
jedoch abgewiesen (RPW 1998, 478 ff.).

1. Die unmittelbare oder mittelbare Festsetzung von Preisen oder sonstigen Geschäftsbedingungen;

2. die Einschränkung oder Kontrolle der Erzeugung, des Absatzes, der technischen Entwicklung oder der Investitionen;

3. die Aufteilung von Märkten oder Versorgungsquellen;

4. die Anwendung diskriminierender Bedingungen bei gleichwertigen Leistungen gegenüber Handelspartnern;

5. Koppelungsverträge.

46   Damit eine Abrede unter das Kartellverbot von Art. 81 Abs. 1 EGV fällt, müssen folgende Voraussetzungen erfüllt sein: *Voraussetzungen*

47   • Beteiligung von mindestens zwei rechtlich und wirtschaftlich selbständigen Unternehmen;

• Vorliegen einer Vereinbarung, eines Beschlusses oder einer abgestimmten Verhaltensweise;

• Betroffenheit eines relevanten Marktes;

• Zusammenhang der Abrede mit der Verhinderung, Einschränkung oder Verfälschung des Wettbewerbs;

• Bezwecken oder Bewirken einer Verhinderung, Einschränkung oder Verfälschung des Wettbewerbs;

• Betroffenheit des zwischenstaatlichen Handels innerhalb der EU;

• Spürbarkeit des Einflusses auf den Wettbewerb.

Sind diese Voraussetzungen erfüllt, ist die Abrede nichtig (Art. 81 Abs. 2 EGV).

b) Das EU-Wettbewerbsrecht vor dem 01.05.2004: Die Einzel- und die Gruppenfreistellung vom Kartellverbot

48   Art. 81 Abs. 1 EGV wurde früher in dem Sinne ausgelegt, dass wettbewerbsbeschränkende Vereinbarungen und Verhaltensweisen *generell* verboten waren. Dieses (zu) weit reichende Kartellverbot wurde jedoch dadurch gemildert, dass unter gewissen Voraussetzungen nach Art. 81 Abs. 1 EGV verbotene Absprachen nach Art. 81 Abs. 3 EGV vom Kartellverbot freigestellt werden konnten. Es handelte sich dabei also um ein *Verbotsprinzip mit Erlaubnisvorbehalt.*   *Früherer Art. 81 Abs. 3 EGV*

....

Freistellung vom Kartellverbot

Die sog. Freistellung[13] von Vereinbarungen oder Beschlüssen vom Kartellverbot erfolgte entweder in Form einer Einzelfreistellung (auf Antrag der betroffenen Unternehmen) durch die EU-Kommission oder durch Verordnung (Gruppenfreistellung). Mit den sog. Gruppenfreistellungsverordnungen (GVO) konnten ganze Gruppen von Absprachen, denen ein gemeinsamer typisierter Sachverhalt zugrunde lag, vom Kartellverbot ausgenommen werden. Die Gruppenfreistellungsverordnungen wurden dabei unterschieden in *allgemeine*[14] sowie *branchenspezifische*[15] Gruppenfreistellungsverordnungen. 49

Voraussetzungen der Freistellung

Damit eine Vereinbarung oder Verhaltensweise nach Art. 81 Abs. 3 EGV vom Kartellverbot freigestellt werden konnte, bedurfte es folgender vier Voraussetzungen (welche etwa den Rechtfertigungsgründen für Abreden nach schweizerischem Recht entsprechen): 50

- Die Abrede musste einen Beitrag leisten zur Verbesserung der Warenerzeugung oder Warenverteilung, oder sie musste zur Förderung des technischen oder wirtschaftlichen Fortschritts beitragen (ebenso Art. 5 Abs. 2 lit. a KG). 51

- Die Verbraucher mussten am dadurch entstehenden Gewinn angemessen beteiligt werden (z.B. durch Preissenkungen oder Qualitätssteigerungen).

- Die Abreden mussten zur Verwirklichung dieser Ziele unerlässlich sein (ebenso Art. 5 Abs. 2 lit. a KG).

- Der Wettbewerb für einen wesentlichen Teil der von der Abrede betroffenen Produkte durfte nicht beseitigt werden (ebenso Art. 5 Abs. 2 lit. b KG).

Unternehmen, die bei der EG-Kommission keine Einzelfreistellung beantragt hatten, mussten in der Sache selbst beurteilen, ob 52

---

13 Vgl. dazu die «alte» Kartellverordnung Nr. 17/62 (VO 17), ABl. 1962 P 13, 204 ff., zuletzt geändert durch Verordnung (EG) Nr. 1216/1999 des Rates vom 10. Juni 1999. Die Verordnung wurde mit Ausnahme von Art. 8 Abs. 3 auf den 1.5.2004 aufgehoben.

14 Als Beispiele seien aufgeführt: Verordnung (EG) Nr. 2658/2000 der Kommission vom 29. November 2000 über die Anwendung von Artikel 81 Absatz 3 des Vertrages auf Gruppen von Spezialisierungsvereinbarungen (ABl. 2000 L 304/3 ff.); Verordnung (EG) Nr. 2659/2000 der Kommission vom 29. November 2000 über die Anwendung von Artikel 81 Absatz 3 des Vertrages auf Gruppen von Vereinbarungen über Forschung und Entwicklung (ABl. 2000 L 304/7 ff.); Verordnung (EG) Nr. 2790/1999 der Kommission vom 22. Dezember 1999 über die Anwendung von Artikel 81 Absatz 3 des Vertrages auf Gruppen von vertikalen Vereinbarungen und aufeinander abgestimmten Verhaltensweisen (ABl. 1999 L 336/21 ff.).

15 Als Beispiel sei aufgeführt die Verordnung (EG) Nr. 1400/2002 der Kommission vom 31. Juli 2002 über die Anwendung von Artikel 81 Absatz 3 des Vertrages auf Gruppen von vertikalen Vereinbarungen und aufeinander abgestimmten Verhaltensweisen im Kraftfahrzeugsektor (ABl. 2002 L 203/30 ff.).

eine bestimmte Abrede von einer Gruppenfreistellung gedeckt war oder nicht. Falls aber eine Vereinbarung, wenn auch nur unwesentlich, über die von einer Gruppenfreistellungsverordnung erlaubten Wettbewerbsbeschränkungen hinausging, so war die Vereinbarung als Ganze unzulässig. In Zweifelsfällen bestand die Möglichkeit, eine bestimmte Vereinbarung vor ihrem Vollzug bei der Kommission anzumelden mit dem Antrag, es sei festzustellen, dass die Vereinbarung unter eine Gruppenfreistellung falle. In diesem Zusammenhang bestand die Möglichkeit, sich von der Kommission entweder einen sog. «comfort letter» oder ein «Negativattest» (gem. Artikel 2 VO 17) erteilen zu lassen. Dies bedeutete in beiden Fällen, dass die Kommission keinen Anlass sah, gegen die fragliche Vereinbarung vorzugehen.

c) Das EU-Wettbewerbsrecht nach dem 01.05.2004: Übergang zum System der Legalausnahme

53 Am 16.12.2002 hat der Rat der Europäischen Union eine *neue Durchführungsverordnung[16]* zu den Art. 81 und 82 EGV verabschiedet und damit einen tief greifenden Systemwechsel im Europäischen Wettbewerbsrechts eingeleitet. Die nach altem Recht geltende *Anmelde- und Genehmigungspflicht* für wettbewerbsbeschränkende Vereinbarungen i.S.v. Art. 81 Abs. 1 EGV wurde überführt in ein sog. *System der Legalausnahme*. Dies bedeutet, dass wettbewerbsbeschränkende Vereinbarungen nach Art. 81 Abs. 1 EGV keiner *expliziten* Freistellung vom Kartellverbot mehr bedürfen, wenn sie die Voraussetzungen zur Freistellung nach Art. 81 Abs. 3 EGV erfüllen. Sie gelten neu ohne weiteres als zulässig. Die Unternehmen müssen im Lichte der Vorschriften und der Rechtsprechung künftig selbst darauf achten, ob eine bestimmte Abrede (beispielsweise über eine Forschungszusammenarbeit) das Wettbewerbsrecht verletzt oder nicht.

Systemwechsel 2004: Neue Durchführungsverordnung

54 Die Beweislast in einem allfälligen kartellrechtlichen Verfahren ist dabei so verteilt, dass diejenige Partei oder Wettbewerbsbehörde die Voraussetzungen des Art. 81 Abs. 1 EGV beweisen muss, die einen Verstoss gegen diese Bestimmungen behauptet. Beruft sich demgegenüber ein Unternehmen auf die Freistellungsvoraussetzungen des Art. 81 Abs. 3 EGV, so trägt es hierfür die Beweislast.

55 Mit dem Systemwechsel wird zugleich die Anwendung der Wettbewerbsregeln der Gemeinschaft dezentralisiert. Hatte bisher die Kommission das Monopol, die Voraussetzungen des Art. 81 Abs. 3 EGV vollstän-

---

[16] Verordnung (EG) Nr. 1/2003 des Rates vom 16. Dezember 2002 zur Durchführung der in den Artikeln 81 und 82 des Vertrags niedergelegten Wettbewerbsregeln (ABl. 2003 L 1/1 ff.).

dig zu überprüfen, sind künftig neben der Kommission auch nationale Wettbewerbsbehörden und Gerichte befugt, das Europäische Wettbewerbsrecht auszulegen und durchzusetzen.

F.   Unzulässige Verhaltensweisen marktbeherrschender Unternehmen

1. Der Tatbestand

Den Tatbestand der unzulässigen Wettbewerbsbeschränkung durch marktbeherrschende Unternehmen umschreibt das Kartellgesetz wie folgt: 56

Legaldefinition   *«Marktbeherrschende Unternehmen* verhalten sich unzulässig, wenn sie   57 durch den *Missbrauch ihrer Stellung auf dem Markt* andere Unternehmen in der Aufnahme oder in der Ausübung des Wettbewerbs behindern oder die Marktgegenseite benachteiligen» (Art. 7 Abs. 1 KG).

Um diesen Tatbestand zu verstehen, müssen wir also folgende Hauptfragen beantworten können: 58

- Was ist die wettbewerbsrechtliche Definition eines marktbeherrschenden Unternehmens?

- Wie kann ein solches Unternehmen seine Stellung im Markt missbrauchen? Oder anders gefragt: Welches Wettbewerbsverhalten eines marktbeherrschenden Unternehmens gilt wettbewerbsrechtlich gerade noch als zulässig?

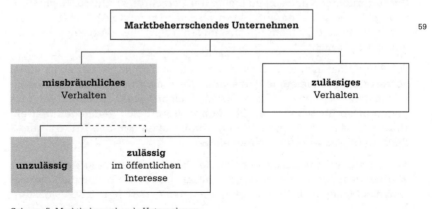

Schema 5: Marktbeherrschende Unternehmen

a) Marktbeherrschende Unternehmen

60 Als *marktbeherrschende Unternehmen* gelten einzelne oder mehrere Unternehmen (z.B. Konzerne, d.h. verschiedene formell selbständige Unternehmen unter einheitlicher wirtschaftlicher Kontrolle), die *auf einem Markt* als Anbieter oder Nachfrager in der Lage sind, sich von anderen Marktteilnehmern (Mitbewerbern, Anbietern oder Nachfragern) in wesentlichem Umfang *unabhängig zu verhalten* (Art. 4 Abs. 2 KG).

Unabhängigkeit im Marktverhalten als Kriterium

61 Um zu beurteilen, ob ein Unternehmen den Markt beherrscht, muss also einerseits der relevante Markt («*auf einem Markt*») bestimmt werden, und andererseits muss geprüft werden, ob sich die betreffenden Unternehmen in diesem Markt *unabhängig* verhalten können.

62 Der *relevante Markt* wird – wie wir bereits beim allgemeinen Kartelltatbestand gesehen haben – durch sachliche, räumliche sowie zeitliche Kriterien bestimmt. Sie lassen sich wie folgt zusammenfassen: Bietet der Markt den angeblich behinderten Abnehmern oder Geschäftspartnern eines potenziell marktbeherrschenden Unternehmens eine zumutbare Möglichkeit, auf Konkurrenzprodukte auszuweichen? Wenn dies nicht der Fall ist, so beherrscht das betreffende Unternehmen den Markt für diese Produkte und kann sich demzufolge mit Bezug auf wichtige Wettbewerbsparameter unabhängig verhalten (z.B. mit Bezug auf die Festsetzung der Preise oder der allgemeinen Geschäftsbedingungen).

Relevanter Markt

63 Umgekehrt nimmt ein Unternehmen keine marktbeherrschende Stellung ein und steht somit unter dem Druck des Wettbewerbs, wenn seine potenziellen Geschäftspartner mit Bezug auf die Nachfrage nach bestimmten Produkten oder das Angebot eigener Produkte auf andere Unternehmen ausweichen können.

64 Wenn also ein Autoreifenhersteller A einen bestimmten Automobilhersteller nicht mehr oder nur zu weit übersetzten Preisen mit Autoreifen beliefern will, der Automobilhersteller jedoch jederzeit (zeitlich relevanter Markt) die Möglichkeit hat, sich gleichartige Autoreifen (sachlich relevanter Markt) zu marktüblichen Preisen in zumutbarer räumlicher Nähe (räumlich relevanter Markt) von den Autoreifenherstellern B oder C zu beschaffen, so steht der Autoreifenhersteller A unter Wettbewerbsdruck und kann sich somit im Markt für Autoreifen faktisch *nicht unabhängig* verhalten. Der Autoreifenhersteller A hat somit keine marktbeherrschende Stellung.

Untersuchungs-
kriterien

Ob sich ein Unternehmen in wesentlichem Umfang unabhängig von den 65
anderen Marktteilnehmern verhalten kann, hängt im konkreten Fall von
verschiedenen Faktoren ab, so etwa von:

- der Höhe des Marktanteils, den das Unternehmen innehat,

- dem umsatzmässigen Abstand zum nächsten Konkurrenten,

- den finanziellen Ressourcen des Unternehmens,

- der Existenz potenzieller Konkurrenten oder

- der Existenz rechtlicher oder tatsächlicher Marktzutrittsschranken.

b) Missbrauch der marktbeherrschenden Stellung

Behinderungs-
und Ausbeutungs-
tatbestände

Der Erwerb einer marktbeherrschenden Stellung ist nicht per se verbo- 66
ten. Die Möglichkeit, sich im freien Wettbewerb durch gute Leistungen
eine Spitzenposition zu verschaffen, ist einem Wettbewerbssystem
immanent und daher grundsätzlich erlaubt. Nicht zulässig ist jedoch
nach Kartellgesetz, wenn ein Unternehmen seine marktbeherrschende
Stellung missbraucht, um:

- andere Unternehmen (Mitbewerber) bei der Aufnahme oder der
  Ausübung des Wettbewerbs zu behindern (sog. *Behinderungsmissbrauch*) oder

- die Marktgegenseite (Anbieter oder Nachfrager) zu benachteiligen (sog. *Ausbeutungsmissbrauch*).

Was heisst das? Soll einem Unternehmen nicht zugestanden werden, 67
seine überwiegende Marktmacht gegenüber Konkurrenten zu verteidi-
gen oder gegenüber der Marktgegenseite wirkungsvoll einzusetzen?

Vorliegen
von sachlich
gerechtfertigten
Gründen

Wettbewerbsrechtlich ist ein solches Verhalten nicht grundsätzlich 68
verpönt. Ein Unternehmen darf seine marktmächtige Position im Wettbewerb durchaus zu seinen Gunsten ausnutzen. Es kann sich daher im
Einzelfall als durchaus schwierig erweisen, eine angemessene Abgrenzung zwischen erlaubtem und missbräuchlichem Verhalten marktmäch-
tiger Unternehmen zu finden. Das Gesetz zieht die Grenze dort, wo sich
das Verhalten des Unternehmens im Wettbewerb nicht mehr auf *sachlich gerechtfertigte Gründe* stützen lässt. Als sachlich gerechtfertigt gilt
allgemein ein Marktverhalten, das sich auf kaufmännische Grundsätze
stützt und sich nicht wesentlich vom Verhalten unterscheidet, wie es
sich höchstwahrscheinlich auch bei Vorliegen von wirksamem Wettbewerb ergeben würde.

2. Beispiele unzulässiger Verhaltensweisen marktbeherrschender Unternehmen

69 Das Kartellgesetz zählt in Art. 7 Abs. 2 KG in einem nicht abschliessenden Beispielskatalog eine Reihe sog. Missbrauchstatbestände (d.h. unzulässiger Verhaltensweisen marktbeherrschender Unternehmen) auf, die den Grundtatbestand näher konkretisieren.

a) Verweigerung von Geschäftsbeziehungen (z.B. Liefer- oder Bezugssperren)

70 Aufgrund des Prinzips der Privatautonomie steht es jedem marktbeherrschenden Unternehmen prinzipiell frei, mit wem es welche Verträge abschliessen will. Das Kartellgesetz durchbricht diesen Grundsatz nicht. Unzulässig ist die Verweigerung der Geschäftsbeziehungen allerdings dann, wenn sie missbräuchlich erfolgt.

Missbräuchliche Verweigerung von Geschäftsbeziehungen

71 Zu denken ist dabei etwa an Fälle, in denen ein Unternehmen bei der Herstellung eines industriellen Zwischenprodukts über eine faktische Monopolstellung verfügt (z.B. bei der Produktion eines chemischen Rohstoffes, der zur Herstellung bestimmter Medikamente oder anderer Endprodukte zwingend benötigt wird) und sich weigert, seine bisherigen Abnehmer weiter mit diesem Grundstoff zu beliefern, um diese auf diesem Wege aus dem Wettbewerb zu drängen[17] (z.B. weil sie das Medikament nach Ablauf des Patentschutzes nun selber produzieren wollen).

b) Diskriminierung von Handelspartnern bei Preisen oder sonstigen Geschäftsbedingungen

72 Das Diskriminierungsverbot auferlegt einem marktbeherrschenden Unternehmen keine generelle Gleichbehandlungspflicht. Es will jedoch Ungleichbehandlungen ohne sachlich gerechtfertigten Grund unterbinden.

Diskriminierung

73 Als wettbewerbsrechtlich bedenklich gelten z.B. Preisdifferenzierungen durch sog. *Treuerabattsysteme*. Bei den Treuerabatten wird *nicht die Höhe der Menge* belohnt, die der Abnehmer beim marktbeherrschenden Unternehmen bezieht, sondern der Rabatt wird dafür gewährt, dass der betreffende Abnehmer seine Bezüge *ausschliesslich* beim marktbeherrschenden Unternehmen bezieht und nicht bei einem Aussenseiter. Treuerabatte können es aktuellen oder potenziellen Konkurrenten wesentlich erschweren, erfolgreich in den Markt einzudringen. Die Swisscom

---

17 EuGH, Rs. 6 und 7/73, Slg. 1974, 00223 (Istituto Chemioterapico Italiano S.P.A. und Commercial Solvents Corporation / Kommission der Europäischen Gemeinschaften).

gewährte bspw.[18] jenen Fachhändlern Treuerabatte, welche Produkte
und Dienstleistungen ausschliesslich bei ihr bezogen. Dies wurde von
der Wettbewerbskommisson als unzulässige Diskriminierung im Sinne
von Art. 7 Abs. 2 lit. b KG beurteilt. Die Verfügung wurde jedoch von der
Rekurskommission wieder aufgehoben.[19]

c) Erzwingen unangemessener Preise oder sonstiger unangemessener Geschäftsbedingungen

Missbrauch von
Marktmacht

Das Kartellgesetz greift auch da ein, wo ein marktbeherrschendes Unternehmen aufgrund seiner Marktmacht Preise oder sonstige Geschäftsbedingungen durchsetzen kann, die in keinem angemessenen Verhältnis
zum wirtschaftlichen Wert der erbrachten Leistung stehen. Der Tatbestand kann einerseits gegenüber Kunden verwirklicht werden, indem
das marktbeherrschende Unternehmen übersetzte Preise für seine
Produkte verlangt. Anderseits kann ein Unternehmen seine Marktmacht
dazu missbrauchen, bei seinen Lieferanten unangemessen tiefe Preise
oder andere Geschäftskonditionen zu erzwingen. In beiden Fällen
handelt es sich um typische Ausbeutungstatbestände. 74

Das Kartellgesetz bezweckt nicht, für einen «gerechten Preis» zu sorgen.
Marktbeherrschende Unternehmen sollen jedoch nicht ihre Preise oder
sonstigen Geschäftsbedingungen missbräuchlich auf einem Niveau
anzusetzen können, das bei wirksamem Wettbewerb undenkbar wäre.
Nicht rechtfertigen lässt sich namentlich ein Verhalten, bei dem das
marktbeherrschende Unternehmen Preise oder Geschäftsbedingungen
ohne sachlichen Grund nicht für alle Geschäftspartner gleich ansetzt.[20] 75

d) Gegen bestimmte Wettbewerber gerichtete Unterbietung von Preisen oder sonstigen Geschäftsbedingungen

Preisunterbietung mit
Verdrängungsabsicht

Gegen günstige Konditionen eines Angebots ist an sich nichts einzuwenden, denn auch für eine zeitweilige Tiefpreispolitik kann es vernünftige ökonomische Gründe geben. Die gezielte Preisunterbietung durch
ein marktbeherrschendes Unternehmen ist jedoch dann unzulässig,
wenn sie mit dem Ziel eingeführt wird, Konkurrenten aus dem Markt zu
drängen, anschliessend in deren Lücke zu springen und die Preise
wieder auf das anfängliche Niveau (oder darüber hinaus) zu heben. 76

---

[18] Vgl. diesbezüglich RPW 1997, 506 ff., Telecom PTT-Fachhändlerverträge.

[19] RPW 1998, 655 ff., Swisscom/Wettbewerbskommission.

[20] EuGH, Rs. 27/76, Slg. 1978, 00207 (United Brands Compary und United Brands Continentaal BV/Kommission der Europäischen Gemeinschaften).

e) Einschränkung der Erzeugung, des Absatzes oder der technischen Entwicklung

77 Mit dieser Bestimmung soll die künstliche Verknappung des Angebotes durch ein marktbeherrschendes Unternehmen bekämpft werden; diesem ist es untersagt, dadurch die Preise ungerechtfertigt in die Höhe zu treiben.

Missbräuchliche Angebotsverknappung

78 Zu denken ist beispielsweise an Sachverhalte wie den Erwerb und die anschliessende Stilllegung von Patenten, damit das eigene Unternehmen durch diese neuen Erfindungen und Entwicklungen nicht konkurrenziert werden kann.[21]

f) An den Abschluss von Verträgen gekoppelte Bedingung, dass die Vertragspartner zusätzliche Leistungen annehmen oder erbringen

79 Auch sog. Koppelungsverträge sind aus kartellrechtlicher Sicht nicht per se verboten. Problematisch wird es jedoch, wenn ein marktbeherrschendes Unternehmen seine Stellung derart missbraucht, dass es von seinen Geschäftspartnern *zusätzliche Leistungen* verlangt, die in keinem plausiblen Sachzusammenhang zur eigentlich nachgefragten Leistung stehen.

Missbräuchliche Koppelungsverträge

80 Keinen vernünftigen Bezug zur Hauptleistung hätte beispielsweise eine Vertragsbedingung, mit der ein marktbeherrschendes Unternehmen den Verkauf einer Maschine mit der Verpflichtung zum Bezug des vom Unternehmen ebenfalls vertriebenen Maschinenöls koppeln würde.

3. Ausnahmsweise Zulassung aus überwiegenden öffentlichen Interessen

81 Der Bundesrat kann ausnahmsweise Verhaltensweisen marktbeherrschender Unternehmen zulassen, die von der zuständigen Behörde für unzulässig erklärt wurden, um damit überwiegenden öffentlichen Interessen Rechnung zu tragen (Art. 8 KG).

Ausnahmen von der Unzulässigkeit

---

21 Vgl. dazu den Fall EuGH, Rs. T-51/89, Slg. 1990, II-00309, Erw. 23 (Tetra Pak Rausing SA/ Kommission der Europäischen Gemeinschaften).

4. Fazit

Die Frage ist oft schwierig zu beantworten, ob es sich beim Marktver- 82
halten eines marktbeherrschenden Unternehmens um ein missbräuch-
liches Verhalten i.S. von Art. 7 KG oder aber um ein zulässiges Verhalten
handelt, das sich sachlich begründen lässt. Die Entscheidung in der
Sache muss immer im heiklen Spannungsfeld zwischen privatautonomer
Vertragsfreiheit einerseits und wettbewerbsrechtlich motivierten
Schranken der Privatautonomie anderseits gefällt werden. Ob letztlich
ein Wettbewerbsverstoss vorliegt oder nicht, kann somit nie generell,
sondern immer nur aufgrund des konkreten Einzelfalles festgestellt
werden, und bedarf in der Regel weitgehender Untersuchungen. Dies
erschwert die Beratung solcher Unternehmen, weil der Ausgang eines
möglichen Verfahrens schwer abzuschätzen ist.

5. EU-Wettbewerbsrecht: Art. 82 EG-Vertrag

Art. 82 EGV
betreffend Miss-
brauch von
Marktmacht

Die missbräuchliche Ausnutzung einer marktbeherrschenden Stellung, 83
die den Handel zwischen den Mitgliedstaaten beeinträchtigen könnte,
ist gemäss Art. 82 EGV (ex-Art. 86) verboten.

Art. 82 EGV nennt drei Tatbestandselemente, die kumulativ erfüllt sein
müssen, um den Verbotstatbestand zu bejahen:

- eine beherrschende Stellung eines oder mehrerer Unternehmen
  auf dem gemeinsamen Markt oder auf einem wesentlichen Teil
  desselben und

- die missbräuchliche Ausnutzung dieser Stellung auf einem relevanten Markt und

- die Eignung eines solchen Missbrauchs zur Beeinträchtigung des
  zwischenstaatlichen Handels.

Das Missbrauchsverbot ist grundsätzlicher Art. Die Beurteilung richtet
sich nach objektiven Kriterien – ein Wille zum Missbrauch ist nicht erforderlich.

Tatbestände von
Art. 82 EGV

Art. 82 EGV enthält einen nicht abschliessenden Beispielskatalog von 84
Tatbeständen, welche als missbräuchlich gelten (die Tatbestände
entsprechen im Wesentlichen jenen des schweizerischen Kartellrechts).
Es sind dies:

1. die unmittelbare oder mittelbare Erzwingung von unangemessenen Preisen oder sonstigen Geschäftsbedingungen (ebenso Art. 7 Abs. 2 lit. c KG);

2. die Einschränkung der Produktion, des Absatzes oder der technischen Entwicklung zum Schaden der Verbraucher (ebenso Art. 7 Abs. 2 lit. e KG);

3. die Anwendung unterschiedlicher (diskriminierender) Bedingungen bei gleichwertigen Leistungen gegenüber Handelspartnern (ebenso Art. 7 Abs. 2 lit. b KG);

4. Koppelungsverträge (ebenso Art. 7 Abs. 2 lit. f KG).

85 Der EuGH hat in seiner Praxis weitere Sachverhalte als missbräuchlich beurteilt. Als Beispiele seien angeführt:

- die Verweigerung von Geschäftsbeziehungen[22] (ebenso Art. 7 Abs. 2 lit. a KG),

- gezielte Preisunterbietungen[23] (ebenso Art. 7 Abs. 2 lit. d KG),

- Treuerabatte.[24]

G. Unternehmenszusammenschlüsse

1. Übersicht

86 Unternehmenszusammenschlüsse können die Beseitigung von wirksamem Wettbewerb zur Folge haben. Sie unterliegen daher einer Kontrolle, mit der das wettbewerbsrechtliche Problem möglicher Missbräuche marktbeherrschender Unternehmen *präventiv* angegangen wird. Unternehmenszusammenschlüsse von einer bestimmten Dimension müssen daher vor ihrem Vollzug der Wettbewerbskommission gemeldet werden. Es ist leicht nachvollziehbar, dass auch die Fusionskontrolle eine stete Gratwanderung zwischen privatautonomer Vertragsfreiheit und deren wettbewerbsrechtlich motivierten Schranken notwendig macht. Einerseits muss das legitime Bestreben der Unternehmen nach betriebswirtschaftlich optimaler Grösse und nach der Stärkung ihrer internationalen Wettbewerbskraft berücksichtigt werden, anderseits ist der wirksame Wettbewerb da zu schützen, wo er in Gefahr gerät, durch Unternehmenskonzentrationen ausser Kraft gesetzt zu werden.

Präventive
Fusionskontrolle

....

22 EuGH, Rs. 6 und 7/73, Slg. 1974,00223 (Istituto Chemioterapico Italiano S.P.A. und Commercial Solvents Corporation / Kommission der Europäischen Gemeinschaften).

23 Entscheid der Kommission, ABl. 1985 L 374/1 ff.

24 EuGH, Rs. 85/76, Slg. 1979, 00461 (Hoffmann-La Roche und Co. AG/Kommission der Europäischen Gemeinschaften).

2. Erste Voraussetzung: Ein Unternehmenszusammenschluss

Legaldefinition

Als Unternehmenszusammenschlüsse gelten einerseits Fusionen von 87 bisher voneinander unabhängigen Unternehmen sowie allgemein alle Vorgänge, durch die ein oder mehrere Unternehmen die *Kontrolle* über bisher unabhängige Unternehmen oder Teile von solchen erlangen (Art. 4 Abs. 3 KG).

Übernahme der wirtschaftlichen Kontrolle als massgebendes Kriterium

Der Anwendungsbereich der Fusionskontrolle erstreckt sich somit unab- 88 hängig vom gesellschaftsrechtlichen Begriff der Fusion auf alle Sachverhalte, in denen ein Unternehmen wirtschaftlich die Kontrolle über ein bisher selbständiges Unternehmen erlangt. Gem. Art. 1 VKU kann die Kontrolle insbesondere dann erlangt werden, wenn:

- Eigentums- oder Nutzungsrechte am Vermögen des Unternehmens eingeräumt werden oder

- andere Rechte eingeräumt oder Verträge abgeschlossen werden, die einen bestimmenden Einfluss auf die Zusammensetzung, die Beratung oder die Beschlüsse des Unternehmens gewähren.

Ein Unternehmen erlangt mithin immer dann die Kontrolle über ein 89 bisher unabhängiges Unternehmen, wenn es künftig einen prägenden Einfluss auf dessen Tätigkeit (z.B. Festlegung der Produktion, der Preise, der Absatzkanäle usw.) ausüben kann.

Gemeinschaftsunternehmen

Ein Unternehmenszusammenschluss im Sinne des Kartellgesetzes liegt 90 ausserdem vor, wenn zwei oder mehrere Unternehmen *gemeinsam* die Kontrolle über ein Unternehmen erlangen, das sie bisher nicht gemeinsam kontrollierten, sofern das Gemeinschaftsunternehmen («joint venture») auf Dauer alle Funktionen einer selbständigen wirtschaftlichen Einheit erfüllt (Art. 2 VKU). Der Fusionskontrolle untersteht aber nur die Bildung von solchen Gemeinschaftsunternehmen, die in ihrer Wirkung eine *Marktkonzentration* zur Folge haben können (sog. *konzentrative Gemeinschaftsunternehmen*).

Gemeinschaftsunternehmen, die aus Gründen der Unternehmenskoopera- 91 tion gebildet werden, unterliegen demgegenüber nicht der Fusionskontrolle (Beispiel: Zwei voneinander unabhängige Textilunternehmen übertragen aus Rationalisierungsgründen ihre Tuchproduktion einer gemeinsam kontrollierten Tochtergesellschaft). Solche *kooperativen Gemeinschaftsunternehmen* sind nach den Regeln über die unzulässigen Wettbewerbsabreden (Art. 5 KG) oder jenen über unzulässige Verhaltensweisen marktbeherrschender Unternehmen (Art. 7 KG) zu beurteilen.

3. Zweite Voraussetzung: Überschreiten von bestimmten Schwellenwerten

92 Nicht jeder Unternehmenszusammenschluss unterliegt der Meldepflicht. Der Bewilligung unterliegen nur Zusammenschlüsse von *erheblicher wirtschaftlicher Bedeutung* sowie mit *spürbarer Inlandauswirkung*.

93 Gemäss Art. 9 Abs. 1 KG sind Vorhaben über Unternehmenszusammenschlüsse vor ihrem Vollzug der Wettbewerbskommission zu melden, sofern im letzten Jahr vor dem Zusammenschluss:

Schwellenwerte

1. die beteiligten Unternehmen einen Umsatz von insgesamt mindestens 2 Milliarden Franken oder einen auf die Schweiz entfallenden Umsatz von insgesamt 500 Millionen Franken erzielten und *kumulativ*

2. mindestens zwei der beteiligten Unternehmen einen Umsatz in der Schweiz von minimal je 100 Millionen Franken erzielten.

94 Eine *Sonderregelung* gilt für Versicherungsgesellschaften, Banken und weitere Finanzintermediäre. Bei den Versicherungsgesellschaften sind anstelle des Umsatzes die jährlichen Versicherungsprämien massgebend, bei den Banken deren Bruttoerträge (Art. 9 Abs. 3 KG).

95 Die genaue Berechnung dieser Umsatzwerte, die meldepflichtigen Unternehmen sowie der vorgeschriebene genaue Inhalt der Meldung werden in Art. 3 ff. VKU detailliert umschrieben.

96 Ungeachtet der Grenzwerte besteht eine Meldepflicht jedoch immer dann, wenn am Zusammenschluss ein Unternehmen beteiligt ist, für das in einem kartellrechtlichen Verfahren rechtskräftig festgestellt worden ist, dass es in der Schweiz auf einem bestimmten Markt eine beherrschende Stellung hat, und der Zusammenschluss entweder diesen oder einen anderen Markt betrifft, der diesem vor- oder nachgelagert oder benachbart ist (Art. 9 Abs. 4 KG).

Beteiligung eines marktbeherrschenden Unternehmens

97 Wurde ein meldepflichtiger Zusammenschluss ohne Meldung vollzogen, so wird das Prüfungsverfahren von Amtes wegen eingeleitet. Die einmonatige Frist nach Art. 32 Abs. 1 KG (dazu sogleich) beginnt zu laufen, sobald die Behörden im Besitz der Informationen sind, die eine Meldung enthalten muss (Art. 35 KG).

4. Die Beurteilung von Zusammenschlüssen

Meldepflichtige Zusammenschlüsse unterliegen der Prüfung durch die   98
Wettbewerbskommission, sofern sich im Rahmen einer *vorläufigen
Prüfung* (Art. 32 Abs. 1 KG) Anhaltspunkte ergeben, dass sie eine markt-
beherrschende Stellung begründen oder verstärken (Art. 10 Abs. 1 KG).
Bei der materiellen Prüfung der meldepflichtigen Tatbestände kommt
somit ein *zweistufiges Verfahren* zum Zug.

Vorprüfung und
Hauptprüfungs-
verfahren

1. Sofern sich bei der *Vorprüfung* keine konkreten Anhaltspunkte   99
   für die Entstehung oder Verstärkung einer marktbeherrschenden
   Stellung ergeben, ist die vorläufige Prüfung endgültig, und der
   Zusammenschluss kann (nach Ablauf eines Monats) vollzogen
   werden (Art. 32 Abs. 1 KG);

2. Fördert die vorläufige Prüfung jedoch Hinweise auf die Bildung
   einer wettbewerbsrechtlich bedenklichen Marktkonzentration
   zutage, ist anschliessend im *Hauptprüfungsverfahren* nach Art.
   33 ff. KG abzuklären, ob der Unternehmenszusammenschluss den
   wirksamen Wettbewerb auf dem relevanten Markt beseitigen
   kann oder ob allenfalls Rechtfertigungsgründe vorliegen. Dabei
   hat die Wettbewerbskommission auch die allgemeine Marktent-
   wicklung sowie die Stellung der Unternehmen im internationalen
   Wettbewerb zu berücksichtigen (Art. 10 Abs. 4 KG).[25]

5. Rechtsfolgen

Verbot oder
Zulassung unter
Bedingungen
oder Auflagen

Die Wettbewerbskommission kann den beabsichtigten Unternehmens-   100
zusammenschluss entweder *untersagen* oder ihn unter bestimmten
Bedingungen und Auflagen zulassen, sofern die Hauptprüfung ergibt,
dass durch den Zusammenschluss

1. eine marktbeherrschende Stellung begründet oder verstärkt wird,
   durch die wirksamer Wettbewerb beseitigt werden kann (Art. 10
   Abs. 2 lit. a KG); und

2. dass damit keine Verbesserung der Wettbewerbsverhältnisse in
   einem anderen Markt bewirkt wird, welche die Nachteile der marktbeherrschenden Stellung überwiegt (Art. 10 Abs. 2 lit. b KG).

Sollte die Wettbewerbskommission zum Schluss kommen, eine Fusion   101
sei aus wettbewerbspolitischer Sicht zu untersagen, so obliegt es den
betroffenen Unternehmen, selber geeignete Massnahmen vorzuschla-

----

[25]   Zum Hauptprüfungsverfahren vgl. unten N 125 ff.

gen, damit das Vorhaben dennoch zugelassen werden kann. Es lassen sich verschiedene Arten von *Bedingungen* oder *Auflagen* denken. Als Beispiele seien angeführt:

- Die *Bedingung, vor* dem Vollzug des Zusammenschlusses bestimmte Unternehmensteile an Konkurrenten zu veräussern;[26]

- Die *Auflage, nach* vollzogenem Zusammenschluss bestimmte Unternehmensteile an Konkurrenten zu veräussern.[27]

6. Ausnahmsweise Zulassung aus überwiegenden öffentlichen Interessen

102 Unternehmenszusammenschlüsse, die von der Wettbewerbskommission untersagt wurden, können vom Bundesrat auf Antrag der beteiligten Unternehmen zugelassen werden, wenn sie ausnahmsweise notwendig sind, um überwiegende öffentliche Interessen zu verwirklichen (Art. 11 KG).

Ausnahmen

7. EU-Wettbewerbsrecht: Fusionskontrollverordnung

103 Rechtsgrundlage der EU-Fusionskontrolle ist die revidierte Fusionskontrollverordnung (FKVO)[28] vom 1.5.2004. Sie regelt den Anwendungsbereich, das Verfahren, die materiellen Voraussetzungen und die Verwaltungssanktionen. In Ergänzung zur wettbewerbsrechtlichen Verhaltenskontrolle (Art. 81 und 82 EGV) bezweckt die Fusionskontrolle, die Monopolisierung von Märkten durch Unternehmenskonzentrationen präventiv zu verhindern und den wirksamen Wettbewerb aufrechtzuerhalten.

EG-Fusionskontrollverordnung

---

26 Vgl. RPW 1998, 410 Rz. 70 ff., Bell/SEG. Die Zulassung dieses Zusammenschlusses erfolgte nur unter der Bedingung, dass die Bell AG, welche ihrerseits zur Coop-Gruppe gehört, vor dem Vollzug des Zusammenschlusses ihre Mehrheitsbeteiligung an der Favorit AG zu veräussern hatte, und zwar an eine Käuferin, die weder der Coop- noch der Migros-Gruppe angehört.

27 Vgl. RPW 1998, 314 Rz. 163, 319, UBS/SBV. Dieser Zusammenschluss durfte zwar sofort vollzogen werden, jedoch nur unter der Auflage, in der Folge die Banca della Svizzera Italiana und die Solothurner Bank AG zu veräussern.

28 Verordnung (EG) Nr. 139/2004 des Rates vom 20. Januar 2004 über die Kontrolle von Unternehmenszusammenschlüssen («EG-Fusionskontrollverordnung»), ABl. 2004 L 24/1 ff. Vgl. dazu auch die Leitlinien der Kommission zur Bewertung horizontaler Zusammenschlüsse gemäss der Ratsverordnung über die Kontrolle von Unternehmenszusammenschlüssen, ABl. 2004 C 31/5 ff.

Anwendungsbereich

Die Verordnung gilt für alle Zusammenschlüsse (zur Definition vgl. Art. 3 FKVO) von gemeinschaftsweiter Bedeutung (Art. 1 Abs. 1 FKVO). Eine gemeinschaftsweite Bedeutung liegt dann vor, wenn die beteiligten Unternehmen bestimmte Umsatz-Schwellenwerte überschreiten (Art. 1 Abs. 2 und 3 FKVO).   104

Verfahren

Ein Zusammenschluss von gemeinschaftsweiter Bedeutung ist in der Regel *nach* Vertragsabschluss oder Veröffentlichung des Übernahmeangebots oder des Erwerbs einer die Kontrolle begründenden Beteiligung und *vor* Vollzug bei der Kommission anzumelden (Art. 4 Abs. 1 FKVO).   105

Die Prüfung erfolgt in einem zweistufigen Verfahren. Im Vorverfahren prüft die Kommission die Anwendbarkeit der FKVO und die unproblematischen Fälle werden ausgesondert (Art. 6 Abs. 1 und 10 Abs. 1 FKVO).   106

Problematische Fälle werden in einem Hauptverfahren auf die Vereinbarkeit mit dem Gemeinsamen Markt geprüft (Art. 8 und 10 Abs. 3 FKVO). Fällt die Kommission innerhalb der vorgesehenen Fristen (Art. 10 Abs. 3 FKVO) keine Entscheidung, so gilt der Zusammenschluss als genehmigt (Art. 10 Abs. 6 FKVO). Das Hauptverfahren endet damit, dass der Zusammenschluss entweder ganz oder unter Bedingungen und Auflagen gutgeheissen oder untersagt wird (betreffend die Entscheidungsbefugnisse der Kommission vgl. Art. 8 FKVO).   107

Die Beurteilung von Zusammenschlüssen

Gemäss Art. 2 Abs. 3 FKVO sind Zusammenschlüsse dann mit dem Gemeinsamen Markt unvereinbar und für unzulässig zu erklären, wenn diese – insbesondere durch Begründung oder Verstärkung einer marktbeherrschenden Stellung – den wirksamen Wettbewerb im Gemeinsamen Markt oder in einem wesentlichen Teil desselben erheblich behindern würden. Als wichtige Beurteilungskriterien gelten dabei der Marktanteil der betroffenen Unternehmen, das Vorhandensein tatsächlicher und potenzieller Wettbewerber oder Marktzutrittsschranken.   108

H. Zivilrechtliches Verfahren

109 Über die Einhaltung des Kartellgesetzes wacht in erster Linie die Wettbewerbskommission, eine unabhängige Bundesbehörde. Allfällige Wettbewerbsverstösse werden von ihr im Rahmen eines Verwaltungsverfahrens festgestellt. Das Kartellgesetz enthält aber auch zivilprozessuale Normen. Wer durch übermässige Wettbewerbsbeeinträchtigungen behindert wird, kann seine privatrechtlichen Ansprüche in einem Kartellzivilprozess einfordern.

1. Ansprüche aus Wettbewerbsbehinderung

110 Wer durch eine *unzulässige Wettbewerbsbeschränkung in der Aufnahme oder Ausübung des Wettbewerbs behindert wird* (Art. 12 Abs. 1 KG)[29] oder wer durch eine *zulässige Wettbewerbsbeschränkung über das Mass hinaus behindert wird*, das zur Durchsetzung der Wettbewerbsbeschränkung notwendig ist (Art. 12 Abs. 3 KG), hat Anspruch auf:

Zivilrechtliche Ansprüche

1. Beseitigung oder Unterlassung der Behinderung (Art. 12 Abs. 1 lit. a KG);

2. Schadenersatz und Genugtuung nach Massgabe des Obligationenrechts (Art. 12 Abs. 1 lit. b KG);

3. Herausgabe eines unrechtmässig erzielten Gewinns nach Massgabe der Bestimmungen über die Geschäftsführung ohne Auftrag (Art. 12 Abs. 1 lit. c KG).

111 Ferner kann das Gericht auf Antrag des Klägers zur Durchsetzung des Beseitigungs- und Unterlassungsanspruchs anordnen, dass:

4. Verträge ganz oder teilweise ungültig sind (Art. 13 lit. a KG);

5. der oder die Verursacher der Wettbewerbsbehinderung mit dem Behinderten marktgerechte oder branchenübliche Verträge abzuschliessen haben (Art. 13 lit. b KG).

----

[29] Dabei fallen insbesondere die Verweigerung von Geschäftsbeziehungen sowie Diskriminierungsmassnahmen in Betracht (Art. 12 Abs. 2 KG).

2. Nichtigkeit unzulässigen Verhaltens ex tunc oder ex nunc?

Umstrittener Zeitpunkt der zivilrechtlichen Nichtigkeit eines Wettbewerbsverstosses

Umstritten ist die Frage, ob ein wettbewerbsbeschränkendes Verhalten 112 und insbesondere wettbewerbsbeschränkende Verträge im Sinne von Art. 5 KG oder Art. 7 KG von Anfang an (ex tunc) oder erst nach Eintritt der Rechtkraft einer behördlichen Entscheidung oder Feststellung (ex nunc) ungültig sind. Nach der Botschaft zum Kartellgesetz[30] kann infolge des «von der Verfassung vorgegebenen Missbrauchsprinzips eine Wettbewerbsbeschränkung erst als unzulässig gelten und mit der Rechtsfolge der Nichtigkeit belegt werden, wenn ihre Unzulässigkeit rechtskräftig festgestellt worden ist. Das Missbrauchsprinzip lässt keine Nichtigkeit ex tunc, sondern lediglich eine solche ex nunc zu. Das gilt auch für die in Art. 5 Abs. 3 KG enthaltenen Vermutungstatbestände.» Der überwiegende Teil der Lehre[31] vertritt demgegenüber die Auffassung, dass ein wettbewerbsbeschränkendes Verhalten von Anfang an unzulässig sei. Meist ist auf Vertragsverhältnisse, welche unzulässige Wettbewerbsbeschränkungen enthalten, Art. 20 OR anwendbar; sie sind daher von Anfang an ganz oder teilweise nichtig.

Nichtigkeit ex tunc im EU-Wettbewerbsrecht

Im EU-Wettbewerbsrecht ist die Rechtslage klar: Gegen das Kartellver- 113 bot von Art. 81 Abs. 1 EGV verstossende Vereinbarungen und Beschlüsse, die nicht die Voraussetzungen des Art. 81 Abs. 3 EGV erfüllen, sind gemäss Art. 81 Abs. 2 EGV ex tunc nichtig. Eine nach dieser Vorschrift nichtige Vereinbarung kann in den Rechtsbeziehungen der Vertragspartner keine Wirkungen erzeugen und daher Dritten nicht entgegengehalten werden.[32] Die Nichtigkeit bezieht sich jedoch nur auf diejenigen Bestandteile von Vereinbarungen, die eine Wettbewerbsbeschränkung bezwecken oder bewirken.

Auch die Verwirklichung des Tatbestandes von Art. 82 EG (Missbrauchsverbot einer marktbeherrschenden Stellung) löst von Gesetzes wegen die Nichtigkeit der Vereinbarung aus. Es bedarf dazu keiner Feststellung einer Verwaltungsbehörde oder eines Gerichts.

----

30   Botschaft KG, S. 553.
31   Siehe dazu die detaillierten Erläuterungen bei Zäch, Schweizerisches Kartellrecht, S. 413 – 423.
32   EuGH, Rs. 22/71, Slg. 1971, 00949, Erw. 29 (Béguelin Import Co./S.A.G.L. Import Export).

3. Besonderheiten im kartellrechtlichen Zivilverfahren

114 Eine wichtige Bestimmung zum Zweck einer einheitlichen Auslegung des Kartellgesetzes durch die Zivilgerichte ist Art. 15 KG: Danach sind die Gerichte verpflichtet, der Wettbewerbskommission einen Sachverhalt zur Begutachtung vorzulegen, sofern die Zulässigkeit einer Wettbewerbsbeschränkung in einem zivilrechtlichen Verfahren in Frage steht (Art. 15 Abs. 1 KG). Ein Gericht behält dabei seine Entscheidungskompetenz zwar grundsätzlich bei; ohne eine überzeugende Begründung wird es in seinem Urteil vom Gutachten der Wettbewerbskommission allerdings kaum abweichen.

Stellung der Wettbewerbskommission im Zivilverfahren

4. Vorsorgliche Massnahmen

115 Zum Schutze von Ansprüchen, die aufgrund einer Wettbewerbsbeschränkung entstehen, kann das Gericht auf Antrag einer Partei die notwendigen vorsorglichen Massnahmen anordnen, wobei die Bestimmungen des ZGB über Persönlichkeitsverletzungen (Art. 28c – f) sinngemäss anwendbar sind (Art. 17 KG).

116 Zur Anordnung vorsorglicher Massnahmen wird in aller Regel das Vorliegen einer bestehenden oder einer drohenden Wettbewerbsverletzung glaubhaft gemacht werden müssen. Ferner muss mit der Massnahme ein drohender, nicht leicht wieder gutzumachender Nachteil verhindert werden können, und die Massnahme muss dringlich erforderlich sowie verhältnismässig sein.[33]

I. Verwaltungsrechtliches Verfahren

1. Wettbewerbskommission und Sekretariat

117 Die Durchführung verwaltungsrechtlicher Kartellverfahren obliegt den staatlichen Wettbewerbsbehörden. Die wichtigste Wettbewerbsbehörde des Landes ist die vom Bundesrat gewählte Wettbewerbskommission.[34] Sie besteht aus 11 bis 15 Mitgliedern, die mehrheitlich unabhängige Sachverständige sein müssen, und trifft Entscheide und Verfügungen, die nicht ausdrücklich einer anderen Behörde vorbehalten sind (Art. 18 Abs. 3 KG).

Die Wettbewerbskommission

....

[33] Vgl. dazu den Entscheid «Vorsorgliche Verfügung des Handelsgerichts des Kantons Aargau vom 14. April 2000» in RPW 2000, 478 ff.

[34] Siehe auch unter www.weko.admin.ch.

Der Wettbewerbskommission steht ein ständiges Sekretariat zur Seite, 118
welches die Geschäfte vorbereitet, Vorabklärungen trifft, Untersuchungen durchführt sowie Entscheide vollzieht, Stellungnahmen abgibt
und beratend Auskünfte erteilt (Art. 23 KG).

2. Die Untersuchung von Wettbewerbsbeschränkungen

Vorabklärung

Einer kartellrechtlichen Untersuchung geht normalerweise eine Vorab- 119
klärung durch das Sekretariat voraus. Das Sekretariat kann diese Vorabklärungen entweder von *Amtes wegen*, auf *Begehren von Beteiligten*
oder auf *Anzeige von Dritten* hin durchführen (Art. 26 Abs. 1 KG). Im
Rahmen dieses Vorabklärungsverfahrens haben die Beteiligten noch
kein Akteneinsichtsrecht.

Untersuchung

Wenn die Vorabklärung Hinweise oder Anhaltspunkte dafür liefert, dass 120
unzulässige Wettbewerbsbeschränkungen vorliegen, eröffnet das Sekretariat im Einvernehmen mit einem Mitglied des Kommissionspräsidiums
eine **Untersuchung**. Eine Untersuchung wird in jedem Fall eröffnet,
wenn die Wettbewerbskommission oder das Eidgenössische Volkswirt-
schaftsdepartement das Sekretariat damit beauftragen (Art. 27 KG).

Bekanntmachung

Die Einleitung einer Untersuchung wird im Bundesblatt publiziert. Die 121
Bekanntmachung nennt den Gegenstand und die Adressaten der Untersuchung. Dritte werden darauf hingewiesen, sich innert 30 Tagen zu
melden, falls sie sich an der Untersuchung beteiligen wollen (Art. 28 KG).
Als mögliche Drittpersonen fallen dabei in Betracht (Art. 43 Abs. 1 KG):

- Personen, die durch die Wettbewerbsbeschränkung behindert
  werden;

- zur Interessenwahrung ihrer Mitglieder befugte Verbände;

- Konsumentenschutzorganisationen.

Auskunfts-
pflichten

Die Adressaten der **Untersuchung** sowie die anderen Beteiligten haben 122
dem Sekretariat die für die Abklärungen erforderlichen Auskünfte zu
erteilen und die entsprechenden Unterlagen vorzulegen (Art. 40 KG).
Den Wettbewerbsbehörden steht ferner das Recht zu, Dritte als Zeugen
einzuvernehmen, die von einer Untersuchung Betroffenen zur Beweis-
aussage zu verpflichten, Beweisgegenstände sicherzustellen sowie
Hausdurchsuchungen anzuordnen (Art. 42 KG).

Nach Abschluss seiner Ermittlungen unterbreitet das Sekretariat der 123
Wettbewerbskommission einen Antrag, zu dem auch die am Verfahren
Beteiligten schriftlich Stellung nehmen können. Die Wettbewerbskom-

mission kann darauf eine Anhörung beschliessen und das Sekretariat, sofern erforderlich, mit zusätzlichen Untersuchungsmassnahmen beauftragen.

124 Nach **Abschluss der Untersuchung** erlässt die Wettbewerbskommission auf Antrag des Sekretariats eine anfechtbare Verfügung. Diese kann folgenden Inhalt haben:

Abschluss der Untersuchung durch Erlass einer Verfügung

- Feststellung der unzulässigen Wettbewerbsbeschränkung sowie Anordnung der Massnahmen;

- Feststellung, dass keine unzulässige Wettbewerbsbeschränkung vorliegt und dass das Verfahren eingestellt wird;

- Einstellung des Verfahrens, weil keine unzulässige Wettbewerbsbeschränkung vorliegt, obwohl der Tatbestand einer marktbeherrschenden Stellung erfüllt ist (dies begründet im Fall späterer Zusammenschlüsse eine Meldepflicht im Sinne von Art. 9 Abs. 4 KG);

- Genehmigung einer einvernehmlichen Regelung zwischen dem Sekretariat und den Beteiligten, wie eine konkrete Wettbewerbsbeschränkung beseitigt wird (Art. 29 KG, Art. 30 Abs. 1 KG).

Das Sekretariat kann nach summarischer Prüfung eines konkreten Sachverhalts dem betroffenen Unternehmen eine einvernehmliche Regelung vorschlagen. Dieses kann sich darin beispielsweise verpflichten, eine gewisse Abrede abzuändern oder aufzuheben oder bestimmte Verhaltensweisen zu unterlassen.

3. Die Prüfung von Unternehmenszusammenschlüssen

a) Das Prüfungsverfahren

125 Beschliesst die Wettbewerbskommission nach Abschluss des Einleitungsverfahrens,[35] ein **Hauptprüfungsverfahren** durchzuführen, so veröffentlicht das Sekretariat den wesentlichen Inhalt der Meldung des Zusammenschlusses und setzt Dritten eine Frist zur Einreichung einer Stellungnahme zum gemeldeten Zusammenschluss (Art. 33 Abs. 1 KG).[36]

----

[35] Vgl. dazu oben den Abschnitt «Die Beurteilung von Zusammenschlüssen», N 108.
[36] Im Gegensatz zur Bekanntgabe nach Art. 28 KG muss die Aufnahme einer Hauptprüfung jedoch nicht im Bundesblatt publiziert werden (dies vor allem deshalb, weil gemäss Art. 43 Abs. 4 KG Dritten im Prüfungsverfahren keine Parteirechte zukommen).

Das Hauptprü-
fungsverfahren

Die Wettbewerbskommission hat die Prüfung innerhalb von vier Mona- 126
ten durchzuführen, sofern sie daran nicht durch Umstände gehindert
wird, die von den beteiligten Unternehmen zu verantworten sind (Art.
33 Abs. 3 KG). Trifft die Wettbewerbskommission innerhalb der viermonatigen Frist keine Entscheidung, so gilt der Zusammenschluss als
zugelassen. Während des Prüfungsverfahrens bleibt die zivilrechtliche
Wirkung eines meldepflichtigen Zusammenschlusses im Sinne eines
schwebenden Rechtsgeschäftes *aufgeschoben* (Art. 34 KG), es sei denn,
der Zusammenschluss durfte ausnahmsweise schon vorläufig vollzogen
werden (Art. 33 Abs. 2 KG).

Abschluss des
Prüfungs-
verfahrens

Das Prüfungsverfahren kann somit wie folgt abgeschlossen werden: 127

- **Keine Mitteilung** an die betroffenen Unternehmen innerhalb der
  viermonatigen Frist **und somit Zulassung** des Zusammenschlusses (Folge: Die zivilrechtlichen Folgen des Zusammenschlusses treten ex tunc in Kraft).

- **Zulassung** des Zusammenschlusses innerhalb der viermonatigen
  Frist (mit analoger zivilrechtlicher Wirkung wie oben).

- **Zulassung** des Zusammenschlusses unter **Bedingungen und
  Auflagen** durch anfechtbare Verfügung (mit analoger zivilrechtlicher Wirkung wie oben).

- **Verbot** des Zusammenschlusses durch anfechtbare Verfügung
  (Folge: zivilrechtliche Nichtigkeit des Zusammenschlusses ex tunc).

b) Wiederherstellung wirksamen Wettbewerbs

Wird ein von der Wettbewerbskommission untersagter Zusammen- 128
schluss dennoch vollzogen oder ein bereits vollzogener Zusammenschluss nachträglich untersagt und ist dafür keine ausnahmsweise
Zulassung im Sinne von Art. 36 KG beantragt oder erteilt worden, sind
die beteiligten Unternehmen verpflichtet, die zur Wiederherstellung
wirksamen Wettbewerbs erforderlichen Massnahmen durchzuführen
(Art. 37 Abs. 1 KG).

Die Wettbewerbskommission kann die beteiligten Unternehmen auffor- 129
dern, innerhalb einer bestimmten Frist verbindliche Vorschläge zu
unterbreiten, wie der wirksame Wettbewerb wiederhergestellt werden
kann (Art. 37 Abs. 2 KG). Billigt die Kommission die Vorschläge, so kann
sie verfügen, innert welcher Frist die Massnahmen durchzuführen sind
(Art. 37 Abs. 3 KG).

130 Unterbreiten die beteiligten Unternehmen der Wettbewerbskommission keine oder nur ungenügende Vorschläge, so kann sie folgende Massnahmen verfügen (Art. 37 Abs. 4 KG):

Massnahmen zur Wiederherstellung des wirksamen Wettbewerbs

1. Trennung der zusammengefassten Unternehmen oder Vermögenswerte;

2. die Beendigung des kontrollierenden Einflusses;

3. andere geeignete Massnahmen zur Wiederherstellung wirksamen Wettbewerbs.

4. Verfahren und Rechtsschutz

131 Soweit das Kartellgesetz nicht davon abweicht, sind auf die Verfahren die Bestimmungen des Verwaltungsverfahrensgesetzes (VwVG)[37] des Bundes anwendbar (Art. 39 ff. KG). Die Wettbewerbsbehörden haben in einem kartellrechtlichen Verfahren den Sachverhalt *von Amtes wegen* abzuklären (Untersuchungsprinzip, Art. 12 VwVG).

Anwendbarkeit des Verwaltungsverfahrensgesetzes

132 Als primäres Rechtsmittel gegen Verfügungen der Wettbewerbskommission oder ihres Sekretariates gilt die Beschwerde an die **Rekurskommission für Wettbewerbsfragen** (Art. 44 KG); bezüglich Zwischenverfügungen gilt Art. 45 VwVG.

133 Ein Entscheid der Rekurskommission für Wettbewerbsfragen kann mit Verwaltungsgerichtsbeschwerde an das Bundesgericht weitergezogen werden (Art. 97 Abs. 1 OG i.V.m. Art. 98 lit. e OG).[38]

5. Verwaltungssanktionen

134 Mit den Verwaltungssanktionen können die Wettbewerbsbehörden *Kartellrechtsverstösse von Unternehmen* ahnden. Das Gesetz unterscheidet dabei folgende Arten von Kartellrechtsverstössen:

Sanktionierung von Verstössen

- Beteiligung an unzulässigen Wettbewerbsbeschränkungen (i.S.v. Art. 5 Abs. 3 und 4 KG sowie Art. 7 KG);

- Verstösse gegen einvernehmliche Regelungen und behördliche Anordnungen;

- Verstösse im Zusammenhang mit Unternehmenszusammenschlüssen;

....

[37] SR 172.021.
[38] Bundesrechtspflegegesetz, SR 173.110.

- Verstösse im Zusammenhang mit einem kartellrechtlichen Untersuchungsverfahren.

a) Sanktion bei unzulässigen Wettbewerbsbeschränkungen (Art. 49a KG)

Sanktion: Busse

Ein Unternehmen, das an einer unzulässigen Wettbewerbsabrede (Art. 5 Abs. 3 und 4 KG) beteiligt ist oder sich als marktbeherrschendes Unternehmen unzulässig verhält (Art. 7 KG), wird mit einem Betrag von bis zu zehn Prozent des in den letzten drei Geschäftsjahren in der Schweiz erzielten Umsatzes gebüsst. Der Betrag bemisst sich dabei nach der Dauer und der Schwere des unzulässigen Verhaltens. Ebenfalls berücksichtigt wird der Gewinn, den das Unternehmen dadurch erzielt hat. **135**

Bonusregelung

Wenn jedoch das Unternehmen an der Aufdeckung und der Beseitigung der Wettbewerbsbeschränkung mitwirkt, kann ganz oder teilweise auf eine Sanktion verzichtet werden (sog. Bonusregelung). **136**

Eine Sanktion entfällt im Übrigen auch dann, wenn: **137**

1. das Unternehmen die Wettbewerbsbeschränkung meldet, bevor diese Wirkung entfaltet;

2. die Wettbewerbsbeschränkung bei Eröffnung der Untersuchung länger als fünf Jahre nicht mehr ausgeübt worden ist;

3. der Bundesrat eine Wettbewerbsbeschränkung zugelassen hat (Art. 8 KG).

Kartellgesetz-revision von 2003

Der neue Art. 49a KG bildete den eigentlichen Kernpunkt der Kartellgesetzrevision vom 20. Juni 2003.[39] Vor dieser Gesetzesrevision konnte die Wettbewerbskommission bei Wettbewerbsverstössen im Sinne von Art. 5 und Art. 7 KG keine direkten Sanktionen verhängen. In einem ersten Schritt war es den Wettbewerbsbehörden nur möglich, mittels Verfügung einen Gesetzesverstoss festzustellen. Verwaltungssanktionen konnten in der Folge nur bei Verstössen gegen diese behördlichen Anordnungen ausgesprochen werden. **138**

---

[39]　BBl 2003, Nr. 25, 4517 ff.

139 Nach dem revidierten Recht kann die Wettbewerbskommission demgegenüber bereits bei **erstmaligen Verstössen** gegen das Kartellgesetz Verwaltungssanktionen verhängen. Dies entspricht der Regelung im Europäischen Wettbewerbsrecht.[40]

Ebenfalls neu ins Gesetz aufgenommen wurde die sog. **Bonusregelung**. Danach soll den an einem Wettbewerbsverstoss beteiligten Unternehmen ein Anreiz gegeben werden, bei der Aufdeckung und Beseitigung von unzulässigen Wettbewerbsbeschränkungen mit den Wettbewerbsbehörden zu kooperieren, um im Gegenzug von einer Bussenreduktion zu profitieren. Heute werden bereits weitere Verschärfungen des Gesetzes diskutiert.

b) Verstösse von Unternehmen gegen einvernehmliche Regelungen und behördliche Anordnungen (Art. 50 KG)

140 Verstösst ein Unternehmen zu seinem Vorteil gegen eine einvernehmliche Regelung, eine rechtskräftige Verfügung der Wettbewerbsbehörden oder einen Entscheid der Rechtsmittelinstanzen, so wird es ebenfalls mit einem Betrag von bis zu zehn Prozent des in den letzten drei Geschäftsjahren in der Schweiz erzielten Umsatzes belastet. Der mutmassliche Gewinn, den das Unternehmen durch das unzulässige Verhalten erzielt hat, ist bei der Bemessung der Busse entsprechend zu berücksichtigen.

c) Verstösse von Unternehmen im Zusammenhang mit Unternehmenszusammenschlüssen (Art. 51 KG)

141 Unternehmen, die im Zusammenhang mit Unternehmenszusammenschlüssen gegen das Kartellgesetz verstossen, können mit einer Busse bis zu einer Million Franken bestraft werden. Bei wiederholtem Verstoss kann der Betrag bis zu zehn Prozent des auf die Schweiz entfallenden Gesamtumsatzes der beteiligten Unternehmen betragen.

---

[40] Vgl. dazu Art. 23 der Verordnung (VO) Nr. 1/2003 (Fn. 16). Als anschauliches Beispiel dafür gilt der Fall EuGH, Rs. 6 und 7/73, Slg. 1974, 00223 (Istituto Chemioterapico Italiano S.P.A. und Commercial Solvents Corporation/Kommission der Europäischen Gemeinschaften). Eine marktbeherrschende Unternehmung, die eine Mitbewerberin bei der Belieferung eines bestimmten Rohstoffes boykottierte, wurde mit einer Geldbusse wegen Verstosses gegen Art. 82 EGV (ex-Art. 86) bestraft. Zudem wurde sie bei Androhung von Zwangsgeldern (vgl. Art. 24 der geltenden VO 1/2003) pro Tag des Verzuges dazu angehalten, die Mitbewerberin wieder mit dem Rohstoff zu beliefern (sog. Kontrahierungszwang).

d) Verstösse im Zusammenhang mit einem kartellrechtlichen Untersuchungsverfahren (Art. 52 KG)

Verletzt ein Unternehmen die gesetzlichen Auskunftspflichten oder die 142
Pflicht zur Vorlage von Urkunden, so kann es mit einem Betrag von bis
zu 100 000 Franken belastet werden.

e) Verfahren

Allfällige Verstösse werden nach einer Untersuchung durch das Sekre- 143
tariat von der Wettbewerbskommission beurteilt. Deren Entscheide
unterliegen der Beschwerde an die Rekurskommission für Wettbewerbsfragen (Art. 53 KG) sowie letztinstanzlich der Verwaltungsgerichtsbeschwerde an das Bundesgericht.

6. Strafsanktionen

Straftatbestände Mit den kartellrechtlichen Strafsanktionen werden *Widerhandlungen* 144
von *natürlichen Personen* gegen die ihnen vom Kartellgesetz auferlegten
Pflichten geahndet. Es handelt sich dabei um:

- Vorsätzliche Widerhandlungen gegen einvernehmliche Regelungen oder Anordnungen der Kartellbehörden. Solches Verhalten kann mit einer Busse von bis zu 100 000 Franken bestraft
  werden (Art. 54 KG), die Strafverfolgungsfrist beträgt fünf Jahre
  (Art. 56 Abs. 1 KG);

- Vorsätzliche Widerhandlungen gegen andere Pflichten oder Verfügungen der Kartellbehörden. Diese können mit einer Busse von bis
  zu 20 000 Franken bestraft werden (Art. 55 KG). Die Strafverfolgungsfrist beträgt in diesen Fällen zwei Jahre (Art. 56 Abs. 2 KG).

Gemäss Art. 57 Abs. 1 KG richtet sich das Strafverfahren nach den 145
Bestimmungen des Bundesgesetzes über das Verwaltungsstrafrecht
(VStrR).[41] Die Strafuntersuchung obliegt (im Einvernehmen mit einem
Mitglied des Präsidiums) dem Sekretariat, die urteilende Behörde ist
jedoch die Wettbewerbskommission (Art. 57 Abs. 2 KG 57).

----

[41] SR 313.0.

J. Fragen zu Fall II

Zivilrechtliches Verfahren:

1. Kann die Autogarage AG gegen die Kündigung des Mitvertreter-Vertrages zivilrechtlich vorgehen? Wenn ja: Gestützt auf welche Rechtsgrundlage?

2. Welches sind im vorliegenden Fall die Voraussetzungen für einen Anspruch auf vorsorgliche Massnahmen im Sinne von Art. 17 KG?

Materiellrechtliche Fragen:

3. Um welchen Tatbestand einer unzulässigen Wettbewerbsbeschränkung könnte es sich im vorliegenden Fall handeln?

4. Was ist im vorliegenden Fall der relevante Markt?

5. Welchen Kriterien müsste das umstrittene Verhalten des Unternehmens standhalten, damit wir eine Wettbewerbsbeschränkung verneinen können? Zwischen welchen rechtspolitischen Zielen muss bei der Prüfung eine schwierige Abgrenzung vorgenommen werden?

6. Unabhängig vom vorliegenden Sachverhalt deuten verschiedene Anhaltspunkte darauf hin, dass der Automobilkonzern A versucht, Parallelimporte der Automarken X und Y in die Schweiz zu verhindern.

   Mit welchen Instrumenten könnte der Automobilkonzern A versuchen, Parallelimporte in die Schweiz zu unterbinden resp. den Schweizer Markt abzuschotten?

7. Unter welche Bestimmungen des Kartellgesetzes könnte ein solches Verhalten subsumiert werden?

8. Was wäre in diesem Fall der relevante Markt?

Verwaltungsrechtliches Verfahren:

9. Wie können die Wettbewerbsbehörden gegen den Automobilkonzern vorgehen? In welche Schritte gliedert sich ein kartellrechtliches Verfahren?

3. Kapitel: Wettbewerbsrecht II: Lauterkeitsrecht

Lernziele

▶ Sie kennen die Funktion und die Grundzüge des schweizerischen UWG.

Gesetzliche Grundlagen

- Bundesgesetz gegen den unlauteren Wettbewerb (UWG) vom 19. Dezember 1986, SR 241
- Verordnung über die Bekanntgabe von Preisen (Preisbekanntgabeverordnung, PBV) vom 11. Dezember 1978, SR 942.211

Materialien

- Botschaft zu einem Bundesgesetz gegen den unlauteren Wettbewerb (UWG) vom 18. Mai 1983, BBl 1983 II 1009 ff.

Literaturhinweise

CARL BAUDENBACHER, Lauterkeitsrecht – Kommentar zum Gesetz gegen den unlauteren Wettbewerb, Basel/Genf/München 2001.

ROLAND VON BÜREN / LUCAS DAVID (Hrsg.), Schweizerisches Immaterialgüter- und Wettbewerbsrecht, Bd. V/1, Lauterkeitsrecht, 2. Auflage, Basel/Frankfurt a.M. 1998.

ROLAND VON BÜREN / EUGEN MARBACH, Immaterialgüter- und Wettbewerbsrecht, 2. Auflage, Bern 2002.

LUCAS DAVID / RETO JACOBS, Schweizerisches Wettbewerbsrecht, 4. Auflage, Bern 2005.

MARIO M. PEDRAZZINI / FEDERICO A. PEDRAZZINI, Unlauterer Wettbewerb, Bern 2002.

A. Fall III

Die Geschäfte der Autogarage AG von Hans gedeihen prächtig und das Unternehmen wächst und wächst. Dem umtriebigen Hans gelang es, zusätzlich zum Hauptgeschäft – der nach wie vor bestehenden Vertretung der beiden Marken X und Y – einen schwunghaften Handel mit Occasionsfahrzeugen, insbesondere der Marken A und B, aufzuziehen. Um überdies gegen allfällige Konjunkturschwankungen auf dem Automarkt besser gewappnet zu sein, wurden dem florierenden Betrieb in der Zwischenzeit zusätzlich folgende zwei Geschäftsbereiche angegliedert:

Das Unternehmen ist dazu übergegangen, gewisse Ersatzteile der Automarken A und B wie Kühlerhauben, Kotflügel und Raddeckel nicht mehr bei der Originalherstellerin (der Firma A/B) zu beziehen, sondern sie in einer eigens dafür eingerichteten Karosseriewerkstatt getreu dem Vorbild der Originale selber herzustellen. Die auf diesem Wege hergestellten Produkte dienen einerseits dem Eigengebrauch; darüber hinaus werden die hochwertigen Ersatzteile in der ganzen Schweiz an andere Autogaragen vertrieben.

Ein weiteres, ebenfalls schweizweit lanciertes zusätzliches Geschäftsfeld der Autogarage AG ist das Angebot des *AUTO HANS TOURING SERVICE*. Diese Dienstleistung besteht darin, allen Käufern eines Neuwagens der Marke X oder Y bei der Autogarage Hans AG während vier Jahren einen kostenlosen Einsatz eines Notdienstes (Pannenservice, Abschleppdienst, Ersatzwagen) zu gewähren. Sie wird in der Werbung in diversen Zeitschriften angepriesen als «einzige in dieser Form bestehende Serviceleistung». Die Dienstleistung wird überdies nicht nur den Käufern von Neuwagen angeboten, sondern steht gegen ein pauschales jährliches Entgelt generell allen interessierten Automobilistinnen und Automobilisten zur Verfügung.

B. Der Zweck des UWG

1 Im einleitenden Kapitel dieses Buches haben wir festgestellt, dass sich die schweizerische Bundesverfassung zu einer sozialen Marktwirtschaft bekennt. Tragendes Element dieser Ordnung ist der freie, lautere und unverfälschte Wettbewerb, dem im Wirtschaftssystem sowohl Koordinations- wie auch Verteilungsfunktion zukommt. Der schweizerische Gesetzgeber hat also die Aufgabe, den Wettbewerb in seinen Funktionen zu schützen.[1]

2 Dieses politische Ziel kann mit verschiedenen Mitteln wirtschaftsrechtlich verfolgt werden:

Gesetzgeberische Ansätze zum Schutz des wirksamen Wettbewerbs

- Der Staat kann Wettbewerbsverfälschungen selber aktiv bekämpfen, etwa indem er eine eigens dafür geschaffene Wettbewerbsbehörde ins Leben ruft. Wie wir im vorangehenden Kapitel zum Kartellrecht gesehen haben, hat sich der schweizerische (wie die meisten modernen) Gesetzgeber für dieses Instrument entschieden, um unzulässige Wettbewerbsabreden und unzulässige Verhaltensweisen marktbeherrschender Unternehmen zu bekämpfen.

- Um die Lauterkeit und das Funktionieren der Märkte zu garantieren, kann sich der Staat auch eine staatliche Aufsicht über bestimmte Wirtschaftszweige vorbehalten. Ein Beispiel ist die staatliche Aufsicht über Börsen, Banken oder Anlagefondsgesellschaften (wir werden in den Kapiteln zum Kapitalmarktrecht näher darauf eingehen).

- Und schliesslich kann sich der Staat darauf beschränken, den privaten Wettbewerbsteilnehmern zu ihrem Selbstschutz einen effizienten Rechtsschutz zur Verfügung zu stellen. In diesem Fall obliegt es den Betroffenen selber, vor den Zivilgerichten Schutz vor Wettbewerbsbehinderungen oder Wettbewerbsverfälschungen zu suchen. Für diese Variante hat sich der schweizerische Gesetzgeber im Lauterkeitsrecht entschieden.

3 Das schwergewichtig zivilrechtlich ausgerichtete Bundesgesetz gegen den unlauteren Wettbewerb bezweckt die Gewährleistung des *lauteren und unverfälschten Wettbewerb* im Interesse aller Beteiligten (Art. 1 UWG). Die Schutzobjekte des Gesetzes sind dabei einerseits die «lautere» Geschäftsmoral der Wettbewerbsteilnehmer sowie anderseits das funktionierende Wettbewerbssystem an sich (funktionaler Ansatz).

Schutzobjekte des UWG

....

[1] Botschaft UWG, S. 1038.

Die Abgrenzung des lauteren vom unlauteren Wettbewerb darf somit nicht nur unter dem Blickwinkel der Geschäftsmoral vorgenommen werden, sondern muss sich zusätzlich auf Ergebnisse stützen, die von einem System funktionierenden Wettbewerbs erwartet werden können.[2]

Weil das UWG zwei Schutzobjekte definiert, kann dies in bestimmten Fällen zu heiklen Abgrenzungsfragen darüber führen, ob eine konkrete Wettbewerbshandlung unlauter sei oder nicht: 4

Sicher ist ein bestimmtes Wettbewerbsverhalten immer dann unlauter, wenn es sowohl unter dem Gesichtspunkt der lauteren Geschäftsmoral als auch aus Wettbewerbsgründen zu beanstanden ist.

Schwieriger zu beurteilen sind jedoch Fallkonstellationen, in denen ein Geschäftsverhalten zwar unter dem Gesichtspunkt eines wirksamen Wettbewerbs zu begrüssen ist, jedoch gegen die geltende Geschäftsmoral verstösst (z.B. eine aggressiv geführte Werbekampagne für landesweit garantierte Niedrigstpreise). In anderen Sachverhalten wiederum mag das Wettbewerbsverhalten geschäftsmoralisch unbedenklich, aus funktionaler Sicht jedoch problematisch sein (so bspw. der Verkauf unter dem Einstandspreis, ohne dass dieser gegen einen bestimmten Mitbewerber gerichtet ist).

C. Der Geltungsbereich des UWG

Weiter Anwendungsbereich des UWG

Der Geltungsbereich des UWG wird durch *sachliche, persönliche sowie räumliche Kriterien* bestimmt.   5

- *In der Sache* schützt das Gesetz nur vor *wettbewerbsrelevanten Handlungen*, die geeignet sind, den lauteren und unverfälschten Wettbewerb zu beeinträchtigen. Lauterkeitsrechtlich nicht erfasst werden hingegen rein private Handlungen oder rein betriebsinterne Vorgänge innerhalb eines Unternehmens, rein wissenschaftliche Forschungstätigkeiten und rein amtliches (hoheitliches) Handeln. Solche Vorgänge gelten nicht als wettbewerbsrelevant.

- In *persönlicher Hinsicht* zieht das UWG den Anwendungsbereich sehr weit. *Jede am Wettbewerb beteiligte Person* (Art. 1 UWG) – Konsumentin oder Unternehmer – kann sich auf den Schutz des

---

[2] Botschaft UWG, S. 1039.

Gesetzes vor unlauterem, gegen Treu und Glauben verstossendem *Wettbewerbsverhalten berufen* (Art. 2 UWG). Umgekehrt führt der weite Anwendungsbereich des Gesetzes dazu, dass nicht nur die Wettbewerbshandlungen zwischen Personen, die zueinander in einem Konkurrenzverhältnis stehen, vom Geltungsbereich des UWG erfasst werden. Einer lauterkeitsrechtlichen Beurteilung unterliegen auch die Handlungen von Konsumenten oder anderer Dritter (wie z.B. der Presse).

- Der *räumliche Geltungsbereich* des Gesetzes erstreckt sich auf das *Staatsgebiet der Schweiz.* Bei internationalen Sachverhalten bestimmt sich das anwendbare Recht nach den Regeln des IPRG. Nach Art. 136 Abs. 1 IPRG[3] unterstehen Ansprüche aus unlauterem Wettbewerb dem Recht jenes Staates, auf dessen Markt die unlautere Handlung Wirkung entfaltet. Unter Umständen kann also ein wettbewerbsrelevantes Verhalten, das sich im Ausland abgespielt hat, zur Anwendung des Schweizer Rechts führen und umgekehrt. Massgebend ist immer der Markt, auf dem sich das unlautere Wettbewerbsverhalten *auswirkt* (Auswirkungsprinzip).

D. Zur Abgrenzung von KG und UWG

6   Das Kartellgesetz wie auch das UWG bezwecken, den wirksamen Wettbewerb als Ordnungsprinzip des wirtschaftlichen Lebens zu schützen und zu erhalten. Insofern bilden diese beiden wettbewerbsrechtlich motivierten Erlasse materiell eine Einheit und ergänzen einander in der Absicherung des von der Verfassung vorgezeichneten Wettbewerbskonzepts. Das heisst jedoch nicht, dass der Anwendungsbereich der beiden Gesetze deckungsgleich ist.

Schutz des wirksamen Wettbewerbs als gemeinsames Ziel von KG und UWG

7   Das überwiegend öffentlich-rechtlich ausgestaltete *Kartellgesetz zielt primär auf die Funktionsfähigkeit der Märkte ab.* Im Zentrum steht dabei die Frage, ob die geltenden Preise unter Wettbewerbsbedingungen zustande gekommen sind oder nicht.

Unterschiede: Merkmal KG

Das Leitmotiv des vorwiegend zivilrechtlich ausgerichteten UWG bildet hingegen die *Unverfälschtheit oder Lauterkeit des Wettbewerbs.* Im Gegensatz zum KG wird demzufolge am UWG nicht primär die Quantität, sondern überwiegend die *Qualität des Wettbewerbs* gemessen.

Merkmal UWG

....

3   Bundesgesetz über das Internationale Privatrecht (IPRG) vom 18. Dezember 1987, SR 291.

Gesetzes-
konkurrenz

Diese unterschiedliche Optik der beiden Gesetze schliesst aber nicht 8
aus, dass bestimmte Wettbewerbshandlungen unter Tatbestände
sowohl des KG wie auch des UWG subsumiert werden können. Ein
Beispiel sind etwa die von marktmächtigen Unternehmen (im Sinne des
KG) indizierten *Behinderungssachverhalte* (z.B. gezielte Preisunterbietungen mit Verdrängungs- und anschliessender Marktbeherrschungs-
absicht). Solches Marktverhalten ist sowohl unter dem Gesichtspunkt
von Art. 7 KG als auch unter jenem von Art. 2 UWG verboten. In diesen
Fällen besteht Anspruchskonkurrenz, d.h. die beiden Gesetze können
kumulativ angewendet werden.

E. Die Generalklausel des UWG

1. Der Sinn der Generalklausel

Verhältnis zu
den Spezial-
tatbeständen

Die verschiedenen Tatbestände des unlauteren und widerrechtlichen 9
Verhaltens sind in den Artikeln 2 – 8 UWG zu finden. Das Gesetz
umschreibt unlauteres Verhalten zunächst mit einer allgemeinen *Generalklausel* (Art. 2 UWG). Zusätzlich enthält es eine *nicht abschliessende
Reihe von Spezialtatbeständen*, welche die Generalklausel konkretisieren (Art. 3 ff. UWG).

Was ist der Sinn der Generalklausel im UWG? In einer statischen, sich 10
nicht verändernden Wirtschaft wären die meisten möglichen Fallgruppen von Tatbeständen unlauteren Wettbewerbsverhaltens nach einer
bestimmten Zeit einmal aufgetreten und bekannt. Widerrechtliches
Verhalten im Sinne des Lauterkeitsrechts könnte somit positiv-rechtlich
präzise umschrieben werden. Als überzeugende Beispiele dafür dienen
die vielen Spezialtatbestände in Art. 3 ff. UWG.

Zweck der
Generalklausel:
Ermöglichen
richterlicher
Flexibilität

Im Rahmen des freien wirtschaftlichen Wandels entwickeln sich jedoch 11
fortlaufend neue Erscheinungsformen unlauteren Wettbewerbsverhaltens. Der Gesetzgeber hielt es daher für notwendig, unlauteres und
somit widerrechtliches Verhalten nicht nur in einzelnen Tatbeständen
aufzählend und abschliessend zu beschreiben, sondern auch im Hinblick
auf den *funktionalen Ansatz des Gesetzes* zusätzlich in einer Generalklausel zu definieren.

12 Gemäss der Botschaft zum UWG ist «die Generalklausel [...] deshalb unbedingt im Lichte des Zweckartikels, der den funktionalen Ansatz des UWG offenbar macht, zu lesen. Das UWG und die Generalklausel werden auf diese Weise einer funktionalen Auslegung zugänglicher gemacht. Das bedeutet, dass nicht nur Verletzungen der Geschäftsmoral, sondern auch Verhaltensweisen, die sich mit dem im Blick auf die Ergebnisse erwarteten normalen Wettbewerbsverhaltens nicht decken, unlauter und widerrechtlich sind. Letztlich beruht diese Auslegung auf dem Rechtsgedanken, dass sich die am Wettbewerb Beteiligten so zu verhalten haben, dass die vom Wettbewerb erwarteten Ergebnisse verwirklicht werden können.»[4]

2. Der Tatbestand der Generalklausel

13 *Unlauter und widerrechtlich ist jedes täuschende oder in anderer Weise gegen den Grundsatz von Treu und Glauben verstossende Verhalten oder Geschäftsgebaren, welches das Verhältnis zwischen den Mitbewerbern oder zwischen Anbietern und Abnehmern beeinflusst (Art. 2 UWG).*   Inhalt

Treu und Glauben

14 Nach der Botschaft[5] zum UWG bedeutet das Prinzip von *Treu und Glauben* im Lauterkeitsrecht zwei Dinge: Einerseits legt es die Verpflichtung fest, nach den Geboten der beruflichen Korrektheit zu handeln. Andererseits wird das Vertrauen der am Wettbewerb Beteiligten gewährleistet. Marktteilnehmer sollen die ihnen von der Verfassung gewährte Wirtschaftsfreiheit so ausüben können, dass nicht der Wettbewerb als solcher gefährdet wird oder die erwarteten Wettbewerbsergebnisse vereitelt werden. Erfasst werden also sowohl Verletzungen der Geschäftsmoral als auch Verletzungen von Funktionsregeln des Wettbewerbs. Der lauterkeitsrechtliche Begriff «Treu und Glauben» hat somit gegenüber Art. 2 ZGB eine eigenständige Bedeutung.   Treu und Glauben unter Gesichtspunkten des Lauterkeitsrechts

Verhalten oder Geschäftsgebaren

15 Gemeint sind *wettbewerbsrelevante* Handlungen. Nach der Rechtsprechung des Bundesgerichts sind dies «Handlungen, welche *objektiv auf eine Beeinflussung der Wettbewerbsverhältnisse angelegt* sind und nicht in einem völlig anderen Zusammenhang erfolgen.»[6]   Wettbewerbsrelevantes Handeln

....

4   Botschaft UWG, S. 1042.
5   Botschaft UWG, S. 1043.
6   BGE 120 II 78.

Täuschung

Nicht notwendigerweise: Täuschungsabsicht

Obwohl in der Generalklausel aufgeführt, gehören die Täuschung oder die Täuschungsabsicht nicht notwendigerweise zum Tatbestand des unlauteren Wettbewerbs. Auf dieses besondere Element wird im Gesetzestext bloss hingewiesen, weil unlauterer Wettbewerb häufig mit der Täuschung anderer Wettbewerbsbeteiligter einhergeht.[7] 　16

Widerrechtlichkeit und Verschulden

Widerrechtlichkeit ja, Verschulden nein

Unlauteres Wettbewerbsverhalten ist widerrechtlich, wobei eine objektive Rechtswidrigkeit genügt.[8] Ein Verschulden ist nicht erforderlich. 　17

3. Das Verhältnis der Generalklausel zu den Spezialtatbeständen

Die Generalklausel ist neben dem Zweckartikel *die grundlegende Bestimmung* des UWG. Die Spezialtatbestände in Art. 3 ff. UWG sind nicht abschliessend und umschreiben lediglich Fallgruppen. Ob ein bestimmter Spezialtatbestand erfüllt ist oder nicht, muss daher immer auch im Lichte des Zweckartikels und der Generalklausel beurteilt werden. Folglich muss ein Verhalten, das unter einen Spezialtatbestand fällt, immer auch von der Generalklausel erfasst sein. 　18

Umgekehrt kann jedoch unlauteres Wettbewerbsverhalten im Einzelfall auch bloss von der Generalklausel erfasst sein. In Rechtsprechung und Lehre wurden verschiedenste Tatbestände unlauteren Verhaltens entwickelt, die von den Spezialtatbeständen des UWG entweder nur teilweise oder gar nicht erfasst werden. Sie müssen daher im Lichte der Generalklausel beurteilt werden. Die nachstehende (nicht vollständige) Tabelle vermittelt einen Einblick in die Vielfalt von möglichem unlauterem Wettbewerbsverhalten und zeigt die gesetzgeberische Notwendigkeit der Generalklausel auf. 　19

Anwendungsbereich der Generalklausel

Beispiele zum Anwendungsbereich der Generalklausel auf Sachverhalte, die nicht oder nur teilweise von den Spezialtatbeständen (Art. 3 ff. UWG) erfasst werden:[9] 　20

---

[7]　Botschaft UWG, S. 1060.
[8]　BGE 120 II 78.
[9]　Quelle: Baudenbacher, S. 122 – 233.

Fallgruppe	Unterart	Umschreibung / Beispiele
Unlautere Kunden-beeinflussung	Irreführung / Täuschung	Einsatz eines imitierten Prominenten in der Produktwerbung, sofern die Imitation *nicht offensichtlich* ist (weil damit den potenziellen Kundinnen ein persönliches Engagement des Prominenten vorge-täuscht wird). Diese Handlung wird von keinem der Spezialtatbestände in Art. 3 UWG voll erfasst.
	Wertreklame	Werbe- und Verkaufsformen, bei welchen dem Kunden neben dem Produkt an sich ein weiterer Vorteil in Aussicht gestellt wird, der geeignet ist, ihn zu sachfremden Entscheiden zu verleiten. Die Wertreklame kann in der Praxis in den vielfältigsten Formen auftreten: etwa in Form von Zugaben, Werbegeschenken oder mit dem Grundgeschäft gekoppelten Preisausschreiben. Die Generalklausel ermöglicht es, laufend neu entstehende Formen unlauteren Wettbewerbsverhal-tens ins Recht zu fassen.
	Ausnützen des Spieltriebes	Lotterien, bei denen die Gewinnchance an den Abschluss eines Vertrages geknüpft wird, z.B. Preisausschreiben, bei denen Produktkenntnisse vorausgesetzt werden, die nur durch den Kauf des Produktes beschafft werden können.
	Verdeckte Werbung	Ein weites Feld. Als Beispiel sei das Product Placement in der Kino- und Fern-sehunterhaltung angeführt.
	Gefühlsbetonte Werbung	Werbung mit Angst, Mitleidsbereitschaft oder Schockwerbung. Als unlauter wird insbesondere die Werbung mit Angst qualifiziert; beispielsweise der Hinweis, der Nichterwerb des Produkts führe zu einer gesundheitlichen Schädigung.
Behinderung des Mitbewer-bers	Absatzbehinderung	Ein Beispiel unter vielen: das Abfangen von Kunden der Konkurrenz vor deren Geschäft zum Zwecke des Anbietens der eigenen Leistung.

21

	Werbebehinderung	Offensichtlich unlauter ist die Behinderung fremder Werbung durch Überkleben oder Zerstören von Plakaten.
	Betriebsstörung	Verwarnungen wegen angeblicher Patent-verletzungen, sofern der Patentinhaber um die Nichtigkeit des Patentes weiss (BGE 108 II 225).
	Gezielte Preisunter-bietung mit Vernich-tungsabsicht	Unlauter ist die Preisunterbietung dann, wenn sie auf die Ausschaltung des Mitbe-werbers gerichtet ist mit dem Ziel, den Markt danach allein zu beherrschen (BGE 85 II 450).
Ausbeutung	Rufausbeutung	Unlauter handelt, wer den Ruf der Leistung eines Dritten ausbeutet (vgl. dazu die Ausführungen in BGE 116 II 368 f.).
	Kopieren fremder Produkte	«Sklavische Nachahmung» von Produkten ohne Kennzeichnungskraft durch hinter-listiges Verhalten (BGE 77 II 263) oder systematisches Vorgehen (BGE 104 II 334).
Rechtsbruch	Verletzung gesetz-licher Vorschriften (sofern die verletzte Bestimmung lauter-keitsrechtliche Rele-vanz hat).	Preisunterbietung durch Verletzung von Devisenbestimmungen (BGE 71 II 233).

Tabelle 6: Anwendung der Generalklausel

F.   Die Spezialtatbestände (Art. 3 – 8 UWG)

Illustration ausgewählter Tatbestände anhand von Leit-entscheiden des Bundesgerichts

Das UWG ist vorwiegend zivilrechtlich ausgerichtet. Das Gesetz geht   22 vom Gedanken aus, dass die am Wettbewerb Beteiligten ihr persön-liches Interesse zum Schutz eines lauteren und wirksamen Wettbewerbs selbst wahrnehmen können und sollen.[10] Diese Erwartung hat sich erfüllt: Die Rechtsprechung zum UWG ist reichhaltig. Wenn wir nun die Spezialtatbestände des UWG näher besprechen, werden wir konkret einige wichtige UWG-Entscheide ins Zentrum unserer Betrachtungen stellen. Damit können wir aufzeigen, durch welche Auslegungsmetho-den die Gerichte zu ihren Entscheidungen kommen.

....

[10] Beachte den Gegensatz zum Kartellrecht: Dort obliegt die Initiative zur Durchsetzung des Wettbewerbsprinzips bei Kartellrechtsverstössen weitgehend den Wettbewerbsbehörden.

1. Unlautere Werbe- und Verkaufsmethoden (Art. 3 a–n UWG)

23   Die Spezialtatbestände in Art. 3 lit. a–n UWG zielen gegen unlautere Werbe- und Verkaufspraktiken. Einige dieser Tatbestände beziehen sich auf das Verhältnis zwischen zwei Konkurrenten am Markt. Andere Tatbestände wiederum beziehen sich auch oder ausschliesslich auf das Verhältnis zwischen den Unternehmen und ihren Kunden. Diese Tatbestände haben daher nicht nur aus wettbewerbsrechtlichen, sondern auch aus konsumentenrechtlichen Gesichtspunkten grosse Bedeutung.[11]

Als unlauter qualifiziert das UWG insbesondere folgende Wettbewerbshandlungen:

24   • Unlauter handelt, wer andere Marktteilnehmer, ihre Leistungen, Waren, Werke, Preise und Geschäftsverhältnisse durch unrichtige, irreführende oder unnötig verletzende Äusserungen **herabsetzt** (Art. 3 lit. a UWG).   *Herabsetzung*

Eine unlautere Herabsetzung eines Konkurrenten liegt beispielsweise vor, wenn einer oder mehrere andere Garagenunternehmer bei ihren Kunden gezielt verbreiten würden, die Service- und Reparaturdienstleistungen der aufstrebenden Autogarage AG (unseres Referenzunternehmens) seien unfachmännische Pfuscherei.

25   • Unlauter handelt, wer gegenüber Marktteilnehmern **unrichtige** oder **irreführende Angaben** macht bezüglich der eigenen Person, seiner Geschäftsverhältnisse, der Firma oder der Geschäftsbezeichnung, der angebotenen Waren, Werke oder Leistungen, deren Preise oder der vorrätigen Menge. Unlauterer handelt ebenso, wer in entsprechender Weise Dritte im Wettbewerb begünstigt (Art. 3 lit. b UWG).   *Irreführung*

Aus lauterkeitsrechtlicher Sicht problematisch wären etwa Werbeaussagen der Autogarage AG über sich selber wie: «grösster» Autohandelsbetrieb der Schweiz, Anbieter der «billigsten und qualitativ besten» Autoservicedienstleistungen, «innovativster Garagenbetrieb weit und breit». Sofern es sich dabei um blosse Behauptungen handelt, werden die Adressaten über die Leistungsfähigkeit des Unternehmens in die Irre geführt.

26   • Unzulässig ist ferner die **Titelberühmung**. Eine widerrechtliche Handlung begeht danach, wer unzutreffende Titel oder Berufsbezeichnungen verwendet, um den Anschein besonderer Auszeichnungen oder Fähigkeiten zu erwecken (Art. 3 lit. c UWG).   *Titelberühmung*

....

[11]   Wir werden im Kapitel Konsumentenrecht die Schnittstellen zwischen Wettbewerbsrecht und Konsumentenrecht aufzeigen.

Wenn sich also der «bloss» kaufmännisch ausgebildete Garagier Hans in seiner Briefkorrespondenz als «eidg. dipl. Automechanikermeister» bezeichnen würde, wäre dies nach dieser Bestimmung unzulässig.

Unlautere Herbei-
führung einer
Verwechslung

• Unlauter handelt auch, wer **Verwechslungen** mit den Produkten, 27 Leistungen oder dem Geschäftsbetrieb eines anderen herbeiführt (Art. 3 lit. d UWG).

Soweit keine Immaterialgüterrechte (ein geschütztes Design, ein Patent oder allenfalls ein Urheberrecht) verletzt werden, ist es aus lauterkeits-rechtlicher Sicht erlaubt, Kotflügel oder andere Ersatzteile von Autos zu kopieren und nachzubauen. Unlauter handelt jedoch, wer diese Kopien für Originalprodukte ausgibt und deren Abnehmer über die wahre Herkunft der Ersatzteile *täuscht*.

Vergleichende
Werbung

• Ebenfalls unzulässig ist die unrichtige, irreführende und unnötig 28 herabsetzende **vergleichende Werbung** (Art. 3 lit. e UWG).

Der Vergleich von unterschiedlichen Produkten zu Werbezwecken ist an sich nicht verboten. Wettbewerbs- und auch konsumentenrechtlich stellt sich aber die Frage, *wie* etwas verglichen wird. Die Zulässigkeit des Vergleichs ist immer dann genauer zu prüfen, wenn im direkten Vergleich Konkurrenzprodukte herabgesetzt und gleichzeitig die *eige-nen* Produkte positiv herausgestrichen werden.

Lockvogelpolitik

• Ein weiterer klassischer UWG-Tatbestand ist die **Lockvogelpolitik** 29 (Art. 3 lit. f UWG). Unlauter handelt danach, wer ausgewählte Produkte gezielt und wiederholt unter dem Einstandspreis anbie-tet, diese Angebote in der Werbung besonders hervorhebt und damit die Kunden über die eigene Leistungsfähigkeit oder über diejenige von Mitbewerbern täuscht.

Problematisch wäre etwa folgende Strategie eines Grossverteilers: In der (pointiert gegen die Konkurrenz gerichteten) Werbung werden abwechselnd ausgewählte Kosmetikprodukte und alkoholische Getränke (Lockvögel) gezielt unter dem eigenen Einstandspreis (und somit viel billiger als bei der Konkurrenz) angeboten, um damit Kunden in die eigenen Ladenlokale zu locken.

Täuschung

• Unlauter handelt überdies, wer Kunden durch Zugaben über den 30 tatsächlichen Wert eines Angebots **täuscht** (Art. 3 lit. g UWG).

Als Zugaben gelten dabei nicht kleine Werbegeschenke, sondern wirt-schaftlich selbständige Produkte, die den Kundinnen und Kunden bei einem entgeltlichen Rechtsgeschäft ohne besondere Berechnung gewährt werden (Akzessorietät). Beispiel: Angebot einer bestimmten Nähmaschine zum Preis von Fr. 1000.– und als scheinbar kostenlose

Zugabe eine Kiste Rotwein im Wert von Fr. 200.–. Lauterkeitsrechtlich bedenklich ist dabei folgender Umstand: Die Kosten der Zugabe des Anbieters werden in aller Regel in den Verkaufspreis der Nähmaschine einfliessen und bei einem allfälligen Verkauf des Produkts ebenfalls gedeckt. Die Konsumentin hingegen wähnt sich als glückliche «Beschenkte», tatsächlich wurde sie aber über den wahren Preis des Grundprodukts getäuscht.

31 • Ebenfalls unzulässig sind besonders **aggressive Verkaufsmethoden,** die die Kunden in ihrer Entscheidungsfreiheit beeinträchtigen (Art. 3 lit. h UWG).

Nötigung

Ein Beispiel bilden die (mehr oder weniger) subtilen Druckversuche auf Reisende während einer Gratiswerbefahrt, wenn die Reisenden durch Belästigung oder durch Überrumpelung in eine psychologische Drucksituation gebracht und zum Kaufabschluss genötigt würden.

32 • Ein nächster Tatbestand ist die Täuschung von Kunden durch bewusste **Verschleierung** von Produkteigenschaften wie Beschaffenheit, Menge, Verwendungszweck, Nutzen oder Gefährlichkeit (Art. 3 lit. i UWG).

Verschleierung

Ein Beispiel für die Verschleierung der wahren Produktmenge bilden die «Mogelpackungen», so etwa die teilweise überdimensionierten Verpackungen im Kosmetikbereich, welche den Konsumenten einen grösseren Produktinhalt suggerieren.

33 • Sodann statuiert Art. 3 UWG einige Unlauterkeitstatbestände im Zusammenhang mit der Auskündigung oder dem Abschluss von Konsumkreditverträgen.[12]

Konsumkreditverträge

34 – Unlauter handelt, wer es bei öffentlichen Auskündigungen über einen Konsumkredit unterlässt, seine Firma eindeutig zu bezeichnen oder den Nettobetrag des Kredits, die Gesamtkosten des Kredits und den effektiven Jahreszins deutlich anzugeben (Art. 3 lit. k UWG).

Unlautere Werbung

35 – Gleiches gilt für öffentliche Auskündigungen über einen Konsumkredit zur Finanzierung von Waren oder Dienstleistungen: Unlauter handelt, wer es unterlässt, seine Firma eindeutig zu bezeichnen oder den Barzahlungspreis anzugeben. Ebenso müssen der Preis, der im Rahmen des Kreditvertrages zu bezahlen ist, und der effektive Jahreszins deutlich angegeben werden (Art. 3 lit. l UWG).

36 – Unlauter handelt auch, wer im Rahmen einer geschäftlichen Tätigkeit einen Konsumkreditvertrag oder einen Vorauszahlungsvertrag anbietet oder abschliesst und dabei *Vertragsformulare* verwendet,

Unlautere Vertragsformulare

....

[12] Vgl. dazu das Bundesgesetz über den Konsumkredit (KKG) vom 23. März 2001, SR 221.214.1; Näheres dazu im Kapitel über das Konsumentenrecht, S. 128, N 60 ff.

die unvollständige oder unrichtige Angaben über den Gegenstand des Vertrags, den Preis, die Zahlungsbedingungen, die Vertragsdauer, das Widerrufs- oder Kündigungsrecht des Kunden oder über das Recht zu vorzeitiger Bezahlung der Restschuld enthalten (Art. 3 lit. m UWG).

Unterlassen der Kreditfähigkeitsprüfung

– Schliesslich handelt unlauter, wer es bei öffentlichen Auskündigungen über einen Konsumkredit oder über einen Konsumkredit zur Finanzierung von Waren oder Dienstleistungen unterlässt, darauf hinzuweisen, dass die Kreditvergabe verboten ist, falls sie zur Überschuldung der Konsumentin oder des Konsumenten führt (Art. 3 lit. n UWG). 37

Wir beschränken uns nachfolgend (pars pro toto) auf die **Besprechung des Herabsetzungstatbestandes von Art. 3 lit. a UWG.** 38

Der Fall: Mikrowellen

Der Mikrowellenfall Hertel

Im bekannten und im Ergebnis umstrittenen Mikrowellen-Fall[13] hatte das Bundesgericht folgende Fragen zu klären: 39

- Untersteht auch ein nicht direkt am Wettbewerb beteiligter Wissenschaftler den Regeln des UWG?

- Stellt die Veröffentlichung eines wissenschaftlichen Forschungsberichts eine wettbewerbsrelevante Handlung dar?

- Ist der Tatbestand von Art. 3 lit. a UWG erfüllt?

- Wie beurteilt sich die Tatbestandsmässigkeit der Handlung unter Einbezug von grundrechtlichen Gesichtspunkten?

Der Sachverhalt von BGE 120 II 76 (Mikrowellen)

Veröffentlichung eines Forschungsrapports

Der Wissenschaftler Hertel liess in diversen Zeitschriften einen Forschungsrapport zum Thema «Vergleichende Untersuchungen über die Beeinflussung des Menschen durch konventionell und im Mikrowellenofen aufbereitete Nahrung» publizieren. Darin führte er unter anderem aus, dass die im Blut der Versuchspersonen festgestellten Veränderungen auf krankhafte Störungen hinweisen würden und ein Bild zeigten, «das auch für den Beginn eines kanzerogenen Prozesses gelten *kann* ...». 40

---

[13] Das Urteil des Bundesgerichts intensivierte einen damals bereits bestehenden und bis heute noch offenen Diskurs zwischen Lehre und Rechtsprechung zur Thematik «Grundrechtskonflikte im UWG».

41 Das Umweltmagazin «Journal Franz Weber» veröffentlichte den vollständigen Bericht im Wortlaut, präsentierte der Leserschaft jedoch auf dem Titelblatt der betreffenden Ausgabe einen Sensenmann mit einem Mikrowellenofen in der Hand. Die Abbildung trug die Überschrift «Mikrowellen: Gefahr wissenschaftlich erwiesen!» Den Forschungsrapport selber übertitelte die Redaktion mit der Aussage «Mikrowellenherde: eine Gefahr für die Gesundheit. Die Beweise sind unwiderlegbar!» In einer «Allgemeinverständlichen Zusammenfassung der Untersuchung», für die der Wissenschafter H. nicht verantwortlich zeichnete, wurde überdies dazu aufgerufen, den Gebrauch von Mikrowellenherden schnellstens zu verbieten. Diejenigen, die derzeit in Betrieb seien, sollten überdies sofort vernichtet werden. Die öffentliche Gesundheit stehe auf dem Spiel.

42 Auf Klage des Fachverbandes für Elektroapparate für Haushalt und Gewerbe in der Schweiz (FEA) verbot daraufhin das Handelsgericht des Kantons Bern *dem Beklagten Hertel* (und eben gerade nicht der Zeitschrift «Journal Franz Weber») unter Strafandrohung, in Zukunft die genannten Behauptungen aufzustellen, öffentlich vorzutragen oder zu publizieren.

Hertel legte in der Folge beim Bundesgericht Berufung gegen dieses Urteil ein.

Aus den Erwägungen des Bundesgerichts[14]

Zur Frage der Anwendbarkeit des UWG auf den Verfasser des Forschungsrapports:

43 «Das UWG bezweckt, den lauteren und unverfälschten Wettbewerb im Interesse aller Beteiligten zu gewährleisten (Art. 1 UWG). Folgerichtig ist jedes gegen Treu und Glauben verstossende Verhalten und Geschäftsgebaren unlauter, welches das Verhältnis zwischen den Mitbewerbern oder zwischen Anbietern und Abnehmern beeinflusst (Art. 2 UWG) oder zu beeinflussen geeignet ist. [...]. *Liegt aber das Schutzgut des UWG in der Bekämpfung privater Wettbewerbsverfälschungen, kann auch unlauter handeln, wer in keinem Wettbewerbsverhältnis zu den betroffenen Anbietern oder Abnehmern steht.*» Untersagt sind jedoch nur Verhaltensweisen, «welche *objektiv auf eine Beeinflussung der Wettbewerbsverhältnisse* angelegt sind und nicht im einem völlig anderen Zusammenhang erfolgen». [...] «Wettbewerbsrelevant sind demzufolge allein Handlungen, die den Erfolg gewinnstrebiger Unternehmen im Kampf um Abnehmer verbessern oder mindern, deren Marktanteile vergrössern oder verringern sollen oder dazu *objektiv* geeignet sind.» [...]

Persönlicher
Geltungsbereich

....

14 Hervorhebungen durch den Verfasser.

«... *unbeachtlich ist, ob subjektiv ein Wille zu wirtschaftlicher Tätigkeit gegeben ist.*» In der Publikation des Forschungsrapportes liege «*eine klare Wettbewerbsabsicht*, mag sie auch aus ideellen und nicht aus gewinnstrebigen Beweggründen bekundet werden» (Erw. 3a).

Durch Auslegung des Zweckartikels sowie der Generalklausel des UWG 44 stellt das Bundesgericht damit klar, dass sich der persönliche Geltungsbereich des UWG auf *alle am Wettbewerb Beteiligten* erstreckt.

Zur Frage, ob eine wissenschaftliche Publikation eine wettbewerbsrelevante Handlung darstellen kann:

Wettbewerbsrelevante Handlung
«Wissenschaftliche Forschungen und die Publikation ihrer Ergebnisse 45 sind an sich nicht wettbewerbsgerichtet, solange sie im akademischen Rahmen erfolgen [...]. Sie werden es indessen, sobald die wissenschaftlichen Meinungskundgaben im objektiven Verständnis des Zielpublikums darauf ausgelegt sind, das Verhalten der Marktteilnehmer, namentlich der Abnehmer, zu beeinflussen.» [...] «Die dem Beklagten zur Last gelegten Äusserungen sind nach ihrer Aufmachung und ihrem Inhalt, namentlich aber mit Blick auf den Adressatenkreis der Presseerzeugnisse klarerweise *marktgeneigt*, da sie zumindest aus *objektiver Sicht* unmissverständlich darauf ausgerichtet sind, die Konsumenten vom Erwerb und der Benutzung von Mikrowellenherden abzuhalten. Sie sind damit auch *geeignet, den Wettbewerb zu beeinflussen.*» Das fragliche Verhalten kann folglich im Sinne des UWG überprüft werden (Erw. 3b).

Vor dem Hintergrund, dass das UWG aus funktionalen Gründen von 46 einem weit gefassten Begriff der wettbewerbsrelevanten Handlung ausgeht, kann dieser Begründung des Bundesgerichts zugestimmt werden. Es fragt sich allerdings, ob das Gericht mit diesen Ausführungen auf den Forschungsrapport als solchen abzielt oder nicht viel eher auf dessen redaktionelle Aufbereitung im «Journal Franz Weber».

Art. 3 lit. a UWG vs. grundrechtlich garantierte Meinungsäusserungsfreiheit:

Grundrechtliche Überlegungen
Die Vorinstanz, das Handelsgericht des Kantons Bern, kam aufgrund der 47 vorgelegten Beweise zum Schluss, die Behauptung des Beklagten sei offensichtlich unwahr und falsch und deshalb *unrichtig im Sinne von Art. 3 lit. a UWG*. Darüber hinaus hielt das Handelsgericht die publizierten Behauptungen selbst dann für unlauter, wenn sie objektiv richtig sein sollten, da *Art. 3 lit. a auch irreführende und unnötig verletzende Äusserungen verbiete.* Demgegenüber vertrat der Beklagte die Auffassung, er dürfe seine wissenschaftliche Überzeugung frei äussern. Das Bundesgericht hatte den Sachverhalt somit nicht nur nach lauterkeits-

rechtlichen Gesichtspunkten zu würdigen, sondern musste bei seinen Betrachtungen auch der grundrechtlich garantierten Meinungsäusserungsfreiheit Rechnung tragen.

48 Das Bundesgericht hält dem Beklagen zugute, «dass der wissenschaftliche Wahrheitsgehalt einer Behauptung nicht immer leicht zu ermitteln ist, da in diesem Erkenntnisbereich oftmals als wahr gilt, was morgen bereits überholt und übermorgen wiederum wahr ist [...]. *Das heisst indessen nicht, dass als wissenschaftlich ausgegebene Urteile über die eigene oder fremde Leistung im Wettbewerbsbezug lauterkeitsrechtlich stets voraussetzungslos zulässig wären.*» [...] *Marktgeneigte, wissenschaftliche Aussagen zu fachlich umstrittenen Fragen sind «daher im Interesse der Allgemeinheit und des funktionierenden Wettbewerbs bloss zuzulassen, wenn diese Aussagen gesicherter wissenschaftlicher Erkenntnis entsprechen, oder wenn jedenfalls unmissverständlich auf den Meinungsstreit hingewiesen wird.* Besteht keine volle Gewähr für die Richtigkeit der wissenschaftlichen Angaben, ist deren unkritische Weitergabe zumindest täuschend und damit irreführend im Sinne von Art. 3 lit. a UWG.» Die Vorinstanz verletzte somit durch das ausgesprochene Unterlassungsverbot kein Bundesrecht (Erw. 5b).

49 Wir stellen damit fest, dass das Bundesgericht den Sachverhalt nach rein funktionalen Gesichtspunkten entschieden hat. Der Einwand des Wissenschafters, ein Publikationsverbot oder eine Publikationserlaubnis mit gerichtlichen Auflagen (Hinweis auf Meinungsstreit) verletze sein Grundrecht auf Meinungsäusserungsfreiheit, war für das Gericht angesichts der drastischen Ausdrucksweise nicht ausschlaggebend.

50 In der Folge verneinte das Bundesgericht auch eine der Bundesverfassung oder der EMRK widersprechende Anwendung des Gesetzes, *weil es nicht Sinn und Zweck weder der Meinungsäusserungsfreiheit noch der Pressefreiheit sein könne, unlautere Äusserungen zu legitimieren* (Erw. 5c).

Keine Verletzung der Meinungsäusserungsfreiheit?

51 Der Beklagte H. erhob darauf gegen das Urteil des Bundesgerichts eine Individualbeschwerde bei der Europäischen Kommission für Menschenrechte wegen Verletzung der durch Art. 10 EMRK garantierten Meinungsäusserungsfreiheit. Der Europäische Gerichtshof für Menschenrechte stellte in der Folge eine Konventionsverletzung fest (im Wesentlichen mit der Begründung, das angeordnete Publikationsverbot sei unverhältnismässig).[15]

Art. 10 EMRK

....

[15] Urteil des Europäischen Gerichtshofs für Menschenrechte (EGMR) vom 25. August 1998, Rechtssache 59/1997/843/1049, Reports 1998-VI, 2325 ff.; deutsche Übersetzung in: Zeitschrift für gewerblichen Rechtsschutz und Urheberrecht, internationaler Teil (GRUR Int.) 1999/2, 156 ff.

H. gelangte danach erneut ans Bundesgericht und verlangte eine Revi-   52
sion des Urteils BGE 120 II 76. Obwohl das Bundesgericht das Revisions-
gesuch teilweise guthiess, bekräftigte es materiell dennoch den in BGE
120 II 76 vertretenen Standpunkt:

(Umstrittenes) **«Eine gesamthafte Aufhebung der gegenüber dem Gesuchsteller ausge-**   53
Fazit des BGer: **sprochenen Verbote ist deshalb weder erforderlich noch angezeigt. Klar-**
UWG geht **zustellen ist hingegen, dass dem Gesuchsteller lediglich an weitere**
Meinungsäusse- **Bevölkerungskreise gerichtete Verlautbarungen verboten sind, in**
rungsfreiheit vor **welchen gesundheitsschädigende Wirkungen von im Mikrowellen-**
herd zubereiteten Speisen ohne Hinweis auf den herrschenden
Meinungsstreit als wissenschaftlich gesichert hingestellt werden.»[16]

2. Verleitung zu Vertragsverletzung oder Vertrags-
auflösung (Art. 4 a–d UWG)

Verleitungs- Unter dem Oberbegriff «Verleitung zu Vertragsverletzung oder -auflö-   54
tatbestände sung» führt das UWG vier Tatbestände auf, welche insbesondere als
unlauter gelten. Es handelt sich dabei um

- das Verleiten des Abnehmers eines Konkurrenten zum Vertragsbruch, um selber mit ihm einen Vertrag abschliessen zu können;

- das Bestechen von Arbeitnehmern, Beauftragten oder Hilfspersonen eines Dritten, um diese zu pflichtwidrigem Verhalten zu
  verleiten und damit sich selbst oder anderen Vorteile zu verschaffen;

- das Verleiten von Arbeitnehmern, Beauftragten oder Hilfspersonen zum Verrat von Geschäfts- oder Fabrikationsgeheimnissen
  ihres Arbeitgebers;

- das Verleiten zum Widerruf oder zur Kündigung von Vorauszah-
  lungskauf- oder Konsumkreditverträgen, um mit diesen Personen
  in der Folge selber einen Vertrag abzuschliessen.

Der Fall Dior

Verleitung zum Von den soeben erwähnten Tatbeständen wollen wir kurz Art. 4 lit. a   55
Vertragsbruch UWG etwas konkreter ins Auge fassen. Gemäss diesem Tatbestand
handelt unlauter, wer als «Vertragsaussenseiter» Kunden eines Konkur-

....

[16] BGE 125 III 185, 192 (Mikrowellen II). Ein gegen diesen Revisionsentscheid angestrengtes
neues Verfahren vor dem Europäischen Gerichtshof für Menschenrechte wies der Gerichtshof
ab: Unzulässigkeitsentscheid des EGMR vom 17.01.2002 (Beschwerde 53440/99), auszugswei-
se in Medialex 2002/2, 95 ff.

renten zum *Vertragsbruch verleitet*, um mit ihnen in der Folge selber einen Vertrag abschliessen zu können. Welche Mittel der Aussenseiter zur Erreichung seines Zieles einsetzt, bleibt dabei ohne Belang. Entscheidend ist einzig, dass er *in Kenntnis eines bindenden Vertrages auf eine Vertragsverletzung durch den gebundenen Abnehmer hinwirkt.*

56 Es erstaunt nicht, dass dieser Sondertatbestand in der Gerichtspraxis selten angewendet werden kann. Dem vom Vertragsbruch Betroffenen wird nämlich in der Regel *der Nachweis* misslingen, dass der Verleiter bewusst auf den Umworbenen eingewirkt und ihn damit auch tatsächlich zur Vertragsverletzung angestiftet hat.

Problem des Nachweises

57 Wie ist jedoch das *Verhalten des Aussenseiters* lauterkeitsrechtlich zu würdigen, wenn der Abnehmer, *ohne dazu verleitet zu werden*, von sich aus die Vertragsverletzung begeht, um in der Folge mit dem Aussenseiter zu dessen Vorteil (und damit zum Nachteil des geprellten Vertragspartners) ein Vertragsverhältnis einzugehen?

58 Im Dior-Fall ging es genau um diese Frage: Er wurde zwar noch nach dem aUWG von 1943 entschieden, aber er hat auch heute noch Relevanz: Der Entscheid wurde überdies in neueren wichtigen Entscheiden unter dem geltenden UWG bestätigt.[17] Das Gericht hatte dabei nicht den Tatbestand der *Verleitung zur Vertragsverletzung* zu prüfen, sondern *die Ausnützung eines fremden Vertragsbruchs* durch den Aussenseiter.

Die Ausnützung eines fremden Vertragsbruchs im Lichte der Generalklausel

59 Die Ausnützung eines fremden Vertragsbruches spielt im Wirtschaftsleben eine grosse Rolle, insbesondere im Zusammenhang mit Parallelimporten und selektiven Vertriebssystemen. Der Dior-Entscheid ist der Leading Case über die Beurteilung der Ausnützung fremden Vertragsbruchs im Lauterkeitsrecht.

Der Sachverhalt von BGE 114 II 91 (Dior)

60 Das Bundesgericht hatte das Verhalten einer Aussenseiterin zu prüfen, die dem selektiven Vertriebssystem der Parfums Christian Dior SA nicht angehörte: der Impo Import Parfümerien AG. Diese beschaffte sich Dior-Produkte auf dem *grauen Markt* und vertrieb diese Produkte parallel zum Dior-Vertriebssystem in mehreren Filialen in Schweizer Städten. Als Aussenseiterin konnte sie sich die Dior-Produkte nur beschaffen, weil Vertragspartner der Dior (d.h. konkret: Mitglieder des selektiven Vertriebssystems) sich über ihre Pflichten hinwegsetzten und die Impo vertragswidrig belieferten.

Dior-Fall des BGer

---

17 Vgl. diesbezüglich BGE 122 III 469 (Chanel) oder BGE 124 III 321 (Nintendo).

Aus den Erwägungen des Bundesgerichts:[18]

Zur Frage der Ausnützung fremden Vertragsbruchs nach Art. 41 OR:

Keine Wider-
rechtlichkeit im
Sinne von
Art. 41 OR

«Die subjektiven Rechte lassen sich nach dem Kreis ihrer Adressaten in   61
absolute und relative scheiden. [...] Die Forderung aus einem Schuldver-
hältnis, auch aus einem vertraglichen, ist das typische Beispiel eines
relativen Rechts, weil sie auf einer *Sonderbeziehung zwischen bestimmten
Personen beruht und nur dem Schuldner, nicht aber einem unbeteiligten
Dritten entgegengehalten werden kann. Das Bundesgericht hat es deshalb
seit Jahrzehnten abgelehnt, in der Verletzung vertraglicher Rechte durch
Dritte eine widerrechtliche Handlung im Sinne von Art. 41 Abs. 1 OR zu
erblicken* [Verweise]». Das Bundesgericht verneint im Folgenden auch
das Vorliegen der besonderen Voraussetzungen für ein sittenwidriges
Verhalten im Sinne von Art. 41 Abs. 2 OR (Erw. 4a aa).

Zur Frage der Ausnützung fremden Vertragsbruchs nach UWG (Vorliegen   62
*von besonderen Umständen, die das Verhalten als Verstoss gegen Treu
und Glauben erscheinen lassen):*

«Das Bundesgericht hat bereits in seiner *Rechtsprechung zu Art. 48 OR,*   63
der durch das UWG von 1943 *ersetzt* worden ist, *den Begriff des unlauteren Wettbewerbs in Anlehnung an seine Praxis zu Art. 41 OR ausgelegt,*
wenn es um die Beeinträchtigung von Vertragsrechten durch Dritte
ging. Es hat den relativen Rechten auch in diesem Bereich keinen umfassenden Schutz zuerkannt (BGE 53 II 332), aber eingeräumt, dass in der
*fortgesetzten Ausnützung solchen Verhaltens unter Umständen ein
Verstoss gegen Treu und Glauben liegen kann,* der den Verletzten berechtigt, Abhilfe zu verlangen (BGE 52 II 380 E. 4).»

In der *Rechtsprechung zur altrechtlichen Generalklausel des aUWG*[19] von
1943 hat das Bundesgericht daran festgehalten, dass die Ausnützung
einer fremden Vertragsverletzung «nicht ohne weiteres, sondern nur
unter besonderen Umständen gegen Treu und Glauben verstosse, andernfalls würde das Recht des Aussenseiters auf freie Berufsausübung unzulässig eingeengt (BGE 86 II 112/13)».

Nach der Feststellung, dass die Ausnützung fremden Vertragsbruches
vom Tatbestand des geltenden Art. 4 lit. a UWG ebenfalls nicht erfasst
wird (und daher nur im Lichte der Generalklausel beurteilt werden
kann), hält das Gericht fest, dass ein solches Verhalten *auch nach neuem
Recht* nicht ohne weiteres als unlauter gilt, «sondern nur dann, wenn
sich dieses Merkmal aus *besonderen Umständen* ergibt» (Erw. 4 a bb).

[18]   Hervorhebungen durch den Verfasser.
[19]   Unlauterer Wettbewerb im Sinne dieses Gesetzes ist jeder Missbrauch des wirtschaftlichen
Wettbewerbs durch täuschende oder andere Mittel, die gegen die Grundsätze von Treu und
Glauben verstossen (Art. 1 Abs. 1 aUWG).

Zur Frage, ob im vorliegenden Fall besondere Umstände vorliegen, äussert sich das Gericht folgendermassen:

64 «Besondere Umstände, welche die Ausnützung eines fremden Vertragsbruches als unlauter erscheinen lassen, können sich nach der Rechtsprechung insbesondere aus der Art und dem Zweck des Vorgehens ergeben, was z.b. bei Schädigungsabsicht aus blosser Rachsucht oder arglistiger Täuschung des Lieferanten anzunehmen ist (BGE 57 II 339, 52 II 377). [...] **Die Ausnützung eines Vertragsbruches, der in der blossen Umgehung einer geschlossenen Marktordnung oder vertraglicher Preisbindungen besteht, reicht für sich allein dagegen nicht aus, selbst wenn solche Bindungen sich zur Erhaltung gesunder Verhältnisse in einem bestimmten Gewerbezweig strukturpolitisch als notwendig erweisen (BGE 86 II 113/14, 52 II 381/82).»**

Grundsätzlich kein Schutz selektiver Vertriebssysteme durch das UWG

65 Im deutschen Recht hingegen sei «bei Einbrüchen in lückenlose Preis- oder Vertriebssysteme die Wettbewerbswidrigkeit in der Regel schon zu bejahen, wenn der Aussenseiter sich gegenüber gebundenen Konkurrenten oder andern Aussenseitern einen preis- oder sortimentsbezogenen Vorteil zu sichern vermag, da diesfalls der besondere Umstand bereits in der Lückenlosigkeit des Systems erblickt wird [Verweise]».

66 «Eine solche Ausnahme für Preis- oder Vertriebssysteme ist nach schweizerischem Recht abzulehnen, da die Lückenlosigkeit als solche sich nicht als besonderer Umstand ausgeben lässt und *ein Einbruch in eine fremde Ordnung sich jedenfalls als sittenwidrig erweisen muss*, um Wettbewerbswidrigkeit begründen zu können. *Dies lässt sich von der blossen Ausnützung eines fremden Vertragsbruches aber nicht sagen, [...] andernfalls würde die betroffene Bindung unbekümmert darum, dass sie sich in relativen Rechten erschöpft, gegen jede Beeinträchtigung, also absolut geschützt.* Dass der Dritte dadurch einen wettbewerbsrechtlichen Vorteil erlangen kann, vermag für sich allein den Vorwurf der Unlauterkeit ebenfalls nicht zu begründen (BGE 86 II 113). Das Streben nach solchen Vorteilen gehört zum Begriff des freien Wettbewerbs und ist nicht zu beanstanden, solange es auf lauteren Mitteln beruht. [...] So wenig ein Preis, der betriebswirtschaftlich gerechtfertigt ist, vor den Unterbietungen durch Dritte geschützt ist, so wenig vermag ein marktpolitisch erwünschtes Vertriebssystem seiner funktionalen Vorteile wegen wettbewerbsrechtlich eine Sonderbehandlung zu rechtfertigen; jedenfalls geht es nicht an, eine solche im Wege der Rechtsanwendung einzuführen.»

Kein Vorliegen von besonderen Umständen i.c.

Vertragsrecht-
lich-dogmatische
Begründung des
Bundesgerichts

Interessant an dieser Begründung ist der Umstand, dass das Bundesge-   67
richt den Sachverhalt nach aUWG nicht aufgrund funktionaler Gesichts-
punkte beurteilt hat, sondern nach vertragsrechtlich-dogmatischen.
Wer kein subjektives (vertragliches) Recht geltend machen kann, soll
auf dem Umweg des Lauterkeitsrechts auch nicht absolut geschützt
werden, es sei denn, der Einbruch in das fremde Vertriebssystem erwei-
se sich als *sittenwidrig*.

Zur funktionalen
Auslegung des
UWG

Das geltende UWG definiert im Zweckartikel (Art. 1 UWG), wie einlei-   68
tend dargestellt, zwei Schutzobjekte: die lautere Geschäftsmoral sowie
das funktionierende Wettbewerbssystem an sich (den «unverfälschten
Wettbewerb im Interesse aller Beteiligten»). Die Lauterkeit eines
bestimmten Verhaltens (konkret: die Ausnützung des Vertragsbruches
eines Mitglieds des selektiven Vertriebssystems der Parfums Christian
Dior SA) wäre nach geltendem Recht somit nicht nur anhand geschäfts-
moralischer Kriterien zu beurteilen. Das umstrittene Wettbewerbsverhalten des Aussenseiters, der den Vertragsbruch eines Dritten im Wirtschaftsleben ausnützt, müsste zusätzlich im Lichte der *Auswirkungen*
beurteilt werden, die ein solches Verhalten für das Wettbewerbssystem
hat. Wer nämlich den Dior-Sachverhalt nach rein funktionalen Gesichtspunkten analysiert, kann zum Schluss kommen, dass ein Einbruch in ein
geschütztes Vertriebssystem aus Wettbewerbsgründen erwünscht sein
kann, weil damit systematisch abgeschottete Märkte aufgebrochen
werden. Des Weiteren spielt der Wettbewerb zugunsten der Konsumenten besser durch den Parallelvertrieb der betreffenden Markenprodukte. Unter Berücksichtigung dieser Aspekte würde heute der Dior-
Sachverhalt nach geltendem UWG im Ergebnis zwar gleich entschieden
werden, jedoch mit noch differenzierterer Begründung. Bei konse-
quenter Anwendung geltungszeitlich-funktionaler Kriterien steht dabei
nicht nur die Frage nach der Sittenwidrigkeit solchen Verhaltens im
Zentrum, sondern auch jene, ob die Ausnützung eines fremden Vertragsbruchs im Hinblick auf einen wirksamen Wettbewerb zu wünschbaren
Ergebnissen führt oder nicht.[20]

....
[20] Wie bereits erwähnt, wurde die Dior-Rechtsprechung jedoch auch unter dem geltenden UWG
bestätigt.

3. Verwertung einer fremden Leistung (Leistungsschutz, Art. 5 a–c UWG)

a) Die Tatbestände

69 Nach Art. 5 UWG handelt unlauter, wer ein **Arbeitsergebnis eines Dritten unlauter übernimmt** und danach zu seinem **eigenen Vorteil gewerblich verwertet**.

Die Tatbestände der unlauteren Verwertung einer fremden Leistung

70 Art. 5 lit. a und b UWG betreffen das unbefugte Verwerten von **anvertrauten** oder **unbefugterweise zugänglich gemachten** Arbeitsergebnissen Dritter wie Offerten, Berechnungen oder Plänen. In beiden Fällen wird ein **Vertrauensbruch** vorausgesetzt, welcher vom Normverletzer vorsätzlich ausgenutzt wird.

71 Der Tatbestand von Art. 5 lit. c UWG setzt keinen Vertrauensbruch voraus. Die Unlauterkeit liegt darin begründet, dass ein Wettbewerbsteilnehmer ein **marktreifes Arbeitsergebnis** (d.h. in gebrauchsfertiger und verwertbarer Form) eines anderen **ohne angemessenen eigenen Aufwand** durch **technische Reproduktionsverfahren** (beispielsweise durch Nachgiessen, Scannen, Kopieren, Nachpressen, Überspielen usw.) als **solches übernimmt und verwertet**.

b) Das Verhältnis von Art. 5 UWG zu den Immaterialgüterrechten

72 In den Kapiteln zum Immaterialgüterrecht werden wir sehen, dass an gewisse Schöpfungen des menschlichen Geistes (z.B. Kunstwerke, Erfindungen, Marken oder Designs) eigentumsähnliche Wirkungen geknüpft werden können. Die absolut geschützte Rechtsposition der Inhaber von Immaterialgüterrechten führt dazu, dass deren Immaterialgüterrechte vor dem Zugriff und der Verwertung durch unberechtigte Dritte geschützt sind. Dabei wird eine Abstimmung zwischen dem Immaterialgüterrecht und dem Lauterkeitsrecht dadurch erreicht, dass auf dem Umweg über das Lauterkeitsrecht niemand umfassend geschützt werden soll, der auch keinen Anspruch auf ein absolutes Recht geltend machen kann.[21]

Nähe zum Immaterialgüterrecht

73 Die Tatbestände des Art. 5 UWG liegen somit im Spannungsfeld zwischen den Schutzbereichen des Immaterialgüterrechts einerseits und der allgemeinen Regel anderseits, wonach alle nicht spezialgesetzlich geschützten Rechtsgüter als solche auch wettbewerbsrechtlich nicht schützbar sind und somit von jedermann frei übernommen und gewerblich verwertet

....

[21] BGE 104 II 322, 334; BGE 116 II 471, 472. Eine Ausnahme vom Grundsatz der Nachahmungsfreiheit stellt allerdings der Tatbestand der Verwechslungsgefahr von Art. 3 lit. d UWG dar.

werden dürfen. Dies trifft mithin auch dann zu, wenn ein bestimmtes Arbeitsergebnis erhebliche Mühe und Kosten verursacht hat.[22]

Nach der Botschaft des Bundesrates zum UWG kann der Zweck von Art. 5 UWG nicht darin bestehen, dass damit über die bestehenden Spezialgesetze hinaus eine ganze Zahl von wettbewerbsrechtlich unerwünschten, neuen und subjektiven Monopolrechten geschaffen werden soll. Eine Überschneidung mit den immaterialgüterrechtlichen Spezialgesetzen soll bewusst vermieden werden und namentlich «nichts daran geändert werden, dass ein urheberrechtlich geschütztes Werk nach Ablauf der Schutzfrist von jedermann frei genutzt werden und dass eine Erfindung nach Erlöschen des patentrechtlichen Schutzes nachgemacht werden darf». Es gehe vielmehr nur darum, ein gegen den Grundsatz von Treu und Glauben verstossendes **Wettbewerbsverhalten** zu verfolgen.[23]

Schutzobjekt von Art. 5 UWG ist nach diesen Ausführungen also nicht das Arbeitsergebnis an sich. **Die Bestimmung richtet sich vielmehr gegen ein Verhalten** (die unlautere Übernahme und nachfolgende gewerbliche Verwertung des Arbeitsergebnisses), **das gegen die Spielregeln des lauteren Wettbewerbs verstösst**. So führte auch das Bundesgericht in einem Entscheid betreffend eine Auseinandersetzung um Tonträger von Elvis Presley aus: «**Geschützt ist danach** [nach Art. 5 lit. c UWG] **nicht das Arbeitsergebnis per se** [die Tonträger], **sondern nach wie vor der lautere Wettbewerb**. Der Schutz materialisierter Arbeitsergebnisse hat sich in diesen Kontext einzufügen und wird durch das Lauterkeitsrecht nur in dem Umfang gewährleistet, in dem der lautere Wettbewerb gefährdet wird [...].» [24]

75

4. Verletzung von Fabrikations- und Geschäftsgeheimnissen (Art. 6 UWG)

Während Art. 4 lit. c UWG die **Verleitung** zur Verletzung von Fabrikations- und Geschäftsgeheimnissen für unlauter erklärt, handelt nach Art. 6 UWG ebenso unlauter, wer von diesen Geheimnissen entweder **in unlauterer Weise erfährt, diese selber auskundschaftet oder anderen mitteilt**.

....
22   BGE 104 II 322, 334.
23   Botschaft UWG, S. 1048 f.
24   BGE 118 II 459, 462.

77 Die Tatbestände von Art. 6 UWG sowie Art. 4 lit. c UWG setzen eine Pflicht zur Geheimhaltung der betreffenden Fabrikations- oder Geschäftsgeheimnisse voraus. Diese kann entweder privatrechtlich begründet werden und beispielsweise auf ausdrücklicher Abmachung oder auf arbeitsvertraglicher Basis (Art. 321a Abs. 4 OR) beruhen. Oder die Geheimhaltungspflicht kann sich aufgrund spezifischer Bestimmungen auch aus anderen Rechtsgebieten ergeben (z.b. dem Insidertatbestand von Art. 161 StGB).

Geheimhaltungspflicht als notwendige Tatbestandsvoraussetzung

78 Die Begriffe Fabrikations- und Geschäftsgeheimnis des Lauterkeitsrechts sowie des Strafgesetzbuches (Art. 162 StGB) sind deckungsgleich. In weiter Auslegung werden darunter technische Geheimnisse oder allgemein alle Tatsachen verstanden, die in irgendeiner Weise für die geschäftliche Tätigkeit eines Unternehmens von Bedeutung sind und einen wirtschaftlichen Wert verkörpern (wie zum Beispiel Konstruktionspläne, Forschungsergebnisse, Lieferantenverzeichnisse oder Absatzmöglichkeiten).

79 Allerdings lässt sich nicht jede, insbesondere leicht zugängliche oder geschäftsintern allseits bekannte Information als Geschäftsgeheimnis charakterisieren. Das Bundesgericht führte dazu in **BGE 103 IV 283** Folgendes aus: «Als Geheimnis im Sinne dieser Bestimmungen gilt jede besondere Kenntnis von Tatsachen, die nicht offenkundig noch allgemein zugänglich sind, an deren Geheimhaltung ein Fabrikant oder ein Geschäftsmann ein berechtigtes Interesse hat und die er tatsächlich geheim halten will [...]. Unter Fabrikations- und Geschäftsgeheimnissen sind Angaben zu verstehen, die einen Einfluss auf das Geschäftsergebnis haben können. Zu den Fabrikationsgeheimnissen gehören Fabrikationsanleitungen und -verfahren, die nicht allgemein bekannt und für den Fabrikanten von grossem Wert sind; zu den Geschäftsgeheimnissen zu rechnen sind die Kenntnis von Einkaufs- und Bezugsquellen sowie Kenntnisse, die sich auf die Organisation, Preiskalkulation, Werbung und Produktion beziehen [...]. Solche Kenntnisse müssen nur geheim gehalten werden, wenn der Inhaber des Unternehmens die Geheimhaltung ausdrücklich oder stillschweigend verlangt hat.»[25]

Das Geschäftsgeheimnis

5. Nichteinhaltung von Arbeitsbedingungen (Art. 7 UWG)

80 Nach Art. 7 UWG handelt unlauter, wer Arbeitsbedingungen nicht einhält, die entweder durch Gesetz oder Vertrag auch dem Mitbewerber auferlegt sind oder die berufs- oder ortsüblich sind.

....

[25] BGE 103 IV 283 = Praxis des Bundesgerichts (Pra) 67 (1978) Nr. 36, 72 ff.

Diese Norm spielt in der Rechtspraxis keine sehr grosse Rolle. Sie bezweckt nicht den Arbeitnehmerschutz, sondern will gleiche Wettbewerbsbedingungen zwischen den Wettbewerbsteilnehmern gewährleisten. 81

6. Verwendung missbräuchlicher Geschäftsbedingungen (Art. 8 UWG)

a) Problematik

AGB-Problematik

Allgemeine Geschäftsbedingungen (AGB) sind von einer Partei vorformulierte Vertragsklauseln, um für eine Vielzahl individueller Geschäfte eine standardisierte Ordnung zu schaffen, welche die gegenseitigen Rechte und Pflichten der Partner im Voraus möglichst präzis festlegt. Diese Standardverträge, welche heute in fast allen Bereichen der Wirtschaft als Grundlage von Einzelvereinbarungen verwendet werden, sind das rechtliche Spiegelbild des modernen Massengeschäfts.[26] Sie dienen der Rationalisierung des Rechtsverkehrs einerseits und der Spezialisierung von Massenverträgen andererseits und haben in diesem Sinne eine wichtige und legitime Funktion. Mit allgemeinen Geschäftsbedingungen kann die marktmächtigere Partei allerdings auch in rechtspolitisch problematischer Weise Risiken (Haftungsrisiken, Debitorenrisiken, Prozessrisiken) auf die Vertragspartner abwälzen. Die Gefahr ist gross, dass der Verfasser der allgemeinen Geschäftsbedingungen – vor allem im Bereich der Verbrauchergeschäfte – die Freiräume des dispositiven Rechts stark zu seinen Gunsten ausnutzt und damit den weniger erfahrenen und wirtschaftlich schwächeren Vertragspartner unangemessen benachteiligt. Besonders bei Konsumenten-AGB sind die Anbieter selten bereit und/oder in der Lage, sich auf Verhandlungen zu einzelnen Vertragsbedingungen einzulassen; diese werden ihnen weitgehend diktiert. 82

b) Bundesgerichtliche AGB-Rechtsprechung

Fehlende AGB-Gesetzgebung in der Schweiz

Die Schweiz ist das einzige westeuropäische Land, das über keine spezielle AGB-Gesetzgebung verfügt, die eine offene inhaltliche Überprüfung missbräuchlicher Vertragsklauseln (zumindest im Bereich der Konsumenten-AGB) durch den Richter erlauben würde.[27] Die Gerichtspraxis führte daher in Individualverträgen auf anderem dogmatischem Wege minimale Anforderungen an die Lauterkeit der Verwendung allgemeiner Geschäftsbedingungen ein. 83

....

[26] Botschaft UWG, S. 1051.
[27] Im Europäischen Wirtschaftsrecht gilt die Richtlinie 93/13/EWG des Rates vom 5. April 1993 über missbräuchliche Klauseln in Verbraucherverträgen, ABl. 1993 L 095/29.

84 Gestützt auf den Grundsatz von Treu und Glauben und das Vertrauensprinzip (Art. 2 ZGB) hat das Bundesgericht in seiner Rechtsprechung die folgenden Grundsätze und Regeln entwickelt:

Bundesgerichtliche AGB-Rechtsprechung

85 • Nach der **Ungewöhnlichkeitsregel** bleibt eine vorformulierte Vertragsklausel dann unverbindlich, wenn die schwächere und weniger geschäftserfahrene Partei vernünftigerweise nicht mit einer solchen Klausel rechnen musste (*Geltungskontrolle*).[28] Ausserdem muss eine Ausnahme von der normalen rechtlichen Regelung klar zum Ausdruck gebracht werden, damit die Klausel der schwächeren Vertragspartei auch tatsächlich bewusst werden kann.[29]

• Nach der **Unklarheitenregel** sind zweideutige Vertragsklauseln überdies zu Lasten desjenigen zu interpretieren, der sie aufgestellt hat (*Auslegungskontrolle*, in dubio contra stipulatorem).[30]

86 Obwohl es sich bei dieser Rechtsprechung im Grunde um eine **verdeckte Inhaltskontrolle** von AGB handelt, hat das Bundesgericht eine offene Inhaltskontrolle bis heute stets abgelehnt.[31]

Keine offene Inhaltskontrolle

c) Richterliche AGB-Kontrolle gestützt auf Art. 8 UWG?

87 Vor diesem wirtschaftlichen und rechtlichen Hintergrund ist Art. 8 UWG entstanden. Gemäss diesem Tatbestand handelt insbesondere unlauter, wer

Der Tatbestand

• vorformulierte allgemeine Geschäftsbedingungen,

• die entweder von der unmittelbar oder sinngemäss anwendbaren gesetzlichen Ordnung erheblich abweichen oder

• eine der Vertragsnatur erheblich widersprechende Verteilung von Rechten und Pflichten vorsehen,

• in irreführender Weise zum Nachteil einer Vertragspartei anwendet.

88 In der Lehre herrscht allerdings die weit verbreitete Auffassung, dass Art. 8 UWG weitgehend toter Buchstabe bleiben wird. Die Krux der Bestimmung liege vor allem im Tatbestandselement der *Irreführung*. Es ist unklar, worüber ein Kunde bezüglich der AGB überhaupt irren solle; es sei ja in der Regel gerade der Sinn der AGB, eine für den Kunden erkennbar selbständige, vom dispositiven Recht abweichende Ordnung

Irreführung als problematische Tatbestandsvoraussetzung

....

28 Vgl. statt vieler BGE 104 Ia 278, 109 II 452, 119 II 443.
29 BGE 104 Ia 278.
30 Vgl. statt vieler BGE 115 II 264, 117 II 609, 119 II 443.
31 BGE 109 II 452.

aufzustellen.[32] Diese objektive Verteilung von Rechten und Pflichten mag insbesondere bei Konsumenten-AGB häufig zum Nachteil der Kunden ausfallen. Es ist aber nicht einzusehen, warum dies in irreführender Weise geschehen soll. Überdies ist der entsprechende Nachweis kaum zu erbringen.

Es erstaunt daher nicht, dass das Bundesgericht bis heute noch keinen einzigen Fall betreffend missbräuchliche AGB im Lichte von Art. 8 UWG beurteilt und entschieden hat. Das Gericht ist bis anhin bei der oben erwähnten AGB-Rechtsprechung geblieben, obwohl es im nachstehend skizzierten Fall[33] Gelegenheit zu einer Praxisänderung gehabt hätte.   89

d) Der Fall: BGE 119 II 443 (CDW)

Der CDW-Fall des BGer

Der Mieter eines BMW hatte in angetrunkenem Zustand (0.72 Promille) die Herrschaft über seinen Mietwagen verloren und kollidierte mit einer Sicherheitsplanke am rechten Strassenrand. Das Fahrzeug erlitt Totalschaden. Obwohl der Lenker zusätzlich zum vereinbarten Mietzins für den BMW eine Vollkaskoversicherung (Collision Damage Waiver, CDW) abgeschlossen hatte, hätte er nach Ansicht der Autovermieterin für den Fahrzeugschaden aufkommen sollen. Sie stützte ihre Forderung auf eine Klausel in den Mietvertrag-AGB mit folgendem Inhalt: 90

«Der Mieter haftet für alle Schäden am gemieteten Fahrzeug pro Schadensfall in der Höhe des Franchisebetrages, der in dem bei Vertragsschluss gültigen Miettarif festgelegt ist. [...] **Bei Fahrlässigkeit oder Verletzung der Vertragsbedingungen oder der Gesetze und Verordnungen über den Strassenverkehr bleibt der Mieter dennoch für den gesamten am Fahrzeug verursachten Schaden haftbar**.»

Der Lenker bestritt die Forderung mit dem Hinweis auf die abgeschlossene Vollkaskoversicherung und der Fall gelangte in der Folge bis ans Bundesgericht.

Aus den Erwägungen des Bundesgerichts:[34]

Zur Ungewöhnlichkeitsregel:

Ungewöhnlichkeitsregel

(Das Bundesgericht prüfte den Fall zuerst im Lichte der Rechtsprechung zur Ungewöhnlichkeitsregel.) «Die Partei, welche die AGB in den Vertrag aufgenommen hat, muss aufgrund des Vertrauensprinzips davon ausgehen, dass ihr unerfahrener Vertragspartner gewisse ungewöhnliche Klauseln nicht will [...]. Ob eine Klausel ungewöhnlich ist, muss aus der   91

---

32   Zur Entstehung und Kritik an Art. 8 UWG vgl. statt vieler Baudenbacher, 798 ff.
33   BGE 119 II 443, in Pra 83 (1994) Nr. 229, 752 ff.
34   Hervorhebungen durch den Verfasser.

Sicht des Zustimmenden zur Zeit des Vertragsabschlusses beurteilt werden. Die Antwort fällt individuell aus, auch eine branchenübliche Klausel kann für einen Branchenfremden ungewöhnlich sein. **Im Hinblick auf das Vertrauensprinzip sind die persönlichen Vorstellungen des Vertragsschliessenden soweit massgebend, als sie für die andere Partei erkennbar sind.** Es genügt nicht, dass der Vertragspartner in der fraglichen Branche unerfahren ist. **Neben dieser subjektiven Voraussetzung muss die betreffende Klausel auch objektiv beurteilt einen geschäftsfremden Inhalt aufweisen, d.h., sie muss die Vertragsnatur wesentlich verändern oder in erheblichem Masse aus dem gesetzlichen Rahmen dieses Vertragstypus fallen [...]. Je stärker eine Klausel die Rechtsstellung des Vertragspartners beeinträchtigt, umso eher darf sie als ungewöhnlich bezeichnet werden [...].»** (Erw. 1a).

92 Nach der Feststellung, dass die **betreffende Klausel im Mietvertrag in keiner Weise hervorgehoben**, sondern im Gegenteil kleingedruckt war, führt das Bundesgericht weiter aus: **«Mit der Annahme der ‹CDW›-Klausel hat S. nämlich eine Vollkaskoversicherung abgeschlossen. Er konnte somit davon ausgehen, falls er eines Tages eine fahrlässige Verletzung von Verkehrsregeln begehen sollte, dass er gegenüber der Vermieterin für den Schaden am gemieteten Fahrzeug nicht haften müsse. Er hatte nicht mit dem Umstand zu rechnen, dass diese Klausel, die von den in der Kaskoversicherung üblichen Regeln abweicht, seine Rechtsstellung erheblich beeinträchtigte.** Die Klägerin ihrerseits, die den Beklagten nicht auf diesen Umstand aufmerksam machte, hätte aufgrund des Vertrauensprinzips wissen müssen, dass S. keine Versicherung wollte, die seine Haftpflicht auf ungewöhnliche Weise auf Schäden ausdehnt, die am gemieteten Fahrzeug infolge eines Unfalls entstehen.» Daraus schloss das Bundesgericht, **dass dem Automieter die besagte Klausel gestützt auf die Ungewöhnlichkeitsregel nicht entgegengehalten werden kann** (Erw. 1b).

Fazit: Die ungewöhnliche Klausel wurde nicht Vertragsbestandteil

Beurteilung der Klausel im Lichte von UWG 8:

93 Obwohl das Bundesgericht den Fall gestützt auf die Erwägungen 1b im Grunde bereits entschieden hatte, führt es weiter aus: **«Auch wenn die Klägerin den Beklagten auf Art. 10 ihrer AGB hingewiesen hätte, könnte sie sich nicht auf diese Bestimmung berufen, um S. für den ganzen Schaden haften zu lassen.»** Denn der Wortlaut der Klausel sei zudem – im Lichte von Art. 8 UWG betrachtet – **zweideutig**. Der unbefangene Leser sei nach der Lektüre der ersten Sätze dieser Bestimmung überzeugt, dass er eine Vollkaskoversicherung abgeschlossen habe. Es bereite Mühe, die Klausel nicht so zu verstehen, dass sie den Mieter von jeglicher Haftung für Unfallschäden befreie. Die Klausel stifte

Obiter dictum zu Art. 8 UWG

Verwirrung, weil sie die Haftung des Mieters für jedes auch noch so leichte Verschulden vorsehe (Erw. 1c).

Mit Bezug auf Art. 8 UWG sowie die AGB-Problematik lassen sich aus diesen Erwägungen folgende Schlüsse ziehen: 94

- Das Bundesgericht prüft die AGB-Problematik nach wie vor im Lichte seiner bisherigen Rechtsprechung und nicht nach Art. 8 UWG. Dies lässt den Schluss zu, dass Art. 8 UWG für die Rechtspraxis tatsächlich zu wenig griffig ist.

- In seinen (für die materielle Beurteilung des Falles jedoch nicht relevanten) Ausführungen zu Art. 8 UWG (Erw. 1 c) hält das Gericht die Klausel für zweideutig und somit irreführend im Sinne von Art. 8 UWG. Ob der Wortlaut der Klausel aber tatsächlich irreführend war, lässt sich in guten Treuen bezweifeln. Das Tatbestandsmerkmal der Irreführung des Art. 8 UWG müsste daher von den Gerichten wohl contra legem ausgelegt (d.h. missachtet) werden müssen, um in der Rechtspraxis Wirkung entfalten zu können.

- Wenn die Autovermieterin die umstrittene Klausel dem Mieter nur genügend bewusst gemacht hätte, hätte sich der Mieter die Klausel auch im Lichte der Ungewöhnlichkeitsregel entgegenhalten lassen müssen. Dieser Umstand zeigt auf, dass die bundesgerichtliche Rechtsprechung insbesondere im Bereich der Konsumenten-AGB den Anforderungen eines modernen Verbraucherrechtes nicht genügt, denn sie unterstellt eine Vertragsfreiheit, die es im Verhältnis Unternehmen – Konsument faktisch kaum gibt.

G. Das Rechtsfolgesystem des UWG

Das Schwergewicht der Sanktionsmöglichkeiten lauterkeitsrechtlicher Wettbewerbsverstösse liegt in den zivilrechtlichen Rechtsbehelfen (Art. 9 ff. UWG). Das Gesetz enthält jedoch in Art. 16 ff. UWG auch einige verwaltungsrechtliche Bestimmungen sowie in Art. 23 ff. UWG einige Strafbestimmungen. 95

1. Zivilrechtlicher Rechtsschutz

a) Aktivlegitimation

96 Das UWG bezweckt, den lauteren und unverfälschten Wettbewerb im *Interesse aller Beteiligten* zu gewährleisten (Art. 1 UWG). Folgerichtig müssen sich auch *alle Marktteilnehmer* auf den Schutz des Gesetzes berufen können. Die funktionale Ausrichtung des UWG, das sich über den blossen Individualschutz hinaus zu einem integralen Wettbewerbsschutz bekennt, schlägt sich somit auch in der Anspruchsordnung des Gesetzes nieder, indem es den Schutz des Wettbewerbs durch die breite Zulassung von Individual- und Verbandsklagen absichert.

Weit gefasste Aktivlegitimation

97 Grundsätzlich kann nach Art. 9 Abs. 1 UWG *jedermann*, der durch unlauteren Wettbewerb in seinen *wirtschaftlichen Interessen* bedroht oder verletzt ist, dem Richter beantragen:

Zivilrechtliche Klagen

1. eine drohende Verletzung zu verbieten;

2. eine bestehende Verletzung zu beseitigen;

3. die Widerrechtlichkeit einer Verletzung festzustellen, wenn sich diese weiterhin störend auswirkt.

98 Nach Art. 10 UWG stehen diese Klagemöglichkeiten ebenso den *Kunden* zu, die durch unlauteren Wettbewerb in ihren wirtschaftlichen Interessen bedroht oder verletzt sind. Ebenfalls zur Klage legitimiert sind:

Verbandsklagerecht

99
1. statutarisch zur Interessenwahrung ihrer Mitglieder befugte Berufs- und Wirtschaftsverbände;

2. Konsumentenschutzorganisationen von gesamtschweizerischer oder regionaler Bedeutung;

3. der Bund, wenn er es zum Schutz des Ansehens der Schweiz im Ausland als nötig erachtet und die klageberechtigten Personen im Ausland ansässig sind.

b) Passivlegitimation

100 Gestützt auf das UWG können grundsätzlich all jene Wettbewerbsteilnehmer ins Recht gefasst werden, deren marktrelevante Handlungen den lauteren und unverfälschten Wettbewerb zu stören geeignet sind.[35]

Weit gefasste Passivlegitimation

---

[35] Vgl. dazu nochmals die Ausführungen des Bundesgerichts zur Passivlegitimation des Wissenschaftlers H. im oben dargestellten Mikrowellen-Fall (N 40 ff.).

Eine ausdrückliche Regelung der Passivlegitimation von Arbeitgebern 101
stellt Art. 11 UWG dar: Ist die Wettbewerbsverletzung durch Arbeitnehmer oder andere Hilfspersonen bei dienstlichen oder geschäftlichen
Verrichtungen begangen worden, so kann auch gegen den Geschäfts-
herrn geklagt werden.

c) Prozessrechtliche Bestimmungen

Richterliche
Beweis-
lastumkehr

Art. 12 bis 15 UWG enthalten einige zivilprozessrechtliche Sonderbe- 102
stimmungen. Der – in der Praxis allerdings selten relevante – Art. 13a
UWG enthält eine Beweislastumkehr, wenn in einem lauterkeitsrechtlichen Prozess die Richtigkeit von *Tatsachenbehauptungen in der
Werbung* umstritten ist. Nach dieser Bestimmung kann der Richter vom
Werbenden den Beweis für die Richtigkeit von in der Werbung enthaltenen Tatsachenbehauptungen verlangen, sofern dies im Einzelfall als
angemessen erscheint. In diesem Fall hat also der Beklagte den Wahr-
heitsbeweis seiner Behauptungen zu erbringen und beim Misslingen
des Beweises die Folgen zu tragen.

2. Verwaltungsrechtliche Bestimmungen

Preisbekannt-
gabeverordnung

Die verwaltungsrechtlichen Bestimmungen von Art. 16 ff. UWG sind 103
konsumentenrechtlicher Natur und regeln die Preisbekanntgabe an
Konsumenten.[36] Das Gesetz legt für das Angebot von Waren und
bestimmten Dienstleistungen eine grundsätzliche Pflicht zur Preisbekanntgabe gegenüber Konsumenten fest, wobei der Bundesrat ermächtigt wird, auf dem Verordnungswege Ausführungsbestimmungen zu
erlassen. Dies ist in der Form der Preisbekanntgabeverordnung auch
geschehen.[37]

Ziel: Schaffung
von Markt-
transparenz

Die Preisangabe bezweckt den Schutz des lauteren Wettbewerbs, die 104
Bekämpfung von Missbräuchen sowie die Schaffung von Markttransparenz.[38] Preise sollen klar miteinander vergleichbar sein und irreführende
Preisangaben verhindert werden (Art. 1 PBV, Art. 18 UWG). Die Preisbekanntgabepflicht gilt allerdings nur im Geschäftsverkehr mit Konsumenten, d.h. mit Personen, die Waren oder Dienstleistungen für Zwecke
kaufen, die nicht im Zusammenhang mit ihrer beruflichen Tätigkeit stehen
(Art. 2 PBV).

----

[36] Vgl. dazu auch unsere Ausführungen im Kapitel Konsumentenrecht, S. 123, N 41 ff.
[37] Verordnung über die Bekanntgabe von Preisen (Preisbekanntgabeverordnung, PBV) vom 11.
Dezember 1978 (SR 942.211).
[38] BGE 116 IV 376.

Bezüglich der detailliert vorgeschriebenen Art und Weise der Preisbekanntgabe von Waren und Dienstleistungen verweisen wir auf Art. 3 ff. PBV.

3. Strafrechtliche Bestimmungen

105 Das UWG kennt zwei Kategorien von Strafbestimmungen: Vorsätzlich begangene Wettbewerbsverstösse und die Verletzungen der Preisbekanntgabepflicht.

Nach Art. 23 UWG kann, wer vorsätzlich unlauteren Wettbewerb nach den Artikeln 3, 4, 5 oder 6 begeht, *auf Antrag* mit Gefängnis oder Busse bis zu 100 000 Franken bestraft werden. Strafantrag kann stellen, wer nach Art. 9 f. zur Zivilklage berechtigt ist.

106 Wettbewerbsverletzungen, welche sich nur unter die Artikel 2 (Generalklausel), 7 oder 8 subsumieren lassen, können lediglich zivilrechtliche Ansprüche oder Sanktionen auslösen. Dies ergibt sich aus dem Grundsatz «Keine Strafe ohne Gesetz» (Art. 1 StGB), wonach das strafbare Verhalten und dessen Folgen im Zeitpunkt der Ausführung bestimmt und für jedermann mit einem den Umständen entsprechenden Grad an Gewissheit erkennbar sein müssen. Diesen Anforderungen an die Bestimmtheit des Rechtssatzes genügen die erwähnten Bestimmungen nicht.

107 Nach Art. 24 Abs. 1 UWG wird mit Haft oder Busse bis zu 20 000 Franken bestraft, wer vorsätzlich die Pflichten zur Preisbekanntgabe an Konsumenten verletzt. Handelt der Täter fahrlässig, so ist die Strafe Busse (Art. 24 Abs. 2 UWG). Im Gegensatz zu Art. 23 UWG sind diese Bestimmungen *Offizialdelikte*.[39]

---

[39] Betreffend Strafbestimmungen bei Widerhandlungen gegen die PBV vgl. auch Art. 21 PBV.

H. Fragen zu Fall III

Fragenkomplex 1:

Die Firma A/B klagt gegen die Autogarage AG infolge «unlauteren Kopierens» ihrer Autoersatzteile.

1. Ist die Firma A/B zur Klage legitimiert?

2. Auf welchen Tatbestand des UWG stützt sich die Klage?

3. Ist die Nachahmung der Autoersatzteile aus lauterkeitsrechtlicher Sicht grundsätzlich erlaubt oder nicht? Wenn ja: Gibt es allfällige Grenzen einer Nachahmungsfreiheit?

4. Wie beurteilen Sie die Erfolgschancen der Klage?

Fragenkomplex 2:

Der Touring Club der Schweiz (TCS) klagt gegen die Autogarage AG infolge «unlauterer Konkurrenzierung».

1. Ist der TCS (ein Verein) zur Klage legitimiert?

2. In der Klageschrift der Klägerin ist unter anderem zu lesen: «Die Gleichartigkeit des Angebots der Autogarage AG schmälert den Gewinn des TCS und führt zu einer Konkurrenzsituation, die das UWG untersagt.» Was halten Sie von diesem Argument?

3. Auf welchen Tatbestand des UWG liesse sich die Klage stützen?

4. Wie beurteilen Sie die Erfolgschancen der Klage?

4. Kapitel: Konsumentenrecht

Lernziele

▶   Sie kennen die Funktionen des Konsumentenschutzes in einer Marktwirtschaft und verschaffen sich einen Überblick über wichtige Bereiche des schweizerischen Konsumentenrechts.

Gesetzliche Grundlagen

* Bundesgesetz über den Konsumkredit (KKG) vom 23. März 2001, SR 221.214.1

* Bundesgesetz über die Information der Konsumentinnen und Konsumenten (Konsumenteninformationsgesetz, KIG) vom 5. Oktober 1990, SR 944.0

* Bundesgesetz über Pauschalreisen vom 18. Juni 1993, SR 944.3

* Bundesgesetz über die Produktehaftpflicht (Produktehaftpflichtgesetz, PrHG) vom 18. Juni 1993, SR 221.112.944

* Preisüberwachungsgesetz (PüG) vom 20. Dezember 1985, SR 942.20

* Bundesgesetz gegen den unlauteren Wettbewerb (UWG) vom 19. Dezember 1986, SR 241

* Verordnung über die Bekanntgabe von Preisen (Preisbekanntgabeverordnung, PBV) vom 11. Dezember 1978, SR 942.211

Literaturhinweise

ALEXANDER BRUNNER / MANFRED REHBINDER / BERND STAUDER (Hrsg.), Jahrbuch des Schweizerischen Konsumentenrechts, Bern 1995 ff. (zitiert als «JKR»).

NORBERT REICH / HANS-W. MICKLITZ, Europäisches Verbraucherrecht, 4. Auflage, Baden-Baden 2003.

A. Fall IV

Der Unternehmer Hans ist weiter auf Erfolgskurs. Die Reparaturwerkstätten der Autogarage AG sind permanent ausgebucht, der lukrative Autohandel blüht und die in der Karosserieabteilung produzierten Autoersatzteile finden reissenden Absatz. Mit einem Wort: Die Geschäfte florieren!

An einem Wirtschaftsapéro für Jungunternehmer, der von der kantonalen Wirtschaftsförderung organisiert wurde, trifft Hans einen alten Bekannten, einen Rechtsanwalt. Er erzählt ihm von den diversen wettbewerbsrechtlichen Problemen, mit denen er seit der Geschäftsgründung konfrontiert gewesen war. Während des Gesprächs erwähnt der Anwalt beiläufig, dass Hans nicht nur auf ein korrektes Rechtsverhältnis zwischen seinem Unternehmen und seinen Konkurrenten zu achten habe, sondern dass er auch dem Rechtsverhältnis zwischen dem Unternehmen und seinen zahlreichen Kundinnen und Kunden die nötige Beachtung schenken solle. Er denke dabei beispielsweise an das korrekte Handling des Autoleasinggeschäfts mit Privatkunden, dem in der Praxis immer grössere Bedeutung zukomme.

B. Zur Funktion des Konsumenten-rechts in einer Marktwirtschaft

1 Konsumenten- oder (in der deutschen und europäischen Terminologie) Verbraucherschutz ist Schutz der privaten Endverbraucher. In diesem Sinne regelt das Konsumenten- oder Verbraucherrecht die Austausch-beziehungen zwischen den *Unternehmen* als Anbieter von Waren und Dienstleistungen auf der einen und den privaten Abnehmern als *nicht-gewerblichen Endverbrauchern* dieser Produkte auf der anderen Seite.

Konsumentinnen und Konsumenten als Schutzobjekte

2 Das rechtspolitische Ziel des Konsumentenrechts besteht darin, eine möglichst *ausgewogene Marktsituation* zwischen den Unternehmen und ihren nichtgewerblichen Kunden herbeizuführen. Die Konsumentinnen und Konsumenten sollen den Unternehmen auf dem Markt als gleich-wertige Partner gegenüber treten können und nicht als schutzbedürf-tige potenzielle Opfer der Marktgegenseite.

3 In einem wettbewerbsorientierten Wirtschaftssystem steuern die Konsumentinnen und Konsumenten die Wirtschaft durch ihre Kaufent-scheide als souveräne Marktteilnehmer mit. Hierzu erfüllen die Gesetze zum Schutz und zur Erhaltung eines lauteren und wirksamen Wettbe-werbs – namentlich das Kartellgesetz (KG) und das UWG – eine erste und wichtige Funktion für eine wirkungsvolle Konsumentenpolitik. In einer funktionierenden Marktwirtschaft werden die Interessen der Konsumentinnen und Konsumenten nämlich dann gut gewahrt, wenn der Marktmechanismus in der Regel für eine Vielfalt preisgünstiger Angebote und Wahlmöglichkeiten sorgt. Auf der *Angebotsseite* ist somit ein rechtlich gesicherter, freier Zugang zum Markt notwendig, in dem sich möglichst viele unabhängige Anbieter mit ihren Produkten positio-nieren können, die sich hinsichtlich Qualität und Preis konkurrenzieren. In diesem Sinne begünstigt der freie Wettbewerb eine Güter- und Dienstleistungsproduktion, die sich nach den Wünschen der Nachfrage-seite richtet.

Wirksamer Wettbewerb als Garant

4 Ein effizientes Wettbewerbsrecht allein garantiert aber noch nicht, dass die privaten Endverbraucher ihre Rolle als souveräne Marktteilnehmer wirkungsvoll wahrnehmen können. Das Recht muss ausserdem die Voraussetzungen dafür schaffen, dass die Konsumentinnen und Konsu-menten den Unternehmen im Markt mit gleich langen Spiessen gegen-übertreten können. In einer realen Marktwirtschaft besteht zwischen ihnen nämlich nicht automatisch ein Gleichgewicht an Marktmacht. Im Gegenteil: Zwischen den gewerbsmässig tätigen, professionell organi-

Das konsumenten-rechtliche Ungleichgewichts-prinzip

sierten Unternehmen einerseits und den schwach oder gar nicht organisierten privaten Abnehmern andererseits ergibt sich als Folge von unterschiedlicher Marktinformation und Macht häufig ein *strukturelles Ungleichgewicht an Marktmacht*. Die Theorie bezeichnet dies als das *konsumentenrechtliche Ungleichgewichtsprinzip*.

Ausgleich von
Marktmacht

Es ist die Aufgabe des Konsumentenrechts, dieses Ungleichgewicht 5 auszugleichen und damit die materielle Vertragsfreiheit der Konsumentinnen und Konsumenten zu schützen. Denn ohne genügende Transparenz und minimale Fairness am Markt bleibt es bei einer rein formalen Vertragsfreiheit der Konsumenten. Sie kann vom Marktmächtigeren eingeschränkt werden, mit der Folge, dass ein funktionierender Markt nicht entstehen kann.

Kurz: Ein funktionierender Wettbewerb bedingt eine aktive Konsumentenschutzpolitik, wie auch umgekehrt eine wirksame Wettbewerbspolitik den besten Konsumentenschutz darstellt.

Wettbewerbs-
und sozialpoli-
tische Ausrich-
tung des Konsu-
mentenrechts

Es wäre hingegen falsch, das Konsumentenrecht nur als einen Bestand- 6 teil oder als Ergänzung des Wettbewerbsrechts zu betrachten. Das eigentliche Schutzobjekt des Konsumentenrechts ist nämlich nicht primär der funktionierende Markt an sich, sondern vielmehr die im Markt unerfahrene, objektiv benachteiligte und damit schwächere Vertragspartei. Das Konsumentenrecht muss deshalb vor allem *sozialpolitischen Anliegen* Rechnung tragen. Dies geht deutlich aus dem Konsumentenschutzartikel der Bundesverfassung hervor, der dem Bund eine umfassende querschnittartige Kompetenz gibt, unabhängig vom betroffenen Rechtsgebiet die *Schutzbedürftigkeit des Verbrauchers* zu ermitteln und im Bereich des Konsumentenschutzes die notwendigen Massnahmen zu ergreifen (Art. 97 Abs. 1 BV).

C. Die Entwicklung des Konsumentenrechts

Das Konsumentenrecht ist ein sehr heterogenes Rechtsgebiet, das sich 7 nur schwer eingrenzen lässt. Es umfasst im Prinzip alle Normen, die den Schutz des privaten Endverbrauchers gegenüber den im Markt tätigen Unternehmen bezwecken.

8 Die grundlegende Kompetenznorm zur Rechtsetzung im Konsumenten-recht ist der Konsumentenschutzartikel, der seit 1981 in Kraft (Art. 31^{sexies} aBV) und unverändert in die neue BV übernommen worden ist (Art. 97 BV). Der Sache nach wurde Konsumentenschutz allerdings schon lange vor 1981 betrieben. Zu erwähnen sind in diesem Zusammenhang insbesondere die wirtschaftspolizeilichen Erlasse zum Schutz der Allgemeinheit, etwa in den Bereichen der Produktsicherheit von Lebensmitteln, oder die Gift-, Sprengstoff- oder Betäubungsmittelgesetzgebung, die zumindest teilweise auch dem Konsumentenschutz dienen.

Entwicklung des schweiz. Konsumentenrechts

9 Lange bevor der Konsumentenschutzartikel in Kraft getreten ist, wurden Regelungen im Bereiche des Mieterschutzes, des Abzahlungsrechts oder die finanzmarktrechtlichen Normen zum Schutz der Kleinsparer oder Kleinanleger erlassen. Ebenso schützte das Lauterkeitsrecht neben den Konkurrenten auch die Konsumentinnen und Konsumenten vor Täuschung und Irreführung.

10 Nach dem Inkrafttreten des Konsumentenschutzartikels der BV wurde der Gesetzgeber in zunehmendem Masse im Konsumentenschutzbereich aktiv:

Spezifische Konsumentenpolitik nach Inkrafttreten des Konsumentenschutzartikels

- So wurde am 1.7.1986 das *Preisüberwachungsgesetz* (PüG, SR 942.20) in Kraft gesetzt.

- Am 1.7.1991 traten Art. 6a OR betreffend die Zusendung unbestellter Sachen sowie Art. 40a ff. OR betreffend das Widerrufsrecht bei *Haustürgeschäften* in Kraft.

- Um die objektive Information der Konsumentinnen und Konsumenten zu fördern, gilt seit dem 1.5.1992 das *Konsumenteninformationsgesetz* (KIG, SR 944.0).

11 Diese Erlasse zielen nicht mehr generell auf den Schutz der Allgemeinheit – wie etwa die oben erwähnten wirtschaftspolizeilichen Erlasse – sondern ganz spezifisch auf den Schutz der Konsumentinnen und Konsumenten.

12 Einen eigentlichen Schub bekam das Konsumentenrecht nach der EWR-Ablehnung im Jahre 1992. Bei einem allfälligen Beitritt der Schweiz zum EWR hätte das schweizerische Recht u.a. an verschiedene Regelungen der EU zum Verbraucherschutz angepasst werden müssen.[1] Nach der Ablehnung des EWR-Beitritts durch den Souverän wurden diese Regelungen zum Teil dennoch mit der «Swisslex»-Vorlage[2] in das schweizerische Recht übernommen («autonomer Nachvollzug»). In konsumentenrechtlicher Hinsicht sind folgende Erlasse von Bedeutung:

Autonomer Nachvollzug des EG-Rechts

....

[1] Eurolex-Vorlage, vgl. dazu BBl 1992 V 1 ff.
[2] Folgeprogramm nach der Ablehnung des EWR-Abkommens, vgl. dazu BBl 1993 I 805 ff.

- Das Produktehaftpflichtgesetz (PrHG, SR 221.112.944),   13
- das Pauschalreisegesetz (SR 944.3),
- das Konsumkreditgesetz (KKG),[3]
- die Revision der Haustürgeschäfts-Regelung im OR (Art. 40a ff. OR) sowie
- die Beweislastverteilungsregel im UWG (Art. 13a UWG).

Auch diese Erlasse bezwecken ganz spezifisch den Schutz der privaten Endverbraucher.

Das schweizerische Verbraucherrecht gilt seither in vielen Teilen als   14 europakompatibel. In gewissen Bereichen hat es aber den europäischen Standard (noch) nicht erreicht: So kennen wir in der Schweiz noch keine spezielle AGB-Gesetzgebung[4] und kein branchenübergreifendes Produktsicherheitsgesetz.[5]

D. Die unterschiedlichen Bereiche des Konsumentenrechts

1. Einleitung

Das Konsumentenrecht als schwierig einzugrenzendes Rechtsgebiet

Wie erwähnt ist das Konsumentenrecht kein eindeutig abgrenzbares   15 Rechtsgebiet. Es gibt zwar eine ganze Reihe von Erlassen, die man klar dem Konsumentenrecht zuordnen kann, weil sie spezifisch auf den Schutz der privaten Endverbraucher abzielen (z.B. das Konsumenteninformationsgesetz [KIG], vgl. oben). Eine klare Abgrenzung ist jedoch insbesondere dann schwierig, wenn sich Konsumentenschutzbestimmungen in Erlassen finden, deren Regelungszweck nicht primär der Konsumentenschutz ist. So stossen wir beispielsweise auf konsumentenrechtlich relevante Normen im:

....

[3]   Dieses Gesetz wurde ersetzt durch das «neue» Konsumkreditgesetz vom 23. März 2001 (SR 221.214.1), in Kraft seit 1.1.2003.
[4]   Vgl. dazu die Richtlinie 93/13/EWG des Rates vom 5. April 1993 über missbräuchliche Klauseln in Verbraucherverträgen, ABl. 1993 L 095/29.
[5]   Vgl. dazu die Richtlinie 2001/95/EG des Europäischen Parlaments und des Rates vom 3. Dezember 2001 über die allgemeine Produktsicherheit, ABl. 2002 L 11/4.

16 • UWG – Pflicht zur Preisbekanntgabe an Konsumenten (Art. 16 ff. UWG),

• OR – Widerrufsrecht bei Haustürgeschäften (Art. 40a ff. OR), oder

• Finanzmarktrecht – etwa im Bankengesetz:[6] Konkursprivileg für Kleinsparer (Art. 37a Abs. 2 BankG).

17 Es ist aber nicht nur schwierig, alle konsumentenrechtlich relevanten Normen aus der gesamten Rechtsordnung herauszufiltern. Ebenso schwierig ist die Aufgabe, diese Vielzahl von Normen in ein *kohärentes dogmatisches System* einzufügen, das uns den Überblick erleichtern könnte.

18 In der EG hatte der Rat der Europäischen Union bereits am 14. April 1975 ein «erstes Programm der Europäischen Wirtschaftsgemeinschaft für eine Politik zum Schutz und der Unterrichtung der Verbraucher»[7] verabschiedet, in welchem er die folgenden fünf fundamentalen, individuellen Rechte von Verbrauchern formulierte:

Die Verbraucherrechte in der EU

19 1. Recht auf Schutz der Gesundheit und Sicherheit;

2. Recht auf Schutz der wirtschaftlichen Interessen;

3. Recht auf Wiedergutmachung erlittenen Schadens;

4. Recht auf Unterrichtung und Bildung;

5. Recht auf Vertretung (Recht, gehört zu werden).

20 Als Folge dieser unterschiedlichen Zielsetzungen und der daraus resultierenden Normenvielfalt lässt sich ein zeitgemässes Konsumentenrecht nicht einfach nach den herkömmlichen Kriterien einteilen – etwa in privates oder öffentliches Recht. Beim Versuch, dieses heterogene Rechtsgebiet in unterschiedliche Bereiche aufzugliedern und wissenschaftlich zu durchdringen, stellt die neuere Lehre denn auch bewusst nicht auf diese herkömmlichen Kriterien ab. Bei der Systematisierung und der dogmatischen Bewältigung des Konsumentenrechts wird als Orientierungspunkt vielmehr die *Person des Konsumenten* in den Vordergrund gestellt. Entsprechend unterscheidet auch das jährlich erscheinende *Jahrbuch des Schweizerischen Konsumentenrechts* in seiner Gesetzesdokumentation folgende Bereiche des Konsumentenrechts:

Teilbereiche des Konsumentenrechts

....

6 SR 952.0.
7 Abl. 1975 C 92/1. Das Programm wurde inzwischen mehrfach aktualisiert.

1. Sicherheit und Gesundheit (Personenschutz);   21

2. Information (Gewährleistung der freien Willensbildung und Handlungsfähigkeit);

3. Wirtschaftliche Interessen (Rechtlicher Ausgleich von Marktungleichgewichten);

4. Rechtliche Interessen (Rechtsgewährleistung und Zugang zum Recht);

5. Wahrung der Konsumenteninteressen (Repräsentation der Konsumenten).

In Anlehnung an diese Gliederung wollen wir im Folgenden einzelne   22
ausgewählte Bereiche des schweizerischen Konsumentenrechts etwas
näher beleuchten.

2. Überblick

Die nachfolgende Tabelle vermittelt eine (nicht abschliessende, beispiel-   23
hafte) Übersicht über die verschiedenen Bereiche und Ziele des Konsumentenrechts, denen wichtige konsumentenrechtliche Normen oder
Erlasse zugeordnet sind.

Konsumentenrecht						24
Bereiche	**Sicherheit und Gesundheit**	**Information**	**Wirtschaftliche Interessen**	**Zugang zum Recht**	**Politische Interessenwahrung**	
Ziele	Sicherheit von Konsumgütern	Freie Willensbildung und faktische Konsumentensouveränität	Ausgleich von strukturellen Ungleichgewichten	Rasche, einfache, kostengünstige Rechtsdurchsetzung für Konsumenten	Politische Interessenvertretung	

	Sicher-heit und Gesundheit	Informa-tion	Wirtschaft-liche Inter-essen	Zugang zum Recht	Politische Interessen-wahrung
Beispiele für Rechts-normen (nicht voll-ständig)	**Präventiv** Lebensmit-tel-/ Arznei-mittel-/ Suchtmit-telrecht	Verbot täuschender Werbung (UWG) Preisbe-kanntgabe	**Marktzu-gangs-normen** Finanz-marktrecht BGFA	**Gericht-liche Streit-beilegung** ZPO GestG UWG	KIG
	Kompensa-torisch PrHG	(UWG, PBV) Deklaration (KIG)	**Marktver-halten und Markt-gleichge-wicht** UWG, KG, PüG	**Ausserge-richtliche Streitbeile-gung** Ombuds-stellen verschie-dener Wirt-schafts-branchen	
			Vertrags-recht Pauschal-reisen, Konsumkre-dit, Anlage-fondsge-setz, OR (z.B. Art. 6a, 40a ff.)		

Tabelle 7: Bereiche und Ziele des Konsumentenrechts

3. Ziel Nr. 1: Sicherheit und Gesundheit

25 Die Normen zum Schutz der Sicherheit und der Gesundheit von Konsumentinnen und Konsumenten beruhen im Grunde auf zwei unterschiedlichen Ansätzen:

- einem *präventiven Ansatz* zur Gewährleistung der Sicherheit von
  Konsumgütern auf dem Markt und

- einem *kompensatorischen Ansatz* zum Ausgleich von Schäden,
  die durch fehlerhafte Konsumgüter verursacht wurden.

Präventiv
wirkende Erlasse

Im Gegensatz zur Europäischen Union[8] kennt die Schweiz bei den präven-   26
tiv wirkenden Normen kein allgemeines, horizontal wirkendes Produktsicherheitsgesetz. Die Produktsicherheit von Konsumgütern wird jedoch
durch eine Reihe besonderer Gesetze geregelt, welche ausschliesslich für
bestimmte Waren gelten. Darunter fallen beispielsweise die Erlasse des
Lebensmittel-, Arzneimittel- oder Suchtmittelrechts, ebenso die Normen
betreffend elektrische Geräte, Spielzeuge oder Fahrzeuge.[9]

Beispiele: 27

- Das Lebensmittelgesetz bezweckt:
  - die Konsumenten vor Lebensmitteln und Gebrauchsgegenständen
    zu schützen, welche die Gesundheit gefährden können;
  - den hygienischen Umgang mit Lebensmitteln sicherzustellen;
  - die Konsumenten im Zusammenhang mit Lebensmitteln vor
    Täuschungen zu schützen (Art. 1 LMG).[10]

- Spielzeug darf bei bestimmungsgemässer oder vorhersehbarer
  Verwendung die Sicherheit und die Gesundheit der Benutze-
  rinnen und Benutzer sowie Dritter nicht gefährden. Zu berücksichtigen sind dabei die Gebrauchsdauer und das übliche Verhalten von Kindern (Art. 2 VSS).[11]

Marktzugangs-
schranken

Im Bereich der Dienstleistungen versucht man in der Schweiz einerseits   28
durch rechtliche Marktzugangsschranken (wie Fähigkeitsprüfungen für
Anbieter) oder durch Marktaufsichtsrecht eine gewisse Konsumentensi-
cherheit zu erreichen, etwa durch Regelung der Berufsausübung von
Ärzten, Apothekern, Psychologen sowie Bergführern oder des Perso-
nentransports, des Gast- und des Baugewerbes.[12]

Beispiel: Die eidgenössischen Medizinalprüfungen umfassen die Vor- und
Schlussprüfungen für Ärzte, Zahnärzte, Tierärzte und Apotheker (Art. 1 Abs. 1
AMV).[13] In den Prüfungen soll festgestellt werden, ob der Kandidat die verlangten
Fähigkeiten besitzt (Art. 1 Abs. 2 AMV).

----

[8] Vgl. dazu die Richtlinie 2001/95/ EG, a.a.O. (Fn. 5).
[9] Vgl. dazu auch das Register der wesentlichen schweizerischen Gesetze und Verordnungen im
     Konsumentenrecht unter http://www.konsum.admin.ch.
[10] Bundesgesetz über Lebensmittel und Gebrauchsgegenstände (Lebensmittelgesetz, LMG) vom
     9. Oktober 1992, SR 817.0.
[11] Verordnung des EDI über die Sicherheit von Spielzeug (Spielzeugverordnung, VSS) vom
     27. März 2002, SR 817.044.1.
[12] Vgl. dazu auch die Gesetzesdokumentation (Abschnitt Sicherheit und Gesundheit) im JKR.
[13] Allgemeine Medizinalprüfungsverordnung (AMV) vom 19. November 1980, SR 811.112.1.

29 Treten beim Gebrauch von *Konsumgütern* Sach- oder Körperschäden   Kompensato-
    auf, so können diese gestützt auf das Produktehaftpflichtgesetz (dazu   rische Normen
    sogleich) gegenüber dem Hersteller geltend gemacht werden. Bei
    Dienstleistungen stützt sich die Haftung im Schadensfall bis heute im
    Wesentlichen auf das vertragliche oder ausservertragliche Haftungs-
    recht des OR, allenfalls auch auf Spezialgesetze.[14]

    Das Produktehaftpflichtgesetz (SR 221.112.944)

30 Das Bundesgesetz über die Produktehaftpflicht ist ein klassischer konsu-   Produktehaft-
    mentenrechtlicher Erlass, den wir im Zusammenhang mit der Produktsi-   pflicht
    cherheit speziell hervorheben wollen. Das Gesetz war Bestandteil der
    erwähnten Swisslex-Vorlage, mit der eine Anpassung des schweize-
    rischen Rechts an die entsprechenden Richtlinien der Europäischen
    Union[15] angestrebt wurde.

31 Das Gesetz statuiert eine *zwingende, ausservertragliche, verschuldens-*   Kausalhaftung
    unabhängige Haftung des *Herstellers* für den Schaden, der durch ein *in*   des Herstellers
    Verkehr gesetztes fehlerhaftes Produkt verursacht wird. Der Hersteller
    hat dabei sowohl für *Personenschäden* einzustehen als auch für Schä-
    den, die als Folge eines Produktmangels an hauptsächlich *privat verwen-*
    deten Konsumgütern entstehen. Für Schäden am fehlerhaften Produkt
    selbst haftet er jedoch nicht (Art. 1 PrHG).

32 Der Begriff des Herstellers (resp. der Herstellerin) ist im Gesetz weit
    gefasst (Art. 2 Abs. 1 PrHG). Als Herstellerin gilt jede Person, die an der
    Produktion des Endprodukts tatsächlich *beteiligt* war oder sich auch nur
    als Herstellerin *ausgibt*. Ebenso als Hersteller gilt der Importeur, der ein
    bestimmtes Produkt zu Vertriebszwecken einführt. Kann die Herstellerin
    eines Produktes nicht festgestellt werden, so haftet subsidiär jede Person
    als Herstellerin, die das Produkt geliefert hat (Art. 2 Abs. 2 PrHG).

33 Als Produkte im Sinne des Gesetzes gelten bewegliche Sachen, Elektri-
    zität sowie verarbeitete Naturprodukte (Art. 3 PrHG).

34 Das Gesetz sieht zwar unter bestimmten Voraussetzungen Ausnahmen
    von der Produktehaftpflicht vor (Art. 5 PrHG), eine generelle Wegbedin-
    gung der Haftung ist jedoch nicht wirksam (Art. 8 PrHG). Andererseits
    muss die geschädigte Person bei Sachschäden in jedem Fall einen Selbst-
    behalt von 900 Franken selber tragen. Im Falle eines zusätzlichen Haft-
    pflichtanspruchs aus OR oder Spezialgesetzen kann sie ihn aber unter
    Umständen auf den oder die zusätzliche(n) Haftpflichtige(n) abwälzen.

---

14 Z.B. nach dem Bundesgesetz über die Haftpflicht der Eisenbahn- und Dampfschifffahrtsunter-
    nehmungen und der Schweizerischen Post (SR 221.112.742) vom 28. März 1905.
15 Vgl. dazu die Richtlinie 85/374/EWG des Rates vom 25.7.1985 zur Angleichung der Rechts-
    und Verwaltungsvorschriften der Mitgliedstaaten über die Haftung für fehlerhafte Produkte,
    ABl. 1985 L 210/29; abgeändert durch die Richtlinie 99/34/EG vom 10.5.1999, ABl. 1999 L
    141/20.

4. Ziel Nr. 2: Konsumenteninformation

Unter diesen Bereich des Konsumentenrechts fallen Gesetze und 35
Normen, die

- einen Ausgleich des *strukturellen Informationsungleichgewichts* zwischen Anbietern und Abnehmern bezwecken und somit

- die freie Willensbildung und die faktische Handlungsfähigkeit der Konsumentinnen und Konsumenten am Markt gewährleisten sollen.

Als wichtige konsumentenrechtliche Anliegen in diesem Kontext gelten: 36

- das Verbot unlauterer Werbe- und Verkaufsmethoden,

- das Gebot einer objektiven Deklaration der angebotenen Waren und Dienstleistungen,

- das Gebot einer objektiven Preisbekanntgabe.

Während man das erste Ziel über das *UWG* zu erreichen versucht hat, 37
dient das *Konsumenteninformationsgesetz* vor allem der objektiven
Produktdeklaration und die Preisbekanntgabeverordnung vor allem der
objektiven Preisbekanntgabe.

Das Konsumenteninformationsgesetz (SR 944.0)

Konsumenten-
information
durch Produkte-
deklaration

Das Konsumenteninformationsgesetz zielt darauf ab, die Markttranspa- 38
renz durch objektive Information der Konsumentinnen und Konsumenten
zu erhöhen. Dieses Ziel wird insbesondere über **Deklarationspflichten**
hinsichtlich bestimmter Waren und Dienstleistungen erreicht (Art. 1
KIG). Im Grundsatz sind die wesentlichen Eigenschaften der zum Kauf
angebotenen Produkte in einheitlicher und vergleichbarer Form zu
deklarieren, wenn es im Interesse der Konsumentinnen und Konsumenten liegt (Art. 2 KIG). Die konkrete Umsetzung obliegt dabei in erster
Linie den Wirtschafts- und Konsumentenorganisationen, subsidiär dem
Bundesrat. Während der Bundesrat die zu deklarierenden Dienstleistungen bestimmt (Art. 2 Abs. 1 lit. b KIG), legen die genannten Organisationen in privatrechtlichen Vereinbarungen fest, welche Waren und in
welcher Form die Waren und Dienstleistungen von den anbietenden
Unternehmen deklariert werden müssen (Art. 3 KIG).

39 Das KIG regelt auch die staatliche **Finanzhilfe an Konsumentenorgani-** Konsumenten-
sationen, die sich nach ihren Statuten ausschliesslich dem Konsumentenschutz widmen und deren Tätigkeit von gesamtschweizerischer
Bedeutung ist (Art. 5 ff. KIG). In Betracht kommen dabei Beiträge an die
Kosten für:

Konsumenten-
information durch
Konsumenten-
organisationen

1. eine objektive und fachgerechte Konsumenteninformation in den
   Medien;

2. die Durchführung vergleichender Produkttests, sofern diese Tests
   den geforderten Bedingungen entsprechen (Art. 6 f. KIG);

3. das Aushandeln von Vereinbarungen über Deklarationen.

40 Die staatliche Finanzhilfe für diese Tätigkeiten erhöht die Wichtigkeit
der Konsumentenschutzorganisationen und unterstreicht ihre Bedeutung in einer realen Marktwirtschaft. Ihre Notwendigkeit und die Reprä-
sentativfunktion sind deshalb heute weitgehend anerkannt.

UWG und Preisbekanntgabeverordnung (SR 942.211)

41 Gerade im Bereich der Konsumenteninformation lassen sich die paral- Konsumenten-
lelen Zielsetzungen der Wettbewerbs- und der Konsumentenpolitik
erkennen: Einen wichtigen Teil der konsumentenrechtlichen Normen
findet man im bereits dargestellten Lauterkeitsrecht.

Konsumenten-
recht im UWG

42 Unter dem Titel **unlautere Werbe- und Verkaufsmethoden** sind v.a.
folgende Normen des UWG von konsumentenrechtlicher Bedeutung:

- das Verbot der **Irreführung** (Art. 3 lit. b UWG);

- das Verbot der **Titelberühmung** (Art. 3 lit. c UWG);

- das Verbot bewusster **Verwechslungen** mit den Leistungen
  anderer (Art. 3 lit. d UWG);

- das Verbot **unlauterer vergleichender Werbung,** insbesondere
  auch im Zusammenhang mit Warentests (Art. 3 lit. e UWG);

- das Verbot der **Lockvogelpolitik** (Art. 3 lit. f UWG);

- das allgemeine **Täuschungsverbot** (Art. 3 lit. g UWG);

- das Verbot, besonders **aggressive Verkaufsmethoden** einzusetzen (Art. 3 lit. h UWG);

- das **Verschleierungsverbot** (Art. 3 lit. i UWG);

- die diversen **Informations- und Deklarationsvorschriften** des UWG
  im Zusammenhang mit der Auskündigung oder dem Abschluss von
  Konsumkreditverträgen (Art. 3 lit. k–n UWG).

Verbot der irreführenden Preisangabe

Reines Konsumentenrecht findet sich überdies in den verwaltungsrechtlichen Bestimmungen des UWG (Preisbekanntgabe an Konsumenten, Art. 16 ff. UWG) sowie in der darauf gestützten bundesrätlichen **Preisbekanntgabeverordnung** (SR 942.211). Zweck dieser Verordnung ist die Schaffung von Markttransparenz. Für Waren und bestimmte Dienstleistungen, die den Konsumentinnen und Konsumenten angeboten werden, ist der tatsächlich zu bezahlende Preis bekannt zu geben. Dabei müssen die Preise klar und miteinander vergleichbar sein, irreführende Preisangaben sind verboten (Art. 1 PBV). Die Art und Weise, wie die Preise konkret bekannt gegeben werden müssen, wird in der Verordnung, deren Geltungsbereich auf Konsumentengeschäfte beschränkt ist, detailliert vorgeschrieben (Art. 3 ff. PBV). 43

5. Ziel Nr. 3: Schutz wirtschaftlicher Interessen

Der Schutz der wirtschaftlichen Interessen der Konsumentinnen und Konsumenten wird direkt oder indirekt gewahrt durch: 44

- Normen des *Marktzugangs*,
- Normen des *Marktgleichgewichts und Marktverhaltens* (also Normen des Wettbewerbsrechts),
- Normen der spezifischen *Vertragsgestaltung*.[16]

Nachstehend eine nicht abschliessende und beispielhafte Übersicht über wichtige Erlasse aus diesem Bereich (Schutz wirtschaftlicher Interessen der Konsumentinnen und Konsumenten): 45

Schutz wirtschaftlicher Interessen			46
Marktzugangsnormen	**Wettbewerbsrecht**	**Konsumenten-vertragsrecht**	
Wirtschaftsaufsichtsrecht:	**Indirekt:**	Konsumentenvertrags-recht im OR (z.B. Art. 40a ff. OR)	
Bankengesetz	Kartellgesetz		
Börsengesetz			
Anlagefondsgesetz	**Direkt:**	Konsumkreditgesetz	
Versicherungsaufsichts-gesetz	Lauterkeitsrecht	Pauschalreisegesetz	
Arbeitsvermittlungs-gesetz	Preisüberwachungs-gesetz	Versicherungsvertrags-gesetz	
BGFA			

Tabelle 8: Schutz wirtschaftlicher Interessen

....

[16] Vgl. auch die Systematik der Gesetzesdokumentation im JKR.

a) Marktzugangsnormen

47 Bei den Normen des Marktzugangs handelt es sich primär um spezifisches Wirtschaftsaufsichtsrecht. Dazu gehören etwa die Marktzugangsnormen in der Banken-, Börsen- oder Anlagefondsgesetzgebung. Das Finanzmarktrecht will sicherstellen, dass nur Anbieter zum Markt zugelassen werden, die bestimmte Mindestvoraussetzungen nicht nur im Interesse einer funktionierenden Gesamtwirtschaft erfüllen, sondern auch im Interesse der Kleinanleger.[17]

Wirtschaftsaufsichtsrecht

48 Dieselben Zielsetzungen verfolgt auch das Aufsichtsrecht über die Versicherungen, über die Anwaltschaft und über weitere Gruppen von Anbietern von Dienstleistungen (z.B. Arbeits- oder Kreditvermittlungen). Mit den Mitteln der Betriebsbewilligung einerseits und der staatlichen Aufsicht andererseits soll der Schutz der Konsumentinnen und Konsumenten vor einem allfälligen Vermögensverlust verbessert werden.

49 **Beispiele:**

Der Bund übt, *insbesondere zum Schutze der Versicherten,* die Aufsicht über die privaten Versicherungseinrichtungen aus (Art. 1 VAG).[18] Versicherungseinrichtungen, die der Aufsicht unterstehen, bedürfen für jeden einzelnen Versicherungszweig einer *Bewilligung* des Eidgenössischen Justiz- und Polizeidepartements [...] (Art. 3 VAG).

Das Arbeitsvermittlungsgesetz bezweckt den *Schutz der Arbeitnehmer,* die als Konsumenten eine Dienstleistung, nämlich die private oder die öffentliche Arbeitsvermittlung oder den Personalverleih, in Anspruch nehmen (Art. 1 lit. c AVG).[19] Wer regelmässig und gegen Entgelt im Inland Arbeit vermittelt [...], benötigt eine *Betriebsbewilligung* des kantonalen Arbeitsamtes (Art. 2 Abs. 1 AVG).

b) Wettbewerbsrecht

50 Wir haben bereits ausgeführt, dass ein griffiges Kartellgesetz *indirekt* die wirtschaftlichen Interessen der Konsumentinnen und Konsumenten schützt. Das bereits erwähnte Marktverhaltensrecht des UWG liesse sich unter diesem Bereich des Konsumentenrechts ebenfalls noch einmal aufführen: auch diese Normen dienen letztlich den wirtschaftlichen Interessen der Konsumentinnen und Konsumenten.

KG und UWG

---

[17] Hierzu verweisen wir auf die beiden Kapitel Börsenrecht, S. 229 ff., sowie Banken-, Anlagefonds- und Geldwäschereigesetzgebung, S. 249 ff.

[18] Bundesgesetz betreffend die Aufsicht über Versicherungsunternehmen (Versicherungsaufsichtsgesetz, VAG) vom 17. Dezember 2004, SR 961.01.

[19] Bundesgesetz über die Arbeitsvermittlung und den Personalverleih (Arbeitsvermittlungsgesetz, AVG) vom 6. Oktober 1989, SR 823.11.

Preisüber-
wachung

Dem *unmittelbaren* Schutz von Konsumenteninteressen dient hingegen   51
das *Preisüberwachungsgesetz* (SR 942.20): Es will Preismissbräuche in
Märkten verhindern, in denen die Preise nicht das Ergebnis eines wirksamen Wettbewerbs sind (Art. 12 PüG). Im Vordergrund stehen dabei
Märkte mit einer staatlichen Markt- und Preisordnung (Art. 3 KG). Wichtige Bereiche bilden beispielsweise das Gesundheitswesen (Spitaltaxen,
Ärztetarife usw.) oder die Preisüberwachung bei staatlichen Monopol-
betrieben (Elektrizität, öffentlicher Verkehr, Post usw.).[20]

c) Vertragsrecht

Das Vertragsrecht enthält traditionellerweise über weite Teile bloss   52
dispositives Recht und garantiert somit in vielen Bereichen die Privatautonomie. Im Geschäftsverkehr unter Kaufleuten sichert dies eine
kreative und bedarfsgerechte Vertragsgestaltung. Konsumentenverträge sind jedoch differenzierter zu betrachten: Im Hinblick auf die wirtschaftlichen Interessen der Konsumentinnen und Konsumenten ist ein
ausgewogenes Verhältnis von Leistung und Gegenleistung von entschei-
dender Bedeutung. Deshalb muss es möglich sein, aufgrund des
konsumentenrechtlichen Ungleichgewichts die Privatautonomie bei
Konsumentenverträgen durch (zumindest einseitig) zwingende Normen
einzuschränken.

Konsumenten-
vertragsrecht
im OR

In diesem Sinne werden im Allgemeinen Teil des Obligationenrechts der   53
Vertragsschluss bei Zusendung unbestellter Sachen (Art. 6a OR) sowie
der Widerruf bei Haustürgeschäften oder ähnlichen Verträgen (Art. 40a ff.
OR) geregelt.

Aber auch der Besondere Teil des OR enthält Konsumentenvertrags-   54
recht. Dazu zählen etwa:

- die zwingenden Normen des (in der Praxis wenig relevanten)
  Vorauszahlungsvertrags (Art. 227 a ff. OR),

- die einseitig zwingenden Normen zum Schutz des Mieters im
  Mietvertragsrecht (Art. 253 ff. OR),

- die Regelung des Ehe- oder Partnerschaftsvermittlungsvertrags
  (Art. 406a ff. OR).

----

[20] Informationen über die wichtigsten Dossiers des Preisüberwachers finden sich unter http://
www.preisueberwacher.ch.

55 Konsumentenvertragsrecht findet sich aber auch in verschiedenen Spezialgesetzen des Bundes, so namentlich

- im Anlagefondsgesetz (AFG);[21]

- im Versicherungsvertragsgesetz (VVG);[22]

- im Konsumkreditgesetz (KKG) (vgl. weiter unten)

- oder im Pauschalreisegesetz (vgl. weiter unten).

Konsumentenvertragsrecht in Spezialerlassen

56 Nicht ausgeschlossen ist schliesslich, dass auch Innominatverträge[23] direkt oder analog dem zwingenden Konsumenrecht unterstellt werden, so etwa

- die Bankverträge (Einlagengeschäft, Zahlungsverkehr, Kreditkartengeschäft);

- der Vermögensverwaltungsvertrag;

- der Unterrichtsvertrag;

- der Gastaufnahmevertrag.

Konsumentenrecht in Innominatverträgen

57 Die AGB-Rechtsprechung des Bundesgerichts spielt für die Frage, ob ein Konsumentenvertrag überhaupt zustande gekommen ist, eine wichtige Rolle. Im Gegensatz zu den Staaten im Europäischen Wirtschaftsraum[24] kennt das schweizerische Recht allerdings noch keine spezielle AGB-Gesetzgebung (mit Ausnahme von Art. 8 UWG).

AGB-Rechtsprechung des Bundesgerichts

58 Wir verweisen auf die Ausführungen im Kapitel Lauterkeitsrecht (Art. 8 UWG), wo wir die AGB-Problematik bereits dargestellt haben.[25] Pro memoria und stichwortartig hier noch das Folgende zur bundesgerichtlichen AGB-Rechtsprechung:

- Nach der **Ungewöhnlichkeitsregel** bleibt eine vorformulierte Vertragsklausel dann unverbindlich, wenn die schwächere und weniger geschäftserfahrene Partei vernünftigerweise nicht mit einer solchen rechnen musste (*Geltungskontrolle*).[26] Ausserdem muss eine Ausnahme von der normalen rechtlichen Regelung klar zum Ausdruck gebracht werden, damit die Klausel der schwächeren Vertragspartei auch tatsächlich bewusst werden kann.[27]

---

21 Bundesgesetz über die Anlagefonds (Anlagefondsgesetz, AFG) vom 18. März 1994, SR 951.31. Vgl. dazu auch unsere Ausführungen im Kapitel «Banken-, Anlagefonds- und Geldwäschereigesetzgebung», S. 260, N 32 ff.
22 Bundesgesetz über den Versicherungsvertrag vom 2. April 1908, SR 221.229.1.
23 Vgl. dazu die Gesetzesdokumentation im JKR.
24 Vgl. dazu die Richtlinie 93/13/EWG, a.a.O. (Fn 4).
25 Vgl. dazu die Ausführungen im Kapitel «Lauterkeitsrecht», S. 102, N 82 ff.
26 Vgl. statt vieler BGE 104 Ia 278, 109 II 452, 119 II 443.
27 BGE 104 Ia 278.

- Nach der **Unklarheitenregel** sind zweideutige Vertragsklauseln überdies zu Lasten des Vertragspartners zu interpretieren, der sie aufgestellt hat (*Auslegungskontrolle*, in dubio contra stipulatorem).[28]

Wir wollen nachfolgend zwei Spezialerlasse mit typisch konsumentenvertragsrechtlichem Inhalt kurz hervorheben: das Konsumkreditgesetz und das Bundesgesetz über Pauschalreisen. 59

Das Konsumkreditgesetz (SR 221.214.1)

Das revidierte Konsumkreditgesetz

Mit dem «alten» Konsumkreditgesetz vom 8. Oktober 1993, das Bestandteil der Swisslex-Vorlage[29] war, wurde das schweizerische Konsumkreditrecht an den Standard der entsprechenden Richtlinien der Europäischen Union angepasst.[30] In der Absicht, den Schutz der Konsumentinnen und Konsumenten noch weiter auszubauen und an das europäische Recht anzugleichen, wurde das Gesetz inzwischen einer Revision unterzogen. Die revidierte Version trat am 1. Januar 2003 in Kraft. Sie ersetzt die Normen betreffend den Abzahlungsvertrag in Art. 226a ff. OR. 60

Geltungsbereich

Das Gesetz gilt ausschliesslich für Verträge zwischen *gewerbsmässig* tätigen Kreditgebern sowie Konsumentinnen und Konsumenten, die zu *privaten Zwecken* Geld aufnehmen oder Sachen oder Dienstleistungen auf Kredit beanspruchen. Ebenfalls als Konsumkreditverträge gelten grundsätzlich Leasingverträge, Kredit- und Kundenkarten sowie Überziehungskredite mit Kreditoption. Wenn hingegen eine juristische Person einen Kredit aufnimmt oder wenn ein Kredit zu gewerblichen Zwecken beansprucht wird, so fallen diese Verträge nicht unter das KKG. 61

Der Geltungsbereich des Konsumkreditgesetzes wird in sachlicher Hinsicht noch weiter eingeschränkt (Art. 7 lit. a–g KKG). So gilt das Gesetz *namentlich nicht* für 62

- grundpfandgesicherte Kreditverträge;

- Kreditverträge, die durch banktübliche Faustpfänder gedeckt sind;

- zins- und gebührenfreie Kredite sowie

- Kreditverträge über weniger als 500 Franken oder mehr als 80 000 Franken.

---

[28] Vgl. statt vieler BGE 115 II 264, 117 II 609, 119 II 443.

[29] A.a.O. (Fn 2).

[30] Richtlinie 87/102/EWG des Rates vom 22. Dezember 1986 zur Angleichung der Rechts- und Verwaltungsvorschriften der Mitgliedstaaten über den Verbraucherkredit, ABl. 1987 L 42/48 geändert durch die Richtlinie 90/88/EWG des Rates vom 22. Februar 1990, ABl. 1990 L 61/14 sowie die Richtlinie 98/7/EG des Europäischen Parlaments und des Rates vom 16. Februar 1998, ABl. 1998 L 101/17.

63 Zum Schutz der Konsumentinnen und Konsumenten enthält das Konsumkreditgesetz zahlreiche Anforderungen bezüglich *Form und Inhalt* der ihm unterstellten Verträge (Art. 9 ff. KKG) und regelt weitere *Rechte und Pflichten* der Parteien (Art. 17 ff. KKG). Besonders erwähnenswert ist in diesem Zusammenhang etwa das vorzeitige Rückzahlungsrecht des Konsumenten (Art. 17 Abs. 1 KKG).

Zwingende Normen

64 Eine Besonderheit des Gesetzes bildet die obligatorische, präventiv wirkende *Kreditfähigkeitsprüfung*. Sie soll vermeiden, dass sich Konsumentinnen und Konsumenten infolge eines Konsumkreditvertrages überschulden (Art. 22 KKG). Die Kreditgeberin trifft dabei die Pflicht, die Kreditfähigkeit des Konsumenten vor dem Vertragsabschluss zu überprüfen. Im Grunde genommen handelt es sich dabei um ein Verbot, Konsumkredite an solche Konsumenten zu gewähren, die nicht über eine nach objektiven Kriterien feststellbare und nachprüfbare Kreditwürdigkeit verfügen. Als kreditfähig im Sinne des Gesetzes gilt, wer einen Konsumkredit zurückzahlen kann, ohne den unpfändbaren Teil des Einkommens nach Art. 93 Abs. 1 SchKG, das *betreibungsrechtliche Existenzminimum*, beanspruchen zu müssen (Art. 28 ff. KKG).

Obligatorische Überprüfung der Kreditwürdigkeit

65 Ausserdem verpflichtet das Gesetz die Kreditgeberin, die von ihr neu abgeschlossenen Konsumkreditverträge einschliesslich bestimmter Angaben über ausstehende Zahlungen an die *Informationsstelle für Konsumkredit (IKO)* zu melden (Art. 25 ff. KKG). Der Zugang zu diesen gesammelten Daten steht, soweit sie zur Kreditfähigkeitsprüfung benötigt werden, ausschliesslich den dem KKG unterstellten Kreditgeberinnen offen (Art. 24 KKG).

Wer gegen die Pflicht zur Kreditfähigkeitsprüfung oder gegen die Meldepflichten verstösst, riskiert unter Umständen, die gewährte Kreditsumme samt Zinsen und Kosten zu verlieren (Art. 32 KKG).

Das Bundesgesetz über Pauschalreisen (SR 944.3)

66 Das Bundesgesetz über Pauschalreisen, das ebenfalls Bestandteil der Swisslex-Vorlage war, lehnt sich eng an die entsprechende Richtlinie der EU[31] an und verbessert die Stellung der Konsumentinnen und Konsumenten durch diverse weitgehend zwingende Bestimmungen (Art. 19):

Zwingende Vorschriften für Pauschalreiseveranstalter

- Das Gesetz auferlegt Reiseveranstaltern umfassende Informationspflichten im Vorfeld von Vertragsschluss und Reisebeginn (Art. 4 f.);

- es schreibt einen Mindestinhalt für Verträge vor (Art. 6);

---

31 Richtlinie 90/314/EWG des Rates vom 13. Juni 1990 über Pauschalreisen, ABl. 1990 L 158/59.

- es beschränkt die Möglichkeiten nachträglicher Preiserhöhungen (Art. 7);

- es statuiert ein Rücktrittsrecht der Konsumenten bei wesentlichen Vertragsänderungen (Art. 8 ff.).

- Darüber hinaus vermitteln spezielle Anspruchsnormen den Konsumenten eine klare Rechtsgrundlage für die Geltendmachung von Ansprüchen aus Nicht- oder Schlechterfüllung des Pauschalreisevertrages (Art. 11 ff.).

- Ausserdem hat der Veranstalter für den Fall seiner Zahlungsunfähigkeit oder des Konkurses die Rückerstattung bezahlter Beträge und die Rückreise des Konsumenten sicherzustellen (Art. 18).

6. Ziel Nr. 4: Zugang zum Recht und Rechtsdurchsetzung

Einen weiteren wichtigen Bereich des Konsumentenrechts bilden die spezifischen Normen, die den Konsumentinnen und Konsumenten den *Zugang zum Recht* und dessen *Durchsetzung* erleichtern sollen. Dieses *Konsumentenverfahrensrecht*, das verstreut in diversen Einzelerlassen zu finden ist, bezweckt die Wahrung der prozessrechtlichen Stellung der Konsumentinnen und Konsumenten.   67

a) Das gerichtliche Konsumentenverfahren

Konsumentenverträge

Das gerichtliche Konsumentenverfahren gilt im Grundsatz für alle Rechtsfragen, die das Rechtsverhältnis zwischen Unternehmen und Konsumenten betreffen. Es findet im vertraglichen wie im ausservertraglichen (UWG, PrHG) Bereich Anwendung. Die grösste Bedeutung hat das Konsumentenverfahren jedoch bei Streitigkeiten aus Verträgen. Als *Konsumentenverträge* gelten dabei Verträge über Leistungen des üblichen Verbrauchs, die für die persönlichen oder familiären Bedürfnisse des Konsumenten oder der Konsumentin bestimmt sind und von der anderen Partei im Rahmen ihrer beruflichen oder gewerblichen Tätigkeit angeboten werden (Art. 22 Abs. 2 GestG).[32]   68

----

[32] Bundesgesetz über den Gerichtsstand in Zivilsachen (Gerichtsstandsgesetz, GestG) vom 24. März 2000, SR 272. Exakt dieselbe Umschreibung des Konsumentenvertrags wurde auch in den Entwurf über eine Eidgenössische Zivilprozessordnung übernommen (Art. 32 Abs. 2 EEZPO).

69 Der Konsumentenschutzartikel der Bundesverfassung schreibt vor, dass die Kantone in ihren Zivilprozessordnungen für Konsumentenstreitigkeiten bis zu einem bestimmten Streitwert entweder ein Schlichtungsverfahren oder ein einfaches und rasches Gerichtsverfahren vorsehen müssen (Art. 97 Abs. 3 BV). Gegenwärtig beträgt diese Streitwertgrenze 20 000 Franken.[33]

Besondere Konsumentenverfahren

70 Das Gerichtsstandsgesetz[34] enthält ausserdem einen *Klägergerichtsstand des Konsumenten*. Danach ist für Streitigkeiten aus Konsumentenverträgen zuständig (Art. 22 Abs. 1 GestG):

Klägergerichtsstand

1. für Klagen des Konsumenten/der Konsumentin wahlweise das Gericht an dessen/deren Wohnsitz *oder* am Sitz einer der Parteien;

2. für Klagen des Anbieters oder der Anbieterin das Gericht am Wohnsitz der beklagten Partei.

71 Konsumentinnen und Konsumenten können überdies nicht zum Voraus oder durch Einlassung auf diese Gerichtsstände verzichten (Art. 21 Abs. 1 lit. a GestG).

72 Ähnliche Verbraucherschutzbestimmungen gelten auch im internationalen Verhältnis, vgl. Art. 114 und Art. 120 IPRG[35] sowie Art. 13 ff. LugÜ.[36]

b) Konsumentenindividualklagen und Konsumentenverbandsklagen im UWG

73 Besondere konsumentenrechtliche Schutzbestimmungen finden sich einmal mehr im UWG. Zur Klage wegen unlauteren Wettbewerbs sind danach explizit auch Konsumentinnen und Konsumenten zugelassen, die durch unlautere Wettbewerbshandlungen in ihren wirtschaftlichen Interessen verletzt worden sind oder auch nur bedroht werden (Art. 10 Abs. 1 UWG).

Individualklage

74 Neben der Konsumentenindividualklage sieht das UWG auch die Konsumentenverbandsklage vor.[37] Konsumentenorganisationen von gesamtschweizerischer oder regionaler Bedeutung sind zur Klage wegen unlau-

Konsumentenverbandsklage

---

[33] Art. 1 der Verordnung über die Streitwertgrenze in Verfahren des Konsumentenschutzes und des unlauteren Wettbewerbs, SR 944.8.

[34] Diese Normen werden voraussichtlich in die Eidgenössische ZPO eingefügt werden (Art. 32 Abs. 1 bzw. Art. 35 Ziff. 1 EEZPO).

[35] Bundesgesetz über das Internationale Privatrecht (IPRG) vom 18. Dezember 1987, SR 291.

[36] (Lugano-)Übereinkommen vom 16. September 1988 über die gerichtliche Zuständigkeit und die Vollstreckung gerichtlicher Entscheidungen in Zivil- und Handelssachen, SR 0.275.11.

[37] Die Verbandsklage ist neu auch im Entwurf über die Eidgenössische Zivilprozessordnung vorgesehen (Art. 80 EEZPO).

teren Wettbewerbs zugelassen, sofern sie sich gemäss ihren Statuten dem Konsumentenschutz widmen (Art. 10 Abs. 2 lit. b UWG). Die Konsumentenverbandsklage erlangt in der Praxis wachsende Bedeutung. Diese Möglichkeit, Konsumenteninteressen von darauf spezialisierten Organisationen durchsetzen zu lassen, ist in der Praxis wichtig, da der Ertrag aus einem Gerichtsverfahren für eine einzelne Person oft in keinem vernünftigen Verhältnis zum Aufwand steht.

Als weitere prozessrechtliche Bestimmung von konsumentenrechtlicher   75
Bedeutung ist die Möglichkeit der richterlich angeordneten Beweislastumkehr im Zusammenhang mit Tatsachenbehauptungen in der Werbung zu erwähnen (Art. 13a UWG).

c) Aussergerichtliche Streitbeilegung

Ombudsstellen

Verschiedene Wirtschaftsbranchen stellen ihren Konsumentinnen und   76
Konsumenten bei auftretenden Problemen eigene Anlaufstellen zur Verfügung, um rasche und unbürokratische Konfliktlösungen zu ermöglichen. Beispiele dafür sind die Ombudsstellen der Banken, der Krankenkassen, der Privatversicherungen oder der Reisebranche.[38]

Schweizerische
Lauterkeits-
kommission

Im Bereich der Werbung ist ausserdem auf die *Schweizerische Lauter-*   77
keitskommission[39] hinzuweisen. Sie ist das ausführende Organ der (für die Werbung aller Branchen relevanten) *Stiftung der Schweizer Werbung für die Lauterkeit in der kommerziellen Kommunikation.*

Die Kommission hat im Verlauf ihrer Tätigkeit diverse Grundsätze zur Anwendung des schweizerischen Lauterkeitsrechts auf die Werbepraxis entwickelt.

Jede Person ist befugt, Werbung, die ihrer Meinung nach unlauter ist,   78
bei der Lauterkeitskommission unentgeltlich zu beanstanden. Stellt die Kommission einen Werbeverstoss fest, so schafft sie in geeigneter Weise Abhilfe.

7. Ziel Nr. 5: Recht auf Vertretung der Konsumenteninteressen

Die politischen Interessen der Konsumentinnen und Konsumenten   79
werden in der Schweiz durch die Eidgenössische Kommission für Konsumentenfragen (EKK), das Büro für Konsumentenfragen sowie durch die verschiedenen Konsumentenschutzorganisationen wahrgenommen.[40]

....

[38] Vgl. dazu die entsprechenden Links unter www.konsum.admin.ch.
[39] Vgl. dazu unter www.lauterkeit.ch.
[40] Vgl. die entsprechenden Links unter www.konsum.admin.ch.

E. Fragen zu Fall IV

Allgemeine Fragen:

1. Welches ist der Zweck des Konsumentenrechts?

2. Welche konkreten Ziele verfolgt das Konsumentenrecht?

3. Kennen Sie Erlasse des Konsumentenrechts, welche die Personensicherheit gewährleisten sollen?

Konkrete Fragen zum Sachverhalt:

Hans konnte bis anhin einen Grossteil der von der Autogarage AG verkauften Autos über gewöhnliche Kaufverträge vertreiben. In geringem Umfang wurden zwar auch Leasinggeschäfte mit Privat- oder Geschäftskunden getätigt, dies jedoch immer unter Mitwirkung einer finanzierenden Leasinggesellschaft. In letzter Zeit stellte Hans jedoch fest, dass nicht nur seitens von Gewerbetreibenden, sondern auch seitens von Privatkunden die Nachfrage nach leasingfinanzierten Automobilen stark gestiegen ist. Hans überlegt sich daher, ob seine Autogarage AG in Zukunft das Leasinggeschäft eventuell alleine an die Hand nehmen und in der Folge gegenüber ihren Kundinnen und Kunden als Leasinggeberin auftreten sollte.

4. Überlegen Sie sich, welche Rechtsnormen des Konsumentenrechts die Autogarage AG als Leasinggeberin bei Leasinggeschäften mit privaten Kundinnen und Kunden primär zu berücksichtigen hätte.

5. Wie müssten diese Leasingverträge konkret ausgestaltet und abgeschlossen werden?

6. Auf welchen Schutz könnten sich private Kundinnen und Kunden berufen, wenn es wegen solcher Leasingverträge zu gerichtlichen Streitigkeiten kommen sollte?

5. Kapitel: Arbeitsrecht

Lernziele

▶ Sie verschaffen sich einen Überblick über Teile des individuellen, des öffentlichen und des kollektiven Arbeitsrechts.

Gesetzliche Grundlagen

- Art. 319 – 362 OR
- Bundesgesetz über die Arbeit in Industrie, Gewerbe und Handel (Arbeitsgesetz, ArG) vom 13. März 1964, SR 822.11
- Bundesgesetz über die Gleichstellung von Frau und Mann (Gleich-stellungsgesetz, GlG) vom 24. März 1995, SR 151.1
- Vgl. zudem die zahlreichen Verweise im Text

Literaturhinweise

MANFRED REHBINDER, Schweizerisches Arbeitsrecht, 15. Auflage, Bern 2002.

MANFRED REHBINDER (Hrsg.), Jahrbuch des schweizerischen Arbeitsrechts, Bern 1980 ff. (JAR).

A. Fall V

Der gute Geschäftsgang der Autogarage AG führt dazu, dass im Betrieb nicht selten Überstundenarbeit geleistet werden muss. Die Überstunden werden in der Regel im gegenseitigen Einverständnis mit Freizeit oder mit zusätzlichen Ferientagen kompensiert.

Die Arbeitgeberin lässt es ausserdem stillschweigend zu, dass gewisse Arbeitnehmer über die betriebsbedingte Überstundenarbeit hinaus *freiwillig* Überstunden leisten. Diese Überstunden werden normalerweise ebenfalls mit zusätzlicher Freizeit kompensiert, teilweise auch nach den Entschädigungsansätzen des *Firmenreglements* vergütet. Über die Überstunden rechnet die Arbeitgeberin vierteljährlich ab.

Der Automechaniker Walter (25) gehört zu den Personen im Unternehmen, die von der Möglichkeit der freiwilligen Überstundenarbeit gerne Gebrauch machen. Weil er plant, in ein paar Monaten eine kostspielige Reise nach Australien zu unternehmen, möchte er die geleisteten Überstunden aber nicht mit Freizeit kompensieren, sondern mit zusätzlichem Lohn. Nach Rücksprache mit der Geschäftsleitung des Betriebes bewilligt Walters direkter Vorgesetzter das Anliegen.

Nachdem Walter allerdings in den letzten drei Monaten vor seiner Abreise so richtig «Stunden gemacht» hat (durchschnittlich 8 Überstunden pro Woche), kommt es bei der Lohnabrechnung zu Problemen: Die Arbeitgeberin will Walter die geleisteten Überstunden nach der Überstundenregelung des Firmenreglements vergüten. Damit ist Walter nicht zufrieden, weil nach seiner Ansicht die Stundenlohnansätze des Firmenreglements den für ihn günstigeren Bestimmungen des *Obligationenrechts*, des *Arbeitsgesetzes* und des seit Anfang des Jahres geltenden neuen *Gesamtarbeitsvertrags* widersprechen.

B. Einleitung

1   Bis hierher standen bei unseren Ausführungen die wirtschaftlich täti-
    gen Unternehmen im Vordergrund. Wir haben uns dabei auf das Markt-
    verhalten der Unternehmen untereinander konzentriert. Einzig das
    Kapitel zum Konsumentenrecht beleuchtete nicht das Rechtsverhältnis
    zwischen Unternehmen, sondern das Verhältnis zwischen Unternehmen
    und Konsumentinnen und Konsumenten. Im folgenden Kapitel wollen
    wir uns dem Rechtsverhältnis zwischen den Unternehmen als Arbeitge-
    berinnen und ihren Arbeitnehmerinnen und Arbeitnehmern zuwenden.

*Das Rechtsver-
hältnis Arbeit-
geber / Arbeit-
nehmer*

2   Beinahe 90% aller erwerbstätigen Personen in der Schweiz verdienen
    ihren Lebensunterhalt nicht als selbständig erwerbende «Unterneh-
    mer» im weitesten Sinn, sondern als unselbständig erwerbende Ange-
    stellte. In Anbetracht dieser wichtigen volkswirtschaftlichen Erkenntnis
    lautet unsere Leitfrage: Wie schützt der Gesetzgeber die wirtschaftliche
    Stellung der Arbeitnehmenden, die ihre Arbeitskraft im marktwirt-
    schaftlichen System anbieten?

3   Die Notwendigkeit eines sozialen Arbeitsrechts oder Arbeitnehmer-
    schutzrechts in einem marktwirtschaftlich organisierten Wirtschaftssys-
    tem ergibt sich ohne weitere Begründung: Die Wirtschaftsgeschichte
    des 19. Jahrhunderts hat uns dies eindrücklich genug vor Augen geführt:
    Man denke nur an die Auswüchse der Industrialisierung vor dem Hinter-
    grund eines «Laisser-faire-Liberalismus»: Proletarisierung der Gesell-
    schaft, überlange Arbeitszeiten zu Hungerlöhnen, Kinderarbeit oder
    mangelnder Krankheits- und Unfallschutz für Arbeitnehmer.

C. Der Geltungsbereich des Arbeits-
rechts

4   Die *Verträge* auf Arbeitsleistung sind im Obligationenrecht geregelt: Im
    Vordergrund stehen der Arbeitsvertrag (Art. 319 ff. OR), der Werkver-
    trag (Art. 363 ff. OR) und der Auftrag (Art. 394 ff. OR). Die genaue
    Abgrenzung zwischen diesen Verträgen kann im Einzelfall schwierig
    sein, dennoch ist sie unerlässlich. Den Arbeitnehmerschutz geniesst
    nämlich grundsätzlich nur, wer *abhängige und fremdbestimmte Arbeit*
    aufgrund eines *privatrechtlichen Arbeitsvertrages* zwischen Arbeitgeber

*Regelung der
Arbeitsver-
hältnisse von
unselbständig
Erwerbstätigen*

und Arbeitnehmer leistet. Der Arbeitnehmer verpflichtet sich dabei vertraglich:

- sich auf bestimmte oder unbestimmte Zeit

- in eine fremde Arbeitsorganisation einzugliedern,

- sich dem Weisungsrecht des Arbeitgebers zu unterstellen und

- seine Arbeitskraft gegen Entgelt in dessen Dienst zu stellen.

Vgl. im Gegensatz dazu die wesentlichen Elemente des Werkvertrags und des Auftrags:

Werkvertrag	Auftrag
• Der Werkunternehmer ist **ein freier selbständiger Unternehmer,** der seine Arbeitsorganisation im Gegensatz zum Arbeitnehmer **selbst** bestimmt. • Der Werkunternehmer schuldet einen bestimmten **Erfolg,** nämlich das **Werk.** Demgegenüber hat der Arbeitnehmer seine Arbeitskraft in den Dienst der Arbeitgeberin zu stellen; er schuldet keinen bestimmten Erfolg. • Ein Werkvertrag ist – im Gegensatz zum Arbeitsvertrag – kein Dauerschuldverhältnis. Der Werkunternehmer erbringt in der Regel nur eine **einmalige Leistung.** Für das fertig erstellte Werk erhält der Werkunternehmer keinen Arbeitslohn, sondern den **Werklohn.**	• Auch der Beauftragte ist **Selbständigerwerbender** und bestimmt seine Arbeitsorganisation im Gegensatz zum Arbeitnehmer selbst. • Im Gegensatz zur Arbeit im arbeitsvertraglichen Verhältnis, welche immer entgeltlich ist, kann ein Auftrag auch **unentgeltlich** sein. Obwohl aus dem Gesetz etwas anderes hervorzugehen scheint, bildet aber auch beim Auftrag die **Entschädigung** für die geleisteten Dienste die Regel. • Der Beauftragte schuldet dem Auftraggeber blosses **Tätigwerden in dessen Interesse,** im Gegensatz zum Arbeitnehmer, der seine Arbeitskraft dauernd in den Dienst der Arbeitgeberin zu stellen hat.

5

Tabelle 9: Werkvertrag – Auftrag

Vom Schutzbereich ausgenommene Rechtsverhältnisse

Nicht in den Schutzbereich des Arbeitsrechts fallen also:

6

- die selbständige Arbeit von Unternehmern und Vertretern der freien Berufe. Ebenfalls ausgeklammert bleiben:

- Dienstverhältnisse, die sich nicht aus einem privatrechtlichen Arbeitsvertrag ergeben, z.B. Dienstverhältnisse im Gesellschaftsrecht, etwa geschäftsführender Organe juristischer Personen oder im Betrieb mitarbeitender Gesellschafter einer Kollektivgesellschaft;

- Dienstverhältnisse, die auf öffentlichem Recht beruhen, also von Angestellten des öffentlichen Dienstes.

7 Die berufliche Tätigkeit einer selbständigen Anwältin oder eines selbständigen Ingenieurs fällt also nicht in den Bereich des Arbeitsrechts im engeren Sinne. Sobald die Anwältin jedoch ihre Kanzlei aufgibt und sich von einer Kollegin arbeitsvertraglich anstellen lässt, geniesst sie den Schutz der arbeitsrechtlichen Bestimmungen. Dasselbe gilt für den bei einem Bauunternehmen privatrechtlich angestellten Ingenieur.

D. Die verschiedenen Bereiche des Arbeitsrechts

1. Überblick

8 Das Arbeitsrecht erschöpft sich nicht in der Regelung des privatrechtlichen Arbeitsvertrages im Obligationenrecht. Es besteht – ähnlich dem Konsumentenrecht – aus einer Vielzahl von unterschiedlichen Gesetzen und Normen.[1] Diese Normen lassen sich aufgrund ihres unterschiedlichen Regelungszweckes in drei verschiedene Bereiche einteilen, nämlich in das **Individualarbeitsrecht**, das **öffentliche Arbeitsrecht** und das **kollektive Arbeitsrecht**.

Die Normenvielfalt des Arbeitsrechts

9

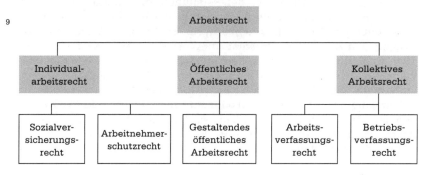

Schema 10: Überblick über das Arbeitsrecht

---

1 Vgl. dazu die systematische Sammlung des Bundesrechts (SR) / Arbeit / 821 ff.

2. Das Individualarbeitsrecht

Privatrecht
Das Individualarbeitsrecht regelt das **privatrechtliche Arbeitsvertrags-** 10
verhältnis zwischen Arbeitnehmer und Arbeitgeber. Es umfasst die
Bereiche Entstehung, Inhalt, Wirkungen und Beendigung des Arbeitsvertrages. Im Vordergrund steht die Regelung individueller Pflichten
und Rechte der beiden Vertragspartner wie namentlich der Leistung
von Arbeit, der Zahlung von Lohn, der Gewährung von Ferien und Freizeit sowie im Zusammenhang mit der Beendigung des Vertragsverhältnisses der Modalitäten einer Kündigung oder einer einvernehmlichen
Vertragsbeendigung.

Arbeitnehmer	◄──── Individual-AR ────►	**Arbeitgeberin**	11

Schema 11: Rechtsbeziehung Arbeitnehmer – Arbeitgeberin

Die wichtigsten Normen des Individualarbeitsrechts sind: 12

- Das Arbeitsvertragsrecht (Art. 319 – 362 OR);

- Art. 1 – 12 des Gleichstellungsgesetzes (SR 151.1).

3. Das öffentliche Arbeitsrecht

Öffentliches
Arbeitnehmer-
schutzrecht
Das öffentliche Arbeitsrecht ist über weite Strecken staatliches Wirt- 13
schaftsaufsichts- und **Arbeitnehmerschutzrecht**. Es unterstellt die individuellen Arbeitsverhältnisse der Regelungs- und Kontrollgewalt des
Staates und greift so in die privatrechtlichen Beziehungen zwischen
Arbeitgeberinnen und Arbeitnehmern ein. Ein Beispiel für einen solchen
hoheitlichen Eingriff ist das staatliche Verbot der Sonntagsarbeit (Art.
18 ff. ArG). Diese zwingenden Bestimmungen müssen auch in den individuellen Arbeitsverträgen berücksichtigt und eingehalten werden,
andernfalls schreiten die staatlichen Arbeitsbehörden, namentlich die
Arbeitsämter, von Amtes wegen oder auf Antrag der betroffenen Arbeitnehmer ein. Demgegenüber obliegt es den Parteien des individuellen
Arbeitsvertrages, ihre Rechte aus Vertragsverletzungen vor einem
Gericht durchzusetzen.

14 Ebenfalls in den Bereich des öffentlichen Arbeitsrechts fällt das **gestaltende öffentliche Arbeitsrecht.** Darunter fallen vor allem:

- Erlasse und Normen, welche die Förderung und Überwachung der Berufsbildung oder der Berufsberatung bezwecken;

- die Regelung der staatlichen Aufsicht über die private und staatliche Arbeitsvermittlung und den Personalverleih (diese Rechtsnormen liessen sich auch dem Konsumentenrecht zuordnen);

- die Normen zur Förderung der Gleichstellung der Geschlechter im Erwerbsleben (diese Bestimmungen können teilweise auch dem individuellen Arbeitsrecht zugerechnet werden).

15 Auch das (Arbeits-)**Sozialversicherungsrecht** wird zum öffentlichen Arbeitsrecht gezählt. Dieser Bereich ist allerdings mittlerweile zu einer eigenständigen Rechtsdisziplin herangewachsen.

16

Schema 12: Rechtsbeziehung Private – Staat

17 Die wichtigsten Normen des öffentlichen Arbeits- und Sozialversicherungsrechts sind:

- das Arbeitsgesetz (ArG), SR 822.11;

- das Berufsbildungsgesetz (BBG), SR 412.10;

- das Arbeitsvermittlungsgesetz (AVG), SR 823.11;

- das Gleichstellungsgesetz (GlG), SR 151.1;

- das Unfallversicherungsgesetz (UVG), SR 832.20;

- das Arbeitslosenversicherungsgesetz (AVIG), SR 837.0;

- das Bundesgesetz über die berufliche Alters-, Hinterlassenen- und Invalidenvorsorge (BVG), SR 831.40;

- das Bundesgesetz über den allgemeinen Teil des Sozialversicherungsrechts vom 6. Oktober 2000 (ATSG), SR 830.1;

- das Bundesgesetz über die Arbeits- und Hinterlassenenversicherung (AHVG), SR 831.10.

4. Das kollektive Arbeitsrecht

Arbeitsver-
fassungsrecht
und Betriebsver-
fassungsrecht

Das kollektive Arbeitsrecht schliesslich regelt das Zusammenwirken 18
zwischen den Arbeitgeberverbänden und den Gewerkschaften. Typische
Gegenstände des kollektiven Arbeitsrechts bilden auf der überbetrieblichen Ebene etwa das Zustandekommen von Gesamtarbeitsverträgen
zwischen den Sozialpartnern (Gegenstand des **Arbeitsverfassungsrechts**), auf der betrieblichen Ebene das Zustandekommen einer Betriebsordnung oder eines Streikbeschlusses (Gegenstand des **Betriebsverfassungsrechts**).

Schema 13: Rechtsbeziehung zwischen den Arbeitnehmer- und Arbeitgeberkollektiven

Die wichtigsten Normen des Arbeitsverfassungsrechts sind: 20

- Art. 28 BV (Koalitionsfreiheit);
- Art. 356 – 358 OR (Gesamtarbeitsvertrag);
- das BG über die Allgemeinverbindlicherklärung von Gesamtarbeitsverträgen (AVEG), SR 221.215.311.

Die wichtigsten Normen des Betriebsverfassungsrechts sind: 21

- das Mitwirkungsgesetz (MWG), SR 822.14;
- Art. 37 – 39 ArG (Betriebsordnung).

Wir beschränken uns nachfolgend darauf, einzelne wichtige Erlasse aus 22
den verschiedenen Bereichen des Arbeitsrechts speziell in den Vordergrund zu rücken:

- aus dem Individualarbeitsrecht den *Arbeitsvertrag*,
- aus dem öffentlichen Arbeitsrecht das *Arbeitsgesetz*,
- aus dem Kollektivarbeitsrecht den *Gesamtarbeitsvertrag*.

Dieses Kapitel bietet also keine umfassende Darstellung des schweizerischen Arbeitsrechts. Aufgrund der Vielzahl arbeitsrechtlicher Normen
wäre eine vollständige Darstellung unmöglich. Vor dem Hintergrund der
grossen Bedeutung dieses Rechtsgebietes innerhalb des gesamten
Wirtschaftsrechts ist eine kurze Übersicht allerdings dennoch wichtig.

5. Der Arbeitsvertrag (Art. 319 ff. OR)

23 Die Grundlage der meisten privatrechtlichen Arbeitsverhältnisse bildet der – in der Regel schriftlich abgefasste – Einzelarbeitsvertrag (EAV). Im EAV vereinbaren der Arbeitnehmer und die Arbeitgeberin den konkreten Inhalt des individuellen Arbeitsverhältnisses (Rechte und Pflichten, Arbeitsort, -zeit, -lohn usw.). Soweit die Vertragspartner dabei nicht an *zwingende* arbeitsrechtliche Normen (des individuellen, des öffentlichen oder des kollektiven Arbeitsrechts) gebunden sind, können sie den Inhalt frei vereinbaren, denn auch für den Einzelarbeitsvertrag gilt das Prinzip der Vertragsfreiheit.

Der Einzelarbeitsvertrag

24 Der Arbeitsvertrag ist im Obligationenrecht geregelt (Art. 319 ff. OR). Bei den arbeitsvertraglichen Normen handelt es sich:

Art. 319 ff. OR

- teilweise um *dispositive* Bestimmungen,

- zu einem grossen Teil um *relativ zwingende Bestimmungen* (d.h. Normen, von denen *nur zugunsten des Arbeitnehmers* abgewichen werden kann [vgl. Art. 362 OR]), und

- teilweise um *absolut zwingende* Bestimmungen (von diesen Normen darf weder zuungunsten der Arbeitgeberin noch zuungunsten des Arbeitsnehmers abgewichen werden [vgl. Art. 361 OR]).

Gegenstand der Regelungen im OR sind insbesondere die Entstehung und die Beendigung des Arbeitsvertrages sowie die Rechte und Pflichten der Vertragsparteien.

a) Die Entstehung des Arbeitsvertrages

25 Ein Einzelarbeitsvertrag entsteht, wenn sich der Arbeitnehmer in einer **privatrechtlichen Vereinbarung** gegenüber der Arbeitgeberin verpflichtet, sich gegen die Entrichtung von **Lohn** für eine bestimmte oder unbestimmte **Zeitdauer** mit seiner **Arbeitskraft** in deren **Arbeitsorganisation einzugliedern** (Art. 319 Abs. 1 OR).

Begriffsmerkmale des Arbeitsvertrags

26 Die Voraussetzungen für ein gültiges Zustandekommen des EAV ergeben sich dabei aus dem allgemeinen Vertragsrecht. Erforderlich sind somit die Handlungsfähigkeit der Parteien, Konsens, ein erlaubter Vertragsinhalt sowie die Einhaltung der gesetzlichen Formvorschriften.

b) Die Pflichten des Arbeitnehmers

Arbeitspflicht Die **Hauptpflicht** des Arbeitnehmers ist die **Pflicht zur Arbeitsleistung**. 27
Im Normalfall handelt es sich dabei um eine höchstpersönliche Pflicht
(Art. 321 OR).

Der Arbeitnehmer hat allerdings noch weitere Pflichten wie beispiels- 28
weise Sorgfalts- und **Treuepflichten** (Art. 321a ff. OR). Insbesondere hat
sich der Arbeitnehmer im Rahmen seiner arbeitsvertraglich umschriebenen Anstellung der **Weisungs- oder Direktionsgewalt des Arbeitgebers zu unterstellen** (Art. 321d OR), soweit er dabei nicht in seiner
Persönlichkeit verletzt wird (vgl. dazu Art. 328 ff. OR [Schutz der Persönlichkeit des Arbeitnehmers] sowie Art. 3 GlG [Verbot der Diskriminierung am Arbeitsplatz aufgrund des Geschlechts] und Art. 4 GlG [Diskri-
minierung durch sexuelle Belästigung]).

c) Die Pflichten des Arbeitgebers

Lohnzahlung als Die **Hauptpflicht des Arbeitgebers** besteht in der **Bezahlung des** 29
Hauptpflicht des **Arbeitslohnes** (Art. 322 ff. OR). Auch hier greift das Gleichstellungsge-
Arbeitgebers setz ein, das u.a. gleichen Lohn für gleiche Arbeit für Frauen und Männer
gebietet.

Das Gegenstück zur Treuepflicht des Arbeitnehmers bildet die **Fürsor-** 30
gepflicht des Arbeitgebers. Darunter fallen allgemein die Pflicht zum
Schutz der Persönlichkeit und der Gesundheit des Arbeitnehmers (Art.
328 ff. OR, Art. 3 f. GlG), zur Gewährung von Freizeit und Ferien (Art.
329 ff. OR) sowie zur Wahrung bestimmter vermögensrechtlicher Interessen des Arbeitnehmers (Art. 330 ff. OR). Zur Förderung des wirtschaftlichen Fortkommens des Arbeitnehmers trifft den Arbeitgeber
überdies die Pflicht, dem Arbeitnehmer jederzeit ein korrektes Arbeits-
zeugnis auszustellen (Art. 330a OR).

d) Die Beendigung des Arbeitsverhältnisses

Kündigung Ein befristetes Arbeitsverhältnis endet nach Ablauf der Vertragsdauer 31
(Art. 334 OR), ein unbefristetes in der Regel durch (einseitige) Kündigung nach Ablauf der gesetzlichen oder vertraglich festgelegten Kündigungsfrist (Art. 335 ff. OR).

Natürlich ist es auch möglich, einen Arbeitsvertrag jederzeit im gegen- 32
seitigen Einverständnis aufzulösen (durch Aufhebungsvertrag, Art. 115
OR). Wie alle Dauerschuldverträge kann ein Arbeitsvertrag überdies
von einer Vertragspartei aus **wichtigen Gründen** jederzeit fristlos
gekündigt werden (Art. 337 ff. OR).

33 Einen weiteren Grund für die Auflösung des Arbeitsverhältnisses bildet der Tod des Arbeitnehmers (Art. 338 OR). Beim Tod des Arbeitgebers geht das Arbeitsverhältnis hingegen auf dessen Erben über, sofern nichts anderes vereinbart ist (Art 338a OR).

Tod

34 In der Praxis werden die meisten Arbeitsverhältnisse durch Kündigung beendigt. Das Gesetz statuiert zum Schutz der gekündigten Partei – insbesondere zum Schutz des in der Regel wirtschaftlich schwächeren Arbeitnehmers – diverse Kündigungsschutzbestimmungen. Es handelt sich dabei einerseits um **zeitliche Kündigungsschranken** wie minimale Kündigungsfristen, besondere Kündigungstermine oder Sperrfristen (Art. 335a ff., Art. 336c f. OR) und andererseits um **sachliche Kündigungsschranken**, namentlich zur Sanktionierung **missbräuchlicher Kündigungen** (Art. 336 OR, Art. 10 GlG).

Kündigungs-schutz

35 Eine missbräuchliche Kündigung liegt beispielsweise vor, wenn ihr Grund in persönlichen Eigenschaften eines Arbeitnehmers liegt (Art. 336 Abs. 1 lit. a OR), die in keinem bedeutenden Zusammenhang mit seinen Arbeitspflichten stehen (wie z.b. Hautfarbe, Nationalität, Homosexualität). Das Gesetz wirkt allerdings nur repressiv, nicht präventiv, sodass eine missbräuchliche Kündigung zwar wirksam ist, aber Schadenersatzfolgen mit teilweise pönalem Charakter nach sich zieht. Im Gegensatz zu anderen europäischen Staaten kennt das schweizerische Recht hingegen keinen umfassenden Kündigungsschutz: So muss eine Kündigung nicht begründet werden – sie darf aber nicht missbräuchlich sein.

6. Das Arbeitsgesetz

36 Wie bereits erwähnt, lässt sich das öffentliche Arbeitsrecht unterteilen in das zwingende Arbeitnehmerschutzrecht, das gestaltende öffentliche Arbeitsrecht sowie in das Sozialversicherungsrecht. Letzteres allerdings nur, soweit es an ein Arbeitsverhältnis anknüpft. Der Hauptteil des öffentlichen Arbeitsrechts entfällt dabei auf das **Arbeitnehmerschutzrecht**, das überwiegend im **Arbeitsgesetz**, im **Unfallversicherungsgesetz** (Art. 81 ff. UVG betreffend Vorschriften zur Verhütung von Berufsunfällen und Berufskrankheiten) sowie in zahlreichen Nebenerlassen geregelt ist. Wir werden uns nachfolgend auf das Arbeitsgesetz konzentrieren. Dieses enthält u.a. Mindestvorschriften über den Gesundheitsschutz, über die Arbeits- und Ruhezeit sowie Sondervorschriften für jugendliche Arbeitnehmer.

Das Arbeitsgesetz wird durch vier wichtige und umfangreiche Verordnungen ergänzt, die ArGV 1–4 (SR 822.111–114):

- Die Verordnung 1 enthält die grundlegenden Ausführungsbestimmungen des Gesetzes;

- die Verordnung 2 enthält Sonderbestimmungen betreffend die Arbeits- und Ruhezeit für bestimmte Betriebe oder Gruppen von Arbeitnehmern;

- die Verordnung 3 konkretisiert die Massnahmen zur Gesundheitsvorsorge am Arbeitsplatz;

- die Verordnung 4 regelt das Plangenehmigungsverfahren für den Bau und die Errichtung von industriellen und besonders gefährlichen Betrieben sowie deren Betriebsbewilligung.

a) Der Geltungsbereich des Arbeitsgesetzes

Grundsatz und Ausnahmen vom Geltungsbereich

Grundsätzlich gilt das Arbeitsgesetz für alle *Arbeitnehmer* und für alle 37 öffentlichen und privaten *Betriebe*, soweit sie davon nicht ausdrücklich ausgeschlossen sind (Art. 1 ArG). Dies gilt für (vgl. Art. 2 ff. ArG):

- die *Verwaltungen* des Bundes, der Kantone und der Gemeinden 38 (eine Ausnahme von der Ausnahme bilden jedoch die Vorschriften über den Gesundheitsschutz, die nach Art. 3a ArG dennoch anwendbar sind);

- die *Unternehmen des öffentlichen Verkehrs* wie PTT, SBB und konzessionierte private Verkehrsbetriebe;

- die Betriebe der *landwirtschaftlichen* Urproduktion;

- die *privaten Haushaltungen* mit Hausangestellten;

- die *reinen Familienbetriebe*; darunter versteht der Gesetzgeber Betriebe, in denen lediglich der Ehegatte des Betriebsinhabers, seine Blutsverwandten in auf- und absteigender Linie und deren Ehegatten sowie seine Stief- und Adoptivkinder tätig sind (Art. 4 Abs. 1 ArG);

- bestimmte Kategorien von Arbeitnehmern, und zwar entweder ganz (z.B. die Bediensteten der Kirchen [Art. 3 lit. a ArG]) oder teilweise (z.B. höhere leitende Angestellte [Art. 3a lit. b ArG]).

b) Gesundheitsvorsorge und Unfallverhütung am Arbeitsplatz

39 Der Arbeitgeber ist nicht nur durch den Individualarbeitsvertrag (Art. 328 OR), sondern zusätzlich durch das öffentlich-rechtliche Arbeitsgesetz verpflichtet, zum Schutz der Gesundheit der Arbeitnehmer alle Massnahmen zu treffen, die nach der Erfahrung notwendig, nach dem Stand der Technik anwendbar und den Verhältnissen des Betriebes angemessen sind (Art. 6 ArG).

Schutz der Gesundheit durch bauliche Massnahmen

40 Während sich das Gesetz mit dieser generell formulierten und nur wenig bestimmten Umschreibung begnügt, sind die konkreten Anforderungen in der *Verordnung 3 zum Arbeitsgesetz*[2] recht detailliert umschrieben. Im Hinblick auf einen optimalen Gesundheitsschutz sind dort beispielsweise Mindestanforderungen an Arbeitsgebäude oder Räume geregelt; ausserdem enthält die Verordnung Vorschriften betreffend die konkrete Ausgestaltung der Arbeitsplätze.

Verordnung 3

41 Eine vorbeugende Massnahme zum Schutz der Gesundheit der Arbeitnehmer stellt die *Plangenehmigung* und *Betriebsbewilligung* dar (Art. 7 f. ArG, Verordnung 4).[3] Wer einen industriellen Betrieb oder einen nichtindustriellen Betrieb mit erheblichen Betriebsgefahren errichten will, muss bei der kantonalen Behörde um eine Genehmigung der geplanten Anlage nachsuchen. Unter Beizug des Eidgenössischen Arbeitsinspektorats sowie der SUVA prüft die Behörde die Pläne auf die Einhaltung der entsprechenden Vorschriften. Die Plangenehmigung sowie die erforderliche Bewilligung zur Aufnahme der betrieblichen Tätigkeit nach der Fertigstellung des Baus werden nur erteilt, wenn die entsprechenden Vorschriften zur Gesundheitsvorsorge eingehalten wurden.

Verordnung 4

c) Höchstarbeitszeiten und minimale Ruhezeiten

42 Die Forderung nach einer geregelten Maximalarbeitszeit ist eines der ältesten politischen Anliegen der Arbeitnehmerschaft. Es erstaunt daher nicht, dass die Vorschriften betreffend die Arbeits- und Ruhezeiten im Arbeitsgesetz viel Raum einnehmen (Art. 9 – 28 ArG, Verordnung 2).

Wichtiges politisches Anliegen

43 Das Gesetz regelt einerseits die maximal zulässige **Arbeitszeit** an sich und stellt andererseits Regeln betreffend die minimale **Ruhezeit** auf. Diverse weitere Normen betreffen etwa die Bewilligungspflicht des ununterbrochenen Betriebs, den Schichtbetrieb oder **Sonderbestimmungen** für bestimmte Gruppen von Betrieben (vgl. dazu auch Verordnung 2).[4]

Verordnung 2

----

[2] A.a.O. (N 36).
[3] A.a.O. (N 36).
[4] A.a.O. (N 36).

Gesetzliche Höchstarbeitszeiten

Die wöchentliche Höchstarbeitszeit für Arbeitnehmer beträgt im Regelfall – je nach Berufsgattung – 45 bzw. 50 Stunden (Art. 9 Abs. 1 ArG). Eine zeitweise Verlängerung dieser Arbeitszeit um höchstens vier Stunden pro Woche kann für bestimmte Gruppen von Betrieben entweder generell durch Verordnung festgelegt oder vom Bundesrat bewilligt werden. Diese Erhöhung der wöchentlichen Arbeitszeit ist jedoch nicht zu verwechseln mit der gesetzlich ebenfalls limitierten *Überzeitarbeit*, die unter bestimmten Voraussetzungen ohne besondere Bewilligung zulässig ist (Art. 12 ArG). Der Begriff *Überzeitarbeit* bezeichnet dabei die Überschreitung der *arbeitsgesetzlichen* (öffentlich-rechtlichen) Wochenhöchstarbeitszeit. Davon zu unterscheiden – und auch rechtlich zu trennen – ist die Überschreitung der *arbeitsvertraglichen* (privatrechtlichen) Wochenhöchstarbeitszeit; sie wird als *Überstundenarbeit* bezeichnet (vgl. Art. 321c OR). 44

Minimale Ruhezeiten

Eine detaillierte Regelung findet sich ausserdem über die minimale Ruhezeit während der täglichen Arbeitszeit sowie zwischen den Arbeitstagen. Das Gesetz schreibt eine Mindestdauer der Arbeitspausen (Art. 15 ArG) sowie eine minimale tägliche Ruhezeit von 11 (bei Nachtarbeit mindestens 14) aufeinander folgenden Stunden vor (Art. 15a, 17a ArG). Dazu gesellt sich das grundsätzliche *Verbot der Nachtarbeit* (Art. 16 ArG) und das *Verbot der Sonntagsarbeit* (Art. 18 ArG). Wird die wöchentliche Arbeitszeit auf mehr als fünf Tage verteilt, so ist den Arbeitnehmern neben dem Sonntag ein zusätzlicher freier Halbtag pro Woche zu gewähren (Art. 21 ArG). Es bestehen aber verschiedene Ausnahmen. 45

d) Sondervorschriften für Jugendliche und für Frauen

Alters- und geschlechtsspezifische Regelungen

Unter **Jugendlichen** versteht das Arbeitsgesetz Arbeitnehmer beider Geschlechter bis zum vollendeten 19. Altersjahr und Lehrlinge bis zum 20. Altersjahr (Art. 29 ArG). 46

Im Grundsatz dürfen Jugendliche vor dem 15. Altersjahr nicht in einem Arbeitsverhältnis beschäftigt werden. Während jedoch ein generelles Beschäftigungsverbot nur für unter 13-Jährige gilt, kann die Verordnung für Jugendliche zwischen 13 und 15 Jahren gewisse Ausnahmen vorsehen. Für Jugendliche gelten ausserdem besondere Vorschriften betreffend Höchstarbeitszeiten und minimale Ruhezeiten (Art. 31 ArG).

Besondere Vorschriften gelten auch für **Arbeitnehmerinnen**. Das Arbeitsgesetz stellt insbesondere schwangere Frauen und stillende Mütter unter besonderen Schutz (Art. 35 ff. ArG). 47

7. Der Gesamtarbeitsvertrag

48 Das kollektive Arbeitsrecht regelt die Beziehungen zwischen den jeweiligen *Sozialpartnern*. Die Rechtsträger sind also nicht die individuellen Arbeitnehmer und Arbeitgeber, sondern die *Koalitionen*. Unter Koalitionen im arbeitsrechtlichen Sinn versteht man privatrechtlich und demokratisch verfasste und auf Dauer angelegte Arbeitnehmer- oder Arbeitgeberverbände, die auf unabhängiger und überbetrieblicher Grundlage kollektive Arbeitnehmer- oder Arbeitgeberinteressen wahrnehmen.

Verhältnis zwischen den Sozialpartnern

49 Als wichtigster Arbeitnehmerverband sei hier der Schweizerische Gewerkschaftsbund[5] genannt, der rund 390 000 Mitglieder vertritt, und auf Arbeitgeberseite der Schweizerische Arbeitgeberverband.[6]

50 Das kollektive Arbeitsrecht kommt auf verschiedenen Ebenen zum Tragen:

- Auf der **überbetrieblichen Ebene** befasst sich das **Arbeitsverfassungsrecht** überwiegend mit dem Recht der Gesamtarbeitsverträge, dem Koalitionsrecht und dem Arbeitskampfrecht.[7]

- Auf die **betriebliche Ebene** beschränkt bleibt das in der Schweiz im Vergleich mit anderen Ländern weniger bedeutende **Betriebsverfassungsrecht.** Dieses befasst sich mit der innerbetrieblichen Mitwirkung der Arbeitnehmerschaft in bestimmten Fragen der Betriebsorganisation (Art. 9 ff. MWG, Art. 37 ff. ArG).

51 Im Rechtsverhältnis zwischen Arbeitnehmer und Arbeitgeberin hat das *Betriebs*verfassungsrecht im Kontext des gesamten schweizerischen Arbeitsrechts wie erwähnt untergeordnete Bedeutung. Wir werden daher nicht näher darauf eintreten und verweisen vielmehr auf den Abschnitt über die «Koalitionsfreiheit» im einleitenden Kapitel «Wirtschaftsverfassung». Darzustellen bleibt somit noch der Gesamtarbeitsvertrag.

52 Gesamtarbeitsverträge sind Vereinbarungen zwischen Arbeitgebern oder deren Verbänden und den zu Arbeitsverhandlungen legitimierten Arbeitnehmerverbänden; die Rahmenbedingungen dieser Vereinbarungen sind im Obligationenrecht geregelt (Art. 356 ff. OR).

53 Den Inhalt von Gesamtarbeitsverträgen bilden einerseits *schuldrechtliche Bestimmungen*, die im Prinzip bloss die abschliessenden Parteien verpflichten. Andererseits enthalten Gesamtarbeitsverträge auch die

Vertragliche Pflichten

....

5 Siehe unter: www.sgb.ch.
6 Siehe unter: www.arbeitgeber.ch.
7 Vgl. dazu nochmals die Ausführungen zur Koalitionsfreiheit im einleitenden Kapitel «Wirtschaftsverfassung», S. 14, N 44 ff.

normativen Bestimmungen, welche nicht die Koalitionen also solche, sondern deren einzelne Verbandsmitglieder unmittelbar verpflichten.

Problem der Aussenseiter

Mit dem Austritt aus der Koalition fällt die Wirkung des GAV dahin. 54 Ebenfalls keine Wirkung hat der GAV für die *Aussenseiter*, die keiner Koalition angehören. Diese Situation kann bei schlechter Arbeitsmarktlage dazu führen, dass am GAV nicht beteiligte Arbeitnehmer ihre Arbeitskraft zu tieferen als im GAV festgelegten Löhnen anbieten und dadurch die Mindestlohnvereinbarung unterminieren. Ebenso können Arbeitgeber, die nicht Mitglieder einer vertragsschliessenden Koalition sind, ihren Arbeitnehmern generell schlechtere Arbeitsbedingungen gewähren als branchenüblich.

Ausdehnung der normativen Wirkungen eines GAV

Um solchen nicht nur sozial-, sondern auch wettbewerbspolitisch uner- 55 wünschten Situationen vorzubeugen, hat der Staat die Möglichkeit, einen Gesamtarbeitsvertrag für alle Arbeitnehmer und Arbeitgeber einer bestimmten Wirtschaftsbranche oder Berufsgattung für *allgemeinverbindlich* zu erklären. Weil es sich dabei um einen Eingriff in die Privatautonomie handelt, ist das nur *auf Antrag der Vertragsparteien* möglich, und auch dann nur unter *strengen Voraussetzungen*:[8]

- Die Allgemeinverbindlichkeit muss sich als *notwendig* erweisen;

- sie darf nicht dem *Interesse der Gesamtwirtschaft* zuwiderlaufen; und

- am GAV, der für allgemeinverbindlich erklärt werden soll, müssen mehr als die Hälfte der Arbeitgeber und Arbeitnehmer der betreffenden Wirtschaftsbranche beteiligt sein.

Ein für allgemeinverbindlich erklärter GAV wirkt in der Folge auch auf 56 alle nicht am Vertrag beteiligten Arbeitgeber und Arbeitnehmer, auf die der Vertrag sachlich und räumlich anwendbar ist – er hat also dieselbe Wirkung wie ein Gesetz.

a) Die schuldrechtlichen Verpflichtungen

Pflichten der vertragsschliessenden Koalitionen

Die wichtigsten schuldrechtlichen Verpflichtungen, die direkt die 57 *vertragsschliessenden Koalitionen* selbst verpflichten, sind die **Friedenspflicht** sowie die **Einwirkungspflicht** (Art. 357a OR):

- Die Parteien haben den Arbeitsfrieden zu wahren und dabei 58 insbesondere auf Arbeitskampfmassnahmen zu verzichten (Art. 357a Abs. 2 OR). Diese Pflichten beziehen sich jedoch nur auf

----

[8] Vgl. dazu Art. 2 Ziffern 1–7 des Bundesgesetzes über die Allgemeinverbindlicherklärung von Gesamtarbeitsverträgen (SR 221.215.311).

Gegenstände, auf die sich die Parteien im Gesamtarbeitsvertrag geeinigt hatten. Die Friedenspflicht gilt überdies nur unbeschränkt, wenn dies ausdrücklich bestimmt wurde;

- Die Parteien haben die Pflicht, auf ihre Mitglieder einzuwirken und dafür zu sorgen, dass der Gesamtarbeitsvertrag eingehalten wird (Art. 357a Abs. 1 OR).

b) Die normativen Bestimmungen

59 Den wesentlichsten Inhalt eines GAV bilden jedoch in der Regel die normativen Bestimmungen. Das sind Bestimmungen, welche die einzelnen *Mitglieder* der Koalitionen verpflichten; sie betreffen vor allem Abschluss, Inhalt und Beendigung der individuellen Arbeitsverhältnisse. Die meisten Gesamtarbeitsverträge enthalten Regeln über Mindestlöhne, Zulagen, Freizeit, Überstunden, Nacht- oder Sonntagsarbeit, Ferien, Lohnfortzahlungen bei Arbeitsverhinderungen, Kündigungsschutz usw.

Pflichten der einzelnen Mitglieder der Koalitionen

60 Durch ihre unmittelbare Wirkung (Art. 357 Abs. 1 OR) schränken die normativen Bestimmungen eines GAV die individuelle Vertragsfreiheit der einzelnen Koalitionsmitglieder ausschliesslich zugunsten der Arbeitnehmer ein: Es kann von einem geltenden GAV nur (aber immerhin) zugunsten der Arbeitnehmer abgewichen werden (Art. 357 Abs. 2 OR).

8. Zur Hierarchie der Rechtsquellen im Arbeitsprivatrecht

61 Die Rechtsquellen des Arbeitsrechts sind wie erwähnt auf den unterschiedlichsten Ebenen zu suchen. Zur Lösung einer arbeitsrechtlichen Fragestellung können oder müssen unter Umständen gleichzeitig der individuelle Arbeitsvertrag sowie dispositives oder zwingendes Privatrecht, zwingendes öffentliches Recht, Gesamtarbeitsvertragsrecht oder rein betriebsintern geltende Reglemente oder Betriebsordnungen herangezogen werden. Damit stellt sich die Frage nach dem Verhältnis dieser verschiedenen Rechtsquellen zueinander. Welche Norm kommt zur Anwendung, wenn diese Rechtsquellen zu unterschiedlichen Lösungen führen oder sogar widersprüchlich sind?[9]

Verhältnis der Rechtsquellen des Arbeitsprivatrechts: Mehrere Ebenen

62 Der Gesetzgeber hat in dieser Hinsicht eine klare Rangordnung der verschiedenen Rechtsnormen vorgesehen:

. . . .

[9]   Vgl. dazu den Übungsfall dieses Kapitels, insbesondere Frage 6.

<table>
<tr><td>Oberste Stufe:
Zwingendes
Recht</td><td>

• Im obersten Rang der Gesetzeshierarchie steht das **zwingende** 63 **Gesetzes- und Verordnungsrecht.** Zwingend ist in der Regel das öffentliche Arbeitsrecht (also namentlich das ArG und seine Ausführungsverordnungen). Zwingende Normen finden wir aber auch im Arbeitsprivatrecht, wo allerdings zusätzlich zu unterscheiden ist zwischen den *absolut zwingenden* sowie den bloss *relativ zwingenden* Bestimmungen, welche nur *zugunsten* der Arbeitnehmer abgeändert werden dürfen (vgl. Art. 361 f. OR);

</td></tr>
</table>

<table>
<tr><td>Zweitoberste
Stufe: GAV</td><td>

• Auf der nächsten Stufe in der Hierarchie der Rechtsquellen steht – 64 sofern überhaupt auf das konkrete Arbeitsverhältnis anwendbar – der **Gesamtarbeitsvertrag.** Auch hier ist wiederum zwischen absolut und relativ zwingenden Bestimmungen zu unterscheiden.

Abreden zwischen den beteiligten Arbeitgebern und Arbeitnehmern, die gegen die unabdingbaren Bestimmungen verstossen, sind nichtig und werden durch die Bestimmungen des Gesamtarbeitsvertrages ersetzt; jedoch können abweichende Abreden zugunsten der Arbeitnehmer getroffen werden (Art. 357 Abs. 2 OR);

</td></tr>
</table>

<table>
<tr><td>3. Stufe:
Betriebsordnung</td><td>

• Auf der dritten Stufe – und somit noch vor dem individuellen 65 Arbeitsvertrag – sind allfällige **Betriebsordnungen** zu beachten. Diese Betriebsordnungen (die nur für die industriellen Betriebe obligatorisch sind [Art. 37 Abs. 1 ArG]) werden zwischen dem Arbeitgeber und einer von den Arbeitnehmern frei gewählten Vertretung schriftlich vereinbart oder vom Arbeitgeber nach Anhören der Arbeitnehmer erlassen (Art. 37 Abs. 4 ArG).

Der Inhalt der Betriebsordnung darf dem zwingenden Recht und den für den Arbeitgeber verbindlichen Gesamtarbeitsverträgen nicht widersprechen (Art. 38 Abs. 3 ArG). Nach der Bewilligung durch die kantonale Behörde und nach Bekanntgabe im Betrieb ist die Betriebsordnung für den Arbeitgeber und für die Arbeitnehmer verbindlich (Art. 39 ArG);

</td></tr>
</table>

<table>
<tr><td>4. Stufe:
Individual-
arbeitsvertrag</td><td>

• Erst auf der nächsten Stufe – und natürlich nur, soweit sie den 66 übergeordneten Rechtsquellen nicht widersprechen – sind die individuellen Abmachungen des **Arbeitsvertrags** zu berücksichtigen. Dazu gehören auch vom Arbeitgeber aufgestellte *allgemeine Anstellungsbedingungen*, *betriebsinterne Firmenreglemente*, sofern sie – infolge Konsenses – Vertragsbestandteil wurden;

</td></tr>
</table>

67 • An vorletzter Stelle in der Normenhierarchie folgen die **dispositiven** Bestimmungen des Gesamtarbeitsvertrages und diesen wiederum nachgeordnet das **dispositive** Gesetzesrecht;

5. Stufe: Dispositives Recht

68 • Am unteren Ende dieser Rangordnung steht das Weisungsrecht des Arbeitgebers (Art. 321d OR).

6. Stufe: Weisungen

69 Eine teilweise Ausnahme von dieser Rangordnung bildet das **Günstigkeitsprinzip**. Danach kann im Einzelfall eine rangtiefere einer ranghöheren Norm vorgehen, wenn sie für den Arbeitnehmer günstiger ist (Art. 357 Abs. 2 und 358 OR). Das Günstigkeitsprinzip gilt allerdings nur, soweit Gesetz oder Gesamtarbeitsvertrag keine absolut zwingenden Bestimmungen enthalten.

E. Fragen zu Fall V

Allgemeine Fragen:

1. Welches sind die begriffsbestimmenden Merkmale eines Einzelarbeitsvertrages?

2. Wie ist ein Arbeitsvertrag von einem Werkvertrag abzugrenzen? Wie von einem Auftrag?

3. Was versteht man unter Überzeitarbeit, und unter welchen Voraussetzungen darf sie geleistet werden?

4. Durch welches Modell werden grosse Teile des Arbeitsmarktes – im Gegensatz zu den meisten Güter- und Dienstleistungsmärkten – koordiniert? Mit welcher Begründung?

5. Welches sind die Hauptpflichten der vertragsschliessenden Parteien eines Gesamtarbeitsvertrages?

Konkrete Fragen zum Sachverhalt:

6. Wie müssen Walters Überstunden vom Arbeitgeber abgegolten werden? (Sein monatlicher Arbeitslohn entspricht einem Stundenlohn von 35 Franken.)

Den verschieden Rechtsquellen, die zur Lösung des Konfliktes herangezogen werden, ist Folgendes zu entnehmen:

Einzelarbeitsvertrag: Der Arbeitnehmer verpflichtet sich, im Rahmen des Zumutbaren über seine wöchentliche Höchstarbeitszeit von 42 Stunden hinaus die betriebsbedingt notwendigen Überstunden zu leisten. Die Entschädigung richtet sich nach dem Firmenreglement, das einen integrierenden Bestandteil des Arbeitsvertrages bildet.

Firmenreglement: Die Überstundenabgeltung für ausgelernte Automechaniker beträgt pauschal 35 Franken. Nach Möglichkeit sind die Überstunden jedoch mit zusätzlicher Freizeit zu kompensieren.

Für Automechanikerinnen gilt der Grundsatz, dass sie die geleisteten Überstunden in Form von Freizeit oder Ferien kompensieren müssen. Sofern dies aus irgendwelchen Gründen nicht möglich ist, beträgt die Überstundenvergütung 30 Franken.

Gesamtarbeitsvertrag: Die Überstundenabgeltung der diesem GAV unterstellten Automechanikerinnen und Automechaniker entspricht dem normalen Stundenlohn gemäss dem individuellen Arbeitsvertrag sowie einem Lohnzuschlag von 30 %.

Art. 321c Abs. 3 OR: Wird die Überstundenarbeit nicht durch Freizeit ausgeglichen und ist nichts anderes schriftlich verabredet oder durch Normalarbeitsvertrag oder Gesamtarbeitsvertrag bestimmt, so hat der Arbeitgeber für die Überstundenarbeit Lohn zu entrichten, der sich nach dem Normallohn samt einem Zuschlag von mindestens einem Viertel bemisst.

Art. 13 ArG: Lohnzuschlag für Überzeitarbeit

[1] Der Arbeitgeber hat den Arbeitnehmern für die Überzeitarbeit einen Lohnzuschlag von wenigstens 25 Prozent auszurichten, dem Büropersonal sowie den technischen und andern Angestellten, mit Einschluss des Verkaufspersonals in Grossbetrieben des Detailhandels, jedoch nur für Überzeitarbeit, die 60 Stunden im Kalenderjahr übersteigt.

[2] Wird Überzeitarbeit im Einverständnis mit dem einzelnen Arbeitnehmer innert eines angemessenen Zeitraums durch Freizeit von gleicher Dauer ausgeglichen, so ist kein Zuschlag auszurichten.

7. Was halten Sie von der Bestimmung im Firmenreglement (vgl. Frage 6)?

6. Kapitel: Immaterialgüterrecht I: Einführung

Lernziele

▶ Sie verschaffen sich einen Überblick über die verschiedenen Gebiete und Grundprinzipien des Immaterialgüterrechts.

Literaturhinweise

ROLAND VON BÜREN / LUCAS DAVID (Hrsg.), Schweizerisches Immaterialgüter- und Wettbewerbsrecht, Allgemeiner Teil, Bd. I/1, Grundlagen, 2. Auflage, Basel/Frankfurt a.M. 2002.

ROLAND VON BÜREN / EUGEN MARBACH, Immaterialgüter- und Wettbewerbsrecht, 2, Auflage, Bern 2002.

KAMEN TROLLER, Grundzüge des schweizerischen Immaterialgüterrechts, 2. Auflage, Basel 2005.

A. Überblick über die Immaterialgüterrechte

Recht des geistigen Eigentums

Das Immaterialgüterrecht – oder das «Recht des geistigen Eigentums» – umfasst alle Rechtsnormen, die den *Schutz des geistigen Schaffens auf dem gewerblichen und künstlerischen Gebiet* vor dem Zugriff unberechtigter Dritter bezwecken. 1

Schutzobjekte: Schöpfungen des menschlichen Geistes

Die Rechtsobjekte des Immaterialgüterrechts sind nicht körperlich fassbare Güter, sondern *Schöpfungen des menschlichen Geistes*, denen gemeinsam ist, dass ihr Kerngehalt *Ideen und Informationen* sind. 2

Beispiele: 3

- Ein urheberrechtlich geschütztes Musikstück lässt sich nicht mit Händen ergreifen. Auch das *Urheberrecht* eines Bildhauers an seiner geschaffenen Skulptur bezieht sich nicht nur auf das körperliche Werk an sich. Sein Recht geht darüber hinaus und umfasst auch die Idee, die seiner Schöpfung zugrunde lag und die im geschaffenen Werk realen Ausdruck findet.

- Ein *Patent* ist eine innovative technische Information, aufgrund deren eine patentierte Maschine überhaupt erst produziert werden kann.

- Auch eine *Marke* stellt für sich allein kein Produkt dar. Sie ist ein Kennzeichen, das ein bestimmtes Produkt identifizieren hilft.

Numerus clausus der geschützten Immaterialgüter

Das Immaterialgüterrecht schützt jedoch nicht jede Art von Information. Das Recht beschränkt sich darauf, bestimmte Erscheinungsformen immaterieller Güter als geistiges Eigentum anzuerkennen. Es gibt also einen *Numerus clausus* der geschützten Immaterialgüter. 4

Arten von Immaterialgüterrechten im engeren Sinn

In der Schweiz sind die wichtigsten Immaterialgüterrechte (Immaterialgüterrechte im engeren Sinne) in den folgenden Gesetzen geregelt: 5

- Das **Urheberrecht und die verwandten Schutzrechte:** Bundesgesetz über das Urheberrecht und verwandte Schutzrechte (Urheberrechtsgesetz, URG) vom 9. Oktober 1992, SR 231.1;

  - Urheberrecht,

  - Schutz der ausübenden Künstler,

  - Schutz der Ton- und Tonbildträgerhersteller,

  - Schutz der Sendeunternehmen;

- das **Markenrecht:** Bundesgesetz über den Schutz von Marken und Herkunftsangaben (Markenschutzgesetz, MSchG) vom 28. August 1992, SR 232.11;

- das **Patentrecht:** Bundesgesetz über die Erfindungspatente (Patentgesetz, PatG) vom 25. Juni 1954, SR 232.14;

- das **Designrecht:** Bundesgesetz über den Schutz von Design (Designgesetz, DesG) vom 5. Oktober 2001, SR 232.12;

- der **Topographienschutz:** Bundesgesetz über den Schutz von Topographien von Halbleitererzeugnissen (Topographiengesetz, ToG) vom 9. Oktober 1992, SR 231.2;

- das **Sortenschutzrecht:** Bundesgesetz über den Schutz von Pflanzenzüchtungen (Sortenschutzgesetz) vom 20. März 1975, SR 232.16.

6 Neben diesen Regelungen von Immaterialgüterrechten im engeren Sinn sind jedoch noch weitere Gesetze zu nennen, die ebenfalls den Schutz immaterieller Güter bezwecken:

Weitere Immaterialgüterrechte

- das **Firmenrecht** (Art. 944 ff. OR);

- das **Persönlichkeitsrecht** (Art. 28 ZGB): das Recht am eigenen Bild;

- das **Namensrecht** (Art. 29 ZGB): Schutz des gewerblich genutzten, jedoch nicht registrierten Namens;

- die über das **Lauterkeitsrecht** – allerdings nur unvollkommen – geschützten Rechtsgüter, wie etwa:

  - das Verwechslungsverbot (Art. 3 lit. d UWG),

  - das Verbot der Verwertung fremder Leistung (Art. 5 UWG),

  - der Schutz von Fabrikations- und Geschäftsgeheimnissen (Art. 6 UWG).

Sofern die besonderen Voraussetzungen zur Anwendung der Wettbewerbsregeln des UWG gegeben sind, kann das Lauterkeitsrecht in funktioneller Hinsicht durchaus einen subsidiären Schutz für nicht absolut geschützte immaterielle Güter bieten.

In Literatur und Praxis hat sich heute allgemein der Begriff «Kennzeichenrecht» eingebürgert, der sowohl das Markenrecht (für Waren und Dienstleistungen), das Firmenrecht (Unternehmenskennzeichen) und das Namensrecht (personengebundene Kennzeichen) umfasst.

B. Die Entstehung der Immaterialgüterrechte

Immaterial-
güterrechte sind
geistiger Natur

Die Rechtsobjekte des Immaterialgüterrechts sind geistiger Natur. Das 7 Gesetz gewährt ihren Inhabern eigentumsähnliche Rechte an Schöpfungen des menschlichen Geistes, und zwar grundsätzlich losgelöst von der konkreten materiellen Erscheinung und unabhängig von Raum und Zeit.

Beispiel: Ein (in allen Ländern dieser Erde registriertes) Patentrecht kann 8 unberechtigten Dritten losgelöst von seiner materiellen Verkörperung (z.B. in einer Maschine) jederzeit und überall entgegengehalten werden.

Entstehung:
Schöpfung und
Registereintrag

Das *Urheberrecht* (z.B. an einem Kunstwerk oder an einem Computerprogramm) gilt als vollkommenes Ausschliesslichkeitsrecht, d.h., es schliesst eine Berechtigung Dritter ohne Zustimmung des Rechtsinhabers auch ohne Registereintrag vollständig aus. Es entsteht bereits mit der *Schöpfung eines Kunstwerkes* oder mit der Entwicklung einer Software. Demgegenüber bedarf es zur Entstehung der *gewerblichen Schutzrechte* (z.B. eines Patentes, eines geschützten Designs oder einer Marke) grundsätzlich eines *Registereintrages*. Eine Erfindung, ein Design oder eine neue Marke bildet also nur die materielle Grundlage für den Rechtserwerb. Vor dem Registereintrag sind diese Immaterialgüterrechte nur – aber immerhin – unvollkommene Ausschliesslichkeitsrechte. Der Berechtigte hat einzig eine Anwartschaft auf ein vollkommenes Ausschliesslichkeitsrecht.

Das Prioritäts-
prinzip

Im Zusammenhang mit der Registrierung von Immaterialgüterrechten 10 ist ausserdem auf das *Prioritätsprinzip* hinzuweisen. Danach erwirbt derjenige das Ausschliesslichkeitsrecht an einem Immaterialgut, der es zuerst registrieren lässt, wobei als Prioritätsdatum der Tag der Anmeldung oder Hinterlegung gilt (vgl. z.B. Art. 6 MSchG, Art. 3 Abs. 3 PatG, Art. 6 DesG).

Unterlassung der
Registrierung

Der Erfinder einer patentwürdigen Innovation, der seine Erfindung *nicht* 11 registrieren (oder patentieren) lässt, kann den absoluten Immaterialgüterschutz des Patentgesetzes gegenüber Nachahmern demnach nicht beanspruchen. Sofern er die Erfindung geheim hält, gewährt ihm immerhin das UWG einen Schutz vor Verletzung eines Fabrikationsgeheimnisses oder vor unlauterer Verwertung einer fremden Leistung. Ohne Registrierung verleiht die Rechtsordnung dem Erfinder also kein eigentumsähnliches Ausschliesslichkeitsrecht. Sie gewährt ihm bloss eine

Verteidigungsmöglichkeit gegenüber einem unlauteren Wettbewerbsteilnehmer.[1]

12 Wenn allerdings ein unberechtigter Dritter die Erfindung auf seinen Namen patentieren lässt, so schützt das Patentrecht den rechtmässigen Erfinder dennoch: Er kann auf Abtretung oder Nichtigkeit des Patentes klagen (Art. 29 PatG).

13

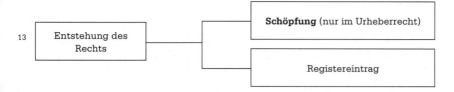

Schema 14: Entstehung von Immaterialgüterrechten

14 Die nationale Registrierung des geistigen Eigentums ist für alle Immaterialgüterrechte, die registriert werden müssen, vorzunehmen beim **Eidgenössischen Institut für Geistiges Eigentum (IGE)** mit Sitz in Bern. Das IGE wurde bereits 1888 als Amt für geistiges Eigentum gegründet und erhielt 1996 den Status einer selbständigen öffentlichrechtlichen Anstalt des Bundes. Das Institut versteht sich als Kompetenzzentrum für alle Anliegen zu den Themen Patente, Marken, Designs, Informationstechnologie und Urheberrecht (www.ige.ch).

Institut für Geistiges Eigentum als Registerbehörde

Betreffend die internationale Registrierung von Immaterialgüterrechten vgl. die Ausführungen in den einzelnen Kapiteln.

C. Verhältnis von Immaterialgüter- und Sachenrecht

15 Sind Immaterialgüterrechte *einmal entstanden, gelten sie* als *absolute* Rechte. In dieser Hinsicht sind sie wie Sachenrechte ausgestaltet und innerhalb des Sachenrechts ähnlich wie das Eigentum (Art. 641 ZGB): Als eigentliche Ausschliesslichkeitsrechte verleihen sie dem Berechtigten die Befugnis, Dritten innerhalb der geltenden Rechtsordnung die Nutzung seines geistigen Eigentums zu verbieten. Dennoch kann der sachenrechtliche Eigentumsbegriff zur präzisen Umschreibung des Rechtes an einem Immaterialgut nicht herangezogen werden.

Immaterialgüterrechte sind eigentumsähnliche, absolute Rechte

....

1 Vgl. dazu oben, Kapitel Lauterkeitsrecht, S. 77 ff., N 27, N 69 ff., N 76 ff.

Das sachenrechtliche Eigentum an einer patentierten Maschine gewährt dem Eigentümer kein Recht am Patent, das der Konstruktion zugrunde lag. Der Eigentümer kann über die Maschine zwar frei verfügen, aber er darf sie ohne Berechtigung nicht kopieren und/oder gewerblich verwerten. 16

Umgekehrt verleiht das blosse Patent seinem Inhaber nicht ohne weiteres ein Recht an der rechtmässig übertragenen Sache (im Sinne des Sachenrechtes).

Die Maschine kann dem Eigentümer als sachenrechtliches Objekt klar zugeordnet werden. Für den Inhaber des Patentes hingegen stellt sie die reale Verkörperung seines Immaterialgüterrechtes dar, das ohne seine Einwilligung nicht kopiert werden darf.

Im erwähnten Beispiel ist also der Inhaber des Patentes aufgrund seines Ausschliesslichkeitsrechtes an der Maschine prinzipiell alleine berechtigt, diese herzustellen und in Verkehr zu setzen. Das sachenrechtliche Eigentum an der Maschine – im Gegensatz zum Immaterialgüterrecht als solches – geht allerdings bei einem allfälligen Verkauf auf den Käufer über. Darf nun der neue Eigentümer die Maschine ohne die Zustimmung des Patentinhabers weiterverkaufen? 17

Der wichtige Grundsatz der Erschöpfung

Um den Güterverkehr nicht übermässig zu beeinträchtigen, gilt in den meisten Teilbereichen des Immaterialgüterrechts der **Grundsatz der Erschöpfung** des geistigen Eigentums. Dies bedeutet, dass der sachenrechtliche Eigentümer sein Eigentum frei veräussern darf, und zwar unabhängig vom Immaterialgüterrecht, das mit der Sache verbunden ist. Dies allerdings nur unter der Voraussetzung, dass das Gut mit Zustimmung des Schutzrechtsinhabers in Verkehr gesetzt wurde. Die vorgenannte Frage ist daher grundsätzlich zu bejahen. 18

Vgl. in diesem Sinne Art. 12 Abs. 1 URG: «Hat ein Urheber oder eine Urheberin ein Werkexemplar veräussert oder der Veräusserung zugestimmt, so darf dieses weiterveräussert oder sonst wie verbreitet werden.» 19

Umfang der Erschöpfung

Durch die rechtmässige Veräusserung «erschöpft» sich das geistige Eigentum allerdings nur mit Bezug auf das Verbreitungsrecht am konkreten in Verkehr gesetzten Gegenstand.[2] Das Immaterialgüterrecht, das der sachenrechtliche Erwerber nicht automatisch mit erwirbt, bleibt als solches vollumfänglich bestehen. 20

....

2 Auf die Frage, ob die Erschöpfung national oder international wirkt, werden wir bei der Darstellung der einzelnen Immaterialgüterrechte zu sprechen kommen.

21 **Vor** der rechtmässigen Inverkehrsetzung einer patentierten Maschine steht dem **Patentinhaber** also zu:

- das Eigentum an der Maschine und

- das ausschliessliche Recht am Patent, das der Konstruktion zugrunde lag.

22

Schema 15: Rechte des Patentinhabers vor der rechtmässigen Inverkehrsetzung

23 **Nach** der rechtmässigen Inverkehrsetzung der patentierten Maschine stehen zu:

dem **Patentinhaber**:

- das Recht am Patent (d.h. das ausschliessliche Recht, weitere solche Maschinentypen herzustellen und zu veräussern);

dem neuen **Eigentümer** der Maschine:

- das sachenrechtliche Eigentum an der Maschine,

- das Recht, diese einzelne Maschine zu veräussern.

24

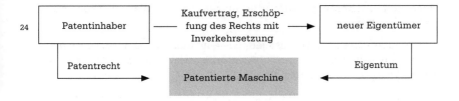

Schema 16: Rechte des Patentinhabers nach der rechtmässigen Inverkehrsetzung

D. Die Übertragung von Immaterialgüterrechten

Übertragung des Schutzrechts selbst

Von der oben erwähnten Erschöpfung des Immaterialgüterrechts – 25 genauer: der Erschöpfung des ausschliesslichen Verbreitungsrechts des Schutzrechtsinhabers an immaterialgüterrechtlich geschützten Produkten, die mit seiner Zustimmung in Verkehr gesetzt wurden – zu unterscheiden ist die *Übertragung eines Immaterialgüterrechts* als solches.

Originärer Rechtserwerb

Wie gezeigt, erwirbt der Schöpfer eines Immaterialgutes das entspre- 26 chende Immaterialgüterrecht entweder allein durch die Schöpfung des Werkes (Urheberrecht) oder durch die Patentierung einer Erfindung, der Registrierung eines Kennzeichens, eines Designs, einer Topographie oder einer neu gezüchteten Pflanzensorte. Es handelt sich in all diesen Fällen um einen *originären Rechtserwerb*.[3] Der Rechtsinhaber kann seine Immaterialgüterrechte in den Schranken des Gesetzes fortan selbst nutzen, indem er etwa ein Patent selbst verwertet oder ein urheberrechtlich geschütztes Computerprogramm auf dem Markt anbietet. Wie bereits gezeigt, umfasst die sachenrechtliche Eigentumsübertragung eines – unter Inanspruchnahme eines Immaterialgüterrechtes hergestellten – immaterialgüterrechtlich geschützten Gegenstandes (etwa einer DVD) nicht auch die Übertragung des Immaterialgüterrechtes an sich. Das absolute Schutzrecht erschöpft sich nur mit Bezug auf das Recht zur (sachenrechtlichen) Veräusserung und Weiterveräusserung des Gegenstandes.

Bedürfnis nach Übertragung von Immaterialgüterrechten

Der Schutzrechtsinhaber muss jedoch seine Immaterialgüterrechte nicht 27 unbedingt selber verwerten – Immaterialgüterrechte können auch auf Dritte übertragen werden:

- Der Erfinder einer neuartigen Maschine kann beispielsweise ein 28 Interesse daran haben, sein Patent zu verkaufen, weil er selbst nicht über die nötigen Mittel verfügt, die Maschine industriell zu produzieren.

- Die Nachkommen desselben Erfinders haben ein Interesse daran, dass nach dem Tod des Schutzrechtsinhabers das Recht an einem Patent auf sie übergeht.

---

[3] Vgl. jedoch die Bestimmungen in Art. 332 OR und Art. 17 URG betreffend die Rechte des Arbeitgebers an Erfindungen, Designs oder Computerprogrammen, die im Arbeitsvertragsverhältnis geschaffen werden.

- Die Gläubiger des Erfinders wiederum sollen die Möglichkeit haben, ein bestimmtes Patent als Pfand für gewährte Kredite zu erhalten.

29 Die einzelnen Gesetze sehen die Übertragbarkeit der Immaterialgüterrechte ausdrücklich vor, teilweise enthalten sie auch Bestimmungen betreffend Form und inhaltliche Schranken der Übertragung. Immaterialgüterrechte können (wie Sachen) auf verschiedene Arten übertragen werden, namentlich:

Möglichkeiten des derivativen Rechtserwerbs

- rechtsgeschäftlich (z.B. durch Kaufvertrag oder Schenkung),

- erbrechtlich oder güterrechtlich,

- durch Zwangsverwertung,

- durch richterliches Urteil (z.B. bei einer Erfindungsanmassung) oder

- durch Enteignung im öffentlichen Interesse (vgl. Art. 32 PatG).

30 Für gewisse Teilrechte ist allerdings aus persönlichkeitsrechtlichen Gründen eine Übertragung nicht möglich (vgl. Art. 27 ZGB). Als unter Lebenden absolut unübertragbar gilt etwa das Recht auf Urhebernennung (Art. 9 Abs. 1 URG).[4]

Eine ähnliche Bestimmung findet sich auch im Patentgesetz: Auf das Recht auf Erfindernennung kann *im Voraus* nicht rechtswirksam verzichtet werden (Art. 6 Abs. 2 PatG).

31 Grundsätzlich können Immaterialgüterrechte entweder als *Ganzes* oder auch zerlegt in *Teilrechte* auf Dritte übertragen werden (z.B. als blosse Verbreitungs- oder Vervielfältigungsrechte).

Übertragung als Ganzes oder in Teilrechte zerlegt

32 Als *Teilrecht* des Urheberrechts gilt beispielsweise das Recht, ein Werk

- zu kopieren,

- anzubieten, zu veräussern oder sonst wie zu verbreiten oder

- aufzuführen (vgl. Art. 10 URG).

33 Als allgemeine Regel gilt, dass die Übertragung eines im Immaterialgüterrecht enthaltenen Teilrechts die Übertragung anderer Teilrechte nur mit einschliesst, wenn dies so vereinbart ist (*Zweckübertragungstheorie*).

Zweckübertragungstheorie

---

4   Vgl. dazu Art. 6bis Abs. 1 der Revidierten Berner Übereinkunft zum Schutz von Werken der Literatur und Kunst (SR 0.231.15). Nach Art. 1 Abs. 2 URG gilt diese Bestimmung auch im schweizerischen Recht.

Dies wird explizit ausgeführt in Art. 16 Abs. 2 URG: «Die Übertragung 34
eines im Urheberrecht enthaltenen Rechtes schliesst die Übertragung
anderer Teilrechte nur mit ein, wenn dies vereinbart ist.»

Die Erlaubnis des Schutzrechtsinhabers, ein urheberrechtlich geschütztes
Manuskript als Buch herauszugeben und zu veräussern, schliesst also
nicht gleichzeitig die Erlaubnis mit ein, dieses Buch zu verfilmen.

Unteilbarkeit der Immaterialgüterrechte in geografischer Hinsicht

Immaterialgüterrechte können also innerhalb der gesetzlichen Grenzen 35
als Ganzes oder in Teilrechte zerlegt übertragen werden. In *geografischer Hinsicht* sind Immaterialgüterrechte allerdings *innerhalb eines Rechtskreises oder einer Nation nicht teilbar*. Es ist beispielsweise nicht
zulässig, ein Immaterialgüterrecht für jeden Kanton einzeln abzutreten.
Ein Rechtsübergang wirkt immer für das ganze Gebiet der Schweiz.

Einen Ausweg bietet allerdings teilweise der Lizenzvertrag. Mit diesem 36
Instrument können *vertragliche Nutzungsrechte* am gleichen Immaterialgut für bestimmte, geografisch klar abgegrenzte Gebiete eingeräumt
werden (z.B. nur für den Kanton Zürich).

E.　Der Lizenzvertrag

Die vertragliche Einräumung von Nutzungsrechten

Eine bedeutende Rolle bei der *Einräumung von Nutzungsrechten* an 37
Immaterialgütern spielt der *Lizenzvertrag*. Ein Lizenzvertrag liegt vor,
wenn sich der an einem Immaterialgut Berechtigte (Lizenzgeber)
verpflichtet, einer andern Person (Lizenznehmerin) gegen Entgelt
(Lizenzgebühr) das Recht zur *Nutzung* eines Immaterialgutes oder an
einem Immaterialgüterrecht einzuräumen. Der Lizenzvertrag ermöglicht
der Lizenznehmerin, an der Monopolstellung des Lizenzgebers teilhaben zu können; der Lizenzgeber profitiert von der Möglichkeit, sein
geistiges Eigentum auf einer breiteren Basis wirtschaftlich zu nutzen.
Die grosse Bedeutung des Lizenzvertrages liegt darin begründet, dass
der Lizenzgeber weitere Personen an seinen Ausschliesslichkeitsrechten
teilhaben lassen kann, ohne seine Rechte als solche für immer abtreten
zu müssen. Die Marktteilnehmer können so über den Lizenzvertrag ihr
Rechtsverhältnis flexibler ausgestalten. Dies entspricht einem verbreiteten wirtschaftlichen Bedürfnis. Beispielsweise können – im Gegensatz
zur umfassenden Übertragung von Immaterialgüterrechten – mit dem
Lizenzvertrag Nutzungsrechte an Immaterialgütern auch geografisch
limitiert werden (z.B. beschränkt auf Regionen). Als Objekte eines
Lizenzvertrages kommen in Frage:

38   • alle spezialgesetzlich geschützten Immaterialgüterrechte;

Objekte des
Lizenzvertrages

• Anwartschaften auf Immaterialgüterrechte (sie beziehen sich etwa auf angemeldete Patente, deren Schutz noch nicht erteilt wurde [z.B. Art. 33 PatG]);

• Immaterialgüter, die spezialgesetzlich zwar schützbar wären, jedoch tatsächlich nicht geschützt sind (z.b. Erfindungen, die nie zur Patentierung angemeldet worden sind);

• Immaterialgüter, die spezialgesetzlich nicht geschützt werden können, weil sie z.b. die Voraussetzungen einer Patentierung nicht erfüllen. Ein Beispiel dafür wäre etwa ein (i.S.v. Art. 6 UWG bloss lauterkeitsrechtlich geschütztes) Geschäfts- oder Fabrikationsgeheimnis, an dem ein allfälliger Lizenznehmer ein geschäftliches Interesse haben kann.

Der Lizenzvertrag ist ein Innominatvertrag, der je nach konkreter Ausgestaltung Elemente von Miete, Pacht, Leihe, Kauf oder des Gesellschaftsrechts enthalten kann. Lizenzverträge kommen formfrei zustande, dies im Gegensatz zur (umfassenden) Übertragung der meisten Immaterialgüterrechte, die einer besonderen Form unterliegt. Die Erscheinungsformen des Lizenzvertrages sind entsprechend vielseitig:

39   • **Einfache Lizenz:** Bei der Einräumung einer einfachen Lizenz behält sich der Lizenzgeber vor, das Nutzungsrecht parallel auch Dritten einzuräumen oder das Immaterialgut selber zu verwerten.

Arten von
Lizenzen

• **Ausschliessliche Lizenz:** Dem Lizenznehmer wird ein ausschliessliches Nutzungsrecht eingeräumt.

• **Alleinlizenz:** Der Lizenzgeber behält sich gegenüber der Lizenznehmerin ein eigenes Nutzungsrecht vor.

• **Unterlizenz:** Der Lizenznehmer räumt einem Unterlizenznehmer ein Nutzungsrecht ein.

• **Cross-Licence** (Lizenzaustauschvertrag): Beide Parteien sind bezüglich zweier Lizenzobjekte sowohl Lizenzgeber als auch Lizenznehmer.

• **Zwangslizenz:** Der Gesetzgeber verpflichtet den Lizenzgeber, einem Dritten eine Lizenz einzuräumen (Art. 23 URG; Art. 29 Abs. 3, 36, 37, 40, 40a PatG; Art. 22 SortG).

- **Gesetzliche Lizenz:** Es handelt sich nicht um einen Lizenzvertrag, sondern um eine Beschränkung des Verbotsrechts durch den Gesetzgeber, ohne dass eine vertragliche Regelung nötig oder auch nur möglich wäre. Der Begriff wird in der Schweiz ausschliesslich im Urheberrecht verwendet (Art. 19 i.V.m. Art. 20 Abs. 2 und 3 URG).

Pflichten des Lizenzgebers

Der Lizenzvertrag lässt sich auch durch die Rechte und Pflichten der Vertragsparteien umschreiben. Zu den **Hauptpflichten des Lizenzgebers** gehören: 40

- Einräumen der Nutzungsrechte am Lizenzgegenstand; 41
- Erhalten oder Aufrechterhalten der Schutzrechte (Bezahlen der Patentgebühren, Eintragung einer Marke);
- Verteidigung der Immaterialgüterrechte gegen Eingriffe Dritter;
- Rechts- und Sachgewährleistung;
- evtl. die Haftung bei Ansprüchen Dritter gegen den Lizenznehmer (z.B. wenn der Lizenznehmer durch die Nutzung der lizenzierten Rechte Schutzrechte Dritter verletzt).

Zu den **Hauptpflichten der Lizenznehmerin** gehören: 42

- Bezahlen einer Lizenzgebühr (Pauschal-, Umsatz-, Stückgebühr usw.);
- evtl. Benutzungspflicht (insbesondere in jenen Fällen, in denen die Höhe der Lizenzgebühr von der Benutzung der Lizenz abhängig gemacht wird).

Neben diesen Hauptpflichten kann ein Lizenzvertrag je nach der konkreten Vertragsgestaltung eine Fülle von Nebenpflichten beinhalten. 43

F. Erlöschen von Immaterialgüterrechten

Die beschränkte Schutzdauer von Immaterialgüterrechten

Mit Ausnahme des Marken- und des Firmenrechtes erlöschen die Immaterialgüterrechte nach Ablauf einer gesetzlich festgelegten absoluten Schutzfrist. Die Beschränkung der Schutzdauer soll einen Ausgleich zwischen den individuellen Interessen der Schutzrechtsinhaber und jenen der Allgemeinheit ermöglichen. Die Dauer des maximalen Schutzes 44 ist bei den verschiedenen Immaterialgüterrechten uneinheitlich und lässt sich auch unterschiedlich begründen:

45   • Die lange Schutzdauer des Urheberrechtes an einem Kunstwerk (70 Jahre nach dem Tod des Urhebers) widerspiegelt den Respekt vor der Individualität der Schöpfung und der eng mit dem Werk verbundenen Persönlichkeit des Urhebers. Für spätere Generationen soll das Werk aber zum allgemeinen Kulturgut werden.

• Die kürzere Schutzdauer des Patentrechts (20 Jahre) widerspiegelt die Schnelligkeit des technischen Fortschritts sowie die Tatsache, dass Erfindungen oft auf gesellschaftlichen Vorleistungen beruhen (technischer Fortschritt), die nicht das alleinige Verdienst des Erfinders darstellen.

G. Das Territorialitätsprinzip

46   Wer in einem Land eine Sache käuflich zu Eigentum erwirbt, wird aufgrund des gültigen Erwerbstitels weltweit in seinem Eigentumsrecht geschützt. Das Sacheigentum hat somit internationale Wirkungen. Für das geistige Eigentum gilt dies nicht analog! Die Wirkung erworbener Immaterialgüterrechte bleibt auf das Hoheitsgebiet des jeweiligen Staates beschränkt (Territorialitätsprinzip), der die betreffenden Immaterialgüterrechte durch seine Gesetze anerkannt hat (Schutzlandprinzip). Immaterialgüterrechte werden durch die Rechtsordnungen der einzelnen Länder prinzipiell autonom und unabhängig von ausländischen Regelungen über das gleiche Immaterialgut festgelegt. Immaterialgüterrechte müssen daher unabhängig vom gesetzlichen Schutz in anderen Ländern in jedem Land einzeln erworben werden.

Territorialitäts- und Schutzlandprinzip

47   Nach dem Territorialitätsprinzip entfaltet ein in der Schweiz erteiltes Patent seine Ausschliesslichkeitswirkung somit prinzipiell nur auf dem Hoheitsgebiet der Schweiz. Eine in der Schweiz erfolgte Patentrechtsverletzung kann dem Rechtsverletzer jedoch weltweit entgegengehalten werden.

In einem anderen Land kann dieselbe Erfindung allerdings von jedermann gewerblich frei genutzt werden, sofern in diesem Land nicht auch ein entsprechendes Patent für die Erfindung erteilt wurde. Ob die in der Schweiz patentierte Erfindung in diesem Drittland allerdings patentfähig wäre, würde unabhängig von der Patenterteilung in der Schweiz allein nach dem Recht dieses Landes geprüft.

Das staatsver-
traglich gewährte
Prinzip der Inlän-
derbehandlung

Diese Auswirkungen des Territorialitätsprinzips sind unbefriedigend. 48
Deshalb schliessen Staaten schon seit dem 19. Jahrhundert auf zwischenstaatlicher Ebene Verträge zur gegenseitigen Anerkennung von Immaterialgüterrechten ab. Dabei werden die unterschiedlichen immaterialgüterrechtlichen Bestimmungen der Vertragsstaaten vereinheitlicht.
Darüber hinaus werden die in einem Vertragsstaat anerkannten Schutzrechte auch von den anderen Vertragsstaaten anerkannt. Das heisst,
Angehörige von Staaten, welche die Verträge ratifiziert hatten, können
in den anderen Vertragsstaaten den gleichen Schutz ihrer Immaterialgüter beanspruchen wie die Angehörigen jedes einzelnen Staates aufgrund
von dessen nationaler Immaterialgüterrechtsgesetzgebung (*Prinzip der
Inländerbehandlung*).

Internationale
Übereinkommen
im Immaterial-
güterrecht

Einige der wichtigsten immaterialgüterrechtlichen Staatsverträge sind: 49

- das immer wichtiger werdende WTO-Abkommen über handelsre-
levante Aspekte des Schutzes geistigen Eigentums (**TRIPs-
Abkommen**) vom 15. Dezember 1993 (AS 1995, 2457 ff.), das sich
wie ein Bogen über viele der weiteren Staatsverträge spannt und
dem die meisten Staaten dieser Erde beigetreten sind,

- das **Pariser Verbandsübereinkommen** zum Schutz des gewerblichen Eigentums (PVÜ) vom14. Juli 1967 (SR 0.232.04),

- die **Revidierte Berner Übereinkunft** zum Schutz von Werken der
Literatur und Kunst (RBÜ) vom 24. Juli 1971 (SR 0.231.15),

- die Übereinkunft zur Errichtung der **Weltorganisation für geistiges
Eigentum** (OMPI oder WIPO) vom 14. Juli 1967 (SR 0.230),

- das **Revidierte Welturheberrechtsabkommen** (WUA) vom 24.
Juli 1971 (SR 0.231.01),

- das Übereinkommen über die Erteilung **Europäischer Patente**
(EPÜ) vom 5. Oktober 1973 (SR 0.232.142.2),

- das Madrider Abkommen über die **internationale Registrierung
von Marken** (MMA) vom 14. Juli 1967 (SR 0.232.112.3),

- das Haager Abkommen über die **internationale Hinterlegung
gewerblicher Muster oder Modelle** (HMA) vom 28. November
1960 (SR 0.232.121.2).

H. Das Verhältnis der Immaterialgüterrechte zum Wettbewerbsrecht

50 Das besondere Verhältnis zwischen dem Immaterialgüterrecht und dem UWG hat uns bereits im Kapitel über das Lauterkeitsrecht beschäftigt. Während die Spezialgesetze dem Immaterialgüterrecht eigentumsähnliche Rechte verleihen, bietet das UWG bei nicht absolut geschützten Immaterialgütern einen ergänzenden und meistens subsidiären Schutz (Art. 3 d, 5, 6 UWG), sofern die spezifischen lauterkeitsrechtlichen Tatbestandsmerkmale gegeben sind. Wie steht es aber um das Verhältnis zwischen Immaterialgüterrecht und Kartellrecht? Immaterialgüterrechte verleihen ihren Inhabern für eine beschränkte Zeit ein *Monopol* an einem wirtschaftlich verwertbaren Immaterialgut. Steht dies nicht in offensichtlichem Gegensatz zu dem im Wettbewerbsrecht geltenden *Prinzip des wirksamen Wettbewerbs*?

Das Immaterialgüterrecht als Gegensatz zum Wettbewerbsrecht?

Sicherlich kann der Aufbau einer immaterialgüterrechtlich geschützten Marktposition eine wettbewerbsbeschränkende Wirkung zur Folge haben. Die Preispolitik des Inhabers einer ausschliesslichen Lizenz – bspw. des Alleinanbieters eines bestimmten Medikaments – sähe sicherlich anders aus, wenn er sein Produkt in Konkurrenz zu zehn anderen konkurrierenden Herstellern anbieten müsste.

51 Dem ist aber entgegenzuhalten, dass die Entwicklung eines neuen Medikaments, die Züchtung einer neuen Pflanzensorte oder die geniale Erfindung eines Computerprogramms oft mit sehr grossen finanziellen Investitionen verbunden sind. Es wäre unbillig, wenn nun andere Marktteilnehmer diese Produkte einfach kopieren dürften, ohne einen Beitrag an die Entwicklungskosten geleistet zu haben. Sie sollten nicht im gleichen Masse vom Markterfolg des Produktes profitieren.

52 Die Schöpfer eines Immaterialgüterrechts können daher ihre geistigen und finanziellen Investitionen durch dessen Verkauf oder Verwertung aktivieren und bereits während dessen Schutzdauer mittels höherer Preise amortisieren. Die Möglichkeit, durch ein rechtlich eingeräumtes Monopol Gewinne erzielen zu können, kann sich daher auf den Wettbewerb als Ganzes positiv auswirken, da dieser Schutz erst einen Anreiz zur Innovation schafft.

Die Innovationsfreundlichkeit der Immaterialgüterrechte

Ausserdem muss die mit einem Immaterialgüterrecht verbundene [53] Monopolstellung nicht notwendigerweise zum Missbrauch einer marktbeherrschenden Stellung im Sinne des Kartellrechts führen. Trotzdem können insbesondere Lizenzverträge wettbewerbsbeschränkende Klauseln beinhalten (z.B. Preisabsprachen, Mengenbeschränkungen oder Koppelungsgeschäfte). Ebenso können bestimmte Arten der Ausübung [5] – oder allenfalls die Nichtausübung [6] – von Immaterialgüterrechten als Missbrauch einer marktbeherrschenden Stellung angesehen werden.

---

[5]   Zur wettbewerbsmissbräuchlichen Ausübung eines Urheberrechts durch ein marktbeherrschendes Unternehmen, vgl. den Fall EuGH, Rs. C-241/91 P und C-242/91 P, Slg. 1995, I-00743 (Radio Telefis Eireann (RTE) und Independent Television Publications LTD (ITP)/Kommission der Europäischen Gemeinschaften).
[6]   Zum Erwerb einer ausschliesslichen Lizenz an einem Patent durch ein marktbeherrschendes Unternehmen vgl. den Fall EuGH, Rs. C-234/89, Slg. 1990, II-00309 (Tetra Pak Rausing SA/ Kommission der Europäischen Gemeinschaft).

7. Kapitel: Immaterialgüterrecht II: Patentrecht

Lernziele

▶ Sie kennen die Grundzüge des schweizerischen Patentrechts.

Gesetzliche Grundlagen

- Bundesgesetz über die Erfindungspatente (Patentgesetz, PatG) vom 25. Juni 1954, SR 232.14

- Verordnung über die Erfindungspatente vom 19. Oktober 1977 (Patentverordnung, PatV), SR 232.141

- Übereinkommen über die Erteilung europäischer Patente (Europäisches Patentrechtsübereinkommen, EPÜ), abgeschlossen in München am 5. Oktober 1973, SR 232.142.2

- Vertrag über die internationale Zusammenarbeit auf dem Gebiet des Patentwesens (PCT), abgeschlossen in Washington am 19. Juni 1970, SR 0.232.141.1

- Pariser Verbandsübereinkunft zum Schutz des gewerblichen Eigentums (PVÜ), revidiert in Stockholm am 14. Juli 1967, SR 0.232.01/04

Literaturhinweise

ROLAND VON BÜREN / EUGEN MARBACH, Immaterialgüter- und Wettbewerbsrecht, Band I/1, Allgemeiner Teil, Grundlagen, 2. Auflage, Bern 2002.

KAMEN TROLLER, Grundzüge des schweizerischen Immaterialgüterrechts, 2. Auflage, Basel 2005.

A. Fall VI

Der unternehmerische Erfolg des umtriebigen Hans liegt nicht zuletzt auch darin begründet, dass es ihm immer wieder gelingt, bestausgewiesene Mitarbeiter für seinen Betrieb zu finden. Einer dieser Fachkräfte ist Jakob A., der technische Abteilungsleiter des in die Autogarage integrierten Karosseriebetriebes.

Im Pflichtenheft des Ingenieurs HTL Jakob ist unter anderem festgehalten, dass dieser neben der Oberaufsicht über die mittlerweile 20 Angestellten der Karosserieabteilung auch die Produktionsverfahren für die Kühlerhauben und Kotflügel rationalisieren soll. Der Tüftler Jakob nahm sich dieser anspruchsvollen Aufgabe mit Elan an und entwickelte schon bald die Idee zu einem bis anhin völlig neuartigen, vollautomatischen Blechschneid- und Walzverfahren, das die Produktionszeit einer Motorhaubenserie von 20 Stück halbierte. In der Folge gelang es dem Ingenieur ausserdem, nach seinen Plänen im garageeigenen Karosseriebetrieb einen Prototypen herzustellen, der dessen Funktionsfähigkeit nachwies und auf eine betriebswirtschaftlich viel versprechende Serienproduktion schliessen liess.

Hans und Jakob reichen daraufhin beim Europäischen Patentamt in München ein Gesuch um Erteilung eines Erfindungspatentes für die Länder Schweiz, Fürstentum Liechtenstein, Deutschland, Österreich, Italien und Frankreich ein.

B. Die Schutzobjekte des Patentrechts

1   *Ein Patent ist ein vom Staat erteilter Schutztitel, der den Inhaber für maximal 20 Jahre davor schützt, dass seine Erfindung ohne seine Zustimmung wirtschaftlich verwertet wird.*

Schutzobjekte des Patentrechts: Erfindungen

2   Patente werden für *neue, gewerblich anwendbare Erfindungen* erteilt (Art. 1 Abs. 1 PatG). Eine Erfindung im rechtlichen Sinn liegt dann vor, wenn «dank einer schöpferischen Idee durch eine neue, originelle Kombination von Naturkräften oder –stoffen ein technischer Nutzeffekt erzielt wird, der einen wesentlichen *technischen Fortschritt* bedeutet».[1] Anders ausgedrückt: *Eine Erfindung ist die abstrakte Anleitung dazu, wie ein bestimmtes technisches Problem mit technischen Mitteln zu lösen ist.* Diese Anleitung muss ausserdem so vermittelt werden können, dass sie von Fachleuten jederzeit verstanden, nachvollzogen und wiederholt werden kann.

Definition der Erfindung im Sinne des Patentrechts

3   Wie bei allen immaterialgüterrechtlich schützbaren Gütern muss einer Erfindung eine geistige Schöpfung zugrunde liegen. Ein Patent wird allerdings nur erteilt für *gewerblich verwertbare Erfindungen* aus dem *Bereich der Technik.* Nach der Praxis zum Patentgesetz sowie nach dem EPÜ wird insbesondere in folgenden Fällen *kein Patentschutz* erteilt:

4   a) für vorbestehende Naturgesetze oder Entdeckungen, welche die Natur lediglich beschreiben und nichts Neues schaffen. Die Entdeckung der Elektrizität hätte beispielsweise nicht patentiert werden können. Dennoch kann sie die Grundlage für ein Patent abgeben, z.B. für ein Verfahren zur Herstellung oder Nutzung von Elektrizität als Treibkraft;

b) für nichttechnische Anweisungen an den menschlichen Geist, die dem Menschen zwar ein bestimmtes Verhalten vorschreiben und einen bestimmten Erfolg herbeiführen, allerdings *ohne* dabei Naturkräfte unmittelbar einzusetzen und *ohne* dabei ein technisches Problem zu lösen. Dazu gehören z.B. Werbekonzepte, Spielregeln, mathematische Formeln oder wissenschaftliche Theorien;

c) für ästhetische Formschöpfungen; denkbar ist in diesen Fällen jedoch ein Schutz durch das Design- oder allenfalls das Urheberrecht;

d) für Computerprogramme; sie sind jedoch urheberrechtlich geschützt.

----

[1]   BGE 95 I 579, 581.

C. Patentfähigkeit einer Erfindung

Damit eine Erfindung patentiert werden kann, müssen drei positive und [5] eine negative Voraussetzung erfüllt sein:

1. Eine Erfindung muss neu sein

Neuheit der
Erfindung

Nicht als neu gilt eine Erfindung, wenn sie entweder bereits zum *Stand* [6] *der Technik* gehört oder Gegenstand eines gültigen Patentes ist, das aufgrund einer früheren oder prioritätsälteren Anmeldung erteilt wurde (Art. 7, 7a PatG; Art. 54 EPÜ).

- Den Stand der Technik bildet alles, was vor Anmelde- oder Priori- [7] tätsdatum der Öffentlichkeit[2] durch schriftliche oder mündliche Beschreibung, durch Benützung oder in sonstiger Weise zugänglich gemacht worden ist (Art. 7 Abs. 2 PatG).

- Vgl. jedoch auch Art. 7b PatG sowie Art. 55 EPÜ betreffend unschädliche Offenbarungen von Erfindungen infolge offensichtlichen Missbrauchs oder infolge Präsentation der Erfindung an einer Ausstellung (die **Ausstellungspriorität**).

2. Die Erfindung muss das Ergebnis einer erfinderischen Tätigkeit sein

Erfordernis der
erfinderischen
Tätigkeit

Eine Erfindung beruht nicht auf einer erfinderischen Tätigkeit, wenn sie [8] sich für den *Fachmann in nahe liegender Weise aus dem Stand der Technik ergibt* (Art. 1 Abs. 2 PatG, Art. 56 EPÜ).

«Der Begriff des Erfinderischen beginnt nach der Rechtsprechung des [9] Bundesgerichts erst jenseits der Zone, die zwischen dem bereits bekannten Stand der Technik und dem liegt, was der durchschnittlich gut ausgebildete Fachmann des einschlägigen Gebiets gestützt darauf mit seinem Wissen und seinen Fähigkeiten weiterentwickeln und finden kann. Entscheidend ist daher, ob ein solcher Fachmann nach all dem, was an Teillösungen und Einzelbeiträgen den Stand der Technik ausmacht, schon mit geringer geistiger Anstrengung auf die Lösung des Streitpatents kommen kann, oder ob es dazu eines zusätzlichen schöpferischen Aufwands bedarf.»[3]

....

[2] Zu den Voraussetzungen, unter denen eine Erfindung als der Öffentlichkeit zugänglich gemacht gilt, vgl. BGE 117 II 480.
[3] BGE 123 III 485, 488.

3. Die Erfindung muss gewerblich anwendbar sein

10 Als gewerblich anwendbar gilt eine Erfindung, wenn ihr Gegenstand auf irgendeinem gewerblichen Gebiet einschliesslich der Landwirtschaft hergestellt und benutzt werden kann (Art. 57 EPÜ).

Gewerbliche Anwendbarkeit

4. Die Erfindung darf nicht vom Patentschutz ausgenommen sein

11 Gewisse Erfindungen werden von der Patentierung ausgeschlossen, selbst wenn sie die erwähnten Voraussetzungen erfüllen. Es handelt sich dabei um:

Nicht patentierfähige Erfindungen

a) Erfindungen, deren Verwertung gegen die öffentliche Ordnung oder gegen die guten Sitten verstossen würde (Art. 2 lit. a PatG);

b) Verfahren der Chirurgie, Therapie und Diagnostik, die am menschlichen und tierischen Körper angewendet werden (Art. 2 lit. b PatG);

c) Erfindungspatente für Pflanzensorten, Tierrassen und für im Wesentlichen biologische Verfahren zur Züchtung von Pflanzen und Tieren (Art. 1a PatG). Gewisse Pflanzengattungen und Pflanzenarten werden jedoch durch das Sortenschutzgesetz geschützt.

D. Recht auf das Patent

12 Eine Erfindung verleiht dem *Berechtigten* einen *Anspruch auf Patenterteilung* (Art. 3 PatG). In Fällen, in denen ein Dritter ohne Ermächtigung des Erfinders ein Patentgesuch für dessen Erfindung eingereicht oder bereits ein Patent dafür erhalten hat, kann der Berechtigte auf *Abtretung* des Patentgesuches oder des Patentes oder auf *Nichtigkeit* des Patentes klagen (Art. 29 ff. PatG).

Anspruch auf Patenterteilung

13 Der Anspruch auf Patenterteilung kann mehreren Personen zustehen:

Anspruchsberechtigte

- dem *Erfinder* selbst. Insbesondere der Anspruch auf *Erfindernennung* im Patentregister steht ausschliesslich dem Erfinder zu;

- seinen *Rechtsnachfolgern*, z.B. den Erben;

- dem *Arbeitgeber*, wenn es sich um Erfindungen des Arbeitnehmers handelt, die in Ausübung der dienstlichen Tätigkeit und in Erfüllung vertraglicher Pflichten gemacht wurden (Art. 332 Abs. 1 OR); [4]

- *Dritten*, denen eine Erfindung aus einem anderen Rechtsgrund gehört. So geht etwa das Recht auf das Patent bei Vorliegen eines Forschungsauftrags auf den Auftraggeber über (vgl. Art. 401 OR);

- *mehreren Erfindern*, die eine Erfindung *gemeinsam* gemacht haben. Haben jedoch mehrere dieselbe Erfindung *unabhängig voneinander* gemacht, so steht das Recht dem zu, der sich auf die frühere oder prioritätsältere Anmeldung berufen kann (Art. 3 Abs. 3 PatG).

Das Prioritäts-recht gemäss PatG und PVÜ

Das *Prioritätsrecht* spielt im Vorfeld der Patenterteilung *im internationalen Kontext* eine besonders wichtige Rolle. Ist nämlich ein Patentgesuch für eine Erfindung *in einem anderen Land* eingereicht worden, für das die Pariser Verbandsübereinkunft (PVÜ)[5] gilt, oder *mit Wirkung für ein solches Land*, so entsteht nach Art. 4 PVÜ ein Prioritätsrecht. Dieses kann beansprucht werden, wenn ein Patentgesuch für die gleiche Erfindung in der Schweiz innerhalb von zwölf Monaten seit der Erstanmeldung eingereicht wird (Art. 17 Abs. 1 PatG).   14

E. Patentregistrierung

1. Die nationale Registrierung

Formelle Erfordernisse der Registrierung

Für ein Erfindungspatent muss beim Institut für Geistiges Eigentum (IGE) ein entsprechendes Patentgesuch eingereicht werden (Art. 49 PatG).[6] Das Patentgesuch muss enthalten: 15

a) einen **Antrag** auf Erteilung des Patentes;   16

b) eine **Beschreibung** der Erfindung. Die Erfindung ist so zu beschreiben, dass danach die technische Aufgabe und ihre Lösung verstanden werden können. Insbesondere ist die Erfindung im Patentgesuch so darzulegen, dass ein Fachmann sie ausführen kann (Art. 50 PatG);

---

[4] Die Erfinderehre, d.h. der Anspruch auf Erfindernennung im Rahmen einer Patentanmeldung, steht allerdings aus persönlichkeitsrechtlichen Gründen trotzdem dem Arbeitnehmer zu.

[5] SR 0.232.04.

[6] Vgl. dazu Art. 21 ff. PatV.

c) einen oder mehrere **Patentansprüche**. Die Erfindung ist in einem oder in mehreren Patentansprüchen zu definieren (Art. 51 PatG), in denen die technischen Merkmale klar und möglichst knapp umrissen sein müssen. Die rechtliche Funktion des Patentanspruchs besteht darin, die Grenzen des Schutzbereichs, d.h. den sachlichen Geltungsbereich, abzustecken. Es gilt, die spezifischen Merkmale einer Erfindung so präzise zu umschreiben, dass sie sich von anderen Erfindungen klar abgrenzen lässt. Ein Patentanspruch wird in der Regel so abgefasst, dass (wie in einem Obersatz) zuerst gesagt wird, welcher Gattung die Erfindung angehört. Im kennzeichnenden Teil (also im Untersatz) wird anschliessend dargelegt, durch welche Merkmale sie sich innerhalb dieser Gattung von anderen Erfindungen unterscheidet. Grundsätzlich muss ein Patentanspruch so abgefasst sein, dass ein Fachmann gestützt darauf erkennen kann, wofür der Erfindungsschutz verlangt wird. Zum besseren Verständnis der Erfindung können dabei auch die Beschreibung (vgl. oben 2.) und die Zeichnungen (vgl. unten 4.) als Auslegungshilfe beigezogen werden;[7]

d) **Zeichnungen**, auf die sich die Beschreibung oder die Patentansprüche beziehen;

e) eine **Zusammenfassung**.

17 Ist das Gesuch vollständig eingereicht worden, prüft das IGE, ob es sich beim Gegenstand der Patentanmeldung um eine gewerblich anwendbare Erfindung handelt und ob einer Patentregistrierung keine Ausschlussgründe (Art. 1a, 2 PatG) entgegenstehen. Sind diese Voraussetzungen nicht oder nur teilweise erfüllt, macht das Institut dem Anmelder davon Mitteilung und setzt ihm eine Frist zur Stellungnahme. Sind die Voraussetzungen erfüllt, wird das Patent durch Eintragung ins Patentregister erteilt (Art. 60 PatG) und veröffentlicht (Art. 61 PatG). Nach Abschluss eines positiv verlaufenen Patenterteilungsverfahrens gibt das IGE für jedes Patent eine Patentschrift heraus, in der die Erfindung definiert und beschrieben wird (Art. 63 PatG). *Das Verfahren*

18 Verfügungen des IGE, z.B. die vollständige oder teilweise Abweisung eines Patentgesuches, unterliegen der Beschwerde an die Rekurskommission für geistiges Eigentum (Art. 59c PatG).

19 Wichtig ist Folgendes: Das IGE prüft im Patenterteilungsverfahren weder die Neuheit einer Erfindung, noch prüft es die Frage, ob sie auf einer erfinderischen Tätigkeit beruht (Art. 59 Abs. 4 PatG). Die Patenter- *Kein Schutz bei Rechtsansprüchen besser Berechtigter*

---

7   Vgl. dazu BGE 107 II 366, 369 f. Erw. 2 (Liegemöbel-Gestell).

teilung bestätigt also nur die formelle Existenz eines Patentrechts und nicht auch dessen materiellen Bestand (Art. 1 Abs. 3 PatG). Die Gültigkeit eines erteilten Patentes wird jedoch vermutet, solange die Rechtsstellung des Patentinhabers nicht auf dem Klageweg in Frage gestellt wird.

2. Die europäische Patenterteilung

Das europäische Patent

Nach dem EPÜ können für Erfindungen auch europäische Patente erteilt [20] werden. Die Anmeldung einer Erfindung wird vom Europäischen Patentamt (EPA) in München in einem zentralisierten Verfahren umfassend daraufhin geprüft, ob die Erfindung *neu ist*, einer *erfinderischen Tätigkeit* entspringt und *gewerblich anwendbar* ist. Sind diese Voraussetzungen erfüllt, wird das Patent erteilt. Ein europäisches Patent entfaltet in den vom Anmelder gewählten Vertragsstaaten dieselbe Wirkung wie ein nationales Patent (Art. 64 EPÜ, Art. 110 PatG) und wird auch von den *nationalen Patentämtern* verwaltet. Folgerichtig kann seine Gültigkeit auch bei den zuständigen *nationalen Gerichten* angefochten werden. Dank dem zentralisierten Prüfungsverfahren beim EPA kann eine Erfindung mit einer einzigen Anmeldung in bis zu 20 europäischen Ländern einschliesslich der Schweiz geschützt werden. Das europäische Patent wirkt allerdings nicht als supranationaler Schutztitel, sondern führt – in Übereinstimmung mit dem Schutzlandprinzip[8] – zu einem Bündel von nationalen Patenten, die dem jeweils massgeblichen nationalen Recht unterstehen.[9]

3. Die internationale Patentanmeldung

Die PCT-Anmeldung

Gestützt auf den Vertrag über die internationale Zusammenarbeit auf [21] dem Gebiet des Patentwesens (PCT) kann unter Vermittlung des IGE bei der Internationalen Organisation für geistiges Eigentum (World Intellectual Property Organization, WIPO) in Genf ein Patentanmeldeverfahren für über 90 Vertragsstaaten eingeleitet werden. Es handelt sich dabei aber lediglich um ein zentralisiertes Anmelde- und Rechercheverfahren. Die WIPO prüft die Anmeldungen nicht selber und erteilt auch keine Patente. Dies bleibt die Aufgabe der einzelnen Staaten und ihrer Behörden (für die Schweiz das IGE) oder der regionalen Organisationen (für das Europäische Patentrechtsübereinkommen das EPA), für deren Gebiet der Patentschutz gewünscht wird. Die Vorteile des PCT-Verfahrens bestehen also primär darin, dass mit einer einzigen Anmeldung in einer Vielzahl von Staaten (insbesondere auch ausserhalb Europas) ein Patent beantragt werden kann.[10]

....

[8] Dazu oben, S. 169, N 46 ff.
[9] Zum Verhältnis von EPÜ und PatG: Art. 109 – 130 PatG.
[10] Zum Verhältnis von PCT und PatG: Art. 131 – 140 PatG.

22 Die unterschiedlichen Anmeldeverfahren ermöglichen es, doppelspurige Anmeldestrategien zu verfolgen. Das ist grundsätzlich zulässig. Eine gleiche Erfindung kann jedoch nur einmal patentiert werden, es gilt das Verbot des Doppelschutzes. In der Praxis kann sich daher die Frage stellen, welches Anmeldedatum gegenüber einem anderen Priorität beanspruchen kann. Das Patentgesetz sieht dazu folgende Regeln vor:

Das Verbot des Doppelschutzes

23 • Soweit für die gleiche Erfindung zwei Patente *mit gleichem Prioritätsdatum* erteilt worden sind, fällt im Zeitpunkt der Erteilung des Patentes der internationalen Anmeldung die Wirkung des Patentes der nationalen Anmeldung dahin (Art. 140 PatG). Die internationale Anmeldung hat somit Vorrang vor der nationalen Priorität.

Kollisionsrecht

• Soweit für die gleiche Erfindung sowohl ein schweizerisches als auch ein für die Schweiz wirksames europäisches Patent mit *gleichem Anmelde- oder Prioritätsdatum* erteilt worden ist, hat das europäische Patent vor dem schweizerischen Vorrang (Art. 125 PatG). Ebenso hat die europäische Patentanmeldung Vorrang vor einer internationalen Anmeldung nach dem PCT (Art. 126 PatG).

F. Inhalt und Schranken des Patentrechts

24 Die Rechte aus dem Patent entstehen mit der Patenterteilung. Das Patent verschafft seinem Inhaber:

25 • das *ausschliessliche Recht*, seine Erfindung *gewerbsmässig* zu nutzen (Art. 8 Abs. 1 PatG). Die rein private, d.h. nicht gewerbliche Nutzung einer patentierten Idee steht demgegenüber jedermann frei;

Die Einschränkung des Patentrechts durch den Grundsatz der Erschöpfung

• das *ausschliessliche Recht*, das *Produkt in Verkehr zu setzen oder einzuführen* (Art. 8 Abs. 2 PatG). Auch wenn das patentierte Produkt von einem Dritten, z.B. von einem Lizenznehmer, rechtmässig hergestellt wird, verbleibt das exklusive Recht, das Produkt in Verkehr zu setzen, dennoch beim Patentinhaber. Dies gilt allerdings nur, wenn die Lizenz nicht auch das Recht zur Inverkehrsetzung umfasst. Sobald jedoch ein Produkt rechtmässig in Verkehr gesetzt wurde, gilt das Patentrecht *mit Bezug auf den weiteren Rechtsverkehr im Inland als erschöpft*. Das sachen-

rechtliche Eigentum des Erwerbers geht dann dem Ausschliesslichkeitsrecht des Patentinhabers vor. Anders als im Marken- oder
Urheberrecht[11] gilt im Patentrecht nicht der Grundsatz der internationalen, sondern jener der *nationalen Erschöpfung*.[12] Dies
bedeutet, dass sich der inländische Patentinhaber gestützt auf
sein Patentrecht gegen die Einfuhr des im Inland patentrechtlich
geschützten Produktes zur Wehr setzen kann, und zwar auch
dann, wenn das betreffende Erzeugnis im Ausland rechtmässig
in Verkehr gesetzt worden ist.

Neben der Erschöpfung gibt es noch weitere Schranken des Patent-   26
rechts:

Weitere
Schranken des
Patentrechts

- *Das Mitbenützungsrecht*: Das Patent kann dem nicht entgegenge-   27
  halten werden, der dieselbe Erfindung bereits vor der Patentanmeldung im guten Glauben gewerbsmässig benützt hat (Art. 35
  Abs. 1 PatG);

- *Die abhängige Erfindung*: Kann eine wichtige neue Erfindung
  ohne Verletzung eines älteren Patents nicht benützt werden, so
  hat der Inhaber des jüngeren Patentes Anspruch auf eine nicht
  ausschliessliche Lizenz in dem für die Benützung erforderlichen
  Umfang (Art. 36 PatG).

Das Patentgesetz enthält zusätzliche Schranken, die in der Praxis nur   28
von geringer Bedeutung sind:

- die Klage auf *Erteilung einer nicht ausschliesslichen Lizenz* für die
  Benützung der Erfindung, wenn der Patentinhaber sie in der
  Schweiz nicht in genügender Weise ausgeführt hat und er diese
  Unterlassung überdies auch nicht zu rechtfertigen vermag. Als
  Ausführung im Inland gilt dabei auch die Einfuhr (Art. 37 PatG).
  Dies wäre etwa möglich im Fall, in denen durch die Nichtausfüh-
  rung eines bedeutenden Patentes oder den Nichtimport der im
  Ausland ausgeführten Erfindung die wirtschaftliche Entwicklung
  im Inland beeinträchtigt würde;

- die Klage auf *Löschung* des Patents, wenn dem Bedürfnis des
  inländischen Marktes durch die Erteilung von Lizenzen nicht
  Genüge getan wird (Art. 38 PatG);

---

[11] Vgl. dazu die Ausführungen in den entsprechenden Kapiteln: zum Markenrecht S. 200, N 44;
zum Urheberrecht S. 213, N 23 ff.

[12] BGE 126 III 129 (Kodak). Vgl. in diesem Zusammenhang insbesondere auch die Ausführungen
des Bundesgerichts zur Anwendung des Kartellrechts auf wettbewerbsmissbräuchliche,
patentrechtlich begründete Einfuhrmonopole in Erw. 9, 153 ff.

- Die Klage auf *Lizenzerteilung im öffentlichen Interesse* (Art. 40 PatG). Sie wäre etwa denkbar, wenn ein Patentinhaber *grundlos* keine Lizenz für ein bestimmtes Patent erteilen würde, um damit einen bedeutenden Fortschritt in der Humanmedizin zu blockieren.

G. Patentübertragung und Lizenz

29 Das Recht auf das Patent und das Recht am Patent können jederzeit rechtsgeschäftlich übertragen werden. Die Übertragung des Patentgesuches oder des Patentes bedarf jedoch zu ihrer Gültigkeit der schriftlichen Form (Art. 33 Abs. 2bis PatG), und sie entfaltet ihre Wirksamkeit gegenüber Dritten erst mit der Eintragung im Patentregister.

Der Patentbewerber oder Patentinhaber kann Dritte aber auch durch Lizenzerteilung zur Benützung einer Erfindung ermächtigen (Art. 34 PatG).

Derivativer Rechtserwerb

H. Dauer des Patents

30 Das Patentrecht dauert längstens bis zum Ablauf von 20 Jahren seit dem Datum der Anmeldung (Art. 14 PatG). Für Wirkstoffe von Arzneimitteln kann die Schutzdauer eines Patentes unter bestimmten Bedingungen durch ein ergänzendes Schutzzertifikat um maximal 5 Jahre verlängert werden (Art. 140e PatG).

Die Schutzdauer des Patentrechts

Das Patent erlischt ausserdem, wenn der Inhaber in einer schriftlichen Eingabe an das IGE darauf verzichtet oder wenn die fällige gewordene Jahresgebühr nicht rechtzeitig bezahlt wird (Art. 15 PatG).

I.   Rechtsschutz

Patentrechts-
verstösse

Das Patent verschafft seinem Inhaber das ausschliessliche Recht, die   31
Erfindung gewerbsmässig zu benützen (Art. 8 PatG). Wer in seinem
Patentrecht verletzt wird, kann gemäss Art. 66 PatG zivil- oder straf-
rechtlich jeden zur Verantwortung ziehen, der

> a) eine patentierte Erfindung widerrechtlich benützt oder nachahmt;

> b) sich weigert, der zuständigen Behörde die Herkunft der in seinem
> Besitz befindlichen, widerrechtlich hergestellten Erzeugnisse
> anzugeben;

> c) ohne Ermächtigung an Erzeugnissen das Patentzeichen (Art. 11
> PatG) entfernt;

> d) zu diesen Handlungen anstiftet, bei ihnen mitwirkt, ihre Bege-
> hung begünstigt oder erleichtert.

Zivilrechtliche
Klagen

In *zivilrechtlicher* Hinsicht stehen dem Bedrohten, dem in seinen Rechten   32
Verletzten oder dem Geschädigten die Unterlassungs- oder die Beseitigungsklage oder die Klage auf Schadenersatz offen (Art. 72 f. PatG). Wer
glaubhaft macht, dass schwerwiegende Nachteile drohen, kann beim
Richter vorsorgliche Massnahmen beantragen (Art. 77 PatG).

Wer ein generelles Interesse nachweist, kann ausserdem auf Feststellung   33
des Vorhandenseins oder des Fehlens eines nach dem PatG zu beurtei-
lenden Tatbestandes oder Rechtsverhältnisses klagen (Art. 74 PatG).

Strafrechtliche
Tatbestände

In *strafrechtlicher* Hinsicht können nicht nur vorsätzliche Patentrechts-   34
verletzungen i.S.v. Art. 66 PatG, sondern ebenso vorsätzliche, widerrechtliche Patentberühmungen geahndet werden (Art. 81 ff. PatG).

J. Revision des Patentrechts

35 Das Patentgesetz ist Gegenstand einer laufenden Teilrevision. Ein Kern-punkt der Gesetzesrevision betrifft die nähere Definition des Schutzes *biotechnologischer Erfindungen.*[13] Die wichtigsten Stichworte dazu:

Gesetzesrevision

36 • Bestimmung der Grenzen der Patentierbarkeit durch eine beispiel-hafte Auflistung von Erfindungen, deren Verwertung gegen die öffentliche Ordnung oder die guten Sitten verstösst und deren Patentierung daher ausgeschlossen ist, z.B. Verfahren zum Klonen menschlicher Lebewesen oder Verfahren zur Veränderung der genetischen Identität menschlicher Lebewesen;

• Regelung der Erschöpfung für in Verkehr gesetztes biologisches Material;

• Offenbarung biotechnologischer Erfindungen durch Hinterlegung von Proben;

• Form der Patentanmeldung.

---

[13] Das schweizerische Patentrecht soll dabei u.a. an die Richtlinie 98/44/EG des Europäischen Parlaments und des Rates vom 6. Juli 1998 über den rechtlichen Schutz biotechnologischer Erfindungen angepasst werden. Zum Stand im Zeitpunkt der Drucklegung vgl. Botschaft des Bundesrates vom 21.6.2005 und Gesetzesentwurf, BBl. 2005, S. 3773 ff. und 3809 ff.

K. Fragen zu Fall VI

Allgemeine Fragen:

1. Was versteht man unter einer Erfindung im patentrechtlichen Sinne?

2. Welches sind die Voraussetzungen der Patentfähigkeit einer Erfindung?

3. Welche Verteidigungsmöglichkeiten sieht das Patentrecht für den Berechtigten vor, wenn ein unberechtigter Dritter eine nicht patentierte, aber im Grundsatz patentfähige Erfindung auf seinen Namen patentieren lässt?

Konkrete Fragen zum Sachverhalt:

4. Nehmen wir an, dass die Voraussetzungen zur Patenterteilung erfüllt sind und das Patent für alle bezeichneten Länder erteilt wird. Wem steht im vorliegenden Fall das Recht auf das Patent zu?

5. Wem steht im vorliegenden Fall das Recht auf Erfindernennung zu?

   Die Autogarage AG lässt die viel versprechende Erfindung in der Folge in allen umliegenden Ländern mit Patentschutz (D, A, I, F) von Lizenznehmerinnen produzieren und vertreiben. In der Schweiz lässt sie die Erfindung ebenfalls von einer Lizenznehmerin produzieren; das Vertriebsrecht behält sich die Hans AG jedoch vor und vermarktet die neuartige Maschine im Inland und im Fürstentum Liechtenstein selber.

6. Kann sich die Autogarage AG rechtlich erfolgreich dagegen zur Wehr setzen, dass eine inländische Konkurrentin die patentierte Maschine in den Nachbarländern einkauft, diese in die Schweiz importiert und die Patentinhaberin im Inlandmarkt damit konkurriert?

7. Wenn ja: Könnten einem allfälligen Importmonopol wettbewerbsrechtliche Grenzen gesetzt werden?

8. Kapitel: Immaterialgüterrecht III: Markenrecht

Lernziele

▶ Sie kennen die Grundzüge des schweizerischen Markenrechts.

Gesetzliche Grundlagen

- Bundesgesetz über den Schutz von Marken und Herkunftsangaben (Markenschutzgesetz, MSchG) vom 28. August 1992, SR 232.11

Literaturhinweise

ROLAND VON BÜREN / LUCAS DAVID (Hrsg.), Schweizerisches Immaterialgüter- und Wettbewerbsrecht, Band III / 2, Kennzeichenrecht, 2. Auflage, Basel 2005.

ROLAND VON BÜREN / EUGEN MARBACH, Immaterialgüter- und Wettbewerbsrecht, Band I/1, Allgemeiner Teil, Grundlagen, 2. Auflage, Bern 2002.

KAMEN TROLLER, Grundzüge des schweizerischen Immaterialgüterrechts, 2. Auflage, Basel 2005.

A. Fall VII

Neben dem ursprünglichen Kerngeschäft der Autogarage AG – der Vertretung der beiden Marken X und Y im vertraglich vereinbarten Gebiet – gewinnt der Handel mit Occasionsfahrzeugen der Marken A und B für das wachsende Unternehmen von Hans zunehmend an Bedeutung. Die Gründe dafür liegen einerseits in der hervorragenden Qualität der angebotenen Dienstleistungen, anderseits aber auch in einem erfolgreich praktizierten Werbekonzept des Garagenbetriebes.

Einen wesentlichen Bestandteil dieses Konzepts bildet die nationale Werbung in Zeitungen und Zeitschriften mittels Inseraten. In diesen Inseraten wird in der Regel auf die verschiedenen Dienstleistungen hingewiesen, welche die Autogarage AG erbringt. Unter anderem ist darin in Fettdruck zu lesen:

Autogarage Hans AG

....

Ihr

☑ *AB-Spezialist*

in der Schweiz

....

Dieses von Hans selber kreierte, aber nicht markenrechtlich geschützte Logo ist auch auf dem Dach und über dem Eingang des Garagenbetriebes als Leuchtreklame angebracht. Überdies wird das Zeichen auf der Geschäftskorrespondenz des Unternehmens verwendet.

....

B. Überblick über das Kennzeichen- recht i.w.S.

1 Im Wirtschaftsrecht hat sich heute für den Bereich der Unternehmens- kennzeichen allgemein der Begriff «Kennzeichenrecht» eingebürgert. Zum Kennzeichenrecht im weiteren Sinn zählt man v.a.:

Das Kenn- zeichenrecht

- das Markenrecht,

- das Firmenrecht,

- das Namensrecht,

- das Recht der geschützten Herkunftsangaben,

- die Internet Domain Names sowie

- die Enseignes und sonstigen Geschäftsbezeichnungen, z.B. «Bären» als Kennzeichen für einen Gasthof.

2 Bevor wir uns mit dem Markenrecht im engeren Sinn beschäftigen, wollen wir uns einen kurzen Überblick über weitere Kennzeichen oder Kennzeichenrechte verschaffen.

3 **Firmenrecht (Art. 944 ff. OR):** Die Firma ist der im Handelsregister eingetragene Name eines *Unternehmens*.[1] Das Firmenrecht ist das obli- gationenrechtliche Pendant zum Namensrecht des ZGB (Art. 29 f. ZGB). Die Firma dient der Identifikation und der Individualisierung des Trägers oder der Trägerin der Unternehmung und ist als solche rechtlich geschützt (Art. 956 OR).

4 **Namensrecht (Art. 29 f. ZGB):** Das Namensrecht ist ein subjektives abso- lutes Persönlichkeitsrecht.[2] Natürliche Personen sowie Vereine und Stif- tungen können sich gestützt auf Art. 29 ZGB auf den Schutz ihres Namens berufen. Auch Pseudonyme, Künstlernamen oder Bezeichnungen von Rechtsgemeinschaften wie Stockwerkeigentümergemeinschaften oder einfachen Gesellschaften gelten als Namen im Sinne des ZGB. Im Imma- terialgüterrecht kann dem Namensrecht insbesondere dann eine wich- tige Auffangfunktion zukommen, wenn ein zu gewerblichen Zwecken genutzter Name nicht als Marke oder Firma registriert ist.

Name

5 **Enseignes** und sonstige **Geschäftsbezeichnungen**: Es handelt sich dabei um besondere Bezeichnungen des Geschäftsbetriebes oder des Geschäftslokals (Enseigne), welche im Handelsregister eingetragen

Geschäfts- bezeichnungen

....
[1]   Das Firmenrecht bildet Bestandteil der Lehrmittel im Gesellschaftsrecht.
[2]   Das Namensrecht bildet Bestandteil der Lehrmittel zum ZGB.

werden können (Art. 48 HRegV). Die Eintragung gewährt jedoch kein Recht auf ausschliesslichen Gebrauch. Da die Bezeichnungen von Geschäftslokalitäten auch nicht als Namen i.S.v. Art. 29 ZGB gelten, geniessen diese Kennzeichen praktisch nur den subsidiären Schutz über das Lauterkeitsrecht.

Internet Domain Names

Internet Domain Names: Auch eine im Internet registrierte Adresse [6] (z.B. www.bger.ch, www.google.com) gilt nicht als Marke oder Firma und geniesst in der Schweiz als Kennzeichen grundsätzlich nur lauterkeitsrechtlichen Schutz. Ist das als Domainname verwendete Kennzeichen jedoch markenrechtlich, firmenrechtlich oder namensrechtlich besonders geschützt oder damit verwechselbar, kann der Berechtigte einem Unberechtigten die Verwendung des Zeichens grundsätzlich verbieten.[3]

Registrierung von Domain Names

Internet Domain Names können jedoch auch registriert werden. Für die [7] Vergabe von Domainnamen ist aber nicht das IGE zuständig; Registrierungen von Domainnamen unter den Top Level Domains (TLDs) .com, .net, oder .org können vielmehr über eine von der *Internet Corporation for Assigned Names and Numbers (ICANN)* zugelassene Registrierungsstelle vorgenommen werden. Die Vergabe von Namen unter TLDs mit *Ländercode* (z.B. .ch, .de, .at oder .fr) ist Sache der jeweiligen Landesorganisationen. Die Registrierung schweizerischer (.ch) und liechtensteinischer (.li) Domainnamen obliegt der Stiftung SWITCH (www.switch.ch).

Wie bereits erwähnt ist der Inhaber eines markenrechtlich geschützten (d.h. in der Regel im Markenregister hinterlegten) Domainnamens gegen jeden Gebrauch eines identischen oder verwechselbar ähnlichen Domainnamens für gleiche oder gleichartige Produkte absolut geschützt. Aufgrund des Territorialitätsprinzips gilt dieser Schutz allerdings nur für diejenigen Länder, für die der Markenschutz nachgesucht wurde. Die zusätzliche Registrierung des Domainnamens bei der zuständigen Domainnamen-Registrierungsstelle dagegen lässt den Inhaber aus technischen Gründen zum weltweit alleinigen Benützer dieses Namens in der entsprechen Top Level Domain (z.B. .ch) werden, ohne dass allerdings ein absoluter Schutz des Domainnamens damit verbunden wäre. Die mit der Vergabe von Domainnamen betrauten Organisationen prüfen in der Regel die mit einem Domainnamen zusammenhängenden weiteren Kennzeichenrechte nicht. Der durch die Registrierung weltweit berechtigte Inhaber eines Domainnamens, dessen Kennzeichen nicht zugleich weltweit absolut (z.B. als Marke) geschützt ist, muss daher unter Umständen damit rechnen, dass berechtigte Dritte mögliche Rechtsansprüche geltend machen.

....

[3] BGE 126 III 239 (Berner Oberland), BGE 128 III 401 (Luzern).

8 **Ausländische Handelsnamen:** Ausländische Unternehmen können in der Schweiz *aktiv* oder auch sonst *bekannt* sein, obwohl sie im Inland keine Zweigniederlassung oder Filiale eingetragen haben und somit auch keinen firmenrechtlichen Schutz geniessen. Art. 8 PVÜ verpflichtet die Mitgliedstaaten, den Handelsnamen von ausländischen Unternehmen zu schützen, auch wenn er im Inland nicht registriert ist. Die Rechtsprechung gewährt solchen Handelsnamen den entsprechenden Schutz direkt über das PVÜ in Verbindung mit dem UWG und dem Namensrecht.[4]

Ausländische Handelsnamen

9 **Verpackungs- und Produktformen:** Auch die spezifische Ausstattung von Produkten kann Kennzeichnungskraft erlangen: Oft zitierte Beispiele sind etwa die besondere Form der Coca-Cola-Flasche oder der Toblerone-Schokolade. Sofern solche Kennzeichen nicht schon als Formmarken hinterlegt (und damit markenrechtlich geschützt) sind, ist zu prüfen, ob entweder ein lauterkeitsrechtlicher oder sogar ein urheberrechtlicher Schutz geltend gemacht werden kann.

Ausstattungen mit Kennzeichnungskraft

10 **Geografische Herkunftsangaben:** Gestützt auf die Landwirtschaftsgesetzgebung können Ursprungsbezeichnungen GUB (Appellation d'origine contrôlée, AOC) und geografische Herkunftsangaben GGA (Indication géographique protégée, IGP) von landwirtschaftlichen Erzeugnissen und deren Verarbeitungsprodukten in ein Register eingetragen werden. Die gesetzliche Grundlage dazu findet sich im Landwirtschaftsgesetz (Art. 14 ff. LwG)[5] und in den Ausführungsverordnungen.[6]

Herkunftsangaben

11 Ist ein Name eines Produktes in das Register eingetragen (z.B. *Vacherin Mont d'Or* als GUB/AOC oder *Bündnerfleisch* als GGA/IGP) so darf er nur von Produzenten des entsprechend definierten geografischen Gebiets benutzt werden. Diese müssen sich überdies an ein detailliertes Pflichtenheft halten. Eingetragene Ursprungsbezeichnungen und geografische Angaben sind insbesondere geschützt gegen jede kommerzielle Verwendung für andere Erzeugnisse, welche den Ruf geschützter Produkte ausnutzen, sowie gegen jede Anmassung, Nachahmung oder Nachmachung (Art. 16 Abs. 7 LwG).

12 Die Voraussetzungen zur Kennzeichnung von Waren und Dienstleistungen mit *nicht registrierten* Herkunftsangaben («*Schweizer* Käse», «Guäts us *Obwaldä*», «*St.Galler* Stickereien» usw.) sind in Art. 47 ff. MSchG geregelt.

---

4   Vgl. dazu BGE 109 II 483 (Computerland): Unlauterer Wettbewerb einer inländischen Unternehmung durch Gebrauch einer im Inland nicht eingetragenen Firma einer ausländischen Unternehmung.

5   SR 910.1.

6   Verordnung über den Schutz von Ursprungsbezeichnungen und geografischen Angaben für landwirtschaftliche Erzeugnisse und verarbeitete landwirtschaftliche Erzeugnisse (GUB/GGA-Verordnung), SR 910.12, sowie die Verordnung über die Kontrolle der GUB und GGA, SR 910.124.

C. Gegenstand und Funktion des Markenrechts

Die Kennzeichnungsfunktion der Marke

Als Marken gelten Kennzeichen, die geeignet sind, eine Ware oder eine 13 Dienstleistung zu individualisieren und von solchen anderer Unternehmen zu unterscheiden (Art. 1 Abs. 1 MSchG). Einer Marke kommt somit rechtlich primär eine *Unterscheidungsfunktion* zu. Sie hat jedoch auch eine gewisse *Abwehrfunktion*.

Eine erfolgreiche Marke stellt für eine Unternehmung einen Vermögens- 14 wert dar, denn diese hilft mit, die Bedeutung eines Produktes im Markt zu steigern und seinen Absatz zu fördern. Betriebswirtschaftlich hat eine Marke somit auch eine *Werbe- und Garantiefunktion*.[7]

Kennzeichnung von Waren oder Dienstleistungen

Im Gegensatz zur Firma kennzeichnet eine Marke stets nur eine *Ware* 15 oder eine *Dienstleistung* einer Unternehmung und nicht den Unternehmensträger. Es ist aber auch möglich und sogar häufig, dass ein bestimmtes Kennzeichen sowohl als Marke als auch als Firma verwendet wird («Philipp Morris», «Coca-Cola» usw.).

Das Markenschutzgesetz geht von einem offenen Markenbegriff aus. Eine 16 Marke lässt sich auf die unterschiedlichste Art und Weise darstellen und registrieren (Art. 1 Abs. 2 MSchG). Es wird zwischen zweidimensionalen, dreidimensionalen und akustischen Marken unterschieden:

Möglichkeiten der Produktkennzeichnung

- Die gebräuchlichsten Markenformen sind sicherlich die zweidi- 17 mensionalen Marken, allen voran die Wortmarken («Nestlé»).

- Eine Marke kann aber auch durch blosse (selbst unaussprechbare) Buchstaben- oder Zahlenkombinationen («4711») dargestellt werden. Allerdings können die Grundziffern (0 bis 9) oder einzelne Buchstaben nicht ins Markenregister eingetragen werden, weil sie zum sog. Gemeingut gehören (vgl. unten).

- Marken lassen sich sodann als reine Bildzeichen (Logos), als dreidimensionale Formen (Form der Toblerone, Mercedes-Stern) oder als Kombination verschiedener Zeichen (namentlich als Wort-Bild-Marke, z.B. Ferrari mit dem sich aufbäumenden Pferd) darstellen.

....

[7]   Die Werbe- und Garantiefunktion kann allerdings auf dem Gerichtsweg nicht durchgesetzt werden. Es ist jedoch möglich, eine sog. Garantiemarke registrieren zu lassen (Art. 21 ff. MSchG). Das ist ein Zeichen, das unter der Kontrolle des Markeninhabers von verschiedenen Unternehmen gebraucht werden kann. Es bezweckt, dem Verbraucher bestimmte Produkteigenschaften wie z.B. die Beschaffenheit, die geografische Herkunft oder die Art der Herstellung zu gewährleisten.

- Darüber hinaus lässt das Institut für Geistiges Eigentum (IGE) auch akustische Zeichen (welche in Form von Musiknoten hinterlegt werden) oder ganze Slogans als Marken gelten.

D. Eintragungshindernisse

1. Überblick

18   Ein Kennzeichen geniesst den markenrechtlichen Schutz in der Schweiz nur dann, wenn es beim eidgenössischen Institut für Geistiges Eigentum (IGE) als Marke hinterlegt ist. Bestimmte Kennzeichen können jedoch nicht im Markenregister eingetragen werden. Das Markenschutzgesetz unterscheidet zwischen *absoluten* und *relativen* Schutzausschlussgründen.

Absolute und relative Schutzausschlussgründe

19

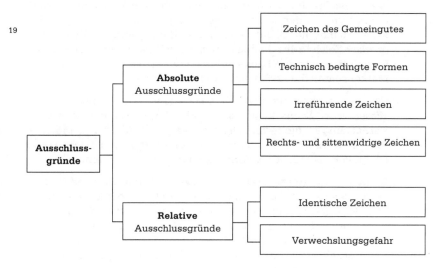

Schema 17: Schutzausschlussgründe

2. Absolute Schutzausschlussgründe

Gewissen Zeichen muss die Eintragung ins Markenregister *absolut*   20
verwehrt werden. Gemäss Art. 2 lit. a–d MSchG handelt es sich dabei um:

a) Zeichen, die sog. *Gemeingut* sind (Art. 2 lit. a MSchG). Ganz allge-   21
mein handelt es sich dabei um Zeichen, die der Allgemeinheit
einschliesslich der Konkurrenz offen stehen müssen und daher
nicht monopolisierbar sind. Darüber hinaus soll im Interesse des
Publikums vermieden werden, dass Marken eingetragen werden,
denen die gesetzlich vorgeschriebene Kennzeichnungseignung
fehlt.

Zeichen im
Gemeingut

Nicht registrierbar sind etwa blosse *Sachbezeichnungen* oder
bloss beschreibende *Beschaffenheitsangaben*: So könnte z.B. der
Begriff «vino rosso» als Marke für Rotwein nicht eingetragen
werden, als Marke für eine Zeitschrift wäre das Zeichen aber
durchaus denkbar (vgl. z.B. die Zeitschrift «Salz und Pfeffer»).
Ebenfalls zum Gemeingut gehören *unmittelbare Herkunftsanga-
ben, einzelne Buchstaben oder einzelne Zahlen, geometrische
Grundformen oder sonst verkehrsübliche Zeichen und Symbole*.
Eine Ausnahme bildet jedoch die *durchgesetzte Marke*: Für
gewisse Zeichen des Gemeingutes, die sich als Marke für bestimmte
Produkte bereits durchgesetzt haben (wie etwa «Natel»), kann der
Markenschutz dennoch beansprucht werden.[8]

Bestimmte
Formen

b) Ebenfalls nicht markenrechtlich schützbar sind *Formen*, die das   22
Wesen einer Sache ausmachen, oder Formen von Waren oder
Verpackungen, die *technisch notwendig* sind (Art. 2 lit. b MSchG):
Eine gewöhnliche Tubenform für eine Zahnpasta könnte also
beispielsweise nicht als Formmarke geschützt werden.

Irreführende
Zeichen

c) Nicht ins Markenregister eingetragen werden überdies *irrefüh-*   23
rende Zeichen, die den Konsumenten eine Produkteigenschaft
oder Produktherkunft suggerieren, die in Tat und Wahrheit gar
nicht vorhanden ist (Art. 2 lit. c MSchG): Zurückgewiesen wurde
beispielsweise der Begriff «Kübler-Rad» für ein vom Bruder des
Rennradfahrers Ferdy Kübler – und nicht von diesem selbst –
entwickeltes Fahrrad.[9]

---

[8]   Die Marke «Coca-Cola» hat im Prinzip beschreibenden Charakter. Da sie sich aber als Marke für
bestimmte Produkte im Verkehr durchgesetzt hat, ist sie trotzdem schutzwürdig (BGE 112 II
73).

[9]   BGE 77 I 77.

24 d) Vom Markenschutz ausgeschlossen werden auch Zeichen, die gegen die öffentliche Ordnung oder die guten Sitten verstossen oder sonst rechtswidrig sind (Art. 2 lit. d MSchG): Als *Verstoss gegen die öffentliche Ordnung* zurückgewiesen werden beispielsweise Zeichen, welche die diplomatischen Beziehungen stören könnten (z.B. Namen von amtierenden, ausländischen Magistratspersonen). Als *sittenwidrig* gelten etwa Zeichen, die für sich allein oder in Verbindung mit den beanspruchten Produkten einen klar rassistischen, religionsfeindlichen oder sexuell anstössigen Inhalt haben. Als sonstige *rechtswidrige* Zeichen vom Markenschutz ausgenommen sind beispielsweise Zeichen, die das Recht an staatlichen Hoheitszeichen verletzen würden.

Verstoss gegen die öffentliche Ordnung, die guten Sitten oder geltendes Recht

3. Relative Schutzausschlussgründe

25 Die *relativen* Schutzausschlussgründe (Art. 3 MSchG) gelten für Zeichen, welche die Anforderungen an die vom Gesetz gewollte Unterscheidungs- oder Individualisierungsfunktion nicht erfüllen. Es handelt sich dabei um Zeichen, die mit einer älteren Marke für gleiche oder gleichartige Produkte entweder identisch oder verwechselbar ähnlich sind. Im Gegensatz zu den absoluten Schutzausschlussgründen prüft das IGE die relativen Ausschlussgründe jedoch nicht von Amtes wegen. Es ist Sache der Inhaber entsprechender älterer identischer oder ähnlicher Marken, sich entweder im sog. Widerspruchsverfahren (Art. 31 ff. MSchG) oder mit Zivilklage gegen die Eintragung jüngerer Marken zur Wehr zu setzen. Denkbar ist auch, dass sich die Parteien im Konfliktfall im Rahmen einer sog. Abgrenzungsvereinbarung vertraglich auf eine einvernehmliche Lösung einigen.

Fehlende Kennzeichnungskraft gegenüber älteren Marken und Verwechslungsgefahr

26 Ob relative Schutzausschlussgründe vorliegen, kann im Streitfall nicht abstrakt geprüft werden, sondern ergibt sich immer aus den Umständen des konkreten Einzelfalles.[10] Als Grundsatz gilt dabei, dass sich das jüngere Zeichen umso mehr von der älteren Marke unterscheiden muss, je gleichartiger die Produkte sind, für welche der Markenschutz beansprucht wird. Sog. starke Marken können ausserdem einen grösseren Schutz beanspruchen als schwache. Es sind dies Zeichen, welche aufgrund ihrer Originalität und ihres grossen Bekanntheitsgrades eine

---

[10] Die Rechtsprechung ist äusserst vielfältig. Vgl. statt vieler die anschaulichen Ausführungen und abwägenden Begründungen des Bundesgerichts insbesondere in BGE 122 III 382 (Kamillosan / KAMILLAN) oder die Entscheide in Sachen Rivella/Apiella: Handelsgericht Zürich vom 26. 11.1996, Massnahmeentscheid des Einzelrichters im summarischen Verfahren, Akten-Nr. U/HE960020, in: sic! 1997, 65–69; Handelsgericht Zürich vom 29. Juni 1999, Gutheissung der Klage, Akten-Nr. HG 960545, in: sic! 1999, 581–589; BGE 126 III 315 (Rivella/Apiella); vgl. ausserdem BGer, Urteil 4 C.171/2001 (Stoxx/StockX).

überdurchschnittliche Verkehrsgeltung besitzen (z.B. «Kamillosan» oder «Red Bull»).

Geprüft wird ausserdem nicht nur die *unmittelbare* sondern auch die sog. *mittelbare* Verwechslungsgefahr. Diese wird dann angenommen, wenn eine direkte Verwechslung der Zeichen zwar ausgeschlossen ist, aufgrund der konzeptionellen Ähnlichkeit der Zeichen jedoch befürchtet werden muss, dass die Konsumenten das jüngere Produkt ebenfalls der Inhaberin der älteren Marke zurechnen (also z.B. das neue Produkt «Apiella» irrtümlich der Firma «Rivella» zurechnen).

E. Das Eintragungsverfahren

Das Markenrecht entsteht mit Registereintrag. (Art. 5 MSchG). Je nachdem, ob man eine Marke nur im Inland oder darüber hinaus auch noch in anderen Ländern schützen lassen will, kann eine Marke sowohl national als auch international hinterlegt werden. 27

1. Nationale Registrierung

Die **nationale Registrierung** einer Marke erfolgt beim Eidgenössischen Institut für Geistiges Eigentum (IGE) in Bern. Gemäss Art. 28 MSchG sind für die Hinterlegung dem IGE einzureichen: 28

Formelle
Eintragungs-
voraussetzungen

a) der Name oder die Firma des Hinterlegers; 29

b) die Wiedergabe der Marke (in grafischer Darstellung);

c) das *Verzeichnis der Waren oder Dienstleistungen*, für welche die Marke beansprucht wird. Wichtig ist in diesem Zusammenhang Folgendes: Eine Marke kann nicht abstrakt, d.h. losgelöst von einem Produkt, beansprucht werden, sondern nur im Zusammenhang mit konkret bezeichneten Waren oder Dienstleistungen (also z.B. für Musikinstrumente oder für Bekleidungsstücke), die im Eintragungsgesuch präzise benannt werden müssen.[11]

Sind diese formalen Erfordernisse erfüllt und liegen keine absoluten Schutzausschlussgründe vor, trägt das IGE das Zeichen ins Markenregister ein. 30

----

[11] Die Waren und Dienstleistungen sind in Gruppen zusammenzufassen, die den internationalen Klassen nach dem Abkommen von Nizza vom 15. Juni 1957 (SR 0.232.112.7/9) über die internationale Klassifikation von Waren und Dienstleistungen entsprechen: z.B. Klasse 15 für Musikinstrumente oder Klasse 25 für Bekleidungsstücke, Schuhwaren und Kopfbedeckungen.

31 Nach der Veröffentlichung der Marke im Schweizerischen Handelsamtsblatt kann der Inhaber einer älteren Marke das Vorliegen von relativen Ausschlussgründen gestützt auf Art. 3 Abs. 1 MSchG geltend machen und binnen 3 Monaten gegen die Eintragung *Widerspruch* erheben (Art. 31 ff. MSchG). Ist der Widerspruch begründet, so wird die Eintragung ganz oder teilweise widerrufen; andernfalls wird der Widerspruch abgewiesen. Widerspruchsentscheide des IGE können an die Rekurskommission für geistiges Eigentum weiter gezogen werden, die endgültig darüber entscheidet (Art. 36 Abs. 3 MSchG).

Veröffentlichung und allenfalls Widerspruchsverfahren

32 Beim Markenprüfungsverfahren handelt es sich um ein Verwaltungsverfahren, auf welches die Verfahrensgrundsätze des VwVG anzuwenden sind, soweit das MSchG oder die MSchV keine speziellen Vorschriften statuieren. Ausser im Widerspruchsverfahren können abweisende Entscheide der Rekurskommission vom Hinterleger mit Verwaltungsgerichtsbeschwerde an das Bundesgericht weitergezogen werden.

2. Internationale Registrierung

33 Die **internationale Registrierung** einer Marke ist in Art. 44 ff. MSchG geregelt. Durch die Vermittlung des IGE kann für eine im Ursprungsland Schweiz hinterlegte Marke die Eintragung in einem **internationalen Register** veranlasst werden, das bei der Weltorganisation für geistiges Eigentum in Genf (WIPO/OMPI) geführt wird. Diese Möglichkeit ergibt sich aus dem Madrider Abkommen vom 14. Juli 1967 über die internationale Registrierung von Marken (Madrider Abkommen, MMA).[12]

Internationale Registrierung bei der WIPO

34 Die internationale Registrierung schafft allerdings noch kein supranationales Schutzrecht. Sie ersetzt nur die Hinterlegung der Marke in den nationalen Registern jener Mitgliedstaaten, für die der Markeninhaber den Kennzeichenschutz beanspruchen will. Den betreffenden Mitgliedstaaten steht es frei, einer bestimmten Marke binnen eines Jahres den Schutz zu verweigern.[13] Die Wirkung der internationalen Registrierung ist somit auflösend bedingt. Eine allfällige Schutzverweigerung ist jedoch nur gestützt auf Vorschriften zulässig, die auch auf eine national hinterlegte Marke anwendbar wären (Art. 5 Abs. 1 MMA). Zudem stehen dem Markeninhaber bei einer allfälligen Verweigerung des Schutzes dieselben Rechtsmittel offen, wie wenn er die Marke unmittelbar in dem Land hinterlegt hätte, in dem der Schutz verweigert wurde (Art. 5 Abs. 3 MMA).

....

[12] SR 0.232.112.3, vgl. auch das Protokoll vom 27. Juni 1989 zum Madrider Abkommen (Madrider Protokoll), SR 0.232.112.4.

[13] Nach Art. 5 Abs. 2 lit. b, c des Madrider Protokolls beträgt die Frist 18 Monate.

3. Die Gemeinschaftsmarke der EU

Die Gemein-
schaftsmarke
nach der EU-VO

Die Europäische Union hat mit der *Verordnung über die Gemeinschafts-* 35
marke[14] ein System geschaffen, das es erlaubt, mit einer einzigen Registrierung einen EU-weiten – also nicht nur nationalen, sondern regionalen –
Markenschutz zu erlangen. Die Gemeinschaftsmarke steht nicht nur den
Mitgliedstaaten der EU offen, sondern neben anderen auch allen Mitgliedstaaten der PVÜ (vgl. Art. 5 der Verordnung). Niemand ist allerdings
gezwungen, für das Hoheitsgebiet der EU eine Gemeinschaftsmarke zu
registrieren. Neben der Gemeinschaftsmarke können im europäischen
Raum auch bloss nationale Markenregistrierungen vorgenommen
werden.

F.   Inhalt und Bestand des Marken-
rechts

Keine absolute
Schutzdauer des
Markenrechts

Im Gegensatz zu den meisten anderen Immaterialgüterrechten kennt 36
das Markenrecht keine absolute Begrenzung der Schutzdauer. Zwar ist
die Eintragung im Markenregister nur während 10 Jahren gültig, sie
kann jedoch jeweils um weitere 10 Jahre verlängert werden: Nötig sind
bloss ein formeller Verlängerungsantrag und die Zahlung der erforderlichen Gebühren (Art. 10 MSchG).

Der markenrechtliche Schutz wird allerdings nur gewährt, wenn 37

- die Marke im Zusammenhang mit jenen Waren oder Dienstleistungen gebraucht wird, für die sie beansprucht wird: es gilt das
  sog. Branchenprinzip (Art. 11 MSchG); und

- die Marke auch tatsächlich gebraucht wird (Art. 12 MSchG).

Folgen des Nicht-
gebrauchs

Wer sein Markenrecht während eines ununterbrochenen Zeitraums von 38
5 Jahren seit Abschluss des Eintragungsverfahrens *nicht ernsthaft als
Kennzeichen im inländischen Wirtschaftsverkehr gebraucht*, kann sein
Recht nicht mehr erfolgreich geltend machen. Wenn jedoch entweder
wichtige Gründe vorliegen oder niemand den Nichtgebrauch der Marke
geltend macht, kann eine Marke auch nach Ablauf des 5-jährigen Nicht-
gebrauchs weiter besetzt werden.

---

[14] Verordnung (EG) Nr. 40/94 des Rates vom 20. Dezember 1993 über die Gemeinschaftsmarke.

39 Einmal entstanden, verleiht das Markenrecht seinem Inhaber ein eigen-
tumsähnliches («absolutes») Ausschliesslichkeitsrecht, die Marke zur
Kennzeichnung jener Produkte zu verwenden, für die sie beansprucht
wurde (Art. 13 MSchG). Die Sperrwirkung des Markenrechts gegenüber
Dritten erstreckt sich dabei nicht nur auf identische oder ähnliche
Marken (i.S.v. Art. 3 Abs. 1 MSchG): Gesperrt ist auch die Verwendung
identischer oder ähnlicher Zeichen etwa als Firma, Domainname oder
Enseigne.[15]

Inhalt des
Markenrechts

40 Gemäss Art. 13 Abs. 2 MSchG kann der Markeninhaber anderen insbesondere verbieten:

a) das Zeichen auf Waren oder deren Verpackung anzubringen;

b) unter dem Zeichen Waren anzubieten, in Verkehr zu bringen oder
zu diesem Zweck zu lagern;

c) unter dem Zeichen Dienstleistungen anzubieten oder zu erbringen;

d) unter dem Zeichen Waren ein- oder auszuführen;

e) das Zeichen auf Geschäftspapieren, in der Werbung oder sonst
wie im geschäftlichen Verkehr zu gebrauchen.

41 Wie bereits erwähnt, kann eine Marke als geschütztes Kennzeichen
nur für gleiche oder gleichartige Produkte verwendet werden, für die
sie beansprucht wird (Art. 13 Abs. 1 MSchG). Wenn also beispielsweise
eine bestimmte Wortmarke als Kennzeichen für ein *Allzweckreinigungsmittel*[16] hinterlegt wurde, so kann dieselbe Wortmarke von
einem anderen Markeninhaber prinzipiell auch als Kennzeichen für ein
Mountainbike[17] hinterlegt werden. Ohne dieses sog. Branchen- oder
Spezialitätsprinzip würde die Zeichenbildung zu stark monopolisiert
und ein Markteinstieg übermässig erschwert. Eine Ausnahme bildet
jedoch die *berühmte Marke*. Der Inhaber einer berühmten Marke kann
anderen deren Gebrauch für *jede Art von Produkten* verbieten, wenn ein
solcher Gebrauch die Unterscheidungskraft der Marke gefährdet bzw.
deren Ruf ausnützt oder beeinträchtigt (Art. 15 MSchG).[18]

Das Branchen-
prinzip

---

15 BGE 120 II 144, 148 (Yeni Raki).

16 Vgl. dazu auch oben (Fn 11): Das Allzweckreinigungsmittel gehört in die Klasse 3 der (gem. dem
Abkommen von Nizza) international angewendeten Waren- und Dienstleistungsklassifikations-
liste.

17 Das Mountainbike gehört als Fahrrad in die Klasse 12 der Waren- und Dienstleistungsklassifika-
tionsliste.

18 Vgl. dazu BGE 124 III 277 (Nike).

G. Die Schranken des Markenrechts

1. Einschränkung zugunsten vorbenützter Zeichen

Vorbenützte
Zeichen

Der Markeninhaber kann einem anderen, der das geschützte Zeichen [42] bereits vor der Registrierung im guten Glauben als Kennzeichen für eigene Produkte verwendet hat, nicht verbieten, das Zeichen im bisherigen Umfang weiter zu gebrauchen (Art. 14 MSchG).

Wer es also unterlässt, ein selbst benütztes Zeichen registrieren zu [43] lassen, oder wer sich gegen die Registrierung eines auch selbst benutzten Zeichens durch einen Dritten nicht zur Wehr setzt, kann das Zeichen auch weiterhin im Geschäftsverkehr verwenden. Dieses Weiterbenützungsrecht kann allerdings nur zusammen mit dem Unternehmen – und nicht, wie sonst im Markenrecht üblich, individuell – übertragen werden (Art. 14 Abs. 2 MSchG).

2. Die Erschöpfung

Die internationale Erschöpfung
im Markenrecht

Wenn ein Markenprodukt mit Zustimmung des Berechtigten in Verkehr [44] gesetzt worden ist, so erschöpft sich damit das Verbreitungsrecht des Schutzrechtsinhabers an diesem konkreten Produkt.[19] Im Gegensatz zum Patentrecht,[20] aber wie im Urheberrecht[21] gilt die Erschöpfung im Markenrecht nicht nur auf nationaler, sondern auch auf internationaler Ebene.[22] Ist also eine Marke im Ausland rechtmässig in Verkehr gesetzt worden, so kann der Markeninhaber in der Schweiz gestützt auf sein schweizerisches Markenrecht nicht verhindern, dass Dritte seine Markenprodukte aus dem Ausland importieren und ihn im Inland mit diesen Produkten konkurrieren.

3. Kollision mit Namensrecht

Kollisionen mit
anderen
Kennzeichen

Da auch Personennamen als Marken eingetragen werden können, muss [45] verhindert werden, dass das Markenrecht andere daran hindert, ihren eigenen Namen im wirtschaftlichen Verkehr zu gebrauchen. In der Schweiz werden solche Kollisionen im konkreten Einzelfall durch Interessenabwägung gelöst.[23]

....

[19] Vgl. dazu oben S. 162, N 18 ff.
[20] BGE 126 III 129 (Kodak).
[21] BGE 124 III 321 (Nintendo).
[22] BGE 122 III 469 (Chanel), Urteil 4C.354/1999 (Chanel IV).
[23] BGE 116 II 614 (Gucci).

4. Verwirkung durch Duldung

46 Wer sich als Markeninhaber während längerer Zeit einer Verletzung seines Kennzeichenrechts nicht widersetzt, verliert gestützt auf Art. 2 ZGB sein Recht, sich gegen den gutgläubigen Gebrauch seiner Marke zur Wehr zu setzen.[24]

Anwendungsbereich von Art. 2 ZGB

H. Die Übertragung des Markenrechts

47 Der Berechtigte kann sein Markenrecht jederzeit ganz oder teilweise übertragen (Art. 17 ff. MSchG). Die Übertragung bedarf zu ihrer Gültigkeit der schriftlichen Form (Art. 17 Abs. 2 MSchG). Demgegenüber ist die vertragliche Einräumung einer Markenlizenz an keine besonderen Formvorschriften gebunden.

Derivativer Rechtserwerb

I. Der Rechtsschutz im Markenrecht

48 Das Markenschutzgesetz enthält sowohl zivilrechtliche als auch strafrechtliche Schutzbestimmungen (Art. 52 ff. bzw. Art. 61 ff. MSchG).

49 Wer ein rechtliches Interesse nachweisen kann, hat folgende zivilrechtlichen Klagemöglichkeiten und Rechtsbehelfe:

Zivilrechtlicher Schutz

- Die Feststellungsklage (Art. 52 MSchG),

- die Klage auf Übertragung der Marke bei Markenanmassung (Art. 53 MSchG),

- die Unterlassungsklage (Art. 55 Abs. 1 lit. a MSchG),

- die Beseitigungsklage (Art. 55 Abs. 1 lit. b MSchG),

- einen Auskunftsanspruch (Art. 55 Abs. 1 lit. c MSchG),

- die obligationenrechtlichen Klagen auf Schadenersatz, Genugtuung und Gewinnherausgabe (Art. 55 Abs. 2 MSchG),

- einen Anspruch auf Urteilsmitteilung an das IGE (Art. 54 MSchG),

- einen Anspruch auf vorsorgliche Massnahmen (Art. 59 MSchG).

....
[24] BGE 117 II 575; 130 III 113, 123 f. (Montessori), i.c. abgelehnt.

Strafrechtlicher
Schutz

Auf Antrag des Verletzten oder bei gewerbsmässiger Begehung von 50
Amtes wegen können ausserdem strafrechtlich verfolgt werden:

- vorsätzliche Markenrechtsverletzungen (Art. 61 MSchG),

- betrügerischer Markengebrauch (Art. 62 MSchG),

- der vorsätzliche, reglementwidrige Gebrauch einer Garantie- oder Kollektivmarke (Art. 63 MSchG),

- der vorsätzliche Gebrauch unzutreffender Herkunftsangaben (Art. 64 MSchG).

J.   Fragen zu Fall VII

Allgemeine Fragen:

1. Was ist die primäre rechtliche Funktion des Markenrechts?

   Was verstehen Sie unter dem Begriff «internationale Erschöpfung»?

   Bietet das Markenrecht auch einen Schutz gegen Parallelimporte?

Markeneintragung:

Hans will das Logo markenrechtlich schützen lassen.

2. Stehen der Markeneintragung möglicherweise absolute Schutzausschlussgründe entgegen?[25]

3. Stehen der Markeneintragung relative Schutzausschlussgründe entgegen?

Inhalt und Schutz des Markenrechts:

Können die Inhaberinnen der Marken A und B gestützt auf das Markenschutzgesetz der Autogarage AG von Hans verbieten, dass:

4. die Autogarage AG Reparatur- und Serviceleistungen für die Marken A und B anbietet sowie ihren Gebrauchtwagenhandel speziell auf diese beiden Marken ausrichtet?

5. das Unternehmen unter Inanspruchnahme der beiden Marken A und B in Zeitschriften und Zeitungen für eigene Dienstleistungen wirbt?

6. das Unternehmen auf dem Dach des Garagengebäudes eine Leuchtreklame mit dem Schriftzug der beiden Marken A und B anbringt?

....

[25] Es muss natürlich nicht geprüft werden, ob die *Buchstaben A* oder *B* als Marke rechtlich schützbar sind. Die beiden Buchstaben A und B repräsentieren zwei verschiedene *Wortmarken*.

9. Kapitel: Immaterialgüterrecht IV: Urheber- und weitere Rechte

Lernziele

▶ Sie kennen die Grundzüge des schweizerischen Urheberrechts.

Gesetzliche Grundlagen

- Bundesgesetz über das Urheberrecht und verwandte Schutzrechte (Urheberrechtsgesetz, URG) vom 9. Oktober 1992, SR 231.1

Literaturhinweise

MANFRED REHBINDER, Schweizerisches Urheberrecht, 3. Auflage, Bern 2000.

ROLAND VON BÜREN / EUGEN MARBACH, Immaterialgüter- und Wettbewerbsrecht, 2. Auflage, Bern 2002.

ROLAND VON BÜREN / LUCAS DAVID (Herausgeber), Schweizerisches Immaterialgüter- und Wettbewerbsrecht, Band II/1, Urheberrecht und verwandte Schutzrechte, Basel 2005.

A. Fall VIII

Bereits sind 10 Jahre vergangen, seit Hans seine Garage in Ebikon eröffnet hat. Der erfolgreiche Geschäftsmann entschliesst sich daher, zur Feier des Tages ein grosses Firmenjubiläum zu begehen.

Das Fest soll jedoch nicht nur im Kreise der Angestellten abgehalten werden, sondern in einem grösseren, öffentlichen Rahmen. Aus diesem Grund wird auf dem Gelände neben dem Garagenbetrieb ein Partyzelt für ca. 2000 Personen aufgestellt. Das Jubiläum soll an drei aufeinander folgenden Tagen stattfinden.

Am Freitagabend findet eine geschlossene Veranstaltung statt, an der nur die Angestellten des Unternehmens und die Geschäftsfreunde von Hans teilnehmen können (total ca. 300 Personen). Geplant ist, dass nach dem Essen die bekannte Luzerner Beatles-Cover-Band «Die Pilze» zur Unterhaltung aufspielen soll. Die gesamten Kosten des Abends werden von der Autogarage Hans AG übernommen.

Zur Samstagveranstaltung wird öffentlich eingeladen. Der Eintritt ist frei, und die «Pilze» spielen ebenfalls wieder auf. Snacks und Getränke werden zwar nicht gratis an die ca. 2000 Festbesucher abgegeben, aber zu einem sehr niedrigen Preis, welcher nur leicht über dem Selbstkostenpreis liegt.

Am Sonntagnachmittag soll in den Betriebsräumlichkeiten ein «Tag der offenen Türe» stattfinden, zu dem auch das Luzerner Regionalfernsehen eingeladen wird. Höhepunkt dieses Ereignisses soll die Enthüllung und Einbetonierung einer zwei Meter hohen Eisenplastik eines bekannten Luzerner Künstlers bilden. Als Abschluss der Feierlichkeiten ist zudem geplant, dass die Ebikoner Guggenmusik, die von Hans mit namhaften Beträgen gesponsert wird, für eine halbe Stunde öffentlich aufspielen soll.

B. Gegenstand des Urheberrechts (Art. 1 URG)

1   Gegenstand des Urheberrechtsgesetzes ist der Schutz der Urheberinnen und Urheber von *Werken der Literatur und Kunst* – darunter fallen auch *Computerprogramme.*

Ebenfalls unter den Schutz des Gesetzes fallen die Darbietungen von ausübenden Künstlerinnen und Künstlern sowie die Leistungen der Hersteller von Ton- und Bildträgern sowie der Sendeunternehmen (es handelt sich dabei um die *verwandten Schutzrechte).*

Schutzobjekte des Urheberrechts

2   Wichtig: Der Schutz des Urheberrechtes oder der verwandten Schutzrechte hängt nicht von einer Registrierung des Werkes ab. Der Schutz gilt ohne weiteres vom Moment der Schöpfung an, also mit Schaffung oder Darbietung eines Werkes.

C. Der Werkbegriff

3   Ein urheberrechtlich geschütztes Werk ist eine *Schöpfung des menschlichen Geistes* mit *individuellem Charakter,* und zwar *unabhängig von seinem Wert oder Zweck* (Art. 2 Abs. 1 URG). Nicht von Menschenhand geschaffene «Werke», z.B. in der Natur bloss vorgefundene (etwa ein roher Edelstein) oder von Tieren geschaffene Dinge (z.B. ein Termitenhügel) können keinen urheberrechtlichen Schutz erlangen. Auch die blosse Idee zu einem schöpferischen Werk ist nicht geschützt. Um Schutz zu erlangen, muss die Idee zuerst so umgesetzt werden, dass sie sinnlich greifbar oder wahrnehmbar wird: Sie ist als solche nur geschützt, wenn sie in eine wahrnehmbare Form gekleidet ist.[1]

Der urheberrechtliche Werkbegriff

4   Die Idee zu einem neuen Roman im Kopf der Schriftstellerin oder die Idee zu einer neuen Steinplastik im Kopf des Bildhauers erlangen für sich allein also noch keinen urheberrechtlichen Schutz. Sobald die Idee zum Werk jedoch von der Schriftstellerin oder vom Bildhauer umgesetzt wird – und sei es nur in Entwürfen – lebt das Urheberrecht daran unmittelbar auf. Die Schutzgegenstände müssen somit folgende drei Voraussetzungen erfüllen:

....

[1]   BGE 116 II 351, 354 (Vorträge von Geisteswesen).

a) Es muss sich um Schöpfungen des menschlichen Geistes handeln,

b) die einen individuellen Charakter haben und

c) die sinnlich wahrnehmbar sind.

1. Der individuelle Charakter

Individueller
Charakter

Im Einzelfall ist die Abgrenzung schwierig, ob ein bestimmtes Werk [5] einen rechtsgenügenden individuellen Charakter aufweist. Auf der einen Seite ist Naheliegendes, Banales oder Gewöhnliches nicht geschützt; originelle und zeitlose Kunstwerke auf der anderen Seite verdienen Schutz. Eine genaue Abgrenzung dieser beiden Extreme lässt sich nur bezogen auf den konkreten Einzelfall vornehmen und ist ausserdem oft nur schwer begründbar. Als Grundsatz kann gelten, dass die geforderte Individualität eines Werkes umso eher erreicht werden kann, je grösser der künstlerische oder gestalterische Freiraum zur Schaffung des Werkes war. Wo jedoch äussere Sachzwänge – wie beispielsweise ein bestimmter Gebrauchszweck – die Form eines Gegenstandes klar bestimmen, besteht auch weniger Raum für individuelles Gestalten.[2]

2. Werke der Literatur oder Kunst

Werke der
Literatur oder
Kunst

Was genau unter Werken der Literatur und Kunst zu verstehen ist, ist im [6] Einzelfall ebenfalls nicht immer klar. Das Gesetz geht von einem weiten Begriff aus und statuiert in Art. 2 Abs. 2 URG in einem nicht abschliessenden Katalog von Beispielen, welche Werke in den Schutzbereich des URG fallen können.[3] Sofern die Anforderungen an die Individualität erfüllt sind, lässt sich der urheberrechtliche Schutz insbesondere für folgende Werke beanspruchen:

a) geschriebene und ungeschriebene Sprachwerke (literarische, [7] wissenschaftliche und andere);

b) musikalische und andere akustische Werke;

c) Werke der bildenden Kunst (Malerei, Bildhauerei, grafische Werke);

d) Werke mit wissenschaftlichem und technischem Inhalt (z.B. Zeichnungen oder Pläne);

e) Werke der Baukunst;

....

[2] Anschauliche Beispiele dazu sind BGE 113 II 190 (Le-Corbusier-Möbel) oder BGE 117 II 466 (betreffend Urheberrechte an einem Bauobjekt).

[3] Vgl. auch Art. 2 RBÜ.

f) Werke der angewandten Kunst (z.B. Modeschöpfungen, Möbel, Lampen);

g) visuelle oder audiovisuelle Werke (Filme, Photographien);

h) choreographische Werke und Pantomimen;

i) Computerprogramme.

8   Ebenfalls unter den urheberrechtlichen Werkbegriff fallen die *Werke zweiter Hand* und die *Sammelwerke*:

Werke zweiter Hand und Sammelwerke

- Werke zweiter Hand sind geistige Schöpfungen, die unter Verwendung bereits bestehender Werke geschaffen werden, deren individueller Charakter jedoch erkennbar bleibt (z.B. die Übersetzung oder die Verfilmung eines Romans).

- Sammelwerke sind Sammlungen von Werken, die unabhängig vom Schutz der in die Sammlung aufgenommenen Einzelwerke selbständig geschützt sind, sofern es sich dabei hinsichtlich Auswahl oder Anordnung ebenfalls um geistige Schöpfungen mit individuellem Charakter handelt (z.B. Zeitschriften oder Lexika, Festschriften, eine individuell gestaltete Materialiensammlung zum Gebrauch im Unterricht).

9   Explizit keinen urheberrechtlichen Schutz erlangen jedoch nach Art. 5 URG folgende Werke:

Nicht geschützte Werke

- Gesetzestexte;

- Zahlungsmittel (das ausschliessliche Recht zur Ausgabe von Banknoten ist jedoch der Schweizerischen Nationalbank übertragen [Art. 1 NBG]); [4]

- behördliche Entscheidungen, Protokolle und Berichte;

- Patentschriften sowie veröffentlichte Patentgesuche.

D. Der Urheber oder die Urheberin

10   Im schweizerischen Urheberrecht gilt das Schöpferprinzip, d.h., das Recht entsteht *ausschliesslich* und *originär* in der *Person des oder der Schöpfenden*, und zwar unmittelbar mit der Schaffung des Werks (Art. 29 URG). Urheberin oder Urheber ist also immer die *natürliche Person*,

Das Schöpferprinzip

....
[4]   Nationalbankgesetz (NBG), SR 951.11.

die das Werk geschaffen hat (Art. 6 URG). Ohne Bedeutung ist, ob diese Person handlungsfähig im Sinne des ZGB war oder nicht. Wer dagegen selbst nicht schöpferisch tätig ist (z.B. der Arbeitgeber) oder naturgemäss nicht schöpferisch tätig sein kann (z.b. eine juristische Person), kann Urheberrechte nur derivativ (namentlich durch Rechtsgeschäft) erwerben.

Im Patentrecht haben wir gesehen, dass bei Erfindungen, die in Erfüllung arbeitsvertraglicher Pflichten gemacht werden, das Recht auf das Patent dem Arbeitgeber zusteht (Art. 332 OR). Demgegenüber steht nach dem Schöpferprinzip das Urheberrecht an Werken, die in Erfüllung von Dienstpflichten geschaffen werden, grundsätzlich dem *Arbeitnehmer* zu. Es empfiehlt sich daher für den Arbeitgeber, in den Arbeitsverträgen zu vereinbaren, dass der Arbeitgeber entweder die Urheberrechte vom Arbeitnehmer erwirbt oder zumindest das Recht erhält, das Werk selber zu verwerten. Eine Ausnahme vom Schöpferprinzip besteht allerdings für Computerprogramme: Sofern diese in Ausübung arbeitsvertraglicher Pflichten geschaffen wurden, stehen dem Arbeitgeber daran exklusive Nutzungsrechte zu (Art. 17 URG). 11

Miturheberschaft Das originär erworbene Urheberrecht kann auch mehreren Personen gleichzeitig zustehen, namentlich dann, wenn alle Beteiligten gemeinsam an der Schöpfung eines Werkes mitgewirkt haben (Art. 7 Abs. 1 URG). Miturheber (z.B. an einem Filmwerk) wird aber nur, wer schöpferisch oder künstlerisch mitgewirkt hat. Hilfspersonen in bloss technischen oder organisatorischen Belangen sind nie Miturheber. Auch die Mithilfe bei der Schöpfung in anderer bloss untergeordneter Stellung (z.B. der Gehilfe der Regisseurin) begründet keine Miturheberschaft. Im Einzelfall ist die Abgrenzung allerdings schwierig. 12

Einmal entstanden, begründet diese Form der Miturheberschaft ein gesamthandschaftliches Verhältnis: Sofern nichts anderes vereinbart wurde, können die einzelnen Miturheber im Prinzip über das Werk nur mit Zustimmung aller anderen Berechtigten verfügen. Allfällige Rechtsverletzungen können sie zwar selbständig verfolgen, die Leistung kann jedoch nur an alle gefordert werden (Art. 7 Abs. 2 und 3 URG). Kann das Werk jedoch in einzelne Beiträge aufgeteilt werden, so können die einzelnen Miturheber über ihre eigenen Beiträge verfügen, sofern dadurch die Verwertung des Gesamtwerkes nicht beeinträchtigt wird. So kann beispielsweise eine Filmmusik unabhängig vom Film verwertet werden. 13

E. Inhalt und Schutzdauer des Urheberrechts

14 Das Urheberrecht verleiht dem Inhaber ein ausschliessliches Recht an seinem Werk (Art. 9 Abs. 1 URG). Dieses Recht kann unterteilt werden in die *Urheberpersönlichkeitsrechte* einerseits und die *Verwertungsrechte* anderseits. Das Urheberrecht umfasst ausserdem gewisse relative Rechte, welche nur gegenüber den Eigentümern oder Besitzern von Werkexemplaren geltend gemacht werden können: z.b. das Zutritts- und Ausstellungsrecht der Urheberin oder des Urhebers i.S.v. Art. 14 URG.

Inhalt des Urheberrechts

15 Das Ausschliesslichkeitsrecht des Urhebers an seinem Werk ist allerdings nicht von ewiger Dauer. Die Schutzdauer des Urheberrechts beträgt 70 Jahre (bzw. 50 Jahre bei Computerprogrammen); sie beginnt mit dem Tod des Urhebers oder der Urheberin (Art. 29 URG).

Die absolute Schutzdauer des Urheberrechts

1. Die Urheberpersönlichkeitsrechte

a) Das Recht auf Erstveröffentlichung

16 Der Urheber oder die Urheberin haben das ausschliessliche Recht zu bestimmen, ob, wann, wie und unter welcher Urheberbezeichnung das eigene Werk erstmals veröffentlicht, d.h. ausserhalb eines privaten Kreises einer grösseren Anzahl von Personen zugänglich gemacht, werden soll (Art. 9 Abs. 2 und 3 URG).

Das Erstveröffentlichungsrecht

b) Das Recht auf Urhebernennung

17 Der Urheber oder die Urheberin haben das ausschliessliche Recht, als solche bezeichnet zu werden (Art. 9 Abs. 1 URG). Das Recht auf Urhebernennung ist im Prinzip unübertragbar (Art. 6bis RBÜ), und die Urheberin kann sich dagegen wehren, dass jemand anderer sich als Urheber bezeichnet oder dass ihre Urheberschaft bestritten wird. Dies bedeutet, dass beispielsweise ein Ghostwriter eines Autors jederzeit verlangen kann, dass seine Urheberschaft offen gelegt wird, und zwar selbst dann, wenn er vertraglich auf die Urhebernennung verzichtet hat und dadurch schadenersatzpflichtig würde.

Die Urhebernennung als unübertragbares Recht

18 Es gibt allerdings auch Ausnahmen von diesem Grundsatz: Die Ghostwriter-Abrede wird in der Praxis dann als zulässig erachtet, wenn sie im

betroffenen Bereich üblich ist. Dies gilt beispielsweise für die zahlreichen Ghostwriter, die für Persönlichkeiten aus Politik oder Wirtschaft Reden, Aufsätze oder sogar Memoiren verfassen.

c) Das Recht auf Werkintegrität

Das ausschliessliche Recht auf Werkintegrität

Der Urheber oder die Urheberin haben das ausschliessliche Recht zu bestimmen, ob ihr Werk *verändert*, für die Schaffung eines Werkes zweiter Hand verwendet oder in ein Sammelwerk aufgenommen wird (Art. 11 Abs. 1 URG).[5] Der Urheber kann diese Rechte auch übertragen. Doch selbst dann behält er das Recht, sich jeder Entstellung des Werkes zu widersetzen, die ihn in seiner Persönlichkeit verletzt (Art. 11 Abs. 2 URG). 19

2. Die Verwertungsrechte

Die verschiedenen Verwertungsrechte

Der Urheber oder die Urheberin haben das ausschliessliche Recht zu bestimmen, ob, wann und wie ihr Werk verwendet werden darf (Art. 10 Abs. 1 URG). Dieses Recht umfasst alle denkbaren Verwendungsmöglichkeiten. Das Gesetz erwähnt in Art. 10 Abs. 2 URG in exemplarischer Aufzählung: 20

- das Vervielfältigungsrecht (lit. a);
- das Verbreitungsrecht (lit. b);
- das Aufführungsrecht (lit. c);
- ein umfassendes Senderecht (lit. d–f).

3. Das Verhältnis von Urheberrechten zum Eigentum am Werkexemplar

a) Der Rechtsübergang

Derivativer Rechtserwerb

Mit Ausnahme der erwähnten höchstpersönlichen Rechte können Urheberrechte jederzeit übertragen werden, sei dies durch Rechtsgeschäft (Abtretung, Verkauf), durch Erbgang oder durch Zwangsvollstreckung (Art. 16 ff. URG). Es gelten jedoch folgende Grundsätze: 21

---

[5]   Zum Urheberpersönlichkeitsrecht des Architekten und zur Rechtslage bei einer Kollision von urheber- und eigentumsrechtlichen Ansprüchen am gleichen Werkexemplar vgl. BGE 117 II 466 (Sekundarschulhaus Rapperswil-Jona).

22 • Die Übertragung eines im Urheberrecht enthaltenen Rechts schliesst die Übertragung anderer Teilrechte nur mit ein, wenn dies so vereinbart wurde: Das Recht, ein bestimmtes Buch zu vervielfältigen und zu verbreiten, umfasst also nicht automatisch auch das Recht, dieses Buch in eine andere Sprache zu übersetzen. Diesen wichtigen Grundsatz nennt man *Zweckübertragungs- oder Übertragungszwecktheorie* (Art. 16 Abs. 2 URG).

Zwecküber-tragungstheorie

• Die blosse Übertragung des sachenrechtlichen Besitzes oder gar Eigentums an einem Werk schliesst die urheberrechtlichen Verwendungsbefugnisse nicht mit ein: Die Käuferin eines Buches erwirbt nur das dingliche Recht am Werk, die Urheberrechte verbleiben bei der Urheberin.

b) Die Erschöpfung

23 Wie bereits erwähnt, umfasst das Urheberrecht am Werk auch das ausschliessliche Recht, das Werk in Verkehr zu setzen. Das Verbreitungsrecht an einem konkreten Werkexemplar erschöpft sich jedoch, sobald die Urheberin ein Werkexemplar entweder selbst veräussert oder der Veräusserung durch Dritte zugestimmt hat.[6] Der neue Eigentümer des Werks kann dieses nun ungehindert weiterveräussern oder sonst wie verbreiten (Art. 12 Abs. 1 URG). Von diesem Grundsatz gibt es jedoch wichtige Ausnahmen:

Der Erschöp-fungsgrundsatz im Urheberrecht

24 • Er gilt nicht für die Verbreitung des Werks an sich, sondern nur für das betreffende Werkexemplar;

Einschränkungen

• Computerprogramme dürfen nach einer rechtmässigen Veräusserung zwar gebraucht und auch weiterveräussert werden, das Vermietungsrecht verbleibt jedoch beim Urheber (Art. 10 Abs. 2 URG).

25 Wer also das sachenrechtliche Eigentum an einem urheberrechtlich geschützten Buch erwirbt, darf das Buch i.S. von Art. 12 Abs. 1 URG jederzeit weiterveräussern. Dasselbe gilt auch für allfällige Zweit- oder Drittkäufer desselben Werkes. Doch selbst wenn das Buch mehrere Male die Hand wechselt: Das Weiterveräusserungsrecht beschränkt sich immer auf dieses eine Werkexemplar.

26 Umstritten ist, ob der Erschöpfungsgrundsatz auch bei der Verbreitung eines unkörperlichen Werks (z.B. eines Musikwerks) über das Internet eintritt. Der Unterschied zur Verbreitung einer Sache besteht darin, dass bei der Abspeicherung des Werks auf der Festplatte des Erwerbers eine

---

[6] Wie im Markenrecht gilt auch im Urheberrecht der Grundsatz der internationalen Erschöpfung, vgl. dazu BGE 124 III 321 (Nintendo). Eine Ausnahme dazu gilt jedoch für audiovisuelle Werke, vgl. Art. 12 Abs. 1bis URG.

identische Kopie des Originals entsteht, was eine Vervielfältigungshandlung darstellt.

Wenn auch in diesem Bereich des Urheberrechts noch vieles umstritten ist, so ist doch klar, dass die Erschöpfung des Verbreitungsrechts dann nicht eintritt, wenn unautorisierte Werkkopien verbreitet werden (z.B. MP3-Dateien ohne entsprechende Lizenz), also immer dann, wenn Werkexemplare oder -kopien unrechtmässig in Verkehr gesetzt wurden.

c) Die Rechte des Urhebers gegenüber Werkeigentümern

Verhältnis des Urhebers zum dinglich Berechtigten

Neben den Verwertungsrechten gewährt das URG dem Urheber oder der Urheberin noch weitere Rechte, die er/sie trotz der Veräusserung des Werkexemplars gegenüber Werkeigentümern geltend machen kann: 27

- Wer bestimmte Werke der Literatur und Kunst *vermietet,* schuldet der Urheberin hierfür eine Vergütung. Die *Vergütungsansprüche* können jedoch nur von den zugelassenen Verwertungsgesellschaften geltend gemacht werden (Art. 13 URG). 28

- Die Urheberin hat ein Zutrittsrecht zu ihrem Werk, sofern keine berechtigten Interessen des Eigentümers entgegenstehen. Dies ist bedeutsam z.B. bei Werken der Baukunst oder Skulpturen; bei überwiegenden Interessen hat die Urheberin überdies das Recht, ihr Werk im Inland auszustellen (Art. 14 URG).

- Es gilt der Grundsatz, dass Originalwerke, von denen keine weiteren Exemplare bestehen, von ihren Eigentümern nicht zerstört werden dürfen, ohne sie vorher dem Urheber zum blossen Materialwert angeboten zu haben (Art. 15 URG).

F. Die Schranken des Urheberrechts

Zulässigkeit der Verwendung veröffentlichter Werke zum Eigengebrauch

Das Recht des Urhebers, ausschliesslich zu bestimmen, ob, wann und wie sein Werk verwendet werden darf, gilt nicht uneingeschränkt: Das URG statuiert verschiedene Schranken des Urheberrechts (vgl. Art. 19 – 28 URG). Die weitaus wichtigste Schranke stellt die zulässige Verwendung eines bereits *veröffentlichten Werks* zum Eigengebrauch dar (Art. 19 Abs. 1 URG). Computerprogramme sind allerdings von dieser 29

Bestimmung ausgenommen (Art. 19 Abs. 4 URG). Das Gesetz unterscheidet drei Bereiche des zulässigen Eigengebrauchs von geschützten Werken: Den Privatgebrauch, den Gebrauch im Unterricht und den betriebsinternen Gebrauch.

1. Privatgebrauch

30   Im privaten, persönlichen Bereich und im engen Kreis von Verwandten und Freunden ist der Gebrauch von urheberrechtlich geschützten Werken ohne Einschränkung vergütungsfrei erlaubt. Es ist also im privaten Rahmen beispielsweise zulässig, geschützte Bücher zu kopieren oder geschützte Musikwerke abzuspielen.

Privatgebrauch im persönlichen Umfeld

31   Das Recht zum Privatgebrauch (Art. 19 Abs. 1 lit. a URG) erlaubt es dem privaten Nutzer auch, Musikwerke für den Eigengebrauch vom Internet (als MP3-Dateien) auf die Festplatte seines Computers zu laden und diese Werke z.B. auf eine CD-ROM zu kopieren (welche innerhalb des Kreises von nahen Angehörigen auch weitergegeben und allenfalls wieder kopiert werden darf). Dieses private Vervielfältigungsrecht ist praktisch weltweit anerkannt. Urheberrechtlich problematisch ist hingegen die Vorstufe dazu, wenn also das Werk zum Download durch einen Website-Betreiber (oder ev. einen Provider) zur Verfügung gestellt wird, ohne dass er im Besitz einer entsprechenden Lizenz ist.

2. Gebrauch im Unterricht

32   Die Werkverwendung von Lehrpersonen an privaten oder öffentlichen Schulen gehört ebenfalls zum freien Eigengebrauch (vgl. jedoch die Ausnahmeregelung in Art. 19 Abs. 3 URG). Im Gegensatz zum vergütungsfreien Privatgebrauch ist jedoch bei Vervielfältigungen irgendwelcher Art stets eine Vergütung geschuldet (Art. 20 Abs. 2 URG).

Werkverwendung in Schulen

3. Betriebsinterner Gebrauch

33   Unter den zulässigen Eigengebrauch fällt auch das *Vervielfältigen* von Werkexemplaren für den rein *betriebsinternen* Gebrauch in Unternehmen, Verwaltungen, Vereinen usw. Betreffend die zulässige Nutzung der Werke sowie die Vergütung der Urheber gelten die gleichen Vorschriften wie beim Gebrauch für Unterrichtszwecke.

Das betriebsinterne Vervielfältigungsrecht

G. Die verwandten Schutzrechte

Die verwandten Schutzrechte – auch *Leistungsschutzrechte oder Nach-* **34**
barrechte genannt – bezwecken den Schutz bestimmter künstlerischer
oder unternehmerischer Leistungen, die nicht als schöpferisch im urheberrechtlichen Sinn gelten, sondern bloss die Präsentation von schützbaren bzw. nicht schützbaren Werken zum Inhalt haben. Es handelt sich
um:

- die Rechte der ausübenden Künstlerinnen und Künstler (Interpre- **35**
  tenrechte),

- die Rechte der Hersteller von Ton- und Tonbildträgern (Videos,
  CDs, DVDs usw.),

- die Rechte von Sendeunternehmen.

In der Schweiz sind die Nachbarrechte in Art. 33 – 39 URG geregelt. Ihr **36**
Schutz beginnt mit der Darbietung eines Werks, der Herstellung eines
Ton- oder Tonbildträgers oder mit der Ausstrahlung einer Sendung. Er
erlischt nach 50 Jahren.

1. Die Rechte der ausübenden Künstlerinnen und Künstler

Ausübende Künstlerinnen und Künstler sind natürliche Personen, die **37**
ein urheberrechtlich schützbares Werk darbieten oder an der Darbietung eines solchen Werks künstlerisch mitwirken (Art. 33 Abs. 1, 34
Abs. 1 URG). Dabei spielt es keine Rolle, ob das Werk noch tatsächlichen
Schutz geniesst oder ob der Schutz infolge Ablaufs der Schutzdauer
bereits dahin gefallen ist: Geschützt ist die konkrete *Interpretation* oder
Darbietung des Werks. Die Grenze zwischen den Nachbarrechten der
ausübenden Künstler und dem eigentlichen Urheberrecht kann allerdings fliessend sein. Dies ist umso eher der Fall, je mehr sich eine Inter-
pretin oder ein Interpret von der getreuen Wiedergabe eines Werkes
entfernt, d.h., je mehr die Darbietung zur individuellen Schöpfung mit
eigenständigem Charakter wird.

Die Interpretenrechte sind in Art. 33 Abs. 2 lit. a–e URG abschliessend **38**
aufgezählt. Danach steht den ausübenden Künstlerinnen und Künstlern
das ausschliessliche und originäre Recht zu, ihre Darbietung wahrnehmbar zu machen, zu senden oder weiterzusenden, aufzunehmen und zu

vervielfältigen, vervielfältigte Exemplare zu veräussern oder sonst wie zu verbreiten. Ohne die Einwilligung der Interpretinnen und Interpreten eines Werks ist die Aufnahme ihrer Darbietung also nicht gestattet. Willigen sie aber in die Aufnahme ein, so haben diese Anspruch auf eine Vergütung, wenn ein aufgenommener Ton- oder Tonbildträger für Sendungen, Weitersendungen, öffentlichen Empfang oder Aufführungen verwendet wird (Art. 35 URG). Die Vergütungsansprüche können allerdings nur von zugelassenen Verwertungsgesellschaften geltend gemacht werden, und der Hersteller der betreffenden Ton- oder Tonbildträger ist angemessen zu beteiligen.

2. Die Rechte der Hersteller von Ton- und Tonbildträgern

39   Hersteller von Ton- oder Tonbildträgern ist jene Person, die als Unternehmer den Produktionsvorgang steuert und verantwortet, also z.B. der CD-Produzent. Nach Art. 36 URG hat der Hersteller das ausschliessliche Recht, die Aufnahmen zu vervielfältigen und die Kopien zum Kauf anzubieten oder sonst wie zu verbreiten. Die Bestimmung bezweckt somit primär den Schutz unternehmerischer Leistungen vor Produktpiraterie. Im Gegensatz zur Darbietung besteht der Schutz des Herstellers von Ton- oder Tonbildträgern auch dann, wenn die Träger keine urheberrechtlich geschützten Werke enthalten, sondern beispielsweise bloss die Aufnahme von Vogelgezwitscher.

Schutz der Hersteller von Ton- und Tonbildträgern vor Produktpiraterie

3. Die Rechte der Sendeunternehmen

40   Auch den Sendeunternehmen wie Fernseh- oder Radiostationen gewährt das URG einen Schutz für ihre aufwändigen und kapitalintensiven Leistungen. Sie haben das ausschliessliche Recht, ihre Sendungen weiterzusenden oder wahrnehmbar zu machen, sie aufzunehmen, zu vervielfältigen und die Kopien zu verbreiten (Art. 37 URG).

H. Die Verwertungsgesellschaften

Der Umstand, dass einem Urheber (z.B. dem Komponisten eines 41 Popsongs) bzw. seiner Schöpfung weltweit eine Vielzahl unbekannter potenzieller Nutzer gegenübersteht, macht es für ihn praktisch unmöglich, sein Urheberrecht auf eigene Faust wirksam zu verwerten. Die individuelle Wahrnehmung der Rechte der Urheberinnen und Urheber wird aber wirkungsvoll ersetzt durch die kollektive Verwertung der Urheberrechte durch *Verwertungsgesellschaften*, denen die Berechtigten ihre Verwendungsrechte zu diesem Zweck übertragen können (das entsprechende Rechtsgeschäft wird *Wahrnehmungsvertrag* genannt). Gewisse Verwertungsrechte sind den Verwertungsgesellschaften durch das Gesetz übertragen, ohne dass es einer konkreten Übertragung durch den Berechtigten bedarf; diese Verwertungsgesellschaften sind einer Bundesaufsicht unterstellt (Art. 40 ff. URG).

Den Verwertungsgesellschaften obliegt es, mit den Werkbenützern 42 Einzel- oder Pauschalverträge über die Nutzungserlaubnis abzuschliessen, die Nutzung zu überwachen und die festgelegten Entgelte einzuziehen.

In der Schweiz bestehen v.a. die folgenden Verwertungsgesellschaften: 43

- **SUISA** (Schweizerische Gesellschaft für die Rechte der Urheberinnen und Urheber musikalischer Werke): Sie befasst sich mit (nichttheatralischen) musikalischen Werken.

- **ProLitteris** (Schweizerische Urheberrechtsgesellschaft für literarische, dramatische und bildende Kunst).

- **SUISSIMAGE** (Schweizerische Gesellschaft für die Urheberrechte an visuellen und audiovisuellen Werken): v.a. Filmwerke.

- **SSA** (Société Suisse des Auteurs): Sie befasst sich mit dramatischen, musikdramatischen, choreografischen und audiovisuellen Werken.

- **SWISSPERFORM:** Sie befasst sich mit den Rechten der ausübenden Künstler, der Produzenten von Ton- und Bildaufzeichnungen sowie der Sendeunternehmen.

Nach dem Territorialitätsprinzip[7] sind die schweizerischen Verwer- 44 tungsgesellschaften nur für die Verwertung von Urheberrechten im Inland zuständig. Die Gesellschaften sind jedoch über Gegenseitigkeits-

----

[7] Dazu vorne S. 169, N 46 f.

verträge mit ausländischen Verwertungsgesellschaften in der Regel derart gut vernetzt, dass dadurch einerseits Urheberrechte weltweit effizient wahrgenommen werden können und andererseits den inländischen Werknutzern ein umfassendes internationales Werkrepertoire angeboten werden kann.

I. Der Rechtsschutz

45 Gegen Urheberrechtsverletzungen enthält das URG sowohl zivilrechtliche (Art. 61 ff. URG) als auch strafrechtliche (Art. 67 ff. URG) Rechtsbehelfe.

Zivilrechtliche Schutzbehelfe

In *zivilrechtlicher* Hinsicht gewährt das URG neben der Feststellungsklage auch Leistungsklagen in Form der Unterlassungs- und auch Beseitigungsklage. Liegen die üblichen Voraussetzungen vor, können ausserdem vorsorgliche Massnahmen beantragt werden.

Für die Klagen auf Schadenersatz, auf Genugtuung sowie auf Gewinnherausgabe verweist das Gesetz auf das Obligationenrecht.

46 Der *strafrechtliche* Schutz des Urhebers wird in der Praxis weniger genutzt als der zivilrechtliche: Wer Urheberrechte (Art. 67 lit. a–l URG) oder verwandte Schutzrechte (Art. 69 lit. a–k URG) verletzt, riskiert jedoch eine Gefängnisstrafe oder eine Busse von bis zu CHF 100 000.-.

Strafrechtlicher Schutz

J. Die wichtigsten internationalen Übereinkommen

47 Wie das Marken- und das Patentrecht ist auch das Urheberrecht Gegenstand diverser internationaler Abkommen. Der wichtigste Staatsvertrag auf dem Gebiet des Urheberrechts ist die **Revidierte Berner Übereinkunft zum Schutz von Werken der Literatur und Kunst** (RBÜ, SR 0.231.15). Die RBÜ sieht vor, dass die Urheber in allen Verbandsländern ausserhalb des Ursprungsstaates des Werks dieselben Rechte geniessen, die diese Länder den inländischen Urhebern gewähren (Art. 5 RBÜ *Grundsatz der Inländerbehandlung*). Daneben gewährt die RBÜ dem Urheber bestimmte Mindestrechte, auf die er sich direkt berufen kann, falls ein Verbandsland sein Werk nicht genügend schützt.

Die Revidierte Berner Übereinkunft

Weitere wichtige internationale Abkommen sind: 48

- Die Pariser Fassung des **Welturheberrechtsabkommens** (WUA, SR 0.231.01) und dessen Zusatzprotokolle;

- Das internationale Abkommen über den Schutz der ausübenden Künstler, der Hersteller von Tonträgern und der Sendeunternehmen (**Romabkommen,** SR 0.231.171);

- Das Übereinkommen zum Schutz der Hersteller von Tonträgern gegen die unerlaubte Vervielfältigung ihrer Tonträger (**Genfer Tonträgerabkommen,** SR 0.231.172);

- Das Übereinkommen über die Verbreitung der durch Satelliten übertragenen programmtragenden Signale (**Brüsseler Satellitenabkommen,** SR 0.231.173);

- Die beiden **«WIPO-Internet-Abkommen»:** das WIPO Copyright Treaty (WCT) und das WIPO Performances and Phonograms Treaty (WPPT), die allerdings von der Schweiz noch nicht ratifiziert worden sind.

K. Das Topographiengesetz

Das Bundesgesetz über den Schutz von Topographien von Halbleitererzeugnissen[8] («Chips») ist gleichzeitig mit dem Urheberrechtsgesetz in Kraft getreten.   49

Nach diesem Gesetz haben die Herstellerinnen und Hersteller nicht alltäglicher Topographien für maximal 10 Jahre seit der gültigen Anmeldung zum Registereintrag beim IGE oder seit der ersten Inverkehrsetzung das ausschliessliche Recht, ihre Chips zu vervielfältigen, zu verbreiten oder einzuführen (Art. 5 ToG).

L. Das Designgesetz

Das Bundesgesetz über den Schutz von Design[9] (früher: Muster- und Modellgesetz) bezweckt den Schutz von Produktgestaltungen oder Teilen davon, «die namentlich durch die Anordnung von Linien, Flächen,   50

....

[8]   SR 231.2.
[9]   SR 232.12.

Konturen oder Farben oder durch das verwendete Material charakterisiert sind» (Art. 1 DesG). Etwas plastischer ausgedrückt kann man unter Design überraschende Formen, originell gestaltete Flächen oder innovative Materialien für Produkte verstehen (z.B. einen originell geschwungenen Autokotflügel oder ein spezielles Uhrenzifferblatt).

51 Design ist schutzfähig, soweit es neu ist und eine besondere Eigenart aufweist (Art. 2 DesG). Der Schutz entsteht mit der Eintragung ins Design-Register beim IGE. Er besteht während fünf Jahren ab dem Datum der Hinterlegung und kann viermal für fünf Jahre verlängert werden (Art. 5 DesG). Die Rechtsinhaber können Dritten also während maximal 25 Jahren verbieten, das geschützte Design zu gewerblichen Zwecken zu gebrauchen, also beispielsweise Produkte mit gleichem oder ähnlichem Design herzustellen und in Verkehr zu bringen (Art. 8 f. DesG).

M. Das Sortenschutzgesetz

52 Das Bundesgesetz über den Schutz von Pflanzenzüchtungen[10] bezweckt den Schutz von neu gezüchteten Pflanzensorten (Art. 1 SortG). Schutzfähig sind Sorten die neu, beständig und hinreichend homogen sind und zudem einer Gattung oder Art angehören, die in das Artenverzeichnis aufgenommen worden ist (Art. 5 SortG).

Schutz von neu gezüchteten Pflanzensorten

Wer eine neue Sorte schützen lassen will, hat sie beim Büro für Sortenschutz (Art. 23 SortG) anzumelden und prüfen zu lassen (Art. 26 ff. SortG). Wenn alle Voraussetzungen erfüllt sind, wird der Sortenschutz durch Eintragung ins Sortenschutzregister erteilt (Art. 31 SortG). Die Schutzdauer beträgt 20 Jahre, für einzelne Pflanzenarten kann sie auf maximal 25 Jahre verlängert werden (Art. 14 SortG).

Der Sortenschutz bewirkt, dass niemand ohne Zustimmung des Schutzinhabers Vermehrungsmaterial der geschützten Sorte gewerbsmässig erzeugen, anbieten oder vertreiben darf (Art. 12 SortG).

....

[10] SR 232.16.

N. Fragen zu Fall VIII

Allgemeine Fragen:

1. Was versteht man unter einem Werk im urheberrechtlichen Sinne?

2. Was ist der Inhalt des Urheberrechts?

3. Welches sind die Schranken des Urheberrechts?

4. Wie steht es mit der Erschöpfung des Urheberrechts an einem Computerprogramm?

Konkrete Fragen zum Sachverhalt:

5. Wie beurteilen Sie den Freitagabend-Betriebsanlass aus urheberrechtlicher Sicht? Darf Hans die Beatles-Cover-Band ohne weiteres aufspielen lassen? Wie muss er vorgehen?

   (Nützliche Hinweise zur Lösung der Fragen 5 bis 7 finden Sie unter *www.suisa.ch*: Vorgehen des Veranstalters, Tarife, Rechtslage bei Guggenmusik usw.).

6. Wie beurteilen Sie die Samstagabend-Veranstaltung aus urheberrechtlicher Sicht?

7. Wie beurteilen Sie den Auftritt der Guggenmusik am Sonntagnachmittag? Wie beurteilen Sie ganz generell Guggenmusik-Auftritte an der Luzerner Fasnacht aus urheberrechtlicher Sicht?

8. Darf das Luzerner Lokalfernsehen in den Abendnachrichten Ausschnitte aus der Darbietung der Guggenmusik senden?

9. Darf Hans die Eisenplastik des Künstlers wieder entfernen und im Alteisen entsorgen, wenn sie ihm nach zwei Jahren lästig geworden ist?

10. Kapitel: Finanzmarktrecht I: Überblick

A. Wettbewerbsprinzip und Wirtschaftsaufsichtsrecht

1   Das schweizerische Wirtschaftsrecht muss man vor dem Hintergrund des verfassungsmässig verankerten Wettbewerbsprinzips verstehen. Dieses Prinzip bildet gewissermassen den Bogen, der die verschiedenen Kapitel dieses Buches verbindet:

Hintergrund: Wettbewerbsprinzip

2   • Im Einleitungskapitel haben wir festgestellt, dass die schweizerische Wirtschaftsverfassung eine weitgehend freiheitliche und privatautonome Wettbewerbswirtschaft statuiert (mit Ausnahme des Arbeitsmarktes, der durch Gruppenvereinbarungen koordiniert werden kann). Das Ziel ist der lautere und wirksame Wettbewerb im Interesse aller Beteiligten.

Grundsatz der freien Marktwirtschaft

3   • In den daran anschliessenden Kapiteln zum Wettbewerbsrecht und zum Konsumentenrecht wurde aufgezeigt, wie der Gesetzgeber das verfassungsrechtlich vorgegebene Wettbewerbsprinzip institutionalisiert und schützt. Das Kartellrecht will volkswirtschaftlich oder sozial schädliche Wettbewerbsbeschränkungen verhindern und den *wirksamen Wettbewerb* im Interesse einer freiheitlichen, marktwirtschaftlichen Ordnung fördern (Art. 1 KG). Darüber hinaus soll das Lauterkeitsrecht als Marktverhaltensrecht das funktionierende Wettbewerbssystem im Interesse aller Beteiligten – also insbesondere auch der Konsumentinnen und Konsumenten – vor Wettbewerbsverfälschungen schützen (Art. 1 UWG). Hiefür wird einerseits die lautere Geschäftsmoral zwischen den Marktteilnehmern zum Schutzobjekt erklärt und andererseits die Stellung der Konsumenten gegenüber den Unternehmen gestärkt.

Schutz des wirksamen Wettbewerbs

4   • Im Rahmen der Darstellung der verschiedenen Immaterialgüterrechte sind wir auf einen nur scheinbaren Gegensatz zum erwähnten Wettbewerbsprinzip gestossen: Zwar schaffen Imma-

Immaterialgüterrechte und Wettbewerbsprinzip

terialgüterrechte bei gegebenen Voraussetzungen zeitlich befristete Monopole, doch stärken diese Monopole die Innovationskraft der Wirtschaft und sind damit dem Wettbewerb durchaus förderlich.

Finanzmärkte besonders regulierungsbedürftig

Es gibt nun allerdings Märkte, wie z.B. die Versicherungs- oder die Kapitalmärkte, bei denen das Wettbewerbs- oder das Konsumentenrecht allein nicht ausreichen, um ihre Funktionsfähigkeit *im Interesse aller Beteiligten* sicherzustellen. Auf diesen Märkten behält sich der Bund – immer gestützt auf eine verfassungsmässige Kompetenz – ein *Aufsichtsrecht* vor. 5

Wirtschaftsaufsichtsrecht

Mit dem Begriff *Wirtschaftsaufsichtsrecht* umschreiben wir Rechtsnormen, mit deren Hilfe die möglichen – systembedingten – Gefahren einer privatautonom koordinierten Wirtschaft präventiv abgewehrt werden können. Der Zweck des Wirtschaftsaufsichtsrechts liegt darin, mögliche Fehlentwicklungen in volkswirtschaftlich wichtigen Wirtschaftsbranchen und Märkten durch normativ zwingende Vorgaben zu verhindern. Das Wirtschaftsaufsichtsrecht bildet dabei ebenso wenig wie das Wettbewerbsrecht einen Gegensatz zum Wettbewerbsprinzip. Es ist im Gegenteil eine notwendige Voraussetzung dafür, dass sich in einer privatautonomen Wirtschaft überhaupt ein *lauterer und wirksamer Wettbewerb* etablieren kann. 6

B.   Finanzmarkt und Finanzmarktaufsicht

Intensiv regulierter Finanzsektor

Zum Wirtschaftsaufsichtsrecht ist auch das Finanzmarktrecht zu zählen, das die Aufsicht über bestimmte Finanzmarktakteure zum Zweck hat. Generell gehört der Finanzsektor in den meisten Ländern zu den am stärksten regulierten und der staatlichen Aufsicht unterworfenen Wirtschaftsbereichen. Die wichtigste Finanzmarktaufsichtsbehörde in der Schweiz ist die Eidgenössische Bankenkommission (EBK), welche gestützt auf das Banken-, das Börsen- und das Anlagefondsgesetz die Oberaufsicht über die Finanzmarktakteure und Finanzmarktinstitute ausübt. 7

8   Der Finanzmarkt wird unterteilt in den *Kapitalmarkt* einerseits und den *Geldmarkt* andererseits:

Einteilung des Finanzmarktes

9   • Der *Kapitalmarkt* ist der Ort, wo Angebot und Nachfrage von zu Investitionszwecken benötigtem Geld oder Wertpapieren aufeinander treffen. Der Kapitalmarkt betrifft somit mittel- bis langfristige Geldanlagen.

    • Der *Geldmarkt* hingegen betrifft nur die kurzfristigen Gelder (Zahlungsverkehr).

10   Der Kapitalmarkt seinerseits lässt sich wiederum unterteilen in den sog. Primärmarkt (auch Finanzierungsmarkt oder Emissionsmarkt)[1] einerseits und den Sekundärmarkt, den Markt für bereits emittierte Wertpapiere, andererseits:

11   • Der *Primärmarkt* dient traditionell der Finanzierung von Unternehmensinvestitionen oder von Staatsausgaben. Dies kann beispielsweise über die Emission von neuen Unternehmensanteilen (in der Regel von Aktien) oder über die Auflage von Anleihen (Anleihensobligationen, Wandel- oder Optionsanleihen)[2] geschehen. Im ersten Fall fliesst einer Unternehmung neues Eigenkapital zu und der Investor erwirbt eine Unternehmensbeteiligung. Im zweiten Fall fliesst dem Unternehmen oder dem Staat neues Fremdkapital zu und der Anleger wird blosser Gläubiger (im Fall von Wandel- oder Optionsanleihen jedoch mit der Option, Aktionär zu werden).

Primärmarkt

12   • Auf den *Sekundärmärkten* werden demgegenüber die bereits ausgegebenen Effekten gehandelt.

Sekundärmarkt

13   Während der Sekundärmarkt im Wesentlichen durch die Börsengesetzgebung sowie durch die Börse selbst geregelt wird, sind die Regeln für den Primärmarkt vor allem im Obligationenrecht zu finden. Art. 652a und Art. 1156 OR regeln die Anforderungen an den Emissionsprospekt, wenn Beteiligungsrechte oder Anleihensobligationen öffentlich zum Kauf angeboten werden. Hinsichtlich der Haftung für die Folgen eines fehlerhaften Prospekts ist überdies auf Art. 752 sowie Art. 1156 Abs. 3 OR zu verweisen.

Gesetzliche Regelung

----

[1]   Neuschaffung und Inverkehrsetzung von Wertpapieren, Wertrechten oder Derivaten.

[2]   *Wandelanleihen* sind Anleihen, die innerhalb einer gewissen Zeit zu einem festgesetzten Preis in Beteiligungspapiere (Aktien) derselben Gesellschaft umgetauscht werden können. *Optionsanleihen* sind Obligationen, die dem Besitzer das Recht geben, innert einer bestimmten Zeit gegen Ausübung der Optionen Beteiligungspapiere (Aktien oder Partizipationsscheine) der gleichen Gesellschaft zu einem festen Preis zu kaufen.

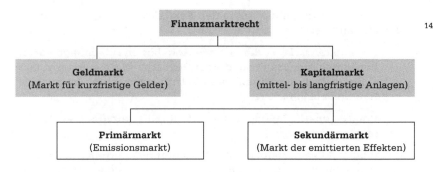

Schema 18: Der Finanzmarkt

C. Ziele des Finanzmarktrechts

Unterschiedliche
Interessen der
Beteiligen

Auf den Finanzmärkten können sich die unterschiedlichsten Interessen 15
gegenüberstehen: Auf dem Primärmarkt sind es die Interessen der
Unternehmen an einer effizienten Erschliessung von Finanzmitteln
einerseits und die Interessen der Investoren nach einer möglichst weit
gehenden Transparenz andererseits. Auf dem Sekundärmarkt sind es
die Interessen der Anleger am Schutz ihrer Anlagen oder generell die
Interessen der Allgemeinheit an der Funktionsfähigkeit der Finanzmärkte.
Konkret stellen sich in den Finanzmärkten u.a. Probleme:

- rund um die Prospekthaftung bei Neuemissionen; 16

- der lauteren Preisbildung im Sekundärmarkt (Stichwort Insiderhandel und Kursmanipulation);

- der richtigen Darstellung der Vermögenslage von börsenkotierten
Unternehmungen;

- der Mindestkapitalisierung von Bankinstituten;

- der Geldwäscherei.

Anlegerschutz
und Funktions-
schutz

Vor diesem Hintergrund hat das *Finanzmarktrecht* zwei hauptsächliche 17
Ziele zu erfüllen: Einerseits gilt es, den Schutz des Anlegers sicherzustellen (*Individualschutz*), andererseits funktionierende Finanzmärkte
an sich zu garantieren (*Funktionsschutz*).

18   Exemplarisch dazu der Zweckartikel des Börsengesetzes: «[Das Börsen-
gesetz] regelt die Voraussetzungen für die Errichtung und den Betrieb
von Börsen sowie den gewerbsmässigen Handel mit Effekten, um für
den Anleger Transparenz und Gleichbehandlung sicherzustellen. Es
schafft den Rahmen, um die **Funktionsfähigkeit der Effektenmärkte** zu
gewährleisten» (Art. 1 BEHG).

19   Nachfolgend werden folgende Bereiche des Finanzmarktrechts skizziert: Die in diesem
Buch behandel-
ten Bereiche des
Finanzmarkt-
rechts

- die Börsengesetzgebung (sowie Teile des Kotierungsreglements
  der SWX Swiss Exchange);

- die Bankengesetzgebung;

- die Anlagefondsgesetzgebung;

- die Geldwäschereigesetzgebung.

11. Kapitel: Finanzmarktrecht II: Börsenrecht

Lernziele

▶ Sie kennen die Grundzüge des schweizerischen Börsenrechts.

Gesetzliche Grundlagen

- Bundesgesetz über die Börsen und den Effektenhandel (Börsengesetz, BEHG) vom 24. März 1995, SR 954.1

- Verordnung über die Börsen und den Effektenhandel (Börsenverordnung, BEHV) vom 2. Dezember 1996, SR 954.11

- Verordnung der Eidgenössischen Bankenkommission über die Börsen und den Effektenhandel (BEHV-EBK) vom 25. Juni 1997, SR 954.193

- Verordnung der Übernahmekommission über öffentliche Kaufangebote (Übernahmeverordnung-UEK, UEV-UEK) vom 21. Juli 1997, SR 954.195.1

- Reglement der Übernahmekommission (Reglement-UEK, R-UEK) vom 21. Juli 1997, SR 954.195.2

- Kotierungsreglement der SWX Swiss Exchange (unter www.swx. com)

- Richtlinie der SWX Swiss Exchange betreffend Informationen zur Corporate Governance (unter www.swx.com)

Literaturhinweise

PETER NOBEL, Schweizerisches Finanzmarktrecht, 2. Auflage, Bern 2004 (Nachträge unter: http://www.staempfli.com).

ROLF WATTER (Hrsg.), Rechtsfragen beim Börsengang von Unternehmen, Zürich 2002.

DIETER ZOBL / STEFAN KRAMER, Schweizerisches Kapitalmarktrecht, Zürich 2004.

A. Fall IX

Die blosse Bezeichnung «unternehmensinterne Karosserieabteilung» trifft inzwischen längst nicht mehr zu für den eigenen Karosseriebetrieb der Autogarage Hans AG: Diese Dimension wurde längst gesprengt. Die Maschinenbau- und Karosserieabteilung verwertet mittlerweile im Inland mehrere Patente selber und lässt sie im Ausland unter Lizenz herstellen. Sie wurde daher als 100%ige Tochtergesellschaft (Aktienkapital: 5 Mio. Franken) einerseits rechtlich verselbständigt und andererseits auch räumlich vom eigentlichen Garageunternehmen getrennt. Im Industriegebiet von Ebikon LU wurden dafür eigens neue Produktions- und Büroräumlichkeiten für ca. 300 Beschäftigte erstellt. Die Tochtergesellschaft erwirtschaftet im Moment einen jährlichen Umsatz von 150 Millionen Franken (das jährliche Umsatzwachstum beträgt 15 %) und bildet mittlerweile das Hauptgeschäft des Gesamtunternehmens.

Nachdem diese junge Ebikoner Maschinenbau- und Maschinenersatzteilfabrik in der Wirtschaftpresse schon verschiedene Male vorgestellt und lobend hervorgehoben wurde, erhielten Hans und seine Autogarage AG von verschiedenen grösseren inländischen und ausländischen Maschinenbaukonzernen Angebote, die erfolgreiche Tochtergesellschaft aufzukaufen. Der Unternehmer zögerte zwar lange, doch das Angebot eines mittelgrossen börsenkotierten schweizerischen Maschinenbaukonzerns (der Techno Holding, jährlicher Umsatz: 2 Milliarden Franken) war für die Autogarage AG dermassen vorteilhaft, dass sich der Alleinaktionär Hans zum Verkauf der Tochtergesellschaft entschloss.

Der Unternehmensverkauf soll mittels eines Aktientauschs abgewickelt werden: Die Autogarage AG verpflichtet sich, der übernehmenden Techno Holding 100% der Aktien ihrer Tochtergesellschaft zu übertragen. Im Gegenzug erhält sie 5% der Namenaktien (Einheitsaktien zum Nennwert von Fr. 10.–) der übernehmenden Gesellschaft sowie 10 Millionen Franken in bar.

Nach dem Verkauf der Tochtergesellschaft will Hans sein Unternehmen folgendermassen neu organisieren: Einerseits soll das eigentliche Garagengeschäft weiter ausgebaut werden. Andererseits sollen die durch den Unternehmensverkauf zugeflossenen finanziellen Mittel – sofern sie nicht für die Expansion des Garagenbetriebs benötigt werden – durch eine neu gegründete Finanzgesellschaft verwaltet und bewirtschaftet werden. Rechtlich soll dies folgendermassen organisiert werden: Hans wird Alleinaktionär einer Holdinggesellschaft, die ihrerseits Alleinaktionärin sowohl der neu gegründeten Finanzgesellschaft als auch der alten Autogarage AG ist.

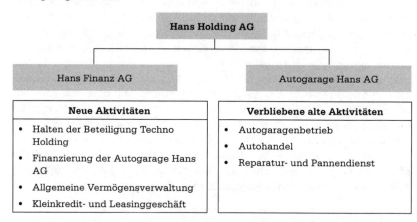

Hans Holding AG	
Hans Finanz AG	**Autogarage Hans AG**

Neue Aktivitäten	Verbliebene alte Aktivitäten
• Halten der Beteiligung Techno Holding • Finanzierung der Autogarage Hans AG • Allgemeine Vermögensverwaltung • Kleinkredit- und Leasinggeschäft	• Autogaragenbetrieb • Autohandel • Reparatur- und Pannendienst

B. Einleitung

1 Kapitalgesellschaften können auf verschiedene Arten mit finanziellen Mitteln ausgestattet werden:

Möglichkeiten der Unternehmensfinanzierung

- Im Gründungsstadium geht es primär um die *Liberierung des Grundkapitals* durch die Teilhaber (bei der AG also durch die Aktionäre).

- Nach ihrer Gründung kann das Grundkapital einer Gesellschaft jederzeit durch *Kapitalerhöhungen* aufgestockt werden.

- Im Verlauf ihrer Geschäftstätigkeit kann sich eine Gesellschaft zudem auch *selber finanzieren,* indem sie ihre erwirtschafteten Gewinne zurückbehält und nicht in Form von Dividenden an die Gesellschafter ausschüttet.

- Eine weitere Möglichkeit zur Geldbeschaffung ist schliesslich die Fremdfinanzierung: Dritte Geldgeber gewähren einer Gesellschaft kurzfristige oder langfristige Kredite (und zwar in der Regel gestützt auf verschiedene Arten von Sicherheiten oder durch ein minimales Eigenkapital).

Diese Möglichkeiten stehen allen Kapitalgesellschaften zur Verfügung.

2 Den börsenkotierten Gesellschaften steht überdies noch eine zusätzliche Möglichkeit offen, um sich mit finanziellen Mitteln auszustatten: Die Mittelbeschaffung auf dem öffentlichen Kapitalmarkt durch die Ausgabe von an der Börse frei handelbaren Effekten der Gesellschaft. Diese Publikumsgesellschaften haben gegenüber den «privaten» Kapitalgesellschaften den Vorteil, dass sie auf dem Weg einer öffentlichen Platzierung von Aktien oder Anleihen auf effiziente Weise breit gestreutes potenzielles Investitionskapital erschliessen können. Diese Art der Aufnahme von neuem Eigenkapital über die Börse ist für ein Unternehmen dann interessant, wenn der Ausgabekurs der Beteiligungspapiere über deren Nennwert liegt.

Kapitalbeschaffung auf dem öffentlichen Kapitalmarkt

3 Wenn also beispielsweise der *Nennwert* einer Aktie 10 Franken beträgt, der *Emissionspreis* jedoch bei 100 Franken liegt, so fliesst der Gesellschaft neues Eigenkapital in 10-facher Höhe des eigentlichen Aktiennennwertes zu (was ein Agio von 90 Franken pro Aktie ergibt).

4 Mögliche Investoren werden sich jedoch in der Regel zu solchen Kapitalanlagen nur unter der Voraussetzung eines funktionierenden und transparenten Marktes entschliessen können. Sie wollen ihren Investitions-

Erfordernis der Markttransparenz

....

entscheid auf möglichst wahre Informationen stützen, um für sich den angemessenen Preis zu ermitteln.

Besondere Vorschriften des Obligationen- rechts Eine Kapitalgesellschaft erkauft sich die Vorteile der Börsenkotierung mit der sich aus dem Aktienrecht ergebenden Verpflichtung, den Aktionären folgende verbesserten Informationen zur Verfügung zu stellen: [5]

- Art. 663c OR (Offenlegung der Beteiligungsverhältnisse);

- Art. 663e Abs. 3 Ziff. 2 OR (Konzernrechnung);

- Art. 685d OR (Vinkulierung);

- Art. 697h Abs. 1 Ziff. 2 OR (Offenlegung der Rechnung);

- Art. 727b Abs. 1 Ziff. 2 OR (Anforderungen an die Revisionsstelle). [1]

Besondere börsenrechtliche Vorschriften Für solche Gesellschaften sind ausserdem die *börsenrechtlichen Vorschriften* anwendbar. Bevor wir jedoch auf diese wichtigen Kapitalmarktvorschriften genauer eingehen, werfen wir zunächst einen kurzen Blick auf die *Institution Börse* und auf die an ihr auftretenden Akteure, die *Effektenhändler*. [6]

C. Die Börse

Markt für Effekten Nach der Definition des Börsengesetzes ist die Börse eine *Einrichtung des Effektenhandels*, die den gleichzeitigen Austausch von Angeboten unter mehreren Effektenhändlern sowie den Vertragsabschluss bezweckt (Art. 2 lit. b BEHG). [7]

Effekten = Wertpapiere, Wertrechte und Derivate Unter **Effekten** versteht das Börsengesetz Wertpapiere, Wertrechte und Derivate: [8]

- **Wertpapiere** bestimmen sich nach den Regeln des Obligationenrechts (Art. 965 OR ff.). Ganz allgemein handelt es sich dabei um Urkunden (wie Aktien oder Obligationen), mit denen ein Recht derart verknüpft ist, dass es ohne die Urkunde weder geltend gemacht noch auf andere übertragen werden kann.

---

[1] Die Bestimmungen über die Revision von Gesellschaften sind soeben revidiert worden; sie werden voraussichtlich in der Wintersession des eidgenössischen Parlaments endgültig verabschiedet. Sie werden im Verlauf des Jahres 2007 in Kraft treten, vgl. dazu http://www.parlament.ch/afs/data/d/gesch/2001/d_gesch_20010082.htm.

- **Wertrechte** sind Anteils- oder Forderungsrechte, die – im Gegensatz zu den Wertpapieren – nicht verurkundet sind. An die Stelle der Urkunde tritt in diesem Fall die buchmässige Registrierung der Mitgliedschafts- oder Gläubigerrechte. Diese *Bucheffekten* werden in der Regel einzig in elektronischen Registern erfasst.

- **Derivate** sind Kauf- oder Verkaufsrechte (z.B. Optionen, Termingeschäfte), deren Bestand und Preis sich vom Wert anderer Vermögensrechte (z.B. von Aktien, Obligationen, Rohstoffen) oder von anderen Referenzsätzen (z.B. Währungen, Zinsen) ableitet.

9 Die volkswirtschaftliche Funktion der Börse besteht darin, einen Markt zur Verfügung zu stellen, auf dem sich die Unternehmen (als Kapitalaufnehmer), die Investoren (als Kapitalanleger) und die vermittelnden Finanzdienstleister treffen können. In der Schweiz spielt die von der SWX Swiss Exchange betriebene Elektronische Börse Schweiz (EBS)[2] eine zentrale Rolle. Über deren elektronische Plattform, auf die alle Börsenteilnehmer gleichzeitig und gleichberechtigt Zugriff haben, werden sowohl in- als auch ausländische Titel gehandelt.
SWX Swiss Exchange

10 Eine Börse ist jeweils eine privatrechtliche Organisation. Für ihren Betrieb benötigt sie eine Bewilligung durch die Aufsichtsbehörde, die Eidgenössische Bankenkommission (EBK) (Art. 3, 34 BEHG). Die Betriebsbewilligung wird erteilt, wenn die gesetzlichen Erfordernisse erfüllt sind (Art. 3 Abs. 2 BEHG).
Bewilligungspflicht

11 Nach dem *Grundsatz der Selbstregulierung* (Art. 4 BEHG) hat die Börse eine eigene, ihrer Tätigkeit angemessene Betriebs-, Verwaltungs- und Überwachungsorganisation zu gewährleisten. Die Zulassung von Effektenhändlern und von Effekten zum Handel an der Börse ist ihr daher weitgehend selbst überlassen. Sie hat jedoch ihre Reglemente sowie deren Änderungen von der Aufsichtsbehörde (der EBK) genehmigen zu lassen.
Selbstregulierung

Im Wesentlichen hat eine Börse die folgenden Bereiche selbst zu organisieren:

Die Organisation und die Überwachung des Handels (Art. 5 f. BEHG)

12 Die Börse hat ein Reglement zur Organisation eines leistungsfähigen und transparenten Handels zu erlassen und ein Journal über sämtliche Geschäfte zu führen, die bei ihr getätigt oder ihr gemeldet wurden. Sie stellt die Transparenz sicher, überwacht die Kursbildung sowie den Abschluss und die Abwicklung der getätigten Transaktionen, und sie benachrichtigt die Aufsichtsbehörde bei Verdacht auf Gesetzesverletzungen oder bei sonstigen Missständen.
Sicherstellung eines leistungsfähigen und transparenten Handels

....

2 Zur SWX-Gruppe gehören die SWX Swiss Exchange, Eurex, virt-x, STOXX und EXFEED (mehr dazu unter www.swx.com).

Die Zulassung von Effektenhändlern und Effekten (Art. 7 f. BEHG)

Zulassung von Händlern und Effekten

Die Börse muss ein Reglement über die Zulassung, die Pflichten und den Ausschluss von Effektenhändlern sowie ein Reglement über die Zulassung von Effekten zum Handel erlassen. Sie ist ausserdem verpflichtet, eine unabhängige Beschwerdeinstanz zu bestellen, die angerufen werden kann, wenn ein Effektenhändler oder Effekten nicht zugelassen oder aber ausgeschlossen bzw. widerrufen werden. 13

Börsenaufsicht

Die *Börsenaufsicht* beruht somit auf einem Zusammenspiel von Aufsichtsbehörde und Börse (auf der Basis des Prinzips der Selbstregulierung). Die EBK genehmigt die von der Börse erlassenen Reglemente und sorgt im Rahmen des Bewilligungsverfahrens dafür, dass die vom Börsengesetz vorgegebenen Zielnormen und Minimalvoraussetzungen eingehalten werden (vgl. Art. 10 BEHG). 14

Aufgrund der gesetzlich vorgeschriebenen Gewährleistung einer internen Überwachungsorganisation (Art. 4 Abs. 1 BEHG) sowie der Schaffung einer unabhängigen Beschwerdeinstanz (Art. 9 BEHG) liegt jedoch die unmittelbare Aufsicht bei der Börse selber. 15

D. Die Effektenhändler

Begriff des Effektenhändlers

Nach der Definition des Börsengesetzes sind Effektenhändler natürliche und juristische Personen und Personengesellschaften, die gewerbsmässig entweder auf eigene Rechnung zum kurzfristigen Wiederverkauf oder für Rechnung Dritter Effekten auf dem Sekundärmarkt kaufen oder verkaufen, auf dem Primärmarkt öffentlich anbieten oder selbst Derivate schaffen und öffentlich anbieten (Art. 2 lit. d BEHG). Die Börsenverordnung umschreibt den Begriff in Art. 2 f. BEHV noch etwas konkreter und unterscheidet fünf Kategorien von Effektenhändlern. 16

Kategorien von Effektenhändlern

Als Effektenhändler gelten danach:[3] 17

- **Eigenhändler,** die hauptsächlich im Finanzbereich tätig sind und gewerbsmässig für eigene Rechnung kurzfristig mit Effekten handeln;

- **Emissionshäuser,** die hauptsächlich im Finanzbereich tätig sind, gewerbsmässig von Dritten ausgegebene Effekten übernehmen und öffentlich auf dem Primärmarkt anbieten;

----

[3]   Vgl. jedoch die Ausnahmen in Art. 2 Abs. 3 BEHV.

- **Derivathäuser,** die hauptsächlich im Finanzbereich tätig sind und gewerbsmässig selbst Derivate schaffen und diese für eigene oder fremde Rechnung öffentlich auf dem Primärmarkt anbieten;

- **Market Maker,** die gewerbsmässig für eigene Rechnung kurzfristig mit Effekten handeln und öffentlich Kurse für einzelne Effekten stellen;

- **Kundenhändler,** die gewerbsmässig im eigenen Namen für Rechnung von Kunden mit Effekten handeln, wobei sie zur Abwicklung dieser Geschäfte selber oder bei Dritten Konten führen oder die Effekten dieser Kunden selber aufbewahren.

18   Die Tätigkeit des Effektenhändlers unterliegt wie der Betrieb einer Börse einer Bewilligungspflicht.[4] Die Bewilligung wird erteilt, wenn:

Bewilligungs-
pflicht

- sichergestellt ist, dass der Gesuchsteller durch seine internen Vorschriften und seine Betriebsorganisation die gesetzlichen Vorschriften erfüllt;

- der Gesuchsteller über das verlangte Mindestkapital verfügt (1,5 Millionen Franken);

- der Nachweis der erforderlichen Fachkenntnisse erbracht wurde;

- Gewähr für eine einwandfreie Geschäftstätigkeit geboten werden kann.

19   Das Börsengesetz auferlegt dem Effektenhändler zudem bestimmte Verhaltensregeln. Insbesondere obliegen ihm gegenüber seinem Kunden gewisse *Informationspflichten* bezüglich Risiken, die mit einer bestimmten Geschäftsart verbunden sind. Der Händler ist sodann zu besonderer *Sorgfalt* verpflichtet. Er hat sicherzustellen, dass die Aufträge seiner Kunden bestmöglich erfüllt werden und dass die Abwicklung der Transaktionen für die Kunden nachvollziehbar ist. Schliesslich trifft ihn gegenüber seinen Kunden, insbesondere bei allfälligen Interessenkonflikten, eine *Treuepflicht*.

Informations-,
Sorgfalts- und
Treuepflichten

---

4   Vgl. dazu Art. 10 ff. BEHG, Art. 17 ff. BEHV, Art. 1 ff. BEHV-EBK.

E. Die Kotierung an der SWX

1. Zulassungsstelle und Kotierungsreglement

Voraussetzungen und Zielsetzung der Zulassung

Damit die Effekten eines Unternehmens an der Börse gehandelt werden 20 können, müssen sie an der Börse kotiert, d.h. zum Handel zugelassen, sein. Das für die Kotierung zuständige Organ der SWX ist die *Zulassungsstelle*. Die Zulassung zum Handel wird von der EBK erteilt, wenn die Effekten des Unternehmens die Bedingungen des *Kotierungsreglements (KR)* erfüllen, das gestützt auf Art. 8 BEHG von der Börse autonom erlassen wurde. Die Zulassung von Effekten zum Handel an der Börse hat verschiedenen Zielsetzungen des Gesetzgebers Rechnung zu tragen, so namentlich der *Handelbarkeit* der Effekten und der *Informationsvermittlung* zuhanden der Anleger. Dabei sind *international anerkannte Standards*[5] zu beachten (Art. 8 BEHG).

Hauptbörsensegment

Das *Kotierungsreglement* bezweckt einerseits, den Emittenten einen 21 möglichst freien und gleichen Zugang zum Börsenhandel zu verschaffen, und soll anderseits für die Anleger Transparenz hinsichtlich der Emittenten und der Effekten (Valoren) sicherstellen (Art. 1 KR). Das Reglement regelt die Zulassungsvoraussetzungen im *Hauptbörsensegment* der SWX.

Nebensegmente

Vom Hauptsegment, in dem der überwiegende Teil der Effekten gehandelt wird, sind folgende **Nebensegmente** (deren unterschiedliche Kotierungsvoraussetzungen in Zusatzreglementen geregelt sind) zu unterscheiden:

- das Segment der blossen **Investmentgesellschaften,** die keine unternehmerische Tätigkeit im eigentlichen Sinn verfolgen, sondern hauptsächlich die Erzielung von Erträgen oder Kapitalgewinnen auf Kapitalanlagen bezwecken;

....

[5]   Im Vordergrund stehen dabei die entsprechenden Richtlinien der Europäischen Union, so namentlich die Richtlinie zur Koordinierung der Bedingungen für die Zulassung von Wertpapieren zur amtlichen Notierung an einer Wertpapierbörse (79/279/EWG), die «Zulassungsrichtlinie»; sodann die Richtlinie zur Koordinierung der Bedingungen für die Erstellung, die Kontrolle und die Verbreitung des Prospekts, der für die Zulassung von Wertpapieren zu veröffentlichen ist (80/390/EWG), die «Prospekt-Richtlinie»; sowie die Richtlinie über regelmässige Informationen, die von Gesellschaften zu veröffentlichen sind, deren Aktien zur amtlichen Notierung an einer Wertpapierbörse zugelassen sind (82/121/EWG), die «Zwischenberichtsrichtlinie».

- der **SWX Local Caps,** in dem namentlich Unternehmen von lokaler Bedeutung oder mit engem Investorenkreis, wie etwa Familienunternehmen, gehandelt werden;

- das Segment der Immobiliengesellschaften.[6]

2. Voraussetzungen der Kotierung

23 Das Kotierungsreglement unterscheidet zwischen den Anforderungen an den Emittenten (Art. 6 – 11 KR) und den Anforderungen an den Valor (Art. 12 – 31). Während bei den Anforderungen an den Emittenten der Anlegerschutz im Vordergrund steht, dienen die Anforderungen an den Valor primär dem Schutz eines funktionsfähigen Marktes, indem sie v.a. einen minimalen Handel (*Liquidität*) mit den kotierten Effekten sicherstellen.

Unterschiedliche Anforderungen an Emittenten und Valoren

a) Die wichtigsten Anforderungen an den Emittenten (Art. 6 ff. KR)

24 Der Emittent muss:

- nach dem Recht seines Sitzstaates gültig konstituiert sein;

- aus Gründen der Transparenz in der Regel mindestens drei Jahre als Unternehmen bestanden haben und entsprechende Jahresabschlüsse vorweisen können;

- als Haftungssubstrat ein minimales Eigenkapital von 25 Millionen Franken ausweisen, wobei bei Konzernen das konsolidiert ausgewiesene Eigenkapital massgebend ist.

Anforderungen an den Emittenten

Für Emittenten von Derivaten kann die Zulassungsstelle allerdings auch weiter gehende Anforderungen festlegen.

b) Die wichtigsten Anforderungen an den Valor (Art. 12 ff. KR)

25 Das Kotierungsreglement stellt u.a. folgende Anforderungen an den Valor (bzw. die Effekten):

Anforderungen an den Valor

- das Recht, nach dem die Valoren ausgegeben worden sind;

- die Mindestkapitalisierung von neu ausgegebenen Beteiligungsrechten (mind. 25 Millionen Franken bzw. 10 Millionen Franken, wenn bereits Beteiligungsrechte einer anderen Kategorie dessel-

---

[6] Der SWX New Market, der jungen Unternehmen den Zutritt zur Börse erleichtern sollte, ist seit 2004 abgeschafft.

ben Emittenten kotiert sind), Anleihen (nominell mind. 20 Millionen Franken) und Derivaten;

- die Streuung von Beteiligungsrechten: Eine ausreichende Streuung, die einen marktmässigen Handel erwarten lässt, gilt dann als erreicht, wenn sich mind. 25% der gleichen Kategorie ausstehender Beteiligungsrechte in Publikumsbesitz befinden;

- die Handelbarkeit der Valoren (z.B. bei Übertragungsbeschränkungen);

- die Eigenschaften des Valors (Stückelung, physische Beschaffenheit, Sicherstellung der Handelbarkeit von Bucheffekten);

- die Sicherstellung von Ertrags-, Zins- und Kapitaldienst.

3. Publizitätspflichten im Hinblick auf die Kotierung

Der Kotierungs-prospekt — Das zentrale Instrument zum Schutz der Anleger bildet im Hinblick auf die Emission von Effekten am Kapitalmarkt der *Kotierungsprospekt.* Er muss die nötigen Angaben enthalten, mit denen sich der sachkundige Anleger ein begründetes Urteil über die Vermögens-, Finanz- und Ertragslage des Emittenten sowie über dessen Entwicklungsaussichten und über die mit dem Valor verbundenen Rechte machen kann (Art. 32 KR). 26

Anforderungen — Diesen Grundsatz konkretisiert das Kotierungsreglement: Es enthält zahlreiche Vorschriften bezüglich Inhalt und Darstellung, Form und Zeitpunkt der Veröffentlichung des Kotierungsprospekts (Art. 33 ff. KR). Unter bestimmten Voraussetzungen kann jedoch auch von einem Kotierungsprospekt abgesehen werden (Art. 38 ff. KR). Dies gilt insbesondere dann, wenn der Emissionsprospekt im Sinne von Art. 652a OR oder Art. 1156 OR nicht nur die obligationenrechtlichen Vorgaben, sondern auch jene des Kotierungsreglements erfüllt. 27

Publizität — Der Kotierungsprospekt muss spätestens am Tag der Kotierung veröffentlicht und verbreitet werden, indem er entweder landesweit in mindestens zwei Zeitungen abgedruckt wird oder indem er in broschierter oder gebundener Form kostenlos bezogen werden kann. Im letzteren Fall, der von der Praxis aus Kostengründen in der Regel vorgezogen wird, muss allerdings in einem *Kotierungsinserat* (vgl. Art. 45 ff. KR) auf diese Form der Veröffentlichung hingewiesen werden. 28

4. Publizitätspflichten im Hinblick auf die Aufrechterhaltung der Kotierung

29 Nach einem erfolgreich abgeschlossenen Kotierungsverfahren[7] obliegen den Emittenten im Vergleich zu nicht börsenkotierten Gesellschaften namentlich folgende zusätzliche Publizitätspflichten:

Erhöhte Publizität bei kotierten Gesellschaften

- die Investoren periodisch über den Geschäftsverlauf zu informieren (Geschäftsbericht und Zwischenberichterstattung),

- den Investoren wichtige Informationen betreffend die unternehmensinterne Corporate Governance zugänglich zu machen sowie

- den Markt sofort über kursrelevante Tatsachen zu informieren, die nicht öffentlich bekannt sind (Ad-hoc-Publizität).

a) Geschäftsbericht und Zwischenberichterstattung

30 Die Emittenten haben jährlich einen *Geschäftsbericht* zu veröffentlichen, der einen Jahresbericht sowie die Jahresrechnung enthält. Mindestens halbjährlich sind sie überdies zur Zwischenberichterstattung verpflichtet (Art. 64 f. KR).

Periodische Berichterstattung

31 Bei den *Rechnungslegungsvorschriften* gilt – im Gegensatz zu den weniger strengen Vorschriften des OR – der Grundsatz der «true and fair view» (Art. 66 KR). Nach Art. 66 KR hat die Rechnungslegung des Emittenten ein den tatsächlichen Verhältnissen entsprechendes Bild der Vermögens-, Finanz- und Ertragslage zu vermitteln, indem sie den Anforderungen entspricht, die in Art. 67 – 70 festgelegt sind (*Grundsatz der «True and Fair View»*). Der Verweis auf die Empfehlungen der Fachkommission für Empfehlungen zur Rechnungslegung (FER) wurde mit der Revision von 2005 gestrichen.

Rechnungslegung

b) Corporate Governance

32 Am 1. Juli 2002 ist die *Richtlinie betreffend die Information zur Corporate Governance* der SWX Swiss Exchange in Kraft getreten.

33 Unter *Corporate Governance* versteht man die Gesamtheit der auf die *Aktionärsinteressen* ausgerichteten Grundsätze und Regeln über die Unternehmensorganisation, die ein ausgewogenes Verhältnis zwischen der Unternehmensleitung und der Unternehmenskontrolle anstreben. Konkret geht es – bezogen auf die Möglichkeit zur Einflussnahme auf

Begriff der Corporate Governance

---

[7] Das Kotierungsverfahren (formelle Anforderungen an das Gesuch, Prüfung und Entscheid) ist in Art. 50 ff. KR geregelt.

das Unternehmen – um die Rechte und Kompetenzen von Verwaltungs-rat, Management, Revisionsstelle und Aktionären (sowie allfälligen weiteren Anspruchsgruppen) sowie um das gegenseitige Verhältnis zwischen diesen unterschiedlichen Interessen. Der Zweck der Corpo-rate Governance ist dabei die optimale Übereinstimmung der unterneh-merischen Funktionen der Unternehmensleitung mit den Interessen der Eigentümer.

Informationen zur Unternehmens-organisation

Die Corporate-Governance-Richtlinie bezweckt, die Emittenten dazu anzuhalten, den Investoren bestimmte Schlüsselinformationen zur Corporate Governance in geeigneter Form zugänglich zu machen. Gemäss der Richtlinie sind in einem besonderen Kapitel des jährlichen Geschäfts-berichts detaillierte Angaben zu machen betreffend Konzernstruktur, bedeutende Aktionäre, Kapitalstruktur, Verwaltungsrat, Geschäftslei-tung, Entschädigung von Mitgliedern des Verwaltungsrats und der Geschäftsleitung, Mitwirkungsrechte der Aktionäre sowie Revisions-stelle. Nicht alle Angaben sind zwingend. Wenn der Emittent jedoch von der Offenlegung bestimmter Informationen absieht, so hat er dies im Geschäftsbericht einzeln und substanziell zu begründen («comply or explain»). 34

c) Ad-hoc-Publizität

Pflicht zur unmit-telbaren Bekannt-gabe von Markt-informationen

Über die bereits genannten periodischen Informationspflichten hinaus haben die Emittenten den Markt sofort über kursrelevante Tatsachen zu informieren, die in ihrem Tätigkeitsbereich eingetreten und nicht öffent-lich bekannt sind (*Ad-hoc-Publizität*, Art. 72 KR). Diese Informations-pflicht soll gewährleisten, dass die Marktteilnehmer möglichst chancen- und zeitgleich mit kursrelevanten Tatsachen versorgt werden. Als Beispiele für die Auslösung dieser Publizitätspflicht können etwa Tatbe-stände aufgeführt werden wie: vollzogene Fusionen oder Akquisitionen, wesentliche Veränderungen der Kapitalstruktur, bedeutende Wechsel in Verwaltungsrat oder Management, erhebliche Veränderungen der Unternehmensorganisation oder der Gewinnsituation u.a.m. 35

Ausnahmen

Die Bekanntgabe einer kursrelevanten Information kann ausnahmswei-se hinausgeschoben werden: Dies ist dann der Fall, wenn die neue Tatsache auf einem Entschluss des Emittenten beruht und die Verbrei-tung der Informationen dessen berechtigte Interessen beeinträchtigen würde (so etwa die Aufnahme von Fusionsverhandlungen mit einem Konkurrenten). In diesem Fall muss der Emittent jedoch eine umfas-sende (d.h. alle Dritten gleichermassen betreffende) Vertraulichkeit dieser Tatsache gewährleisten. 36

F. Die Bestimmungen des Börsengesetzes für kotierte Unternehmen

37 Nicht nur das Kotierungsreglement der SWX, sondern auch das *Börsengesetz* selber enthält Bestimmungen, denen kotierte Gesellschaften und ihre Anleger unterliegen. Es handelt sich hierbei um die:

Massgebender Inhalt des BEHG

- Vorschriften betreffend die *Offenlegung von qualifizierten Beteiligungen* (Art. 20 BEHG) sowie die

- Vorschriften betreffend *öffentliche Kaufangebote* (Art. 22 ff. BEHG).

1. Offenlegung von Beteiligungen

38 Es gelten besondere Offenlegungsvorschriften für Teilhaber mit qualifizierten Beteiligungen von Gesellschaften mit Schweizer Sitz, deren Beteiligungspapiere mindestens teilweise in der Schweiz kotiert sind. Folgende Tatsachen müssen sowohl der Gesellschaft als auch der Börse gemeldet werden, an der die Beteiligungspapiere kotiert sind (Art. 20 BEHG): Erwerb oder Veräusserung von Aktien, wenn dadurch ein Grenzwert von 5, 10, 20, 33⅓, 50 oder 66⅔ Prozent der Stimmrechte erreicht, unter- oder überschritten wird, sei dies direkt oder indirekt in gemeinsamer Absprache mit Dritten. Die Meldung muss innert vier Börsentagen nach dem Entstehen der Meldepflicht erfolgen. Auch die Gesellschaft selber ist verpflichtet, die ihr mitgeteilten Informationen über die Veränderungen bei den Stimmrechten zu veröffentlichen (Art. 21 BEHG).

Pflicht zur Offenlegung von bedeutenden Beteiligungen

39 Die Pflicht zur Offenlegung von Beteiligungen bezweckt die Verbesserung der Markttransparenz. Einerseits soll damit eine schleichende Unternehmensübernahme durch Zukäufe auf dem Markt verhindert werden. Darüber hinaus soll das Publikum über die Stimmkraft und somit über den Einfluss von bedeutenden Aktionären in Kenntnis gesetzt werden.

Zweck

2. Öffentliche Kaufangebote

Gesetzliche Grundlagen

Der Tatbestand des öffentlichen Kaufangebots wurde einer ausführlichen gesetzlichen Regelung unterzogen. Die relevanten Bestimmungen dazu finden sich im Börsengesetz (Art. 22 – 33 BEHG), in der Börsenverordnung (Art. 54 f. BEHV), in der Börsenverordnung-EBK (Art. 24 – 43 BEHV-EBK) sowie in der Verordnung der Übernahmekommission über öffentliche Kaufangebote (Art. 1–63 UEV-UEK). 40

Öffentliche Kaufangebote

Öffentliche Kaufangebote sind öffentliche Angebote zum Kauf oder Tausch von Beteiligungspapieren einer Gesellschaft an deren Inhaber. 41

Schutz von Minderheitsaktionären

Die Börsengesetzgebung bezweckt, zum Schutz von Minderheitsaktionären transparente und faire Bedingungen für öffentliche Kaufangebote zu ermöglichen. Jeder Aktionär soll einem potenziellen Übernehmer seine Beteiligung bei einem Wechsel der Unternehmensführung zu einem angemessenen Preis verkaufen können. Ein öffentliches Angebot zum Kauf aller Beteiligungspapiere einer Gesellschaft soll den bisherigen Teilhabern die Möglichkeit eröffnen, sich mit der Annahme oder Ablehnung des Angebots indirekt für oder gegen die Weiterführung bzw. Änderung einer bestimmten Strategie, eines bestimmten unternehmerischen Programms oder einer bestimmten Zusammensetzung des Aktionariats zu entscheiden. Dieser Entscheid setzt allerdings das Wissen voraus, dass Beteiligungspapiere einer bestimmten Gesellschaft überhaupt Gegenstand eines Kaufangebotes sind; er kann ausserdem nur vor dem Hintergrund genügender Informationen und ausreichender Zeitverhältnisse gefällt werden. 42

Zwei Arten von öffentlichen Angeboten

Das Gesetz unterscheidet zwei Arten von öffentlichen Kaufangeboten: das allgemeine (freiwillige) sowie das obligatorische Kaufangebot. 43

a) Freiwillige Angebote

Anforderungen an freiwillige Kaufangebote

Wer allein oder in gemeinsamer Absprache mit Dritten den Teilhabern einer Gesellschaft mit Schweizer Sitz (Zielgesellschaft), deren Beteiligungspapiere mindestens teilweise in der Schweiz kotiert sind, ein öffentliches Kaufangebot unterbreitet, hat die Pflicht: 44

- sein Angebot in einem Prospekt mit wahren und vollständigen Informationen zu veröffentlichen (Art. 24 Abs. 1 BEHG),

- die Besitzer von Beteiligungspapieren derselben Art gleich zu behandeln (Art. 24 Abs. 2 BEHG) sowie

- sein Angebot vor der Veröffentlichung einer anerkannten Revisionsstelle oder einem anerkannten Effektenhändler zur Prüfung zu unterbreiten (Art. 25 BEHG).

45 Die Übernahmekommission der Schweizer Börse erlässt im Rahmen eines öffentlichen Kaufangebotes Empfehlungen zuhanden der Parteien, in denen sie feststellt, ob die anwendbaren Bestimmungen eingehalten worden sind. Diese Empfehlungen werden veröffentlicht. Werden die Empfehlungen der Übernahmekommission von den Parteien abgelehnt oder missachtet, so meldet sie dies der Aufsichtsbehörde, die im Rahmen eines Verwaltungsverfahrens eine Verfügung erlassen kann (Art. 23 Abs. 4 BEHG).

Empfehlung der Übernahmekommission

46 Dem Verwaltungsrat als Leitungsorgan der Zielgesellschaft obliegt seinerseits die Pflicht, zum Übernahmeangebot Stellung zu nehmen. Er hat zuhanden der Aktionäre einen wahren und vollständigen Bericht zu verfassen, den er überdies veröffentlichen muss (Art. 29 Abs. 1 BEHG). Das Leitungsorgan darf wegen möglicher Interessenkonflikte während der Dauer des Angebots bis zur Veröffentlichung des Ergebnisses keine Rechtsgeschäfte beschliessen, welche die Bilanz der Gesellschaft in bedeutender Weise verändern würden (vgl. dazu Art. 35 UEV-UEK betreffend gesetzeswidrige Abwehrmassnahmen des Verwaltungsrates). Beschlüsse der Generalversammlung hingegen unterliegen dieser Beschränkung nicht (Art. 29 Abs. 2 BEHG).

Pflichten des Leitungsorgans der Zielgesellschaft

47 Damit die Transparenz über die getätigten Bewegungen gewährleistet bleibt, gelten während eines laufenden Übernahmeverfahrens besondere Meldepflichten. Der Anbieter muss der Übernahmekommission sowie der Börse alle von ihm getätigten Transaktionen mit Beteiligungspapieren der Zielgesellschaft melden. Dasselbe gilt für Dritte, die über eine Quote von mindestens 5 % der Stimmrechte der Zielgesellschaft oder einer Gesellschaft verfügen, deren Beteiligungspapiere zum Tausch angeboten werden (Art. 31 Abs. 1 BEHG).

Besondere Meldepflichten

48 Der Anbieter ist ausserdem verpflichtet, das Ergebnis des öffentlichen Kaufangebots nach Ablauf der Angebotsfrist zu veröffentlichen und bei Zustandekommen des Angebots die Angebotsfrist für diejenigen Aktionäre zu verlängern, die das Angebot bisher noch nicht angenommen haben (Art. 27 BEHG).

Verlängerung der Angebotsfrist

49 Diese Regelung bezweckt die freie Willensbildung der Aktionäre:

- In einer ersten Phase sollen sich die Inhaber von Beteiligungspapieren durch Nichtverkauf ihrer Anteile entweder gegen eine verstärkte Einflussnahme des Anbieters auf die Zielgesellschaft oder auch gegen den ihrer Ansicht nach zu tiefen Angebotspreis aussprechen können;

- In einer zweiten Phase, falls das Angebot dennoch zustande kommt, sollen sie trotzdem vom Angebot profitieren können. Dies ist insbesondere dann von grosser Bedeutung, wenn der Anbieter ankündigt, dass er die Beteiligungspapiere der Zielgesellschaft nach einem erfolgreichen Übernahmeverfahren von der Börse nehmen will. Dies ist in der Regel gerade für Kleinanleger mit einer wirtschaftlichen Einbusse verbunden, weil dadurch der Marktwert ihrer Beteiligungspapiere beträchtlich sinken kann.

b) Obligatorische Angebote

Obligatorische öffentliche Kaufangebote

Ein öffentliches Kaufangebot ist für jene Personen **obligatorisch**, die 50 direkt, indirekt oder in gemeinsamer Absprache mit Dritten Beteiligungspapiere einer schweizerischen Publikumsgesellschaft erwerben, deren Beteiligungspapiere mindestens teilweise an einer Schweizer Börse kotiert sind, und damit den Grenzwert von **33 1/3 Prozent** der Stimmrechte der Zielgesellschaft überschreiten. In diesem Fall gilt die Pflicht, den anderen Inhabern von Beteiligungspapieren der Gesellschaft öffentlich ein **Auskaufangebot** zu unterbreiten (Art. 32 BEHG).

Ausnahmen

Diese Regel gilt jedoch nicht ausnahmslos: Es steht den Gesellschaften 51 frei, die Angebotspflicht vor der Kotierung statutarisch wegzubedingen (*Opting out*, Art. 22 Abs. 2 BEHG). Sofern überdies keine Benachteilung der Aktionäre (im Sinne der Anfechtungstatbestände von Art. 706 OR) vorliegt, kann die Angebotspflicht sogar nach erfolgter Kotierung statutarisch ausgeschlossen werden (Art. 22 Abs. 3 BEHG). Den Zielgesellschaften steht ausserdem die Möglichkeit offen, den Grenzwert statutarisch bis auf 49 Prozent der Stimmrechte anzuheben (*Opting up*, Art. 32 Abs. 1 BEHG). Anderseits kann die Aufsichtsbehörde in bestimmten Fällen Ausnahmen von der Angebotspflicht gewähren (Art. 32 Abs. 2 BEHG). Keine Angebotspflicht entsteht, wenn die Stimmrechte durch Schenkung, Erbgang, Erbteilung, eheliches Güterrecht oder Zwangsvollstreckung erworben werden (Art. 32 Abs. 3 BEHG).

Gesetzliche Mindestpreislimiten

Das Börsengesetz setzt im Falle einer Angebotspflicht eine minimale 52 Preislimite für die zu übernehmenden Beteiligungspapiere fest: Der Angebotspreis muss mindestens dem Börsenkurs entsprechen, und er darf höchstens 25 % unter dem höchsten Preis liegen, den der Anbieter in den letzten zwölf Monaten für die Beteiligungspapiere der Zielgesellschaft bezahlt hat (Art. 32 Abs. 4 BEHG).

Die öffentliche Angebotspflicht beruht auf der faktischen Übernahme 53 der Kontrolle über die Zielgesellschaft durch den Erwerber. Mit der Angebotspflicht erhalten die übrigen Aktionäre die Möglichkeit, durch den Verkauf ihrer Beteiligungspapiere zu einem angemessenen Preis aus dem Unternehmen «auszusteigen», um sich auf diesem Wege vor potenziellen Änderungen der Unternehmenspolitik oder vor erwarteten Kursverlusten zu schützen.

c) Kraftloserklärung der restlichen Beteiligungspapiere

54 Sofern die überwiegende Mehrheit der Aktionäre das Übernahmeangebot annimmt, wird aus der Publikumsgesellschaft nach der erfolgreich verlaufenen Kontrolltransaktion faktisch eine private Aktiengesellschaft. Das Gesetz gewährt einem Anbieter, der mehr als 98 % der Stimmrechte der Zielgesellschaft erworben hat, das Recht, die verbleibenden Minderheitsaktionäre auf dem Weg eines richterlichen Kraftloserklärungsverfahrens auszukaufen (Art. 33 BEHG).

Auskauf von Minderheitsaktionären

G. Strafbestimmungen des Börsengesetzes

55 Das Börsengesetz enthält in Art. 40 ff. BEHG diverse Strafbestimmungen. Diese sollen die Durchsetzung der umfangreichen Bestimmungen erleichtern. Danach kann mit teilweise sehr hohen Bussen bestraft werden, wer vorsätzlich:

Strafrechtliche Bestimmungen des BEHG

- ohne Bewilligung eine Börse betreibt oder als Effektenhändler tätig ist (Art. 40 BEHG);

- die börsengesetzlichen Meldepflichten verletzt (Art. 41 BEHG);

- die den Zielgesellschaften obliegenden Pflichten nicht einhält (Art. 42 BEHG).

56 Mit Busse oder sogar Gefängnis kann ausserdem bestraft werden, wer ein Geheimnis offenbart, das ihm in seiner Eigenschaft als Organ, Angestellter, Beauftragter oder Liquidator einer Börse oder eines Effektenhändlers, als Organ oder Mitarbeiter einer anerkannten Revisionsstelle anvertraut worden ist oder das er in seiner dienstlichen Stellung wahrgenommen hat, oder wer zu einer solchen *Verletzung des Berufsgeheimnisses* zu verleiten versucht (Art. 43 BEHG).

57 Strafrechtlich relevant sind auch die diversen Strafbestimmungen zum Schutz der Lauterkeit des Kapitalmarktes im Strafgesetzbuch, insbesondere die Bestimmungen betreffend Insiderhandel (Art. 161 StGB) und Kursmanipulation (Art. 161bis StGB).

H. Fragen zu Fall IX

Allgemeine Fragen:

1. Welches sind die Hauptzwecke der Börsengesetzgebung?

2. Was verstehen Sie unter dem Prinzip der «Selbstregulierung» der Börse?

3. Was verstehen Sie unter einem *obligatorischen* öffentlichen Übernahmeangebot? Welches Ziel soll damit erreicht werden?

Konkrete Fragen zum Sachverhalt:

4. Ist die Techno Holding als börsenkotierte Gesellschaft verpflichtet, der Autogarage AG ein öffentliches Übernahmeangebot zu machen, wenn sie deren Tochtergesellschaft kaufen will?

5. Löst der Aktientausch zwischen der Autogarage AG sowie der Techno Holding bei den beiden Gesellschaften irgendwelche börsenrechtlichen Publikationspflichten aus?

6. Angenommen, die Autogarage AG will ihre Tochtergesellschaft nicht veräussern, sondern die Fabrik im Gegenteil weiter ausbauen und sich schon bald im Hauptsegment der SWX kotieren. Was halten Sie davon?

7. Wie beurteilen Sie den Unternehmenskauf der Techno Holding aus wettbewerbsrechtlicher Sicht?

12. Kapitel: Finanzmarktrecht III: Banken-, Anlagefonds- und Geldwäschereigesetzgebung

Lernziele

▶ Sie verschaffen sich einen Überblick über die schweizerische Banken-, Anlagefonds- und Geldwäschereigesetzgebung.

Gesetzliche Grundlagen

- Bundesgesetz über die Banken und Sparkassen (Bankengesetz, BankG) vom 8. November 1934, SR 952.0

- Verordnung über die Banken und Sparkassen (Bankenverordnung, BankV) vom 17. Mai 1972, SR 952.02

- Bundesgesetz über die Anlagefonds (Anlagefondsgesetz, AFG) vom 18. März 1994, SR 951.31

- Verordnung über die Anlagefonds (Anlagefondsverordnung, AFV) vom 19. Oktober 1994, SR 951.311

- Entwurf eines Bundesgesetztes über die kollektiven Kapitalanlagen (E KAG), SR. 951.31, BBI. Nr. 43 vom 1. November 2005, S. 6507 ff., und Botschaft, S. 6395 ff.

- Bundesgesetz zur Bekämpfung der Geldwäscherei im Finanzsektor (Geldwäschereigesetz, GwG) vom 10. Oktober 1997, SR 955.0

Literaturhinweise

PETER NOBEL, Schweizerisches Finanzmarktrecht, 2. Auflage, Bern 2004 (Nachträge unter http://www.staempfli.com).

CHRISTOPH WINZELER, Banken- und Börsenaufsicht, Aspekte des öffentlichen Bank- und Kapitalmarktrechts in der Schweiz, Basel/Genf/München 2000.

DIETER ZOBL / STEFAN KRAMER, Schweizerisches Kapitalmarktrecht, Zürich 2004.

RETO ARPAGAUS / URS EMCH / HUGO RENZ (Hrsg.), Das schweizerische Bankgeschäft, 6. Auflage, Zürich 2004.

A. Fall X

Nach der Umstrukturierung seines Unternehmens in die *Hans Holding AG* und deren beiden Tochtergesellschaften *Hans Finanz AG* sowie *Autogarage Hans AG* hat der erfolgreiche Geschäftsmann Hans das Unternehmen auch personell neu organisiert. Nachdem er die operative Führung des stark expandierenden Garagenbetriebes weitgehend an eine geschäftsführende Direktorin delegieren konnte, widmet sich Hans nunmehr fast ausschliesslich der neu gegründeten Hans Finanz AG. Dabei zeigt sich, dass Hans nicht nur ein erfolgreicher Unternehmer ist, sondern auch bei seinen Finanzgeschäften die Nase vorne hat.

Mit der Hans Finanz AG ist er v.a. in folgenden Geschäftsbereichen tätig:

Finanzierungstätigkeit: Im Zentrum steht dabei die Finanzierung der Expansion der Schwestergesellschaft Autogarage Hans AG. In zunehmendem Masse werden aber mittels Krediten auch andere Unternehmen finanziert. Es handelt sich dabei zum überwiegenden Teil um Betriebe, die mit der Autogarage Hans AG auf vertraglicher Basis verbunden sind.

Vermögensverwaltung: Auch hier steht primär die Verwaltung des eigenen Vermögens im Vordergrund. Der Hans Finanz AG werden allerdings immer öfter auch fremde Vermögen zur Verwaltung anvertraut, und zwar vor allem von Freunden und Verwandten, teilweise aber auch von Dritten sowie von Arbeitnehmerinnen und Arbeitnehmern des Unternehmens.

Autoleasing: In eher kleinerem Rahmen betreibt die Finanzgesellschaft auch das Leasinggeschäft, indem sie gegenüber den Kunden der unternehmenseigenen Garagenbetriebe als finanzierende Leasinggesellschaft auftritt.

B. Einleitung

Nachdem wir uns im vorhergehenden Kapitel einen Überblick über die   1
schweizerische Börsengesetzgebung sowie deren mögliche Auswirkungen auf unser Referenzunternehmen verschafft haben, wollen wir in
diesem Kapitel weitere wichtige Bereiche des öffentlichen Wirtschaftsrechts darstellen. Wir beginnen mit der Besprechung des *Bankengesetzes*; anschliessend widmen wir uns der Gesetzgebung über die *Anlagefonds*. Im dritten Teil werden wir auf die Bekämpfung der
Geldwäscherei zu sprechen kommen. Obwohl diese verschiedenen
Rechtsgebiete in erster Linie für Finanzinstitute von besonderer Bedeutung sind, erlangen die Rechtsnormen auch für einen «gewöhnlichen»
KMU-Betrieb wie unser Referenzunternehmen Bedeutung.

C. Das Bankengesetz

1. Ein kurzer Überblick

Einteilung des   Das Bundesgesetz über die Banken und Sparkassen ist öffentliches   2
BankG   Recht. Nur sehr wenige seiner Bestimmungen wirken sich direkt auf das
Verhältnis zwischen Bank und Kunde aus. Das Gesetz regelt insbeson-
dere Folgendes:

- die Bewilligungsvoraussetzungen zum Geschäftsbetrieb (Art. 3   3
  BankG);

- eigene Mittel, Liquidität und andere Vorschriften über die
  Geschäftstätigkeit (Art. 4 f. BankG);

- die Jahresrechnung und die Bilanzen (Art. 6 BankG);

- das Verhältnis zur Schweizerischen Nationalbank (Art. 7 ff.
  BankG);

- besondere gesellschaftsrechtliche Regelungen (Art. 11 ff.
  BankG);

- Spareinlagen, Depotwerte, Verpfändungsverträge (Art. 15 ff.
  BankG);

- die interne Überwachung und Revision (Art. 18 ff. BankG);

- die staatliche Aufsicht (Art. 23 ff. BankG);

- Besonderheiten bei Liquiditätsengpässen sowie bei Zwangsvollstreckung (Art. 25 ff. BankG);

- Verantwortlichkeits- und Strafbestimmungen (Art. 38 ff. BankG, die bekannteste Bestimmung dieses Abschnitts ist Art. 47 BankG, die den Schutz des Bank[kunden]geheimnisses bezweckt).

2. Zweck und Geltungsbereich des Gesetzes

4 Das Bankengesetz entstand im Gefolge der Wirtschaftkrise der Dreissigerjahre des 20. Jahrhunderts, als aufgrund von Bankenzusammenbrüchen zahlreiche Gläubiger wirtschaftlich hart getroffen wurden, insbesondere auch kleinere Sparer. Das damals neu geschaffene Gesetz über die Bankenaufsicht sollte vorab folgenden drei Zielen dienen: verbesserter Gläubigerschutz, Sicherung der für die Volkswirtschaft notwendigen Kredite, bessere Aufklärung der Nationalbank über wesentliche volkswirtschaftliche Daten.[1] Das Gesetz wurde in der Zwischenzeit zwar mehrmals revidiert; die alte Zweckbestimmung trifft jedoch immer noch den Kern des Gesetzes. Nach weit verbreiteter Auffassung dient das Bankengesetz heute zwar primär dem *Gläubigerschutz*, aber auch in zunehmendem Masse dem *Funktionsschutz*, d.h. der Sicherstellung der volkswirtschaftlichen Funktionen des Bankensystems.

Ziele: Gläubigerschutz und Funktionsschutz

5 Dem Bankengesetz unterstehen die **Banken,** die **Privatbankiers** und die **Sparkassen,** vom Gesetz gemeinhin als Banken bezeichnet (Art. 1 Abs. 1 BankG). Massgebendes Kriterium, um als Bank im Sinne des Gesetzes zu gelten, ist das von einem *hauptsächlich im Finanzbereich tätigen Unternehmen betriebene Zinsdifferenzgeschäft.* Gemeint ist das gewerbsmässige Entgegennehmen von Geldern, sei dies vom Publikum oder von anderen Banken, um damit auf eigene Rechnung von ihnen wirtschaftlich unabhängige Dritte auf irgendwelche Art zu finanzieren (Art. 2a BankV).

Das Zinsdifferenzgeschäft als massgebendes Unterstellungskriterium

6 So vertrauen wir beispielsweise einer Bank unsere Lohnkonti oder Ersparnisse zur sicheren und möglichst zinstragenden Verwaltung an. Die Bank wird damit zu unserer Schuldnerin. Das von uns zur Verfügung gestellte Geld ermöglicht es der Bank, ihr ursprüngliches Kerngeschäft zu betreiben, nämlich ihrerseits Ditten gegen ein bestimmtes Entgelt (Zinsen) Kredite einzuräumen. Heute erbringen die Banken noch zahlreiche weitere Finanzdienstleistungen, wie etwa die Abwicklung des bargeldlosen Zahlungsverkehrs, den Handel mit Devisen oder Effekten oder die Vermögensverwaltung.

....

[1]   BBl 1934 I 175 f.

Nur Banken im Sinne des Gesetzes sind zum gewerbsmässigen Zinsdifferenzgeschäft zugelassen

Nicht hauptsächlich im Finanzbereich tätige Unternehmen wie Versiche- 7
rungen oder grosse Industrieunternehmen nehmen häufig auch Gelder
entgegen oder räumen unabhängigen Ditten in einem gewissen Umfang
Kredite ein. Sie fallen aber solange nicht unter das Bankengesetz, wie es
sich bei diesen Geschäftsaktivitäten nicht um ihr Hauptgeschäft handelt.
Hingegen dürfen sich diese Unternehmen auch nicht als «Banken»
bezeichnen (Art. 1 Abs. 4 BankG) und es ist ihnen untersagt, *gewerbsmässig* Publikumsgelder entgegenzunehmen (Art. 1 Abs. 2 BankG).
Allerdings gibt es verschiedene Arten von Einlagen, die einer Publikumseinlage sehr nahe kommen und dennoch nicht als Einlage im Sinne des
Bankengesetzes gelten: z.B. die Einlagen von Arbeitnehmerinnen und
Arbeitnehmern (auch bereits pensionierten) bei ihrem Arbeitgeber (vgl.
dazu Art. 3a Abs. 3 und 4 BankV).

Art. 3a Abs. 1 BankV statuiert ausserdem eine Ausnahme vom Grund- 8
satz, dass nur gewerbsmässig Publikumseinlagen entgegennehmen
darf, wer dem Bankengesetz unterstellt ist: Danach dürfen neben den
Banken auch Körperschaften und Anstalten des öffentlichen Rechts
sowie Kassen, für die sie vollumfänglich haften, gewerbsmässig Einlagen entgegennehmen (z.B. die Post).

3. Die Bewilligungspflicht

Bevor eine Bank ins Handelsregister eingetragen wird und ihre 9
Geschäfstätigkeit aufnehmen kann, benötigt sie eine Bewilligung der
Eidgenössischen Bankenkommission (EBK).[2]

Die verschiedenen Bewilligungsvoraussetzungen

Bei den erforderlichen Bewilligungsvoraussetzungen handelt es sich 10
neben anderen um Vorschriften:[3]

- über die **Geschäftsorganisation:** Diese sollen v.a. eine optimale
  Gewaltenteilung zwischen operativer Unternehmensleitung
  einerseits und Unternehmensaufsicht andererseits gewährleisten;

- über das Mindesteigenkapital;

- betreffend das Erfordernis eines guten Rufes der Unternehmensleitung, um **Gewähr für eine einwandfreie Geschäftstätigkeit**
  bieten zu können.

Zusätzliche Vorschriften gelten für ausländische Banken.

....

[2]   Auch die **Kantonalbanken** (i.S.v. Art. 3a BankG) unterstehen vollumfänglich dem BankG und
damit der Aufsicht der EBK. Sie benötigen wie andere Banken eine Bewilligung zur Geschäftstätigkeit, die durch die Aufsichtsbehörde auch wieder entzogen werden kann.

[3]   Vgl. dazu Art. 3 BankG, Art. 4 ff. BankV.

11 Die Bewilligung wird den Banken jedoch wieder entzogen, wenn die Bewilligungsvoraussetzungen nicht mehr erfüllt sind (Art. 23^{quinquies} BankG).

Bewilligungs-
entzug

a) Eigene Mittel

12 Aus Gläubigersicht bilden die Vorschriften über die erforderlichen eigenen Mittel eine wichtige Voraussetzung für den Erhalt und die Aufrechterhaltung der Bewilligung. Bei der Aufnahme der Geschäftstätigkeit muss das benötigte Mindestkapital 10 Millionen Franken betragen (Art. 4 BankV). Doch auch während der eigentlichen Geschäftstätigkeit haben die Banken stets für ein angemessenes Verhältnis zu sorgen:

Vorschriften
betreffend eigene
Mittel

- zwischen ihren eigenen Mitteln und ihren gesamten Verbindlichkeiten und

- zwischen ihren flüssigen Mitteln und ihren kurzfristigen Verbindlichkeiten.[4]

13 Solange nämlich eine Bank über ein genügendes Eigenkapitalpolster verfügt, um damit kurzfristig auch Geschäftsverluste auffangen zu können, und solange eine Bank ausreichende flüssige Mittel hat, um Kundenguthaben bei Bedarf kurzfristig auszahlen zu können, bleiben das Vertrauen der Kunden in ihre Bank und damit letztlich auch die Gläubigerinteressen gewahrt.[5]

b) Gewähr für eine einwandfreie Geschäftstätigkeit

14 Die Gewähr für eine einwandfreie Geschäftstätigkeit ist eine weitere wichtige Voraussetzung für den Erhalt und die Aufrechterhaltung der Bewilligung. Die mit der Geschäftsführung betrauten Personen müssen einen guten Leumund haben und über das nötige bankspezifische Fachwissen für die konkrete Aufgabe verfügen.

Erforderliches
bankspezifisches
Fachwissen

15 Unterstützend für die Beurteilung dieser Bewilligungsvoraussetzungen dienen die von den Banken selbst festgelegten Standesregeln und Konventionen sowie die Richtlinien der EBK.

---

[4] Betreffend die Anforderungen an die Höhe der eigenen Mittel sowie die erforderliche Liquidität vgl. Art. 4 ff. BankG sowie die sehr detaillierten Vorschriften in Art. 11 ff. BankV.

[5] Für die Eigenkapitalisierung der Banken gelten ausserdem internationale Minimalstandards, vgl. dazu die Revision der Eigenkapital-Vereinbarung (Basel II) des Basler Ausschusses für die Bankenaufsicht (eines Ausschusses der Bank für internationalen Zahlungsausgleich [BIZ/BIS]) unter: www.bis.org.

c) Einfluss und Meldepflicht von Geschäftsinhabern und bedeutenden Aktionären

Die Banken und ihre Organe haben sicherzustellen, dass sich der Einfluss 16 von Inhabern, Teilhabern oder bedeutenden Aktionären nicht zum Schaden einer umsichtigen und soliden Geschäftsführung auswirkt. Die natürlichen oder juristischen Personen, die eine solche Stellung einnehmen oder durch Veräusserung ihrer Beteiligung wieder aufgeben wollen, müssen der Bankenkommission von sich aus vor der Transaktion Meldung erstatten. Auch die Banken selber haben die betreffenden Personen der Aufsichtsbehörde zu melden, sobald sie davon erfahren, dass diese die meldepflichtigen Voraussetzungen erfüllen (Art. 3 Abs. 5 BankG).

d) Anforderungen an die Rechnungslegung, Revision und Revisionsbericht

Die Rechnungslegung der Banken hat sich, unabhängig von ihrer Rechtsform, nach den Bestimmungen des Aktienrechts (Art. 6 Abs. 2 BankG) 17 sowie nach den besonderen und zum Teil sehr detaillierten Regeln von Art. 23 ff. BankV zu richten.

Besondere Anforderungen gelten auch für die Revision.[6] So sind die 18 Jahresrechnungen durch eine aussen stehende, von der Bank unabhängige sowie von der Bankenkommission zugelassene Revisionsstelle prüfen zu lassen. Neben der formellen und materiellen Prüfung der Jahresrechnung, insbesondere der Prüfung der allgemeinen Vermögenslage der Bank, hat die Revisionsstelle laufend auch die Einhaltung der bankengesetzlichen Bestimmungen sowie der Bewilligungsvoraussetzungen zu überprüfen. Sie führt zu diesem Zweck unangemeldete Zwischenrevisionen durch. Die Revisionsstelle hat einen umfassenden Revisionsbericht zu erstellen und der Oberleitung der Bank bekannt zu geben. Wenn bei der Revision Gesetzesverletzungen festgestellt werden, setzt die Revisionsstelle der Bank eine angemessene Frist zur Wiederherstellung des ordnungsgemässen Zustandes, bei schwerwiegenden Fällen benachrichtigt sie sofort die Bankenkommission.

Von dieser bankengesetzlichen Revisionsstelle zu unterscheiden ist die 19 *interne Revision*, die ab einer gewissen Grösse der Bank obligatorisch ist (Art. 3 Abs. 2 lit. a BankG).

---

[6]   Vgl. dazu Art. 18 ff. BankG, Art. 35 ff. BankV.

4. Die Aufsichtsbehörden

20 Die Aufsicht über das schweizerische Bankgewerbe ist zweistufig. Das primäre Aufsichtsgremium ist die vorstehend dargestellte bankengesetzlich vorgesehene Revisionsstelle; die oberste Aufsicht liegt jedoch bei der **Eidgenössischen Bankenkommission**.[7]

Die EBK als oberste Aufsichtsbehörde

21 Die Mitglieder der Eidgenössischen Bankenkommission werden vom Bundesrat gewählt, die Kommission ist aber gegenüber dem Bundesrat nicht weisungsgebunden. Das Gremium besteht aus sieben bis elf Mitgliedern und verfügt über ein eigenes Sekretariat.

Zusammensetzung

22 Der Bankenkommission sind die *Aufsicht über das Bankenwesen, die Anlagefonds, das Börsenwesen, die Offenlegung bedeutender Beteiligungen sowie die öffentlichen Kaufangebote* zur selbständigen Erledigung übertragen[8] (Art. 23 Abs. 1 BankG). In dieser Funktion ist sie auch für den Vollzug des Bankengesetzes zuständig. Sie trifft dazu die nötigen Verfügungen und überwacht die Einhaltung des Gesetzes. Insbesondere erteilt die Kommission die *Bewilligung zum Geschäftsbetrieb* und entzieht diese nötigenfalls auch wieder. Sie kann dazu von den Banken sowie von den Revisionsstellen alle Auskünfte und Unterlagen verlangen, die sie zur Erfüllung ihrer Aufgaben benötigt. Das Gesetz räumt der Kommission diverse Befugnisse ein, um pflichtgemäss und sachgerecht gegen Gesetzesverletzungen oder allfällige Missstände einschreiten zu können. Verfügungen der Bankenkommission unterliegen der Verwaltungsgerichtsbeschwerde an das Bundesgericht.

Funktion

23 Keine Aufsichtsfunktion hat die Nationalbank. Die Geschäftsbanken sind lediglich verpflichtet, ihr zu Statistikzwecken die Jahresrechnungen einzureichen (Art. 7 Abs. 1 BankG).

5. Besondere Bestimmungen zum Schutz der Gläubiger und der Banken selbst

24 Das Bankengesetz enthält zahlreiche, zum Teil von anderen Gesetzen abweichende Bestimmungen zum Schutz der Gläubiger und der Banken selbst. Hierzu Folgendes:

Bankengesetzliche Sondernormen

---

[7] Vgl. dazu Art. 23 ff. BankG, Art. 50 ff. BankV.

[8] Zurzeit sind Vorarbeiten für ein neu zu schaffendes «Bundesgesetz über die Finanzmarktaufsicht (FINMAG)» im Gange: Es soll eine neue Finanzmarktaufsichtsbehörde in Form einer öffentlich-rechtlichen Anstalt mit eigener Rechtspersönlichkeit unter dem Namen «Eidgenössische Finanzmarktaufsicht FINMA» geschaffen werden. Dieser Behörde wären jene Aufsichtsaufgaben zur selbständigen Erledigung übertragen, die heute von der EBK und vom Bundesamt für Privatversicherung, dem Aufsichtsorgan über die Privatversicherungen, wahrgenommen werden (integrierte Finanzmarktaufsicht).

Arten
- Es handelt sich dabei einerseits um Sondervorschriften gegen- 25 über dem Obligationenrecht betreffend die Kapitalrückzahlung sowie einige besondere Bestimmungen über Genossenschaftsbanken (Art 11 ff. BankG);

- weiter enthält das Gesetz besondere Bestimmungen über die mögliche Gewährung eines Fälligkeitsaufschubes (Art. 25 ff. BankG) oder einer Stundung (Art. 29 ff. BankG) im Falle von Liquiditätsproblemen;

- besondere Vorschriften gelten auch für das Konkurs- und Nachlassverfahren (Art. 36 ff. BankG). Besonders erwähnenswert ist Art. 37a BankG, der ein *Konkursprivileg für Spareinlagen* bis zum Höchstbetrag von 30 000 Franken für Forderungen aus Gehalts-, Renten-, Depositen-, Spar- und anderen zweckähnlichen Konten vorsieht. Diese Forderungen werden im Konkurs einer besonderen Klasse zwischen der zweiten und dritten Klasse zugewiesen.

6. Verantwortlichkeits- und Strafbestimmungen, insbesondere das Bankgeheimnis

Zivilrechtliche Verantwortlichkeit der Organe
Das Bankengesetz enthält auch verschiedene Verantwortlichkeits- und 26 Strafbestimmungen. Bezogen auf die *zivilrechtliche Verantwortlichkeit* ihrer Organe enthält das Gesetz spezielle Vorschriften (Art. 39 ff. BankG) über die Gründer- und Prospekthaftung und über die Haftung der mit der Geschäftsführung, der Oberleitung, der Aufsicht und der Kontrolle einer Bank betrauten Personen. Auch die Haftung der Bankenliquidatoren oder der im Falle von Zahlungsschwierigkeiten eingesetzten Kommissäre ist besonders geregelt.

Das Bankgeheimnis
Die *strafrechtlichen Bestimmungen* finden sich in Art. 46 ff. BankG. Die 27 bekannteste ist das *Bankgeheimnis* (Art. 47 BankG). Nach dieser Bestimmung kann mit Gefängnis bis zu sechs Monaten oder mit Busse bis zu CHF 50 000.- bestraft werden, wer ein Geheimnis offenbart, das ihm in seiner Eigenschaft als Organ, Angestellter, Beauftragter, Liquidator oder Kommissär einer Bank, als Beobachter der Bankenkommission, als Organ oder Angestellter einer anerkannten Revisionsstelle anvertraut worden ist oder das er in dieser Eigenschaft wahrgenommen hat. Auch die Verleitung Dritter zur Geheimnisverletzung oder die fahrlässige Begehung des Delikts sind strafbar. Kurz: *Informationen über Bankkunden sind geheim. Wer sie Dritten zukommen lässt, wird bestraft.* Das Bankgeheimnis ist also ein Geheimnis zugunsten der Bankkunden, es sollte daher besser *Bankkundengeheimnis* genannt werden.

28 Die zivilrechtlichen Grundlagen des strafrechtlich geschützten Bankgeheimnisses liegen im Auftragsrecht sowie im Persönlichkeitsrecht. Das Bankgeheimnis verbietet die Preisgabe sämtlicher Daten aus der Geschäftsbeziehung zwischen Kunde und Bank gegenüber *unberechtigten*[9] Dritten. Geschützt ist auch die Information, ob überhaupt je irgendwelche geschäftlichen Beziehungen zwischen Kunde und Bank bestanden haben, zurzeit bestehen oder eventuell einmal bestehen werden. Dies gilt jedoch nicht uneingeschränkt: Explizit vorbehalten bleiben die eidgenössischen und kantonalen Bestimmungen über die Zeugnispflicht und über die Auskunftspflicht gegenüber einer Behörde (Art. 47 Ziff. 4 BankG). Beispiele dafür sind etwa die Zeugnispflicht der Banken in einem Strafprozess (gestützt auf eine kantonale StPO) oder die Auskunftspflicht in einem Konkursverfahren (gestützt auf das SchKG).

Geltungsbereich des Bankgeheimnisses

29 Das schweizerische Bankgeheimnis geniesst – im Gegensatz zu den meisten ausländischen Regelungen – im Kontext des schweizerischen Einkommens- und Vermögenssteuerrechts eine besondere Stellung. In unserem System der Selbstveranlagung deklariert der Steuerpflichtige sein Einkommen und Vermögen (bzw. Gewinn und Kapital bei juristischen Personen) gegenüber der Steuerbehörde grundsätzlich selbst. Die Steuergesetze verpflichten ihn, seine wirtschaftlichen Verhältnisse den Steuerbehörden vollständig darzulegen. Wer dieser Pflicht nicht nachkommt, macht sich strafbar. Das schweizerische Einkommensteuerrecht unterscheidet dabei zwischen den beiden Tatbeständen *Steuerhinterziehung* und *Steuerbetrug*.

Das System der Selbstveranlagung im schweizerischen Steuerrecht

30 *Steuerhinterziehung* ist das vorsätzliche oder fahrlässige Verheimlichen von Einkommens- oder Vermögensbestandteilen durch Unterlassung der Deklaration. Es handelt sich dabei um eine *Gesetzesübertretung*, die von den Steuerbehörden mit hohen Bussen und Nachsteuern geahndet werden kann, sofern die Steuerhinterziehung tatsächlich aufgedeckt wird. Bei der Suche nach nicht deklarierten Zinserträgen, Bankkonten oder Wertschriftendepots können die Steuerkommissäre allerdings nicht auf die Mithilfe der Banken zählen. Aufgrund des auch in diesem Fall geltenden Bankgeheimnisses ist es den Banken verboten, in- oder ausländischen Steuerbehörden auf deren Anfrage hin Auskünfte betreffend die Vermögensverhältnisse ihrer Kunden zu erteilen.[10]

Kein Auskunftsrecht der Banken bei Steuerhinterziehung

....

9 Als berechtigte Dritte gelten etwa gesetzliche Vertreter, Bevollmächtigte oder Erben.
10 Zu bemerken ist allerdings in diesem Zusammenhang, dass die brancheninterm geltenden Standesregeln zur Sorgfaltspflicht der Banken (VSB) den Banken die aktive Beihilfe zur Steuerhinterziehung und Kapitalflucht verbieten.

Anders liegt der Fall jedoch bei *Steuerbetrug*, wenn zum Zwecke der   31
Steuerhinterziehung gefälschte, verfälschte oder inhaltlich unwahre
Urkunden wie Jahresrechnungen, Lohnausweise oder andere Bescheinigungen Dritter zur Täuschung benützt werden. Steuerbetrug ist ein
Vergehen, das mit Gefängnis oder Busse bestraft werden kann. Das
Strafverfolgungsverfahren richtet sich in diesem Fall nach dem *Strafprozessrecht*, und die Banken sind daher – wie bereits erwähnt – zur Auskunft
gegenüber den Strafverfolgungsbehörden verpflichtet. Dasselbe gilt für
die internationale Rechtshilfe in Strafsachen bei Steuerbetrug.

D. Die Gesetzgebung über Anlagefonds und andere kollektive Kapitalanlagen

1. Der Anlagefonds als gebräuchlichste Form kollektiver Kapitalanlagen

Ein Anlagefonds ist ein in der Regel zur Hauptsache aus Effekten (v.a.   32
Wertpapieren und Wertrechten) oder Immobilien bestehendes **Vermögen,** das aufgrund **öffentlicher Werbung** von den Anlegern zur **gemeinschaftlichen Kapitalanlage** aufgebracht wird und von der *Fondsleitung*
in der Regel nach dem Grundsatz der Risikoverteilung für *Rechnung der
Anleger* verwaltet wird (Art. 2 Abs. 1 AFG, vgl. auch Art. 3 E KAG).

Ein Anlagefonds ist ein auf vertraglicher Basis (*Kollektivanlagevertrag)*   33
gebildetes Sondervermögen. Diese besonderen Anlagevehikel sind aus
dem Bedürfnis heraus entstanden, kleineren Anlegern einen ähnlichen
Zugang zum Kapital- oder zum Immobilienmarkt zu eröffnen, wie er
faktisch nur kapitalkräftigen und sachkundigen Grossanlegern offen
steht. Anlagefonds stellen eine interessante Möglichkeit dar, Geldbeiträge einer Vielzahl von Kleinanlegern zu einem *grossen Kollektivvermögen* zusammenzufassen, um dieses durch eine professionelle Fondsleitung gewinnbringend und – aufgrund breiter Diversifikation der im
Fonds zusammengefassten Anlagen – möglichst sicher *anzulegen*. Die
mit der Vermögensverwaltung beauftragte *Fondsleitung* trifft dabei ihre
Anlageentscheide *selbständig*, d.h. ohne Mitsprache der Anleger.

34 Neben den traditionell eher kleinen und mittleren Anlegern investieren heute zunehmend auch institutionelle Anleger wie beispielsweise Pensionskassen in Anlagefonds, um von deren relativ günstigen Vermögensverwaltungskosten pro Anleger zu profitieren.

35 Die rechtliche Grundlage der Fonds bildet heute noch das Anlagefondsgesetz. Das Recht der Anlagefonds und anderer kollektiver Kapitalanlagen ist allerdings im Umbruch: Im Jahre 2001 verabschiedete der Europäische Ministerrat verschiedene Richtlinien über die Organisation und die Anlagemöglichkeiten von Fondsgesellschaften («OGAW-Richtlinien»).[11] Der Schweizer Gesetzgeber hat sich bereits im AFG zur «dynamischen Umsetzung» des EU-Rechts verpflichtet (Art. 43 Abs. 3 AFG). Aus diesem Grunde wurde im Jahre 2002 eine Expertenkommission eingesetzt mit dem Ziel, eine Totalrevision der schweizerischen Anlagefondsgesetzgebung vorzubereiten. Der darauf beruhende Gesetzesentwurf zum Kapitalanlagegesetz wurde Anfang 2004 in die Vernehmlassung geschickt, und am 1. November 2005 wurden der Gesetzesentwurf (E KAG) und die Botschaft des Bundesrates publiziert[12].

Geltungsbereich des Anlagefondsgesetzes

35a Sowohl das alte als auch das neue Gesetz bezwecken vorab den *Schutz der Anleger* (Art. 1 AFG, Art. 1 E KAG). Dem bisherigen Gesetz sind explizit nur **Sondervermögen** unterstellt, die aufgrund eines **Kollektivanlagevertrages** verwaltet werden und deren Fondsanteile einer Vielzahl von möglichen Anlegern **öffentlich angeboten** werden. Vermögen, die in anderer, insbesondere in gesellschaftsrechtlicher Form verwaltet werden (exemplarisch dazu können etwa reine Investmentgesellschaften in der Rechtsform der AG aufgeführt werden), unterstehen dem bisherigen Gesetz nicht (Art. 3 Abs. 2 AFG), wohl aber dem neuen Kapitalanlagegesetz (Art. 8 und 35 ff. E KAG). Schon heute dem AFG unterstellt sind jedoch ausländische Anlagefonds,[13] deren Anteile in der Schweiz vertrieben werden: Solche Anlagefonds sind unabhängig von ihrer Rechtsform den einschlägigen Bestimmungen des Gesetzes unterstellt (Art. 3 Abs. 3 AFG). In Zukunft werden nicht nur ausländische, sondern auch inländische Investmentgesellschaften und Kommanditgesellschaften für kollektive Kapitalanlagen zugelassen sein (Art. 2 Abs. 1 und 3 E KAG).

---

[11] Nr. 2001/107/EG und 2001/108/EG, ABl. 2002 L 041/20 ff. und ABl. 2001 L 041/35 ff.

[12] Der Gesetzesentwurf (E KAG) und die Botschaft können abgerufen werden unter http://www.admin.ch/ch/d/ff/2005/6507.pdf bzw. http://www.admin.ch/ch/d/ff/2005/6395.pdf.

[13] Zum Begriff des ausländischen Anlagefonds vgl. Art. 44 AFG.

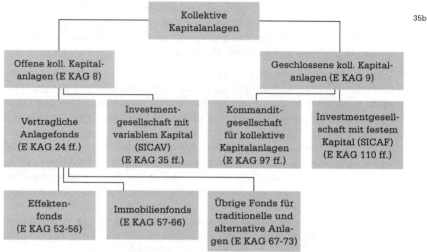

Schema 19: Kollektive Kapitalanlagen

36

Neben den Anlagefonds ist es nur Banken im Sinne des Bankengesetzes erlaubt, zur kollektiven Verwaltung von Vermögen bestehender Kunden bankinterne Sondervermögen zu schaffen (Art. 4 AFG, Art. 4 E KAG). Sie dürfen allerdings nicht öffentlich dafür werben (Art. 4 Abs. 1 lit. c E KAG), und die Verwendung des gesetzlich geschützten Begriffs Anlagefonds ist für diese bankinternen Sondervermögen nicht zulässig (Art. 5 AFG, Art. 4 E KAG).

Formen kollektiver Kapital-anlagen

Zusammenfassend lässt sich festhalten, dass nach schweizerischem 37 Recht folgende Formen kollektiver Kapitalanlagen möglich sind:

- die dem AFG unterstellten **Anlagefonds** (inkl. ausländische Anlagefonds i.S.v. Art. 3 Abs. 3 AFG) als wirtschaftlich bedeutendste Form (vgl. unten), nach dem neuen Kapitalanlagegesetz jedoch auch weitere dort geregelte kollektive Kapitalanlagen (vgl. Art. 2 und 8 ff. E KAG);

- **Sondervermögen** i.S.v. Art. 4 AFG bzw. Art. 4 VE KAG (die neuerdings nicht nur durch Banken, sondern auch durch Effektenhändler geschaffen werden dürfen);

- die auf **gesellschaftsrechtlicher Basis** verwalteten, nicht dem AFG (aber dem neuen Kapitalanlagegesetz) unterstellten (z.b. in der Rechtsform von Aktiengesellschaften oder von Personengesellschaften gehaltenen) Kollektivvermögen (vgl. Art. 8 f., 97 ff., 110 ff. E KAG).

38 Die grosse wirtschaftliche Bedeutung der Anlagefonds (im Gegensatz etwa zu den reinen Investmentgesellschaften, die nicht dem Schutz des Anlagefonds- bzw. Kapitalanlagegesetzes unterstellt sind) hat v.a. zwei Gründe:

- Der Grundsatz der Risikoverteilung (Art. 2 Abs. 1 AFG und z.B. Art 61 E KAG betreffend Immobilienfonds) bringt es mit sich, dass Anlagefonds als *verhältnismässig sichere* Kapitalanlagen gelten. Die Möglichkeit, mit dem Kauf von blossen Anteilen an einem professionell verwalteten und breit diversifizierten Vermögen teilhaben zu können, eröffnet breiten (gerade auch Klein-)Anlegerkreisen, die Möglichkeit, ihr Geld mit kalkulierbarem Risiko auf den Kapitalmärkten anzulegen;

- Durch die professionelle Verwaltung eines grossen Sondervermögens einer Vielzahl von Anlegern können die Verwaltungskosten pro Anleger tief gehalten werden. Dieser Umstand macht Anlagefonds auch für institutionelle Anleger wie beispielsweise Pensionskassen interessant.

2. Der Kollektivanlagevertrag

39 Ein Kollektivanlagevertrag ist ein – zwar auftragsähnlicher, jedoch eigenständiger – Vertrag sui generis; ihm liegt ein Dreiecksverhältnis zu Grunde. Das Gesetz definiert ihn als Vertrag, durch den sich die **Fondsleitung** verpflichtet, die einzelnen **Anleger** nach Massgabe der von ihnen erworbenen Anteile am Anlagefonds zu beteiligen und die Kollektivanlage gemäss den reglementarischen und gesetzlichen Bestimmungen selbständig zu verwalten. Die **Depotbank** nimmt nach Massgabe der ihr durch Gesetz und Fondsreglement übertragenen Aufgaben am Vertrag teil (Art. 6 AFG, Art. 24 Abs. 2 E KAG).

Der Kollektivanlagevertrag als Dreiecksverhältnis

40 Die Fondsleitung und die Depotbank erstellen gemeinsam das Fondsreglement (Art. 7 AFG), in dem die Rechte und Pflichten der Beteiligten, welche die zwingenden gesetzlichen Bestimmungen ergänzen, detailliert umschrieben werden müssen. Das Reglement unterliegt der Genehmigung durch die Eidgenössische Bankenkommission.

Übersicht:

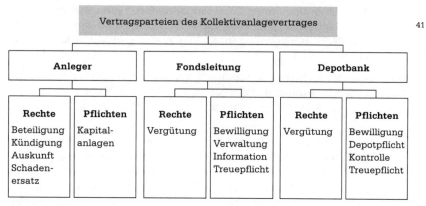

Schema 20: Kollektivanlagevertrag

a) Rechte und Pflichten der Anleger (Art. 23 ff. AFG, Art. 77 ff. E KAG)

Einzige Pflicht der Anleger: die Kapitaleinlage

Die einzelnen Anleger schliessen den Kollektivanlagevertrag mit der Fondsleitung und der Depotbank individuell und vollkommen unabhängig voneinander ab. Es handelt sich dabei um Individualverträge, die von einer Vielzahl von Anlegern parallel abgeschlossen werden. Die einzige Pflicht der Anleger ist die Kapitaleinlage. Durch ihre Einzahlung erwerben die Anleger aber kein Eigentum am Fondsvermögen: Die Eigentumsrechte stehen ausschliesslich der Fondsleitung zu. Die Ansprüche der Anleger sind vielmehr rein obligatorischer Art. Die Anleger erwerben mit ihrer Einzahlung lediglich eine *Forderung* gegen die Fondsleitung auf Beteiligung an Vermögen und Ertrag des Anlagefonds.

Rechte der Anleger

Die Anleger haben in der Regel das Recht, den Kollektivanlagevertrag jederzeit zu kündigen und die Auszahlung ihres Fondsanteils in bar zu verlangen. Das Gesetz gewährt den Anlegern überdies ein recht umfassendes Auskunftsrecht: Die Fondsleitung muss ihnen jederzeit die erforderlichen Auskünfte über die Berechnung des Ausgabe- und des Rücknahmepreises ihrer Anteile erteilen. Schliesslich räumt das Gesetz jedem einzelnen Anleger ausdrücklich ein einklagbares Recht gegen Fondsleitung und Depotbank auf Erfüllung des Vertrages ein, selbst wenn das Urteil Auswirkungen auf alle Anleger haben kann. Bei einem allfälligen Vermögensschaden des Fonds geht die Schadenersatzklage auf Leistung an den Fonds.

41

42

43

b) Rechte und Pflichten der Fondsleitung (Art. 9 ff. AFG, Art. 27 ff. E KAG)

44 Zur Aufnahme ihrer Tätigkeit bedarf die Fondsleitung einer *Bewilligung* durch die Eidgenössische Bankenkommission. Diese wird erteilt, wenn die folgenden Voraussetzungen erfüllt sind (E KAG 27):

Bewilligungsvoraussetzungen

45 • Die *Fondsleitung* muss eine *Aktiengesellschaft* mit Sitz und Hauptverwaltung in der Schweiz sein;

• sie muss ein voll einbezahltes Mindestaktienkapital aufweisen;

• sie muss eine für die Erfüllung ihrer Aufgaben geeignete Organisation haben;

• die Fondsleitung muss über geschäftsführende Personen verfügen, die von der Depotbank unabhängig sind.

46 Die Fondsleitung verwaltet den Anlagefonds selbständig in eigenem Namen auf Rechnung der Anleger. Dabei kann sie Anlageentscheide oder bestimmte Teilaufgaben auch an Dritte delegieren, soweit dies im Interesse einer sachgerechten Verwaltung liegt. Sie haftet jedoch für Handlungen beauftragter Dritter wie für eigene.

Stellung der Fondsleitung

47 Die Fondsleitung untersteht einer strengen Treuepflicht und hat *ausschliesslich die Interessen der Anleger* zu wahren. Als Alleineigentümerin des Fondsvermögens trifft sie jedoch ihre Anlageentscheide allein: Die Anleger haben kein Weisungsrecht. Zu beachten ist allerdings, dass im Konkursfall streng zwischen dem Fondsvermögen und den eigenen Mitteln der Fondsleitung unterschieden wird. Das Fondsvermögen wird in diesem Falle abgesondert und fällt nicht in die Konkursmasse (vgl. Art. 34 E KAG).

Strenge Treuepflicht der Fondsleitung

48 Als Gegenleistung für ihre Tätigkeiten hat die Fondsleitung Anspruch auf die reglementarisch vorgesehene Vergütung sowie auf Ersatz von Aufwendungen, die sie in Erfüllung ihrer Aufgaben erbracht hat. Die Ansprüche werden aus den Mitteln des Anlagefonds erfüllt.

Vergütung

Prospektpflicht

Die Fondsleitung hat weit gehende Rechenschaftsablage- und Publikationspflichten (Art. 47 ff. AFG). Sie hat für jeden der von ihr verwalteten Anlagefonds einen Prospekt zu veröffentlichen, der den Inhalt des Fondsreglements und weitere Angaben enthält. Der Prospekt muss jedem künftigen Anleger vor Vertragsabschluss kostenlos zur Verfügung gestellt werden. 49

Ausserdem muss die Fondsleitung für jeden der von ihr verwalteten Anlagefonds gesondert Buch führen und einen detaillierten Jahresbericht veröffentlichen.

c) Rechte und Pflichten der Depotbank (Art. 17 ff. AFG, Art. 71 ff. E KAG)

Die Depotbank muss eine Bank im Sinne des Bankengesetzes sein. Wie die Fondsleitung braucht auch sie eine Bewilligung der Bankenkommission zur Aufnahme ihrer Geschäftstätigkeit.[14] 50

Aufgaben der Depotbank

Im Rahmen des Kollektivanlagevertrages fallen der Depotbank zwei Hauptaufgaben zu. Einerseits hat sie das *Fondsvermögen aufzubewahren*, anderseits obliegt ihr eine gesetzliche *Kontrollfunktion*, indem sie dafür zu sorgen hat, dass die Fondsleitung Gesetz und Fondsreglement beachtet. Auch die Depotbank trifft eine strikte *Treuepflicht* gegenüber den Fondsanlegern. Die Vergütung für ihre Tätigkeiten wird im Fondsreglement festgelegt. 51

3. Revision und Aufsicht

Revision

Anlagefonds müssen jährlich durch eine unabhängige, von der Aufsichtsbehörde anerkannte Revisionsstelle überprüft werden. Diese prüft, ob Fondsleitung und Depotbank die gesetzlichen Bestimmungen und die Bestimmungen des Fondsreglements einhalten (Art. 52 ff. AFG, Art. 128 ff. E KAG). Gegenstand der Revision bilden namentlich die Jahresrechnungen sowohl der Anlagefonds als auch jene der Fondsleitung sowie weitere zur Publikation bestimmte Aufstellungen wie beispielsweise der Prospekt. Die Revisionsstelle hat zuhanden der Fondsleitung, der Depotbank sowie der Aufsichtsbehörde einen eingehenden Revisionsbericht zu erstellen. 52

....

[14] Neben Fondsleitung und Depotbank benötigen überdies auch diejenigen Institutionen eine Bewilligung der Aufsichtsbehörde, welche gewerbsmässig Anteile eines Anlagefonds anbieten oder vertreiben (Art. 22 AFG).

53 Die eigentliche Aufsichtsbehörde über die Anlagefonds ist die Eidgenössische Bankenkommission (Art. 56 ff. AFG, Art. 132 Abs. 1 E KAG). In dieser Funktion überwacht sie die Einhaltung des Gesetzes sowie der Fondsreglemente und trifft die notwendigen Massnahmen, wenn die Bewilligungsinhaber ihre gesetzlichen oder vertraglichen Pflichten verletzten. Bei groben Pflichtverletzungen entzieht sie ihnen die Bewilligung.

Aufsicht

54 Die Aufsichtsbehörde überprüft immer nur die *Rechtmässigkeit* der Handlungen von Fondsleitung und Depotbank; die geschäftspolitische *Zweckmässigkeit* der Entscheide der Fondsorgane jedoch explizit nicht (Art. 56 Abs. 3 AFG, Art. 132 Abs. 3 E KAG). Die gesetzliche Fondsaufsicht kann daher den Anlegern keinen Schutz vor anlagepolitischen Fehlentscheiden garantieren.

Prüfungsgegenstand

4. Die Auflösung des Anlagefonds

55 Das Gesetz sieht verschiedene Auflösungsgründe für Anlagefonds vor (Art. 29 AFG, Art. 95 E KAG). Sofern ein Kollektivanlagevertrag auf *unbestimmte Zeit* abgeschlossen worden ist, kann er von der Fondsleitung oder der Depotbank mit der vorgesehenen Kündigungsfrist gekündigt werden. Die Kündigung erstreckt sich dabei automatisch auf alle Kollektivanlageverträge des Fonds. Dem Kündigungsrecht der Fondsorgane steht das bereits erwähnte Kündigungsrecht jedes einzelnen Anlegers gegenüber (Art. 24 AFG, Art. 77 Abs. 2 E KAG), welches sich natürlich nur auf die Auflösung seines individuellen Vertragsverhältnisses bezieht.

Kündigung durch Fondsleitung oder Depotbank

56 Ist ein Kollektivanlagevertrag zum vorneherein auf eine *bestimmte Laufzeit* beschränkt, so endigt er entweder:

Auflösung durch Zeitablauf, aus wichtigen Gründen oder durch Verfügung

- ordentlich durch Zeitablauf,

- durch vorzeitige Auflösung aus *wichtigen Gründen*[15] durch die Aufsichtsbehörde, jedoch auf Antrag der Fondsorgane oder

- durch Verfügung der Aufsichtsbehörde infolge eines Bewilligungsentzugs.

57 Wird ein Anlagefonds aus einem dieser Gründe aufgelöst, ist er zu liquidieren. Der Handel mit Fondsanteilen muss auf diesen Zeitpunkt eingestellt werden (Art. 27 AFV). Wie bei jeder Liquidation werden anschliessend die Aktiven des Fonds versilbert, allfällige Passiven gegenüber

Liquidation

....

15 Dieses Recht beruht auf dem allgemein geltenden Grundsatz, dass Dauerschuldverhältnisse bei Vorliegen von wichtigen Gründen in der Regel vorzeitig aufgelöst werden können.

Dritten bezahlt und das Reinvermögen den berechtigten Anlegern verteilt. Die Schlussauszahlung unterliegt der Bewilligung durch die Aufsichtsbehörde.

Ausnahme   Würde es allerdings im Interesse der Anleger liegen, den Fonds fortzu-   58
führen, und finden sich für diese Aufgabe geeignete neue Fondsorgane, so kann die Aufsichtsbehörde die Kollektivanlageverträge mit allen Rechten und Pflichten auf diese übertragen (Art. 28 AFV).

5. Die verschiedenen Kategorien von Anlagefonds bzw. kollektiven Kapitalanlagen

Effekten-,   Gesetz und Verordnung unterscheiden je nach Art des angelegten   59
Immobilien- und   Vermögens grundsätzlich drei verschiedene Kategorien von Anlage-
übrige Fonds   fonds, nämlich *Effektenfonds*, *Immobilienfonds* sowie *übrige Fonds*, und konkretisieren die zugelassenen Anlagen. Bei den Effektenfonds handelt es sich um EU-kompatible, d.h. den entsprechenden europäischen Anforderungen genügende Fonds, bei den anderen beiden Fondsarten nicht.

a) Effektenfonds (Art. 32 ff. AFG, Art. 52 ff. E KAG)

Effektenfonds   Bei den Effektenfonds darf die Fondsleitung in der Regel nur in massen-   60
weise ausgegebene *Wertpapiere* und in nicht verurkundete Rechte mit gleicher Funktion (*Wertrechte*) investieren, die zudem an einer Börse oder einem anderen geregelten, dem Publikum offen stehenden Markt gehandelt werden.[16]

Die Fondsleitung muss sich bei ihren Anlageentscheiden an die *Grund-*   61
sätze der Risikoverteilung[17] halten, denn je breiter diversifiziert ein Vermögen angelegt ist, desto geringer ist gemeinhin das Verlustrisiko für die Anleger. Besondere Vorschriften sollen die Bildung von *Klumpen-risiken* verhindern. So darf sie in der Regel nur einen bestimmten Höchst-teil des Fondsvermögens beim gleichen Schuldner, beim gleichen Unter-nehmen oder in Anteile eines anderen Anlagefonds anlegen.

b) Immobilienfonds (Art. 36 ff. AFG, Art. 57 ff. E KAG)

Immobilienfonds   Immobilienfonds sind Fonds, bei denen das Vermögen von der Fondslei-   62
tung unter Wahrung des Grundsatzes der Risikoverteilung in *Immobilien-werte* angelegt wird. Unter diesen Begriff fallen nicht nur Grundstücke

....

[16]   Vgl. dazu auch Art. 31 AFV betreffend zugelassene Anlagen.
[17]   Vgl. dazu die detaillierten Anlagevorschriften in Art. 33 ff. AFV.

im eigentlichen Sinn, sondern auch Beteiligungen an und Forderungen gegenüber reinen Immobiliengesellschaften.[18] Aus Gründen der Risikostreuung müssen die Anlagen von der Fondsleitung nach Objekten, deren Nutzungsart, Alter, Bausubstanz und Lage verteilt werden.

63   Weil es sich bei Fondsvermögen um Anlagen handelt, die in der Regel nicht so schnell versilbert werden können, haben Immobilienfonds verhältnismässig lange Kündigungsfristen. Die Anleger können ihre Fondsanteile zwar jeweils auf das Ende eines Rechnungsjahres kündigen, allerdings nur unter Einhaltung einer zwölfmonatigen Kündigungsfrist. Deshalb hat die Depotbank für einen regelmässigen börslichen oder ausserbörslichen Handel von Immobilienfondsanteilen zu sorgen, um den Anlegern einen vorzeitigen Ausstieg aus der Anlage zu ermöglichen.

c) Übrige Fonds (Art. 35 AFG, Art. 67 ff. E KAG)

64   Anlagefonds, die weder Effekten- noch Immobilienfonds sind, gelten als *übrige Fonds (bzw., nach dem E KAG, übrige Fonds für traditionelle und alternative Anlagen).* Die Leitungsorgane dieser Fonds dürfen auch in Anlagen investieren, welche nur beschränkt marktfähig sind, hohen Kursschwankungen unterliegen, schwer zu bewerten sind und eine beschränkte Risikoverteilung aufweisen. Als Beispiele für Kapitalanlagen übriger Fonds gelten etwa Anlagen in Edelmetalle, derivative Finanzinstrumente, Rohstoffe oder Anteile anderer Fonds.   *Übrige Fonds*

6. Ausländische Anlagefonds

65   Ausländische Anlagefonds und der Vertrieb von deren Fondsanteilen haben in der Schweiz eine *erhebliche Bedeutung.* Der Gesetzgeber hat sie daher explizit den einschlägigen Bestimmungen des Anlagefondsgesetzes unterstellt (Art. 44 ff. AFG, Art. 119 ff. E KAG).   *Grosse Bedeutung ausländischer Fonds*

66   Als ausländische, dem AFG unterstellte Anlagefonds gelten (Art. 44 AFG, Art. 119 Abs. 1 und 2 E KAG):   *Kategorien*

1.   Vermögen, die aufgrund eines Kollektivanlagevertrags oder eines anderen Vertrags mit ähnlicher Wirkung geäufnet und von einer Fondsleitung mit Sitz und Hauptverwaltung im Ausland verwaltet werden;

2.   *Gesellschaften mit Sitz und Hauptverwaltung im Ausland, deren Zweck die kollektive Kapitalanlage ist* und bei denen der Anleger gegenüber der Gesellschaft selbst oder einer ihr nahe stehenden Gesellschaft das Recht auf Auszahlung seines Anteils hat.

---

[18]   Vgl. dazu auch Art. 46 AFV betreffend zugelassene Anlagen.

Bewilligungs-
pflichtiger
Vertrieb
Um den Anlegerschutz zu gewährleisten, macht das AFG den gewerbs- 67
mässigen Vertrieb von Anteilen ausländischer Anlagefonds in der
Schweiz von einer Bewilligung durch die Aufsichtsbehörde abhängig.
Diese Bewilligung[19] wird einer natürlichen oder juristischen Person mit
Sitz in der Schweiz (*Vertreter*) erteilt, sofern (Art. 120 E KAG):

- der Anlagefonds im Sitzstaat einer dem Anlegerschutz dienen- 68
  den öffentlichen Aufsicht unterstellt ist,

- die dortigen Anlegerschutzbestimmungen jenen des AFG gleich-
  wertig sind,

- der Anlagefonds einen Namen trägt, der nicht zu Täuschung oder
  Verwechslung Anlass gibt,

- mit Bezug auf die in der Schweiz vertriebenen Anteile ein Vertreter und eine Zahlstelle bezeichnet worden sind.

E. Die Bekämpfung der Geldwäscherei

1. Was ist Geldwäscherei?

Begriff der Geld-
wäscherei

Der Begriff *Geldwäscherei* steht für Handlungen, die dazu dienen, 69
verbrecherisch erlangte Vermögenswerte als scheinbar legal erworbene
wieder in den Markt einzuführen. Im typischen Fall wird dabei delik-
tisch erworbenes Geld auf irgendwelche Weise (z.B. durch Eröffnung
eines Kontos) in den legalen Geld- oder Kapitalkreislauf eingespeist und
in einem anschliessenden Verwirrspiel mittels verschiedener Transaktionen so lange verschoben oder in andere Vermögenswerte umgewandelt, bis dessen Herkunft nicht mehr eruiert werden kann. Ihren eigentlichen Abschluss hat die Geldwäscherei dann gefunden, wenn die
betreffenden Vermögenswerte als im Wirtschaftskreislauf legitim erworben erscheinen.[20]

Geldwäscherei
als gesellschaft-
liches Übel

«Das organisierte Verbrechen stellt heute eine der grossen Gefahren für 70
Wirtschaft und Gesellschaft dar. Die kriminellen Organisationen verfü-
gen aus ihrer verbrecherischen Tätigkeit (Drogen-, Waffen- und
Menschenhandel, Erpressungen usw.) über riesige Geldsummen. Diese
sind für sie solange weitgehend nutzlos, als ihre verbrecherische
Herkunft noch nachgewiesen werden kann. Erst wenn die Gelder

---

[19] Betreffend die Bewilligungsvoraussetzungen vgl. auch Art. 56 AFV.
[20] Vgl. dazu BGE 119 IV 242, 246.

‹gewaschen› sind, können sie gefahrlos in den Wirtschaftskreislauf einfliessen. Ab diesem Zeitpunkt potenzieren sie die wirtschaftliche Macht des organisierten Verbrechens. Die gewaschenen Gelder können unverdächtig investiert werden und verhelfen den Verbrecherorganisationen so zu einem Mantel der Unbescholtenheit. Unter dem Vorwand seriöser wirtschaftlicher Tätigkeit öffnen sich dem organisierten Verbrechen sodann unbegrenzte Möglichkeiten, weitere schmutzige Gelder zu waschen und diese ihrerseits zu investieren. Dadurch besteht die konkrete Gefahr, dass wesentliche Teile ganzer Volkswirtschaften durch das organisierte Verbrechen unterwandert werden.»[21]

71 Das gesellschaftspolitische Anliegen der Bekämpfung der Geldwäscherei, das in diesen Einleitungssätzen der bundesrätlichen Botschaft zum Geldwäschereigesetz zum Ausdruck gebracht wird, hat zuerst (1990) im **Strafgesetzbuch** seinen Niederschlag gefunden:

Die strafrechtlichen Bestimmungen

72 Den strafrechtlichen Tatbestand der **Geldwäscherei** erfüllt,

- wer eine Handlung vornimmt, die geeignet ist,

- die Ermittlung der Herkunft, die Auffindung oder die Einziehung von Vermögenswerten zu vereiteln,

- von denen er weiss oder annehmen muss (Eventualvorsatz),

- dass sie aus einem *Verbrechen* (Art. 9 StGB) herrühren (**Art. 305bis StGB).**

73 Aufgrund **mangelnder Sorgfalt bei Finanzgeschäften** wird ausserdem bestraft,

- wer berufsmässig fremde Vermögenswerte

- annimmt, aufbewahrt, anlegen oder übertragen hilft

- und es unterlässt, mit der nach den Umständen gebotenen Sorgfalt

- die Identität des wirtschaftlich Berechtigten festzustellen (**Art. 305ter StGB).**

74 Der Tatbestand der Geldwäscherei kann grundsätzlich von jedermann erfüllt werden, stellt doch beispielsweise das blosse Verstecken von Drogengeld auch eine Verdeckungshandlung dar, die geeignet ist, die Einziehung dieser Vermögenswerte zu vereiteln. Demgegenüber handelt es sich beim zweitgenannten Straftatbestand um ein *Sonderdelikt*, das nur von Personen begangen werden kann, die sich *berufsmässig* mit Finanzgeschäften befassen (*Finanzintermediäre*).

....

[21] Botschaft zum Bundesgesetz zur Bekämpfung der Geldwäscherei im Finanzsektor vom 17. Juni 1996, BBl 1996 III 1102.

a) Standesregeln zur Sorgfaltspflicht der Banken und Geldwäschereigesetz

Die Standes-
regeln der
Banken

Die strafrechtlichen Massnahmen – zu erwähnen sind in diesem Zusammenhang auch die Einziehung von Vermögenswerten (Art. 59 StGB[22]) sowie das ausdrückliche Melderecht des Financiers bei einem Geldwäschereiverdacht (Art. 305ter Abs. 2 StGB[23]) – reichen für sich allein nicht aus, um der Geldwäscherei wirkungsvoll entgegenzutreten. Mit einer verbindlichen *Vereinbarung über die Standesregeln zur Sorgfaltspflicht der Banken (VSB)* von 1977 regelten die Banken untereinander auf vertraglicher Basis selbständig zahlreiche Details auf dem Gebiet der Geldwäschereibekämpfung: 75

- Man führte u.a. die Pflicht zur *Identifikation des Vertragspartners* ein sowie

- die Pflicht zur *Rückfrage nach dem wirtschaftlich Berechtigten* im Falle der Vermutung, dass die andere Vertragspartei nur als Treuhänderin auftritt.

Zweck des Geld-
wäschereige-
setzes

Finanzintermediäre hingegen, die nicht dem Bankensektor zugehören, unterlagen – bezogen auf ihren berufsmässigen Umgang mit fremden Vermögenswerten – keinen speziellen Sorgfaltspflichten. Dies hatte zur Folge, dass versucht wurde, durch verbrecherische Handlungen erlangtes Vermögen auf dem Umweg über rechtlich unbescholtene Finanzintermediäre in den regulären Finanzmarkt einzuschleusen. Das am 1. April 1998 in Kraft getretene Geldwäschereigesetz soll nun diese Lücke schliessen, indem die im Bankensektor geltenden Sorgfaltspflichten auf alle berufsmässigen Finanzintermediäre ausgeweitet werden. Das Gesetz regelt damit parallel zum Strafrecht auf der verwaltungsrechtlichen Ebene die Bekämpfung der Geldwäscherei (im Sinne des Strafgesetzbuches) sowie die Sicherstellung der Sorgfalt bei Finanzgeschäften (Art. 1 GwG).   76

2. Der Geltungsbereich des Geldwäschereigesetzes

Ansatzpunkt:
Ursprung der
verpönten
Aktivitäten

Das Geldwäschereigesetz setzt an der Schwachstelle jedes eigentlichen *Geldwaschvorgangs* an, nämlich dort, wo er beginnt. Das Gesetz richtet sein Augenmerk auf jenen Punkt, wo das *schmutzige Geld* zum ersten Mal in den ordentlichen Kreislauf eingefügt wird und wo dessen Herkunft noch klar eruierbar ist. Durch die Festlegung verbindlicher *Sorgfalts-*   77

----

[22]   Insbesondere Art. 59 Ziff. 3 StGB, der es dem Richter erlaubt, Vermögenswerte krimineller Organisationen zu konfiszieren.

[23]   Dieses Melderecht hat zur Folge, dass der Financier im Falle einer Meldung an die Behörde nicht mit dem Bankgeheimnis in Konflikt gerät.

regeln für die Finanzintermediäre soll möglichst vorbeugend verhindert werden, dass Gelder verbrecherischen Ursprungs wieder in den ordentlichen Geldkreislauf gelangen können. Das Gesetz richtet sich daher unmittelbar an die Dienstleister des Finanzsektors, die *Finanzintermediäre*, welche von Berufs wegen fremde Vermögenswerte entgegennehmen, verwalten oder übertragen. Gemäss Art. 2 Abs. 2 GwG sind dies:

78

- die **Banken** im Sinne des Bankengesetzes,

- die **Fondsleitungen** im Sinne des Anlagefondsgesetzes,

- die **Versicherungen** im Sinne des Versicherungsaufsichtsgesetzes (sofern sie im Lebensversicherungsgeschäft tätig sind oder Anteile von Anlagefonds anbieten oder vertreiben),

- die **Effektenhändler** im Sinne des Börsengesetzes,

- die **Spielbanken** im Sinne des Spielbankengesetzes,

- sodann *alle Personen*, die zwar keinem speziellen Aufsichtsrecht unterstehen, die aber *berufsmässig*[24] fremde Vermögenswerte annehmen, verwalten oder übertragen, wie Kreditvermittler, Anlageberater, Anwälte, Treuhänder, Vermögensverwalter, Vertriebsträger von Anlagefonds usw. (Art. 2 Abs. 3 lit. a–g GwG).

Die Finanzintermediäre

3. Die Pflichten der Finanzintermediäre

79 Das Geldwäschereigesetz statuiert für die Finanzintermediäre zwei Kategorien von Pflichten: routinemässig vorzunehmende, vorbeugende **Sorgfaltspflichten** einerseits und konkrete **Meldepflichten** bei einem Geldwäschereiverdacht andererseits.

Zwei Kategorien von Pflichten: Sorgfalts- und Meldepflichten

a) Vorbeugende Sorgfaltspflichten

aa) Identifizierung der Vertragspartei (Art. 3 GwG)

80 Es gilt der Grundsatz, dass die Finanzintermediäre bei der Aufnahme von Geschäftsbeziehungen die andere Vertragspartei aufgrund eines beweiskräftigen Dokumentes eindeutig identifizieren müssen (zu Ausnahmen dazu vgl. Art. 3 Abs. 2 und 3 GwG). Zum wesentlichen

Identifikationspflicht

....

[24] Die Kriterien, welche Tätigkeiten dieser Finanzintermediäre als *berufsmässig* gelten, sind in der *Verordnung der Kontrollstelle für die Bekämpfung der Geldwäscherei über die berufsmässige Ausübung der Finanzintermediation im Nichtbankensektor* (SR 955.20) geregelt.

Inhalt einer Personenidentifikation gehören etwa die Feststellung von Name, Geburtstag, Adresse und Nationalität bei natürlichen Personen bzw. Firma und Sitz bei juristischen Personen.

bb) Feststellung der wirtschaftlich berechtigten Person (Art. 4 f. GwG)

Abklärung der wirtschaftlichen Berechtigung

Wenn die Vertragspartei *nicht identisch* ist mit der wirtschaftlich am 81 Vermögen berechtigten Person (wenn sie also beispielsweise als Treuhänderin oder als Bevollmächtigte auftritt) oder wenn daran *Zweifel* bestehen, muss der Finanzintermediär von der anderen Vertragspartei eine schriftliche Erklärung darüber einholen, wer die am fraglichen Vermögen tatsächlich berechtigte Person ist. Dasselbe gilt, wenn die Vertragspartei eine Sitzgesellschaft[25] ist, sowie generell bei Kassageschäften[26] von erheblichem Wert. Die Erklärung der Vertragspartei muss, sofern sie plausibel erscheint, nicht weiter überprüft werden. Insbesondere ist der Finanzintermediär nicht dazu verpflichtet, die wirtschaftlich berechtigte Person selber zu kontaktieren.

Die Abklärung der wirtschaftlichen Berechtigung steht in engem Zusam- 82 menhang mit der Pflicht, den Vertragspartner zu identifizieren. Denn ohne diese zweite Pflicht könnte die erste über Mittelsleute oder vorgeschobene Gesellschaften problemlos umgangen werden. Diese Pflichten obliegen den Finanzintermediären im Übrigen nicht nur zu Beginn, sondern während der ganzen Dauer des Vertragsverhältnisses.

cc) Besondere Abklärungs- und generelle Dokumentationspflichten (Art. 6 ff. GwG)

Besondere Pflichten bei ungewöhnlichen Transaktionen

Die Pflicht zur Identifizierung des Vertragspartners und zur Feststellung 83 des wirtschaftlich Berechtigten reichen als Sorgfaltspflichten für sich allein dann nicht aus, wenn eine Geschäftsbeziehung oder Transaktion als *ungewöhnlich* erscheint oder wenn *Anhaltspunkte* dafür vorliegen, dass Vermögenswerte aus einem Verbrechen herrühren oder der Verfügungsmacht einer kriminellen Organisation (i.S.v. Art. 260ter Ziff. 1. StGB) unterliegen. In diesem Fall obliegt es den Finanzintermediären, auch den Zweck sowie die wirtschaftlichen Hintergründe solcher Trans-

----

[25] Gemeint sind Gesellschaften ohne eigentlichen Geschäftsbetrieb, die ihren Sitz in der Regel aus steuerlichen Gründen an für sie günstigen Orten errichtet haben.

[26] Als Kassageschäfte werden Bargeldtransaktionen bezeichnet, die nicht über ein Kundenkonto abgewickelt werden. Typische Kassageschäfte bilden etwa der Geldwechsel, der Barkauf oder die Einlösung eines Checks.

aktionen abzuklären.[27] Es ist klar, dass es unter Umständen schwierig sein kann, Einzelheiten darüber in Erfahrung zu bringen, woher die fraglichen Vermögenswerte letztlich stammen; sei dies durch Befragung, durch das Einfordern von entsprechenden Dokumenten oder durch andere Abklärungsmittel. Dennoch muss die Herkunft der betreffenden Vermögenswerte so weit geprüft werden, dass sie zumindest plausibel erscheint.

84 Die Finanzintermediäre trifft sodann eine generelle Pflicht, alle getätigten Transaktionen (einschliesslich der erwähnten gesetzlich vorgeschriebenen Abklärungen) schriftlich zu dokumentieren. Die zu erstellenden Belege müssen so beschaffen sein, dass einerseits die einzelnen Geschäftsbeziehungen und Transaktionen für fachkundige Dritte – seien dies Untersuchungs- oder Aufsichtsbehörden – rekonstruierbar sind und dass andererseits die Einhaltung der gesetzlichen Pflichten der Finanzintermediäre nachvollzogen werden kann.

Dokumentationspflichten

b) Meldepflichten bei Geldwäschereiverdacht

85 Ein Finanzintermediär, der weiss oder den begründeten Verdacht hat, dass die in eine Geschäftsbeziehung involvierten Vermögenswerte im Zusammenhang mit einer strafbaren Handlung nach Art. 305bis StGB stehen, die Vermögenswerte aus einem Verbrechen herrühren oder der Verfügungsmacht einer kriminellen Organisation unterliegen, hat die beiden folgenden Pflichten:

Meldepflicht und Vermögenssperre bei Geldwäschereiverdacht

86 • Erstens muss er der Meldestelle für Geldwäscherei nach Art. 23 GwG unverzüglich *Meldung erstatten* (Art. 9 GwG);

• zweitens hat er die ihm anvertrauten, mit der Meldung in Zusammenhang stehenden Vermögenswerte unverzüglich zu *sperren*, und zwar so lange, bis eine Verfügung der zuständigen Strafverfolgungsbehörde bei ihm eintrifft, längstens aber für fünf Werktage seit der Meldung (Art. 10 GwG).

87 Diese Pflichten stehen unter dem Vorbehalt, dass für die *berufsspezifische* Tätigkeit von Anwälten oder Notaren eine Meldepflicht entfällt, soweit sie dem Berufsgeheimnis nach Art. 321 StGB untersteht.

---

[27] Vgl. dazu auch die *Anhaltspunkte für Geldwäscherei* im Anhang der Verordnung der Eidgenössischen Bankenkommission zur Verhinderung von Geldwäscherei, SR 955.022, die den Finanzintermediären Hinweise auf mögliche Geschäftsbeziehungen oder Transaktionen mit erhöhten Risiken geben soll.

<table>
<tr><td>Aufgaben der Meldestelle für Geldwäscherei</td><td>Der im Bundesamt für Polizei angesiedelten *Meldestelle für Geldwäscherei* kommt nach der Meldung eine wichtige Relais- und Filterfunktion zwischen den Finanzintermediären und den Strafverfolgungsbehörden zu. Als spezialisierte Fachstelle hat sie von den bei ihr eingegangenen Meldungen die nicht substanziellen Fälle auszuscheiden und die verbleibenden, tatsächlich geldwäschereiverdächtigen Sachverhalte an die zuständigen Strafverfolgungsbehörden weiterzuleiten.[28]</td><td>88</td></tr>
</table>

Aufgaben der Meldestelle für Geldwäscherei

Der im Bundesamt für Polizei angesiedelten *Meldestelle für Geldwäscherei* kommt nach der Meldung eine wichtige Relais- und Filterfunktion zwischen den Finanzintermediären und den Strafverfolgungsbehörden zu. Als spezialisierte Fachstelle hat sie von den bei ihr eingegangenen Meldungen die nicht substanziellen Fälle auszuscheiden und die verbleibenden, tatsächlich geldwäschereiverdächtigen Sachverhalte an die zuständigen Strafverfolgungsbehörden weiterzuleiten.[28] 88

Straf- und Haftungsausschluss

Ein Finanzintermediär, der eine Meldung unterlässt, macht sich strafbar (Art. 37 GwG). Eine Meldung und die damit verbundene Vermögenssperre könnten aber unter Umständen für einen vorsichtigen Finanzintermediär im *Verhältnis zu seinem Vertragspartner* problematisch werden, nämlich dann, wenn sich später herausstellen sollte, dass gar kein geldwäschereirelevanter Sachverhalt vorgelegen hat. Dem trägt das Gesetz Rechnung, indem es für diese Fälle einen *Straf- und Haftungsausschluss* vorsieht (Art. 11 GwG). Der Finanzintermediär kann in solchen Fällen, sofern er mit der nach den Umständen *gebotenen Sorgfalt* vorgegangen ist, weder für eine Amts-, Berufs- oder Geheimnisverletzung belangt noch wegen Vertragsverletzung haftbar gemacht werden. 89

4. Die Aufsicht

Verschiedene Aufsichtsorgane

Das Geldwäschereigesetz nennt drei verschiedene Organe (Art. 12 ff. GwG), welche die Einhaltung der Sorgfaltspflichten der Finanzintermediäre zu überwachen haben: 90

- die spezialgesetzlichen Aufsichtsbehörden,

- die anerkannten Selbstregulierungsorganisationen und

- die Kontrollstelle für Geldwäscherei.

a) Die spezialgesetzlichen Aufsichtsbehörden

Spezialgesetzliche Aufsicht

Bei den Finanzintermediären nach Art. 2 Abs. 2 GwG, die bereits einer Aufsichtsbehörde unterstellt sind, konkretisieren die jeweiligen Aufsichtsbehörden für die ihnen unterstellten Finanzintermediäre die Sorgfaltspflichten[29] und nehmen die Aufsichtsfunktionen im Sinne des Geldwäschereigesetzes wahr (Art. 20 GwG). 91

....

[28] Betreffend die Aufgaben der Meldestelle vgl. Art. 23 GwG sowie die *Verordnung über die Meldestelle für Geldwäscherei (MGwV)*, SR 955.23.

[29] Als anschauliches Beispiel dafür sei nochmals auf die Verordnung der EBK zur Verhinderung von Geldwäscherei (SR 955.022) verwiesen.

b) Die Selbstregulierungsorganisationen

92 Die übrigen Finanzintermediäre nach Art. 2 Abs. 3 GwG *können* sich der Aufsicht einer der anerkannten Selbstregulierungsorganisationen gemäss Art. 24 ff. GwG unterstellen. Diese konkretisieren in einem Reglement die Sorgfaltspflichten der ihnen angeschlossenen Finanzintermediäre und wachen über die Einhaltung von deren Pflichten (Art. 13 lit. a GwG).

Selbstregulierung

Die Selbstregulierungsorganisationen ihrerseits unterliegen für ihre Tätigkeiten der Anerkennung und der Aufsicht durch die Kontrollstelle für Geldwäscherei.

c) Die Kontrollstelle für Geldwäscherei

93 Diejenigen Finanzintermediäre nach Art. 2 Abs. 3 GwG, die sich nicht einer anerkannten Selbstregulierungsorganisation angeschlossen haben, sind der direkten Aufsicht der Kontrollstelle[30] des Bundes für die Bekämpfung der Geldwäscherei nach Art. 17 ff. GwG unterstellt (zu den Aufgaben der Kontrollstelle vgl. Art. 18 ff. GwG).

Kontrollstelle für Geldwäscherei

94 Die Kontrollstelle konkretisiert die gesetzlichen Sorgfaltspflichten[31] für die ihr direkt unterstellten Finanzintermediäre und erteilt ihnen – sofern die nötigen Voraussetzungen erfüllt sind – die erforderliche *Bewilligung* für die Ausübung ihrer Tätigkeit. Finanzintermediäre, die keiner Selbstregulierungsorganisation angeschlossen sind und die vorsätzlich oder fahrlässig ohne diese Bewilligung tätig sind, machen sich strafbar (Art. 36 GwG).

---

[30] Die bei der Eidgenössischen Finanzverwaltung angesiedelte Kontrollstelle für Geldwäscherei ist nicht zu verwechseln mit der bereits erwähnten Meldestelle für Geldwäscherei.
[31] Vgl. dazu die Verordnung der Kontrollstelle für die Bekämpfung der Geldwäscherei über die Sorgfaltspflichten der ihr direkt unterstellten Finanzintermediäre (SR 955.16).

F. Fragen zu Fall X

Bankengesetzgebung:

1. Welches ist der Geltungsbereich des Bankengesetzes?

2. Untersteht die Hans Finanz AG dem Bankengesetz?

3. Darf die Hans Finanz AG Gelder von Geschäftskunden zur Verwaltung entgegennehmen?

4. Wie verhält es sich mit Einlagen von Arbeitnehmerinnen und Arbeitnehmern?

5. Dürfte sich die Gesellschaft auch «Hans Bank AG» nennen?

6. Welches sind die Bewilligungsvoraussetzungen für eine Bank? Zusatzfrage: Würde die Hans Finanz AG diese Voraussetzungen wohl erfüllen?

Anlagefondsgesetzgebung:

7. Welches sind die Begriffsmerkmale eines Anlagefonds?

8. Wer ist das Schutzobjekt des AFG?

9. Was ist ein Anlagefonds in zivilrechtlicher Hinsicht?

10. Welches sind die wichtigsten Rechte und Pflichten der Parteien?

11. Untersteht die Hans Finanz AG dadurch, dass sie Vermögen von Dritten verwaltet, dem AFG?

12. Darf die Hans Finanz AG durch die Bündelung von Vermögen mehrerer Dritter auf auftragsrechtlicher Basis ein Sondervermögen schaffen und dieses ähnlich einem Anlagefonds verwalten?

13. Wenn dies nicht zulässig sein sollte: Gibt es einen rechtlichen Weg, wie diese Personen ihr Vermögen dennoch gemeinschaftlich zusammenlegen und von Hans verwalten lassen können?

Geldwäschereigesetzgebung:

14. Welches sind die wichtigsten Pflichten der Finanzintermediäre bei der Bekämpfung der Geldwäscherei?

15. Untersteht die Hans Finanz AG dem Geldwäschereigesetz?

16. Wenn ja: Welches sind die (formellen) Konsequenzen daraus?

17. Was ist die Folge, wenn sie dies (Frage 16) unterlässt?

Sachregister

Die Zahl vor dem Schrägstrich verweist auf das Kapitel, die Zahl nach dem Schrägstrich auf die Randziffer. Fettdruck bedeutet Hauptfundstelle.

A

Abgrenzungsvereinbarung im Immaterialgüterrecht 8/25

Abkommen, Madrider 8/33

Absprachen im Wettbewerbsrecht
- horizontale 1/20
- vertikale 1/20

Ad-hoc-Publizität 11/29, 11/**35 ff.**

AGB-Kontrolle
- des Bundesgerichts 3/83 ff.
- gestützt auf Art. 8 UWG 3/87 ff.

Agio 11/3

Aktienrecht 11/5

Aktivlegitimation, UWG 3/96 ff.

Allgemeine Geschäftsbedingungen 3/**82**

Angebote im Börsenrecht
- freiwillige 11/44 ff.
- obligatorische 11/50 ff.

Angebotssteuerung 1/2

Angebotsverknappung im Kartellrecht 2/77

Anlagefonds 12/32 f.
- Auflösung der 12/55 ff.
- Aufsicht über 12/53
- ausländische 12/65
- Bedeutung der 12/38
- Kategorien von 12/59
- Revision der 12/52

Anlagefondsgesetz
- Geltungsbereich des 12/35
- Zweck des 12/35a

Anlagefondsgesetzgebung 1/86, 12/32 ff.

Anleger 12/39
- Pflicht der 12/42
- Rechte der 12/43

Anleihensobligationen 10/11

Anspruchsgruppen im Börsenrecht 11/33

Anspruchskonkurrenz zwischen UWG und weiteren Ansprüchen 3/8

Arbeitgeber, Pflichten des 5/29 f.

Arbeitgeberverband 5/19, 5/44, 5/49

Arbeitnehmer, Pflichten des 5/27 f.

Arbeitnehmerschutz 1/47, 5/1 ff.

Arbeitnehmerschutzrecht 5/13, 5/**36**

Arbeitsgesetz 5/36 ff.
- Geltungsbereich des 5/37 f.

Arbeitskampffreiheit 1/54

Arbeitsmarkt 1/46

Arbeitsverfassungsrecht 5/18, 5/**50**

Arbeitsvertrag 5/4
- Entstehung des 5/25 f.
- Merkmale des 5/25
- Auflösung des 5/31 ff.

Arbeitsvertragsrecht 5/12

Aufgaben des Staates im Wirtschaftsrecht 1/10

Aufhebungsvertrag im Arbeitsrecht 5/33

Auflagen im Kartellrecht 2/101

Aufsichtsorgane, GwG 12/90 ff.

Aufsichtsrecht des Bundes 1/78, 9/41, 10/5

Auftrag, Abgrenzung gg. Arbeitsvertrag 5/5

Ausbeutungsmissbrauch 2/66

Ausbeutungstatbestände im Wettbewerbsrecht 2/74

....

Auskauf von Minderheitsaktionären 11/54

Auskaufangebot 11/50

Auskunftspflichten, KG 2/122, 2/142

Auslegungskontrolle 3/**85**, 4/58

Ausschliesslichkeitsrecht 6/9, 6/37, 8/39

Aussperrung 1/52

Ausstellungspriorität im Urheberrecht 7/7

Auswirkungsprinzip (IPR) 2/**6**, 2/10, 3/5

B

Bank 12/5

Bankenaufsicht 1/80 ff., 12/**20 ff.**

Bankengesetz

- Geltungsbereich des 12/5 ff.
- Regelungsbereiche des 12/3
- Sondernormen des 12/24 f.
- Zweck des 12/4

Bankengesetzgebung 1/80

Bankenkommission, Eidgenössische 1/82, 10/7, 11/10, 12/9, 12/**20 ff.**, 12/40, 12/53

- Funktion der 12/22
- Zusammensetzung der 12/21

Bankgeheimnis 12/27 ff.

- Geltungsbereich des 12/28

Bedingungen im Kartellrecht 2/101

Behinderungsmissbrauch im Kartellrecht 2/66

Behinderungssachverhalte im Wettbewerbsrecht 3/8

Berner Übereinkunft, revidierte 9/47

Berufsfreiheit 1/15

Berufsgeheimnis 12/87

- Verletzung des 11/56

Bestandesgarantie 1/34, 1/**41**

Beteiligungen, qualifizierte im Börsenrecht 11/37 ff.

Betriebsbewilligung im Arbeitsrecht 5/41

Betriebsordnung im Arbeitsrecht 5/65

Betriebsverfassungsrecht 5/18, 5/**50**

Beweislastumkehr, UWG 3/102, 4/13, 4/75

Bewilligungspflicht

- für Banken 1/82, 12/**9 ff.**
- für Börsen 1/84, 11/10
- für Effektenhändler 11/18

Binnenmarkt 1/73

Binnenmarktgesetz 1/73

Bonusregelung im Kartellrecht 2/136, 2/139

Börse 11/7 ff.

- Pflichten der 11/12 ff.
- volkswirtschaftliche Funktion der 11/9

Börsenaufsicht 1/**83 ff.**, 11/14

Börsengesetzgebung 1/83

Branchenprinzip im Markenrecht 8/37, 8/**41**

Bucheffekten 11/8

Bundesgesetz über Pauschalreisen 4/66

Bundeskompetenzen

- im Bereich Wirtschaft 1/60

Busse im Kartellrecht 2/135

C

Cassis-de-Dijon-Prinzip 1/74

Charakter, individueller im Urheberrecht 9/5

comfort letter im Kartellrecht 2/52

Corporate Governance 11/29, 11/**32 ff.**

- Zweck der 11/33

D

Dauerschuldverträge, Arbeitsrecht 5/33

Deklarationspflichten im Lauterkeitsrecht 4/38

Depotbank 12/39
- Aufgaben der 12/51

Derivate 11/8

Derivathäuser 11/17

Designgesetz 6/5, 9/**50 f.**

Dienstleistungsmarkt 1/46

Diskriminierungsverbot 1/75

Dividenden 11/1

Dokumentationspflichten von Finanzintermediären 12/84

Domain Names 8/6
- Registrierung von 8/7

Doppelschutz, Verbot des, im Patentrecht 7/22

Durchführungsverordnung im Kartellrecht 2/53

E

Effekten 11/2, 11/**8**
- Zulassung von 11/13 ff., 11/**20 ff.**

Effektenfonds 12/60 f.

Effektenhandel 11/7

Effektenhändler 11/16 f.
- Kategorien von 11/17
- Pflichten des 11/19
- Zulassung von 11/13 ff.

Eigengebrauch im Urheberrecht 9/29 ff.

Eigenhändler 11/17

Eigentum
- geistiges 6/1, 6/37, 6/46
- sachenrechtliches 6/15 ff., 6/46, 7/25, 9/22, 9/25

Eigentumsfreiheit 1/10

Eigentumsgarantie 1/34, 1/**41 ff.**

Einfuhrbeschränkungen 2/8

Eingriffe
- in die Privatautonomie 1/68
- in die Wirtschaftsfreiheit 1/39

Einwirkungspflicht im Arbeitsrecht 5/57

Einzelarbeitsvertrag 5/23, 5/66

Einzelfreistellung, vom Kartellverbot 2/49

Elektronische Börse Schweiz 11/9

Emissionshäuser 11/17

Emissionsmarkt 10/10

Emissionspreis 11/3

Emissionsprospekt 10/13

Emittent 11/23

- Anforderungen an den 11/24

Endverbraucher 4/1

Enseignes 8/5

Entscheidungsträger 1/6

Erfindernennung, Recht auf 6/30, 7/13

Erfindung

- abhängige 7/27

- biotechnologische 7/35

- i.S.d. Patentrechts 7/2

- nicht patentierfähige 7/11

Erschöpfung 6/18

- internationale 8/44, 9/23 ff.

- nationale 7/25

Erstveröffentlichungsrecht 9/16

EU-Wettbewerbsrecht 2/44 ff., 2/83 ff., 2/103 ff.

Existenzminimum, betreibungsrechtliches 4/64

F

Fabrikationsgeheimnis 3/78 f.

Familienbetrieb, reiner 5/38

Festpreise 2/38

Finanzierungsmarkt 10/10

Finanzintermediäre 12/74, 12/76, 12/**78**

- Meldepflichten der 12/79, 12/**85 ff.**

- Sorgfaltspflichten der 12/79 ff.
- Straf- und Haftungsausschluss für 12/89

Finanzmarkt 10/8 ff.

- Probleme im 10/16

Finanzmarktaufsicht 1/62

Finanzmarktrecht 10/7

- Ziele des 10/17 f.

Firma 8/3

Firmenrecht 6/6, 8/3

Fonds, übrige 12/64

Fondsleitung 12/39

- Pflichten der 12/44ff.
- Rechte der 12/48

Fremdfinanzierung 11/1

Friedenspflicht 5/57 f.

Funktionsschutz 10/17, 12/**4**

Fürsorgepflicht 5/30

Fusionen 2/87

Fusionskontrolle 2/86

G

Gebietskartelle 2/37

Gebrauch im Urheberrecht

- betriebsinterner 9/33
- im Unterricht 9/32

Geheimhaltungspflicht 3/77.

Geheimnisverletzung, UWG, 3/76

Geldmarkt 10/9

Geldmengensteuerung 1/94

Geldpolitik 1/91

Geldwäscherei 12/69

- Bekämpfung der 12/71 ff.
- strafrechtlicher Tatbestand der 12/72 ff.

Geldwäschereigesetz
- Geltungsbereich des 12/77 f.
- Zweck des 12/76

Geltungskontrolle AGB 3/**85**, 4/58

Gemeingut 8/17, 8/**21**

Gemeinschaftsmarke der EU 8/35

Gemeinschaftsunternehmen
- konzentrative 2/90
- kooperative 2/91

Gerichtsstandsgesetz 4/70

Gesamtarbeitsvertrag 1/51, 1/54, 5/18, 5/20, 5/**48 ff.**, 5/64
- Allgemeinverbindlichkeit des 5/55
- normative Bestimmungen des 5/53, 5/**59 f.**
- schuldrechtliche Bestimmungen des 5/53, 5/**57 f.**

Gesamtvertragsautonomie 1/51 f., 1/54

Geschäftsbezeichnungen 8/5

Geschäftsgeheimnis, UWG 3/78 f.

Gesellschaftsrecht 1/63

Gesellschaftssystem 1/1

Gesundheitsvorsorge, am Arbeitsplatz 5/39 ff.

Gewerkschaft 1/44, 5/19

Gewerkschaftsbund, Schweizerischer 5/49

Ghostwriter-Abrede 9/18

Gleichbehandlung der Gewerbegenossen 1/36

Gleichstellungsgesetz 5/12, 5/17

Grundrechte, wirtschaftliche 1/32

Gruppenfreistellung, vom Kartellverbot 2/49

Gruppenvereinbarungen 1/6, 1/46, 1/54, 1/64
- Kategorien von 1/19

Günstigkeitsprinzip 5/69

Gütermarkt 1/46

H

Handels- und Gewerbefreiheit 1/39

Handelsamtsblatt, Schweizerisches 8/31

Handelsnamen, ausländische 8/8

Handelsrecht 1/63

Handelsregister 8/5, 12/9

Hauptbörsenreglement, der SWX 11/21

Haustürgeschäft 4/10

Herabsetzung, unlautere 3/24

Herkunftsangaben 8/10 ff.

Herkunftsprinzip 1/74

Hersteller, Konsumentenrecht 4/32

- Haftung des 4/31

Höchstarbeitszeiten, gesetzliche 5/**44**, 5/46

I

Identifikationspflicht, GwG 12/80

Immaterialgüterrecht 1/63

- Verhältnis zum Lauterkeitsrecht 3/72

Immaterialgüterrecht 6/1 ff.

- internationale Übereinkommen im 6/49

- Schutzobjekt des 6/2

- Verhältnis zum Sachenrecht 6/15 ff.

- Verhältnis zum Wettbewerbsrecht 6/50 ff.

Immaterialgüterrechte 10/4

- Arten 6/5 f.

- Entstehung der 6/7 ff.

- Erlöschen der 6/44 f.

- Übertragung der 6/25 ff.

- Unteilbarkeit der 6/35

Immobilienfonds 12/62 f.

Individualklage, UWG 3/97, 4/73

Individualrecht 1/35

Individualschutz im Finanzmarktrecht 10/17

Information, vollständige 1/11

Informationspflichten im Finanzmarktrecht 11/19

Informationsungleichgewicht, Konsumentenrecht 4/35

Infrastruktur 1/96

Inhaltskontrolle AGB 3/86

Inländerbehandlung, Immaterialgüterrecht 6/**48**, 9/47

Inländerdiskriminierung 1/76

Innominatvertrag 4/56, 6/38

Innovation 1/9, 1/11, 1/17, 6/52

Institut für geistiges Eigentum 6/14, 7/15, 8/18

Institutsgarantie 1/34, 1/**41**

Interpretation, Schutz der 9/37

Interpretenrechte 9/38

Investmentgesellschaften 11/22

Irreführung, unlautere 3/25, 3/88

J

Joint Venture im Kartellrecht 2/90

Journal 11/12

Jugendliche im Arbeitsrecht 5/46

K

Kapitalanlagen, kollektive
- Formen 12/37
- Überblick 12/35b

Kapitaleinlage 12/42

Kapitalerhöhungen 11/1

Kapitalgesellschaften 11/1

Kapitalmarkt 10/9 ff.
- öffentlicher 11/2

Kartellabsprachen 2/34

Kartelle 1/64
- «harte» 2/13, 2/38

Kartellgesetz 4/50

- Geltungsbereich des 2/6
- Merkmale des 3/7
- Ziel des 2/1
- Zweck des 2/5

Kartellgesetzgebung 1/64 ff.

Kartellgesetzrevision 2/138

Kartellrecht 10/3

Kartellrechtsverstösse 2/134 ff.

Kartellverbot, Freistellung vom 2/49

Kartellzivilprozess 2/109

Kassageschäft 12/81

Kaufangebote, öffentliche 11/37, 11/**40 ff.**

Kausalhaftung, des Herstellers 4/31

Kennzeichenrecht 6/6, 8/**1**

Kennzeichnungskraft 8/9

Klägergerichtsstand 4/70

Klumpenrisiken 12/61

Koalitionen, im arbeitsrechtlichen Sinn 5/48

Koalitionsfreiheit 1/21, 1/34, 1/**44 ff.**, 5/20

Kollektivanlagevertrag 12/33, 12/**39 ff.**

Kollektivvermögen 12/33

Konjunkturpolitik 1/93 ff.

Konjunkturschwankungen 1/93

Konkurrenz, vollständige 1/11

Konkursprivileg für Spareinlagen 12/25

Konsument 3/104

Konsumenteninformationsgesetz 1/77, 4/10, 4/**38 ff.**

Konsumentenorganisationen 4/**39 f.**, 4/74

Konsumentenpolitik 1/77

Konsumentenrecht 4/7

- Entwicklung des 4/7 ff.
- Schutzobjekte des 4/6

- Teilbereiche des 4/20
- im UWG 4/41
- Ziel des 4/2

Konsumentenschutz 1/62, 1/77, 4/1

Konsumentenverfahrensrecht 4/67

Konsumentenverträge 4/68

Konsumentenvertragsrecht 4/52 ff.

Konsumkreditgesetz 4/60 ff.

Konsumkreditverträge 3/33

Kontrollstelle für Geldwäscherei 12/93

Konzept, dualistisches 1/101

Koordinationsinstrumente 1/6

Koordinationsmechanismen 1/3, 1/6, 1/28

Koordinationsmodelle 1/4 ff.

Koppelungsverträge 2/79

Kotierung, an der SWX 11/20 ff.
- Ziel der 11/20
- Voraussetzungen für die 11/23 ff.

Kotierungsinserat 11/28

Kotierungsprospekt 11/26 ff.

Kotierungsreglement 11/20, 11/27
- Zweck des 11/21

Kreditfähigkeitsprüfung 3/37, 4/64

Kundenhändler 11/17

Kündigung 5/31
- missbräuchliche 5/34 f.

Kündigungsschutz 5/34

Künstler, Rechte des 9/97 f.

L

Lauterkeitskommission, Schweizerische 4/77 ff.

Lauterkeitsrecht 6/6, 10/3

Lebensmittelgesetz 4/27

Leistungsschutz
- im UWG 3/69 ff.
- im URG 9/34

Leitentscheide des Bundesgerichts
- zum UWG 3/39 ff., 3/55 ff., 3/90 ff.

Liberierung des Grundkapitals 11/1

Liquidation 12/57

Liquidität 11/23

Lizenz 7/29
- Arten 6/39

Lizenzgeber 6/37
- Pflichten des 6/40

Lizenzgebühr 6/37

Lizenznehmer 6/37
- Pflichten des 6/42

Lizenzvertrag 6/37 ff.
- Objekte des 6/39

Lockvogelpolitik 3/29

Logos 8/17

M

Marke 6/3
- berühmte 8/41
- Darstellungsarten 8/16 f.
- durchgesetzte 8/21
- Funktionen einer 8/13 ff.
- internationale Registrierung einer 8/33 f.
- nationale Registrierung einer 8/28 ff.
- schwache 8/26
- starke 8/26
- Verwechslungsgefahr 8/25 f.

Markeninhaber, Rechte des 8/39 f.

Markenlizenz 8/47

Markenrecht 6/5
- Kollision mit Namensrecht 8/45
- Schutzdauer 8/36

Markenregister 8/7
- Eintragungshindernisse 8/18 ff.
- Schutzausschlussgründe, absolute 8/19 ff.
- Schutzausschlussgründe, relative 8/19, 8/**25 ff.**, 8/30

Markenschutzgesetz 8/16

Market Maker 11/17

Markt 1/9
- relevanter 2/12, 2/**18 ff.**, 2/62

Marktmacht 1/49
- Missbrauch von 2/74, 6/53
- Ungleichgewicht an 4/4

Marktmechanismus 1/64

Markttransparenz 3/104, 11/4, 11/39

Marktwirtschaft
- freie 1/6, 1/**7**, 1/97, 10/2
- soziale 3/1

Marktzugangsnormen 4/47 ff.

Marktzugangsschranken 2/65, 4/28

Massnahmen
- bauliche, Arbeitsrecht 5/39
- vorsorgliche 2/115, 7/32

Meinungsäusserungsfreiheit und UWG 3/46

Meldestelle für Geldwäscherei 12/88

Mengenkartelle 2/36

Minderheitenschutz 1/22

Mindestpreis im Kartellrecht 2/38

Mindestpreislimiten, gesetzliche im Finanzmarktrecht 11/52

Missbrauchsprinzip 2/112

Missbrauchstatbestände 2/69

Mitbenützungsrecht im Patentrecht 7/27

Miturheberschaft 9/12

Monopol 1/65, 6/50, 10/4

Monopolrechte

- kantonale 1/57
- wirtschaftliche 3/74

Münz- und Banknotenmonopol 1/91

N

Nachbarrechte 9/34, 9/37

Nachtarbeit, Verbot der 5/45

Nachvollzug, autonomer 4/12

Name 8/4

Namensrecht 6/6, 8/4

Nationalbank, Aufgaben der 1/92

Nebenreglemente, der SWX 11/22

Negativattest im Kartellrecht 2/52

Nennwert von Aktien 11/3

Nichtigkeit

- des Patents 7/12
- des Wettbewerbsverstosses 2/112

Niederlassungsfreiheit 1/10, 1/15, 1/34, 1/**56**

Normenhierarchie, im Arbeitsrecht 5/61 ff.

Nötigung 3/31

O

Obiter dictum, 8 UWG 3/93

Offenlegungsvorschriften 1/84

OGAW-Richtlinien 12/35

Ombudsstellen 4/76

Opting up 11/51

Opting out 11/51

Optionsanleihen 10/11

P

Passivlegitimation, UWG 3/100 ff.

Patent 6/3

- Anspruchsberechtigte 7/13
- Europäisches 7/20
- Schutzdauer des 6/45, 7/30
- Übertragung des 7/29

Patentansprüche 7/16

Patentfähigkeit einer Erfindung 7/5 ff.

Patentgesetz, Kollisionsregeln im 7/23

Patentinhaber, Rechte des 6/21 ff., 7/**24 f.**

Patentrecht 6/5, 8/44

- Revision des 7/35 f.
- Schranken des 7/24 ff.
- Schutzobjekte des 7/1

Patentrechtsverletzung 6/49

Patentregister 7/29

Patentregistrierung 7/15 ff.

- formelle Erfordernisse der 7/15 f.
- Verfahren der 7/17 f.

Patentschrift 7/17

Patentschutz, kein 7/4, 7/11

Persönlichkeitsrecht und Immaterialgüterrechte 6/6

Pflichten, höchstpersönliche im Arbeitsrecht 5/27

Plangenehmigung im Arbeitsrecht 5/41

Planwirtschaft 1/6, 1/**13 ff.**

Preisbekanntgabeverordnung 4/43

Preiskartelle 2/35

Preismissbrauch 1/71

Preisüberwachung 1/70

Preisüberwachungsgesetz 1/**70 f.**, 4/10, 4/51

Preisunterbietung 2/76

Pressefreiheit 3/50

Primärmarkt 10/10 ff.

Prioritätsprinzip 6/10

Prioritätsrecht 7/14

Privatautonomie 1/34 f.

- im Arbeitsmarkt 1/55

Privatgebrauch im Urheberrecht 9/30 f.

Produktehaftpflichtgesetz 4/30 ff.

Produktformen 8/9

Produktionsmittel l/1, 1/15

Produktionspläne 1/13, 1/**15**

Produktpiraterie 9/39

Publikumsgelder 12/7

Publikumsgesellschaften 11/2

Publizitätspflichten 11/26, 11/29

R

Rechtserwerb

- derivativer 6/29, 7/29, 8/47, 9/10
- originärer 6/26

Rechtsschutz

- im BankG 12/26 ff.
- im BEHG 11/55 ff.
- im KG 2/109 ff., 2/131 ff.
- für Konsumenten 4/67 ff.
- im Markenrecht 8/48 ff.
- im PatG 7/31 ff.
- im URG 9/45 f.
- im UWG 3/95 ff.

Referenzsätze 11/8

Referenzunternehmen 1/24

Regale 1/57

Reproduktionsverfahren 3/71

Revision

- externe 12/18
- interne 12/19

Revisionsbericht 12/18, 12/52

Revisionsstelle 12/18, 12/20

Risikoverteilung 12/38, 12/61

Ruhezeiten 5/45 f.

S

Sachabstimmungen 1/23

Sammelwerke 9/8

Schöpferprinzip 9/10 f.

Schutzlandprinzip 6/**46**, 7/20

Schutzrechte, verwandte 9/1, 9/**34 ff.**

Schwellenwerte im Kartellrecht 2/93

Sekretariat der Wettbewerbskommission 2/117

Sekundärmarkt 10/10 ff.

Selbstregulierung 1/85, 11/**11**

Selbstregulierungsorganisationen 12/92

Sendeunternehmen, Rechte der 9/40

Sitzgesellschaft 12/81

Slogans 8/17

Sonntagsarbeit, Verbot der 5/13,5/45

Sorgfaltspflichten im Finanzmarktrecht 11/19

Sortenschutzgesetz 6/5, 9/**52**

Sozialpolitik 1/95

Sozialversicherungsrecht 5/15

Spezialtatbestände, UWG 3/18, 3/**22 ff.**

Staatsverträge, im Urheberrecht 9/47 f.

Standardverträge, UWG 3/82

Standesregeln, der Banken 12/75

Steuerbetrug 12/31

Steuerhinterziehung 12/30

Streik 1/52

Streikverbot 1/53

Submissionswesen 1/75

Subsysteme 1/1

Swisslex-Vorlage 4/12, 4/30, 4/60, 4/66

Switch, Stiftung 8/7

SWX Local Caps 11/22

SWX Swiss Exchange 11/9

System der Legalausnahme im Kartellrecht 2/53

T

Täuschung, unlautere 3/29

Territorialitätsprinzip 6/**46 f.**, 8/7, 9/44

Titelberühmung 3/26

Ton- und Tonbildträger 9/49

Topographiengesetz 6/5, 9/**49**

Treu und Glauben 3/84

- im Lauterkeitsrecht 3/**14**

- im Markenrecht 8/46

Treuepflichten 5/28, 11/19

Treuerabattsysteme 2/73

TRIPs-Abkommen 6/49

True and fair view 11/31

U

Übernahmekommission, der Schweizer Börse 11/45

Überstundenarbeit 5/44

Überzeitarbeit 5/44

Umweltpolitik 1/96

Unfallverhütung, am Arbeitsplatz 5/39 ff.

Ungewöhnlichkeitsregel l/3, 1/**85**, 1/91, 1/94, 4/58

Ungleichgewichtsprinzip, konsumentenrechtliches 4/4

Unklarheitenregel 3/**85**, 4/58

Unlauterer Wettbewerb s. UWG

Unternehmen, marktbeherrschende 1/65, 2/**60**, 2/96

Unternehmensfinanzierung 11/1

Unternehmenszusammenschluss 2/87 ff.

- Prüfungsverfahren 2/125 ff.

Untersuchungsprinzip im Kartellrecht 2/131

Urheber 9/10

- Rechte des 9/14 ff.

- Verhältnis zum dinglich Berechtigten 9/27 f.

Urhebernennung, Recht auf 6/30, 9/17

Urheberpersönlichkeitsrechte 9/14, 9/**16 ff.**

Urheberrecht

- Schranken des 9/29 ff.

- Schutzdauer des 9/15

- Schutzobjekte des 9/1 f.

Urheberrecht 6/3, 6/9, 8/44

- Schutzdauer des 6/47

Urheberrechte, kollektive Verwertung von 9/41

Ursprungsbezeichnungen 8/10 ff.

UWG 4/50

- Funktionaler Ansatz 3/3, 3/11

- Geltungsbereich des 3/**5**, 3/43

- Generalklausel des 3/**9 ff**

- kompensatorischer Ansatz 4/25, 4/29

- Merkmale des 3/7

- Präventiver Ansatz 4/25 f.

- Schutzobjekte des 3/3, 3/68

V

Valor 11/23

- Anforderungen an den 11/25

Verbandsklage, UWG 3/98, 4/74

Verbandswirtschaft 1/18

Verbotsprinzip 2/48

Verbraucherrechte, in der EU 4/18, s. auch Konsumentenrecht

Verfassungsbestimmungen, relevante 1/29 ff.

Verfügung 2/124

Verhältnis, gesamthandschaftliches, im Urheberrecht 9/13

Verpackungsformen im Markenrecht 8/9

Verschleierung im UWG 3/32

Versicherungsaufsicht 1/88 ff.

Vertrag sui generis 12/39

Vertragsbruch

- Ausnützung eines fremden 3/58

- Verleitung zum 3/55

Vertragsformulare, unlautere 3/36

Vertragsfreiheit 1/10, 1/15, 1/21, 1/34 f., 1/63, 5/23

- Einschränkungen der 5/60

Vertragsrecht 1/63

Vertrauensprinzip 3/84, 3/91

Vertreter, AFG 12/67

Verwaltungsgerichtsbeschwerde 2/133, 2/143, 8/32, 12/33

Verwechslung, unlautere Herbeiführung 3/27

Verwertungsgesellschaften 9/38

- der Schweiz 9/43

Verwertungsrechte 9/14, 9/**20**

W

Wahlen und Abstimmungen 1/6

Wahrnehmungsvertrag 9/41

Wandelanleihe 10/11

Weisungen 5/68

Weltorganisation für geistiges Eigentum (WIPO) 8/33

Werbung

- gefühlsbetonte 3/21

- unlautere 3/34

- verdeckte 3/21

- vergleichende 3/28

Werke
- der Literatur oder Kunst 9/6 f.
- ungeschützte 9/9
- i.S.d. URG 9/3 ff.
- zweiter Hand 9/8

Werkintegrität 9/19

Werkvertrag und Arbeitsvertrag 5/5

Wertgarantie 1/34, 1/41

Wertpapiere 11/8

Wertrechte 11/8, 12/60

Wettbewerb
- freier 3/66
- lauterer 3/75
- Schutz des 1/62, 2/4, 3/2, 3/96, 3/104, 10/3
- unlauterer 1/**72**, 3/4
- Wiederherstellung des 2/128 ff.
- wirksamer 1/68, 1/98, 2/**33**, 4/3, 6/52

Wettbewerbsabreden 2/14 ff.
- gerechtfertigte 2/27
- horizontale 2/17
- Kategorien von 2/24
- unzulässige 2/11
- vertikale 2/17, 2/26

Wettbewerbsbeeinträchtigung 2/23

Wettbewerbsbeschränkungen 1/67
- in Lizenzverträgen 6/53
- private 2/2
- durch marktbeherrschende Unternehmen 2/56 ff.
- Untersuchung von 2/119
- unzulässige 2/9

Wettbewerbsbeseitigung 2/34

Wettbewerbshandlungen, unlautere 3/23

Wettbewerbskommission 2/98, 2/**117**

- Aufgabe der 2/109
- Bekanntmachungen der 2/30
- Stellung im Zivilverfahren der 2/114

Wettbewerbsneutralität, staatlichen Handelns 1/36

Wettbewerbsparameter 2/24, 2/34, 2/62

Wettbewerbspolitik 1/63 ff.

Wettbewerbsprinzip 10/1 ff.

Wettbewerbsrecht 4/50 ff.

Wettbewerbswirtschaft 1/63

Widerspruchsverfahren, MSchG 8/25, 8/31

Wirtschaft 1/2

Wirtschaftplanung, zentrale 1/13

Wirtschaftsaufsichtsrecht 4/47, 10/**6**

Wirtschaftsfreiheit 1/10, 1/15, 1/34, 1/**35 ff.**, 1/59

Wirtschaftskooperation 1/4, 1/21

Wirtschaftsmodell 1/29

Wirtschaftsordnung 1/63

Wirtschaftsprivatrecht 1/63

Wirtschaftsprozesse, Koordination der 1/3

Wirtschaftssystem 1/1 f.

Wirtschaftsverfassung 1/15, 1/28, 1/96, 10/2

- Grundsätze der 1/59

Wohlfahrt 1/95

Z

Zeichen, unbenützte 8/42

Zielgesellschaft 11/44

- Pflichten der 11/46 f.

Zinsdifferenzgeschäft 1/80, 12/**5**

Zweckübertragungstheorie 6/**35 f.**, 9/22